秦文明新探叢書

王子今 著

秦擴張史土地與民人

上海古籍出版社

图书在版编目(CIP)数据

秦扩张史：土地与民人 / 王子今著. —上海：上
海古籍出版社，2023.4（2024.1重印）
（秦文明新探丛书）
ISBN 978-7-5732-0642-8

Ⅰ.①秦… Ⅱ.①王… Ⅲ.①中国历史－秦代－研究
Ⅳ.①K233.07

中国国家版本馆 CIP 数据核字(2023)第 042328 号

秦文明新探丛书

秦扩张史
——土地与民人

王子今　著

上海古籍出版社出版发行

（上海市闵行区号景路 159 弄 1－5 号 A 座 5F　邮政编码 201101）

（1）网址：www. guji. com. cn

（2）E-mail：guji1@guji. com. cn

（3）易文网网址：www. ewen. co

上海天地海设计印刷有限公司印刷

开本 710×1000　1/16　印张 21.75　插页 3　字数 344,000

2023 年 4 月第 1 版　2024 年 1 月第 2 次印刷

印数：2,501—3,550

ISBN 978－7－5732－0642－8

K·3342　定价：108.00 元

如有质量问题,请与承印公司联系

谨以此书纪念秦始皇帝陵博物院建院 40 周年

"秦文明新探丛书"序

　　秦统一是中国历史上的一件大事,它不仅终结了诸侯林立的"封建"乱世,促成了血缘政治向地缘政治的体制嬗变,同时也为"百代秦政"的制度传承和中华文明走向世界打下了坚实的基础。

　　秦始皇是古代中国这场大变局的见证者和主导者,他所创建的皇帝制度,其精髓是以官僚体系和郡县制为保障的中央集权的治理模式。"书同文""车同轨",不但革除了旧有体制的弊端,也为民族文化的深度交流和融合清除了障碍。

　　作为中国历史上第一个中央集权制王权,虽然在 5000 年文明长河中仅仅是昙花一现,但两千年的沧海桑田、王朝更迭,却一次次通过陈列在广阔大地上的遗产和书写于古籍里的文字,带给我们无限的惊喜和想象。

　　秦始皇帝陵是中国古代规模最大、结构最复杂、埋藏最丰富的帝王陵墓,是"世界最大的考古学储备之一",是 2200 多年前人类智慧和劳动的结晶。兵马俑是 20 世纪世界上最伟大的考古发现之一,是中华民族的骄傲和宝贵财富,是中华文明的精神标识。其恢弘壮观的规模、丰富至高的内涵所体现的格局、气度、神韵以及理念、智慧,都充分彰显了重大的历史、科学、艺术以及社会思想价值。

　　四十多年前秦兵马俑的横空出世,揭开了秦始皇帝陵历史宝库的冰山一角。数十年几代学人的不辍耕耘,使这部尘封千年的历史巨著被一页页渐渐打开。在这里:象征虎狼之师的军事阵列,反映国家治理架构、皇家事务管理的神秘遗迹,展现社会标准化生产、精细化管理以及国家工程高超技艺的文物精品比比皆是。透过这些载体,映射给世人更多的是中华先民坚韧不拔、勇往直前的英雄气概,是大秦帝国开放包容、不拘一格的治国理念,是管理集团以身作则、层层传导的责任担当,是大国工匠精益求精、追求完美的敬业精神。

　　秦始皇帝陵博物院是以秦始皇帝陵为依托,在原秦始皇兵马俑博物馆的基础上,整合秦始皇帝陵陵园(丽山园)而建成的一座现代化的遗址博物馆。从

1974 年威武雄壮的兵马俑横空出世,到 1979 年一号兵马俑陪葬坑正式对外开放;从 1986 年"秦俑学研究会"盛大启幕,到 1998—1999 年石铠甲、百戏俑陪葬坑惊世再现;从 2003 年秦陵地宫神秘面纱初现端倪,到 2006—2007 年文吏俑、青铜水禽破土而出;从 2010 年秦始皇陵国家考古遗址公园建成开放,到 2019 年秦始皇陵基本格局豹斑隐现、陵西大型陪葬墓浮出水面,到最终催生"秦文明研究中心"落户秦始皇帝陵博物院和西北大学,几代秦俑人筚路蓝缕,攻坚克难,使大批重要的遗迹和古代艺术珍品重现于世,为全面解读秦始皇帝陵的内涵、价值与意义提供了可能,也为世界重新认识秦始皇及其时代打开了另一扇窗。

四十年弹指一挥间,在改革开放和煦春风的沐浴和"一带一路"国家倡议的指引下,秦始皇帝陵博物院已从土石滩上一座孤立简陋的保护大棚,发展成为集考古遗址本体及其历史环境风貌保护展示,融合了教育、科研、游憩、休闲等多项功能为一体的公共文化空间。

回顾数十年的学术历程,秦始皇帝陵博物院始终秉持科研兴院(馆)的理念,引导科研人员,不断提升业务能力和素质。学术团队从无到有、由弱渐强,研究范围也由考古学、历史学向外辐射,扩展到政治史、军事史、文化史、科技史、水利工程、建筑环境、雕塑艺术等诸多领域。先后编辑出版了"秦俑·秦文化丛书"(如《秦始皇帝评传》《秦军事史》《秦始皇陵兵马俑文物保护研究》等)、《秦文化论丛》(2011 年更名为《秦始皇帝陵博物院院刊》)等多部丛书或书刊;出版了《秦始皇陵兵马俑坑一号坑发掘报告(1974～1984)》《秦始皇陵铜车马发掘报告》《秦始皇陵铜车马修复报告》《秦始皇帝陵园考古报告》(1999—2010 年,共 5 册)《秦始皇帝陵出土一号青铜马车》《秦始皇帝陵出土二号青铜马车》《回顾与创新——秦始皇兵马俑博物馆开馆三十周年纪念文集》《守护传承 创新发展——秦始皇帝陵博物院建院四十周年纪念文集》《秦文字类编》《秦文字通假集释》《秦始皇陵考古发现与研究》《日出西山——秦人历史新探》《秦文字通论》《秦文化之考古学研究》《秦始皇帝陵一号兵马俑陪葬坑发掘报告(2009～2011 年)》《礼仪与秩序:秦始皇帝陵研究》等学术专著近百部。举办了"辉煌时代——罗马帝国文物特展""文明之海——从古埃及到拜占庭的地中海文明""庞贝:瞬间与永恒""曙光时代——意大利的伊特鲁里亚文明""不朽之旅——古埃及人的生命观""玛雅:重现的文明"等世界文明系列;"平天下——秦的统一""传承与谋变——三晋历史

文化展""泱泱大国——齐国历史文化展""幽燕长歌——燕国历史文化展""神秘
王国——古中山国历史文化展""南国楚宝　惊采绝艳——楚文物珍品展""水乡
泽国——东周时期吴越历史文化展""寻巴——消失的古代巴国""帝国之路·陇
东记忆——秦文化与西戎文化考古成果展""帝国之路·雍城崛起——秦国历史
文化展""铜铸滇魂——云南滇国青铜文化展"等东周历史文化展系列；以及"溢
彩流光——陕西出土秦金银器展""萌芽·成长·融合——东周时期北方青铜文
化臻萃""破译秦朝：里耶秦简中的帝国真相""'丽山园'遗珍——秦始皇陵园出
土文物精华展"等专题展览，为促进中国古代历史文化，尤其是秦汉历史、考古、
科技、艺术等研究做出了重要贡献。

　　多年来，与秦始皇帝陵和兵马俑的考古发现、学术研究相呼应，全国各地有
关秦的考古发现也此起彼伏、层出不穷，极大地带动了全球秦文明、秦文化以及
秦历史研究的纵深发展。尤其甘肃早期秦文化遗存，陕西凤翔雍城、宝鸡阳平、
阎良栎阳城、郑国渠遗址、西安上林苑建筑群、废丘遗址（"三秦"之雍王章邯所都
废丘）、秦咸阳城、咸阳早期秦王陵、临潼秦东陵，湖南里耶古城，湖北荆州胡家草
场秦墓、湖北宜城楚皇城、四川渠县城坝遗址（"宕渠"县城）等考古发现，以及云
梦简、放马滩简、王家台简、周家台简、里耶简、岳麓简、清华简、北大简、相家巷封
泥等大批地下出土文献资料的面世，极大地弥补了文献记载的不足，促进了秦
史、秦文化研究的长足进步。

　　纵观百年来中国乃至世界关于秦史、秦文明、秦文化研究的广度、深度与维
度，以及新时期社会对博物馆保护、研究、展示、传播职责和功能的认知和期盼，
秦始皇帝陵博物院所做的工作显然微不足道。由此，我们立足于秦始皇帝陵和
兵马俑目前的考古发现和专题研究，结合全国各地最新考古发现、文献释读以及
专题研究等领域的热点问题，决定联合上海古籍出版社，组织知名学者编写这套
"秦文明新探丛书"，以推进秦始皇帝陵博物院乃至全球秦文明、秦史、秦文化的
专题研究和价值阐释，为保护遗产、传承文明、弘扬文化提供支撑。

　　"秦文明新探丛书"第一批图书，包含13个选题。这些选题将以秦统一的进
程和意义为主线，在全球视野下用最新的政区扩张、战争防御、官僚制度、法治思
维、文字档案、行政管理、社会治理、交通组织、民族融合等多度维度，对秦始皇
"奋六世之余烈，振长策而御宇内"的伟大壮举进行解读和诠释，以反映秦统一对

中国历史的贡献和影响。

为了保证图书的权威性、可读性和客观性,项目组还邀请国内知名专家担任审稿专家和学术顾问,对所有书稿进行审核。在此,谨向付出劳动的所有专家、撰稿人及工作人员表示诚挚的谢意!

未来项目组还将根据学术研究和展示需要,择时组织丛书续编。

"秦文明新探丛书"的出版发行,是秦始皇帝陵博物院学术研究"立足陕西,面向全国,放眼全球"的一次有益尝试,也是博物馆人落实习近平总书记"强化中华民族精神标识"(兵马俑)、"一个博物馆就是一所大学校"讲话精神的具体实践。两千多年来,秦文化早已融入中国传统文化的洪流之中,并部分沉淀为民族文化基因,成为过去、现在乃至未来治国理政、资政育人的重要源泉。今天,我们坚定文化自信,离不开对中华文明、中国历史的认知和自觉。期待"秦文明新探丛书"能够使更多的人"记得起历史沧桑、看得见岁月留痕、留得住文化根脉"。

感谢上海古籍出版社对丛书出版的支持!

秦始皇帝陵博物院院长

侯宁彬

目　　录

导言：秦扩张历程与"土地""民人"政策

秦最初的经营空间，曾经在长江流域的西汉水上游及黄河流域的渭水上游徘徊选择。形成了初步的经济、文化、军事根基之后，一方面致力于西北方向民族关系的协调，一方面向东发展。随着国力的增强，秦控制的领土和户口规模逐渐扩张。从"扩张史"的视角考察秦史、理解秦史、说明秦史，是必要的。所涉及的土地和人口控制，即国土与国民控制的政策，也是重要的研究主题。

（一）"东略""东征""东伐"

秦人向东方进取的进程，王国维通过考察秦史，称之为"东略之世"。[①]《史记·秦本纪》又称"东征"，[②]或曰"东伐"。[③]《史记·河渠书》"韩闻秦之好兴事，欲罢之，毋令东伐"，[④]也说"东伐"。秦"东伐"的记载，又见于《史记·商君列传》"东伐郑，三置晋国之君"，[⑤]《史记·张仪列传》"秦下甲士而东伐"、[⑥]《史记·魏公子列传》"东伐魏"，[⑦]《史记·范雎蔡泽列传》"东伐韩、魏"，"东伐韩"。[⑧]

秦坚持"东伐"战略，向东方积极进取，如贾谊《过秦论》所总结：

---

① 王国维：《秦都邑考》，《王国维遗书》，上海古籍书店据商务印书馆 1940 年版影印，1983 年版；《观堂集林》卷一二第 9 页。

② 《史记》，中华书局 1959 年版，第 194 页。下文若非特殊说明，皆用此版本。

③ 《史记》，第 202 页。

④ 《史记》，第 1408 页。

⑤ 《史记》，第 2234 页。

⑥ 《史记》，第 2286 页。

⑦ 《史记》，第 2381 页。

⑧ 《史记》，第 2413、2415 页。

　　秦孝公据殽函之固,拥雍州之地,君臣固守而窥周室,有席卷天下,包举宇内,囊括四海之意,并吞八荒之心。当是时,商君佐之,内立法度,务耕织,修守战之备,外连衡而斗诸侯,于是秦人拱手而取西河之外。孝公既没,惠王、武王蒙故业,因遗册,南兼汉中,西举巴、蜀,东割膏腴之地,收要害之郡。诸侯恐惧,会盟而谋弱秦,不爱珍器重宝肥美之地,以致天下之士,合从缔交,相与为一。……常以十倍之地,百万之众,叩关而攻秦。秦人开关延敌,九国之师逡巡遁逃而不敢进。秦无亡矢遗镞之费,而天下诸侯已困矣。于是从散约解,争割地而奉秦。秦有余力而制其敝,追亡逐北,伏尸百万,流血漂卤。因利乘便,宰割天下,分裂河山,强国请服,弱国入朝。……及至秦王,续六世之余烈,振长策而御宇内,吞二周而亡诸侯,履至尊而制六合,执棰拊以鞭笞天下,威振四海。南取百越之地,以为桂林、象郡,百越之君俛首系颈,委命下吏。乃使蒙恬北筑长城而守藩篱,却匈奴七百余里,胡人不敢南下而牧马,士不敢弯弓而报怨。①

秦人"席卷天下,包举宇内,囊括四海之意,并吞八荒"的志向终于实现。其逐步向东扩张,贾谊用"取""举""割""收"语,言"宰割天下,分裂河山",都陈说国土占有。兼并六国之后,又有南海、北河的进取,"取百越之地,以为桂林、象郡,百越之君俛首系颈,委命下吏。乃使蒙恬北筑长城而守藩篱,却匈奴七百余里,胡人不敢南下而牧马,士不敢弯弓而报怨"。从而将统一的规模向南北扩展,超越了战国七雄所控制的空间。②

（二）秦"蚕食天下,并吞战国,海内为一"

　　人们总结东周后期的形势,称"战国并争,在于强国禽敌,救急解纷"。③ 当时往往"军急约战","争于攻取,兵革更起,城邑数屠"。④ 秦最终成就"帝业",经历大规模的战争,史家形容"流血成川,沸声若雷"。⑤ 秦军虽然多次发起"急

---

① 《史记》,第 278—280 页。
② 王子今:《秦统一局面的再认识》,《辽宁大学学报(哲学社会科学版)》2013 年第 1 期。
③ 《史记·历书》,第 1258 页。
④ 《史记·天官书》,第 1329、1344 页。
⑤ 《史记·范雎蔡泽列传》,第 2423 页。

围"①"急击"②"急攻"③战事，但领土的扩展，是一步步实现的。

《史记》使用"蚕食"语，以说明秦军事扩张形势的这种渐进特征。《史记·秦楚之际月表》："秦起襄公，章于文、缪、献、孝之后，稍以蚕食六国，百有余载，至始皇乃能并冠带之伦。"④所谓"稍以蚕食六国"，指出了秦向东进取的军事趋势。《史记·秦始皇本纪》以"太史公曰"的语式回顾秦史，也说道："自缪公以来，稍蚕食诸侯，竟成始皇。"司马贞《索隐》："言其兵蚕食天下，……"⑤也就是说，秦统一的历史进程的发生，是由秦国力强盛条件下逐步东进形成的态势所导致的。《史记·赵世家》记载，赵人商议对秦战略，平阳君赵豹说："夫秦蚕食韩氏地，中绝不令相通"张守节《正义》："秦蚕食韩氏，国中断不通。"赵豹评价秦强势国力，又有"且夫秦以牛田之水通粮蚕食，上乘倍战者，裂上国之地，其政行，不可与为难"的说法，也使用"蚕食"一语。怎样理解所谓"蚕食"，张守节《正义》的解说是："蚕食桑叶，渐进必尽也。"⑥所谓"渐进必尽"的解说，非常准确真切。以"蚕食"形容军势，体现出丝绸业生产者对"蚕"的生性的细致观察，可以看作以蚕桑业经营的经验为知识基础的政论和史论。

我们看到，"蚕食"在"二十四史"中唯《史记》出现最为频繁。然而"蚕食"或许并非司马迁个人习用语汇。大概战国时政论家言秦国的扩张，已经多使用"蚕食"一语。《史记·苏秦列传》载苏秦对赵王言"大王与秦"的国力对比与战略宜忌，也说到秦对"韩、魏"的"蚕食"："韩、魏，赵之南蔽也。秦之攻韩、魏也，无有名山大川之限，稍蚕食之，傅国都而止。韩、魏不能支秦，必入臣于秦。秦无韩、魏之规，则祸必中于赵矣。"⑦《史记·穰侯列传》载"大夫须贾说穰侯"语，说到"魏之长吏谓魏王"："秦，贪戾之国也，而毋亲。蚕食魏氏，又尽晋国，战胜暴子，割八

① 《史记·平原君虞卿列传》："秦急围邯郸，……"第2368页。《史记·鲁仲连邹阳列传》："因平原君谓赵王曰：'秦所为急围赵者，前与齐湣王争强为帝，已而复归帝。今齐已益弱，方今唯秦雄天下，此非必贪邯郸，其意欲复求为帝。赵诚发使尊秦昭王为帝，秦必喜，罢兵去。'"第2459页。

② 《史记·廉颇蔺相如列传》："王翦因急击赵，大破杀赵葱，虏赵王迁及其将颜聚，遂灭赵。"第2451页。

③ 《史记·赵世家》："赵王新立，太后用事，秦急攻之。"第1795页。

④ 《史记》，第759页。

⑤ 《史记》，第276—277页。

⑥ 《史记》，第1825页

⑦ 《史记》，第2247页。

县，地未毕入，兵复出矣。夫秦何厌之有哉！"其中"蚕食魏氏，又尽晋国"，司马贞《索隐》的解释是："河东、河西、河内并是魏地，即故晋国。今言秦蚕食魏氏，尽晋国之地也。"①又《史记·李斯列传》载李斯《谏逐客书》："昭王得范雎，废穰侯，逐华阳，强公室，杜私门，蚕食诸侯，使秦成帝业。"关于"蚕食"，司马贞《索隐》："高诱注《淮南子》云：'蚕食，尽无余也。'"②所谓"蚕食"，一言其逐步而进，一言其必"尽无余"，也就是"渐进必尽"。

大约汉人政论，也常用"蚕食天下"语回顾秦的发展。如主父偃说："昔秦皇帝任战胜之威，蚕食天下，并吞战国，海内为一，功齐三代。"又说："及至秦王，蚕食天下，并吞战国，称号曰皇帝，主海内之政，坏诸侯之城，销其兵，铸以为钟虡，示不复用。"③所谓"蚕食天下，并吞战国"，明确地总结了秦扩张史的特点。

秦军"蚕食"魏国的说法，又见于《史记·魏公子列传》："（秦）使蒙骜攻魏，拔二十城，初置东郡。其后秦稍蚕食魏，十八岁而虏魏王，屠大梁。"④《史记·刺客列传》说燕太子丹指使荆轲刺秦王的动机，在于秦扩张军势之猛烈："……秦日出兵山东以伐齐、楚、三晋，稍蚕食诸侯，且至于燕，燕君臣皆恐祸之至。"⑤关于秦与北方"戎翟"的关系，《史记·匈奴列传》说："赵有代、句注之北，魏有河西、上郡，以与戎界边。其后义渠之戎筑城郭以自守，而秦稍蚕食，至于惠王，遂拔义渠二十五城。"⑥前引《秦楚之际月表》《秦始皇本纪》及此《魏公子列传》《刺客列传》《匈奴列传》等所见"蚕食"，都显现太史公笔意。⑦

（三）"土地"和"民人"

司马迁在《史记·货殖列传》中介绍"三河"地方的地理形势："夫三河在天下之中，若鼎足，王者所更居也，建国各数百千岁，土地小狭，民人众，都国诸侯所聚

---

① 《史记》，第 2326 页。
② 《史记》，第 2542 页。
③ 《史记·平津侯主父列传》，第 2964、2958 页。
④ 《史记》，第 2384 页。
⑤ 《史记》，第 2528 页。
⑥ 《史记》，第 2885 页。
⑦ 王子今：《太史公笔下的"蚕"》，《月读》2020 年第 2 期。

会，故其俗纤俭习事。”①其说涉及自然地理、政治地理，以及文化地理的重要方
面民俗地理。其中所谓“土地”“民人”既介绍了经济地理的格局，也体现了行政
条件的特殊。

“土地”和“民人”是国家行政的基本要素。

《汉书·魏相传》记载，魏相为与匈奴作战事上书谏言：

> 臣闻之，救乱诛暴，谓之义兵，兵义者王。敌加于己，不得已而起者，谓之应兵，兵应
> 者胜。争恨小故，不忍愤怒者，谓之忿兵，兵忿者败。利人土地货宝者，谓之贪兵，兵贪
> 者破。恃国家之大，矜民人之众，欲见威于敌者，谓之骄兵，兵骄者灭：此五者，非但人
> 事，乃天道也。间者匈奴尝有善意，所得汉民辄奉归之，未有犯于边境，虽争屯田车师，
> 不足致意中。今闻诸将军欲兴兵入其地，臣愚不知此兵何名者也。今边郡困乏，父子共
> 犬羊之裘，食草莱之实，常恐不能自存，难于动兵。②

说到“利人土地货宝”的贪求和“矜民人之众”的骄妄。“土地”和“民人”是国家行
政权力把握者心常念念的执政元素。又《三国志·吴书·吴主传》写道：

> 时扬、越蛮夷多未平集，内难未弭，故权卑辞上书，求自改厉，“若罪在难除，必不见
> 置，当奉还土地民人，乞寄命交州，以终余年。”③

这里所说的“土地民人”，就是国家权力。④

《汉书·沟洫志》论述水利的重要：“古者立国居民，疆理土地，必遗川泽之
分，度水势所不及。”⑤明确指出“土地”和“居民”是治国的两个要点。《史记·平
准书》说：“《禹贡》九州，各因其土地所宜，人民所多少而纳职焉。”⑥也指出国土

---

① 《史记》，第 3262 页。
② 《汉书》，中华书局 1962 年版，第 3136 页。下文若非特殊说明，皆用此版本。
③ 《三国志》，中华书局 1959 年版，第 1125 页。下文若非特殊说明，皆用此版本。
④ 《宋书·周峤传》：“设使胡灭，则中州必有兴者，决不能有奉土地、率民人以归国矣。”第 2095
页。也体现了大略相同的意思。
⑤ 《汉书》，第 1692 页。
⑥ 《史记》，第 1442 页。

与国民是国家管理的主要对象。《汉书·王莽传中》："今分匈奴国土人民以为十五,立稽侯狦子孙十五人为单于。"①也说治国者管理控制的,就是"国土人民"。

《史记·三王世家》说国情:"土地之刚柔,人民之轻重。"介绍燕国,则说:"燕土埆埆,北迫匈奴,其人民勇而少虑。"②

贾谊《过秦论》说战国形势,有"安土息民"语,又作"案土息民",③指出了在行政管理体系中"土"和"民"的重要位置。《汉书·食货志上》关于"土"和"民",又可见"邑亡敖民,地亡旷土","先王制土处民富而教之","今海内为一,土地人民之众不避汤、禹"等说法。④《汉书·五行志下之上》载录刘向分析"周幽王二年,周三川皆震"的言论:"夫水,土演而民用也。土无所演,而民乏财用,不亡何待?"⑤指出"土"和"民"的境况,是直接关系政治运命的。而国家兴衰,影响"土"和"民"的历史变化。《汉书·地理志上》:"汉承百王之末,国土变改,民人迁徙,……"⑥所谓"国土变改,民人迁徙",就指出了这种变化。繁荣兴盛的表现,即"齐民岁增,辟土世广"。⑦

本书拟就"土地"和"民人"控制的视角考察秦扩张史,进而努力揭示秦政治史、军事史以及秦人的空间理念、地理意识、人口制度、行政方式的若干特征,为全面认识秦文明提供条件。

本课题起初的设计,以"国土与国民:秦扩张史"为主题。也曾经考虑作"秦扩张史:国土与国民"。现在用"土地"和"民人"的说法,是取当时习用词汇,以为如此可以借语境的接近,更真切地认识和理解历史的真实。

①　《汉书》,第 4121 页。

②　《史记》,第 2114、2117 页。

③　司马贞《索隐》:"《贾谊书》'安'作'案'。"《史记·秦始皇本纪》,第 277、278 页。《新书·过秦下》"案土息民",阎振益、钟夏校注:"案:朱骏声曰:'案,假借为安。'"〔汉〕贾谊撰,阎振益、钟夏校注:《新书校注》,中华书局 2000 年版,第 16、23 页。

④　《汉书》,第 1118、1123、1130 页。

⑤　《汉书》,第 1451 页。

⑥　《汉书》,第 1640 页。

⑦　《后汉书·和帝纪》,中华书局 1965 年版,第 195 页。下文若非特殊说明,皆用此版本。

一、"岐以西""岐以东"：
秦建国初的国土

　　秦崛起于史称"西垂"之地。正式建国时，已经在汧渭地方占有实地，又战胜机动性较强的戎人军事集团，占有了"岐以西"之地。控制"岐以东"之后，曾经一度归还周人。但是周人的活动重心已确定东移，于是，"岐以东"也最终为秦人占有。

　　"岐以西"和"岐以东"地方，有周人农业开发的传统优势。秦人利用这一优势，建成了向东扩张的可靠基地。

（一）秦人的"西垂"经营

　　"西垂"，是秦史中获得早期崛起契机的胜地。

　　《史记·六国年表》说："楚强南服，秦霸西垂。"①楚、秦，都是在"僻陋"地方获得发达机会的古国。《史记·周本纪》说东周形势："周室衰微，诸侯强并弱，齐、楚、秦、晋始大，政由方伯。"②《史记·秦本纪》："齐、晋为强国。"③《史记·齐太公世家》也说："是时周室微，唯齐、楚、秦、晋为强。"④《史记·匈奴列传》："当是之时，秦、晋为强国。"⑤原先处于边缘地位的政治实体迅速强盛，当时情形，即《荀子·王霸》所谓"虽在僻陋之国，威动天下"，"皆僻陋之国也，威动天下，强殆中国"。⑥

---

① 《史记》，第 758 页。
② 《史记》，第 149 页。
③ 《史记》，第 183 页。
④ 《史记》，第 1491 页。
⑤ 《史记》，第 2883 页。
⑥ 〔清〕王先谦撰，沈啸寰、王星贤点校：《荀子集解》，中华书局 1988 年版，第 205 页。

春秋时期崛起，战国时期据有强势地位，称为"七雄"的大国，①都在与中原文化早期发育重心有一定距离的边缘地带获得发展机会，形成了当时较为先进的各具特色的文化。这些强国政治经济的成功，都不可排除边地少数民族文化影响的因素。秦国最初的根据地，史称"西垂"。

《史记·秦本纪》记载："自太戊以下，中衍之后，遂世有功，以佐殷国，故嬴姓多显，遂为诸侯。其玄孙曰中潏，在西戎，保西垂。"②这里所谓"西垂"，可能只是指西部边疆。③ 非子时代，见知于周孝王。"非子居犬丘，好马及畜，善养息之。犬丘人言之周孝王，孝王召使主马于汧渭之间，马大蕃息。孝王欲以为大骆適嗣。申侯之女为大骆妻，生子成为適。申侯乃言孝王曰：'昔我先郦山之女，为戎胥轩妻，生中潏，以亲故归周，保西垂，西垂以其故和睦。今我复与大骆妻，生適子成。申骆重婚，西戎皆服，所以为王。王其图之。'于是孝王曰：'昔伯翳为舜主畜，畜多息，故有土，赐姓嬴。今其后世亦为朕息马，朕其分土为附庸。'邑之秦，使复续嬴氏祀，号曰秦嬴。亦不废申侯之女子为骆適者，以和西戎。"④秦人"主畜""息马"，"马大蕃息"，畜牧业成就突出。科学考古工作收获表明，秦马驯育有优越的技术积累。"通过对不同时期、不同地点的中国古代马的序列进行对比分析，发现秦公一号大墓部分古代马的基因型早在西周时期就已经在西北地区出现，并且在春秋战国之际出现在宁夏、内蒙古地区。这样的结果一方面表明西北地区是家马进入中国的一条重要通道，另一方面表明秦人与北方游牧人群存在广泛的交流活动。"研究者指出："共享系列搜索显示秦公一号大墓古代马 FX4 和 FX5 基因型与汗血马有关，通过进一步对比中国古代马与土库曼阿哈尔捷金马的遗传关系，发现汗血马可能在西周时期就已经通过贸易引进到西北地区，远远早于汉代。"在说明"中国古代马与汗血马

---

① 《文选》卷三张衡《东京赋》："嬴氏搏翼，择肉西邑。是时也，七雄并争竞，相高以奢丽。"薛综注："七雄，谓韩、魏、燕、赵、齐、楚、秦也。"李善注："《答宾戏》曰：七雄虓阚。"〔梁〕萧统编，〔唐〕李善注：《文选》，中华书局 1977 年版，第 51 页。《汉书·叙传上》："曩者王涂芜秽，周失其御，侯伯方轨，战国横骛，于是七雄虓阚，分裂诸夏，……"颜师古注："应劭曰：'七雄，秦及六国也。'"第 4227 页。
② 《史记》，第 174 页。
③ 《续汉书·郡国志一》刘昭注补："《山海经》称禹使大章步自东极，至于西垂。"《后汉书》，第 3374 页。《史记·老子韩非列传》司马贞《索隐述赞》："道尊东鲁，迹窜西垂。"第 2156 页。其"西垂"或与此指义相近。《三国志·吴书·陆抗传》载陆抗上疏："臣父逊昔在西垂陈言，以为西陵国之西门，虽云易守，亦复易失。若有不守，非但失一郡，则荆州非吴有也。"第 1359 页。此"西垂"，即孙吴政权的国土西境。
④ 《史记》，第 177 页。

的关系"时，无疑应当注意秦人在"息马"方面特殊的优异贡献。①

所谓"保西垂，西垂以其故和睦"，说秦人在"西垂"的经营，除了经济开发之外，还有"和睦""西戎"的任务。秦仲时代，对"西垂"的管理，进入新的历史阶段：

> 秦仲立三年，周厉王无道，诸侯或叛之。西戎反王室，灭犬丘大骆之族。周宣王即位，乃以秦仲为大夫，诛西戎。西戎杀秦仲。秦仲立二十三年，死于戎。有子五人，其长者曰庄公。周宣王乃召庄公昆弟五人，与兵七千人，使伐西戎，破之。于是复予秦仲后，及其先大骆地犬丘并有之，为西垂大夫。

所谓"西垂大夫"名号的正式使用，标志秦人在"西垂"的管理权力得到周天子的确认。秦史研究者认为此"西垂"的方位是可以大致确定的。张守节《正义》："《注水经》云：'秦庄公伐西戎，破之，周宣王与大骆犬丘之地，为西垂大夫。'《括地志》云：'秦州上邽县西南九十里，汉陇西西县是也。'"②《史记·秦本纪》记载："文公元年，居西垂宫。"张守节《正义》："即上西县是也。"③司马贞《索隐述赞》说："非子息马，厥号秦嬴。礼乐射御，西垂有声。"④赞扬秦人在"西垂"除经济积累之外，还有文化建设。《史记·秦始皇本纪》以"太史公曰"的方式说，"至周之衰，秦兴，邑于西垂"。而秦襄公死后依然"葬西垂"。⑤ 还有一种说法，认为秦襄公时代，其执政地点仍在"西垂"："秦襄公既侯，居西垂"。⑥他的继承者秦文公"居西垂宫，五十年死，葬西垂"。⑦ "西垂"依然是秦文化的重心所在。

以"西垂"为发展基地的秦人，当周幽王时代出现"诸侯叛之"的政治危机时，开始了大踏步向东发展的历史进程。

---

① 蔡大伟、朱司祺、胡松梅等：《陕西凤翔秦公一号大墓车马坑马骨遗骸古 DNA 研究》，《考古与文物》2018 年第 3 期。

② 《史记》，第 178 页。

③ 《史记》，第 179—180 页。

④ 《史记》，第 221 页。

⑤ 《史记》，第 276 页。

⑥ 《史记·封禅书》，第 1358 页。

⑦ 《史记》，第 276 页。

（二）周"赐之岐以西之地"

《史记·秦本纪》记载秦襄公在周幽王"数欺诸侯，诸侯叛之"且被杀的情形下，利用特殊机遇成功建国的史事：

> （秦襄公）七年春，周幽王用褒姒废太子，立褒姒子为适，数欺诸侯，诸侯叛之。西戎犬戎与申侯伐周，杀幽王郦山下。而秦襄公将兵救周，战甚力，有功。周避犬戎难，东徙雒邑，襄公以兵送周平王。平王封襄公为诸侯，赐之岐以西之地。曰："戎无道，侵夺我岐、丰之地，秦能攻逐戎，即有其地。"与誓，封爵之。襄公于是始国，与诸侯通使聘享之礼，乃用骝驹、黄牛、羝羊各三，祠上帝西畤。①

何兹全如此记述这一历史进程："西周末年遭戎族的侵略，平王东迁到洛阳去，就把岐（现在陕西岐山）地以西的，事实上已被戎族占居的地方封给秦。这以后，秦才从附庸的地位上升为诸侯国。"②对于秦襄公具有建国性质的政治军事举措，有人以为起初就有自立自强的目的："在平王东迁洛邑的过程中，秦襄公承担了主要的护送任务。秦襄公护驾迁都，表面上看是维护周王室共主地位，其实质是为谋求晋封诸侯称号、孤立平王、壮大自己势力等最为迫切的政治目的。"③

周平王宣布"封襄公为诸侯，赐之岐以西之地"，但是又说"岐、丰之地"为"戎""侵夺"，"秦能攻逐戎，即有其地"。似乎"岐以西之地"所"赐"，秦襄公并非都得到了实际控制权。秦襄公"始国"后，"十二年，伐戎而至岐，卒"，④也说明了这一情形。有学者写道："周平王封给秦襄公岐以西之地，只是个承诺，是要秦自己去驱逐西戎，才能实有其地。所以襄公在建国后就又立即与西戎展开斗争。襄公十二年（前 76 年），襄公伐戎进至岐而死，可见秦立国的艰辛。"⑤

---

①　《史记》，第 179 页。
②　何兹全：《秦汉史略》，上海人民出版社 1955 年版，第 1—2 页。
③　翟佳迪：《秦襄公护送周平王东迁的政治目的探微》，《边疆经济与文化》2017 年第 2 期。
④　《史记》，第 279 页。
⑤　王云度、张文立：《秦帝国史》，陕西人民教育出版社 1997 年版，第 6 页。

（三）"岐以东献之周"

秦文公时代，经过艰苦征战，击败戎人，全面控制了"岐以西之地"，又将所控制的"岐以东"地方"献之周"。

《史记·秦本纪》写道：

> 文公元年，居西垂宫。三年，文公以兵七百人东猎。四年，至汧渭之会。曰："昔周邑我先秦嬴于此，后卒获为诸侯。"乃卜居之，占曰吉，即营邑之。十年，初为鄜畤，用三牢。十三年，初有史以纪事，民多化者。十六年，文公以兵伐戎，戎败走。于是文公遂收周余民有之，地至岐，岐以东献之周。[①]

秦文公十三年（前753），"初有史以纪事"，即秦史记录的正式开始。[②] 秦文公时代的历史记载，应当大致可信。

从秦襄公时代到秦文公时代，秦人频繁与"戎"苦战，收复为"戎""侵夺"的"岐、丰之地"。周平王承诺"秦能攻逐戎，即有其地"，于是秦占据了"岐"附近曾经为周人开发多年的土地。所谓"地至岐，岐以东献之周"，说秦人只是占据了"岐以西之地"，"岐以东"地方又"献之周"。这样的决策，应当是考虑到周人对于"岐、丰之地"的长久情感。

从后来的历史迹象看，大概周人并没有能力管理"岐以东"地方。"岐以东"许多地方的实际控制权，可能仍然在秦人手中。而秦人进取"岐以东"地方的明确记录，有《史记·秦本纪》："宁公二年，公徙居平阳。遣兵伐荡社。三年，与亳战，亳王奔戎，遂灭荡社。……十二年，伐荡氏，取之。"关于"荡社"，裴骃《集解》引徐广曰："荡音汤。社，一作'杜'。"司马贞《索隐》："西戎之君号曰亳王，盖成汤之胤。其邑曰荡社。徐广云一作'汤杜'，言汤邑在杜县之界，故曰汤杜也。"张守节《正义》："《括地志》云：'雍州三原县有汤陵。又有汤台，在始平县西北八里。'

按：其国盖在三原始平之界矣。"又："武公元年，伐彭戏氏，至于华山下……"所谓"彭戏氏"，张守节《正义》："盖同州彭衙故城是也。"所谓"华山下"，《正义》："即华岳之下也。"①据王云度《秦史编年》辑录的《左传》中秦在关中平原东部乃至山西地方军事活动的史料，又有：

前708年　周桓王十二年　秦宪公八年

秋，秦师侵芮(今陕西大荔南)，败焉，小之也。〔秦以芮小，轻之，故为芮所败。〕冬，秦师围魏(今山西芮城东北)，执芮伯以归。〔三年，芮伯出居魏，芮更立君。秦为芮所败，故以芮伯归，将欲纳之。〕(《左传》桓公四年)

前702年　周桓王十八年　秦出子二年

秋，秦人纳芮伯万于芮〔(鲁桓公)四年围魏所执者〕。(《左传》桓公十年)②

"秦师围魏，执芮伯以归"，已经进军至于黄河以东。而据《史记·秦本纪》，后来秦德公元年(前677)："初居雍城大郑宫。以牺三百牢祠鄜畤。卜居雍。后子孙饮马于河。梁伯、芮伯来朝。"所谓"后子孙饮马于河"，张守节《正义》："卜居雍之后，国益广大，后代子孙得东饮马于龙门之河。"所谓"梁伯、芮伯来朝"，司马贞《索隐》："梁，嬴姓。芮，姬姓。梁国在冯翊夏阳。芮国在冯翊临晋。"张守节《正义》："《括地志》云：'南芮乡故城在同州朝邑县南三十里，又有北芮城，皆古芮伯国。郑玄云周同姓之国，在畿内，为王卿士者。《左传》云桓公三年，芮伯万之母芮姜恶芮伯之多宠人，故逐之，出居魏。'今按：陕州芮城县界有芮国城，盖是殷末虞芮争田之芮国是也。"③所谓"秦师围魏，执芮伯以归"，已至河东。这是一次军事远袭行动。而"后子孙饮马于河"，可能是说国土的扩张即张守节《正义》所谓"国益广大"，至于"龙门之河"。

（四）秦襄公时"秦境东至于河"说

宋代学者王应麟《困学纪闻·史记正误》"《秦本纪》"条对于《史记·秦本纪》

---

①　《史记》，第181—182页。

②　王云度编著：《秦史编年》，陕西人民出版社1986年版，第7—8页。

③　《史记》，第184页。

有关秦占有"岐以西""岐以东"领土时间的记载提出质疑：

> "赐襄公岐以西之地"。襄公生文公，"于是文公遂取周余民有之，地至岐，岐以东献
> 之周"。
>
> 《诗》正义曰："郑氏《诗谱》言：'横有周西都宗周畿内八百里之地。'"则是全得西畿。
> 与《本纪》异。案：终南之山在岐之东南。大夫之戒襄公，已引《终南》为喻，则襄公亦得
> 岐东，非唯自岐以西也。如《本纪》之言，文公献岐东于周，则秦之东境终不过岐。而春
> 秋之时，秦境东至于河，明襄公救周即得之矣。《本纪》之言，不可信也。①

王应麟以为"春秋之时，秦境东至于河，明襄公救周即得之矣"的意见，对于秦国
土扩张史的研究，是值得注意的。

所谓"秦境东至于河"，涉及秦在关中平原东部的扩张。有学者称这一区域
为"秦东"或"秦东地方"。② 所谓"秦东"作为地理符号，可能并不适宜指代这一
地方。

---

① 〔宋〕王应麟撰：《困学纪闻》卷一一，四部丛刊三编景元本，第183页。
② 白赵峰：《〈史记〉所见先秦时期帝王在秦东的战争活动》，《渭南师范学院学报》2015年第19期。

二、"收周余民而有之"：秦强国
扩张的重要政策

"土地""民人"两个方面的积极扩张,早期有"岐以西""岐以东"地方的占有以及"收周余民而有之"政策的成功。秦文公"收周余民有之",很可能是秦人较早收纳秦部族以外"民人"的历史记录。在秦史进程中,"收周余民"对于全面地学习周人农耕生产经验以及选择性继承周人礼乐文明传统,都有非常重要的意义。秦"收周余民有之",是向东方进取的历程中意义重要的步骤,既是明智的历史表现,也显现了秦文化的开放胸怀、实用原则与科学精神。

(一) 关于"余民"

在西周史记载中,有关于殷商"余民"的事迹。《史记·周本纪》记载,周武王克商,"封商纣子禄父殷之余民"。又写道:"成王少,周初定天下,周公恐诸侯畔周,公乃摄行政当国。管叔、蔡叔群弟疑周公,与武庚作乱,畔周。周公奉成王命,伐诛武庚、管叔,放蔡叔。以微子开代殷后,国于宋。颇收殷余民,以封武王少弟封为卫康叔。"①《史记·鲁周公世家》:"管、蔡、武庚等果率淮夷而反。周公乃奉成王命,兴师东伐,作《大诰》。遂诛管叔,杀武庚,放蔡叔。收殷余民,以封康叔于卫,封微子于宋,以奉殷祀。宁淮夷东土,二年而毕定。诸侯咸服宗周。"②《史记·管蔡世家》也写道:"而分殷余民为二:其一封微子启于宋,以续殷祀;其一封康叔为卫君,是为卫康叔。"③《史记·卫康叔世家》:"武王已克殷纣,复以殷余民封纣子武庚禄父,比诸侯,以奉其先祀勿绝。""周公旦以成王命兴师

① 《史记》,第 126、132 页。
② 《史记》,第 1518 页。
③ 《史记》,第 1565 页。

伐殷，杀武庚禄父、管叔，放蔡叔，以武庚殷余民封康叔为卫君，居河、淇间故商墟。"①《史记·宋微子世家》："微子故能仁贤，乃代武庚，故殷之余民甚戴爱之。"②《史记·货殖列传》："中山地薄人众，犹有沙丘纣淫地余民，民俗懁急，仰机利而食。丈夫相聚游戏，悲歌忼慨，起则相随椎剽，休则掘冢作巧奸冶，多美物，为倡优。女子则鼓鸣瑟，跕屣，游媚贵富，入后宫，遍诸侯。"③《史记·太史公自序》可见关于《卫世家》的总结："收殷余民，叔封始邑，申以商乱，《酒》《材》是告，及朔之生，卫顷不宁。"④也说到"收殷余民"。

这里说的都是"殷余民"。秦文公"收周余民"与周公"收殷余民"句式完全相同。"余民"名谓，似乎通常是指灭国之后或者说亡国之后的民众。而秦文公事迹所见"周余民"，只是脱离了周王朝直接的行政控制，散落于原本为周重心区域关中地方的民众。《史记·太史公自序》回述其家族渊源："昔在颛顼，命南正重以司天，北正黎以司地。唐虞之际，绍重黎之后，使复典之，至于夏商，故重黎氏世序天地。其在周，程伯休甫其后也。当周宣王时，失其守而为司马氏。司马氏世典周史。惠襄之间，司马氏去周适晋。晋中军随会奔秦，而司马氏入少梁。"看来，"司马氏"家族虽早先"世典周史"，却似乎与关中西部的"周余民"没有什么直接关系。"自司马氏去周适晋，分散，或在卫，或在赵，或在秦。其在卫者，相中山。在赵者，以传剑论显，蒯聩其后也。在秦者名错，与张仪争论，于是惠王使错将伐蜀，遂拔，因而守之"。⑤"司马氏"虽称"分散"，亦多有成功得"显"者。而秦文公"收周余民"这一行政动作所"收"致的对象，可能主要是社会下层劳动民众。

（二）"周余民"的处置方式

周王朝处置"殷余民"，据前引《史记·周本纪》说，起初"封商纣子禄父殷之余民"，又《史记·卫康叔世家》记载："武王已克殷纣，复以殷余民封纣子武庚禄

---

①　《史记》，第 1589 页。

②　《史记》，第 1621 页。

③　裴骃《集解》："晋灼曰：'言地薄人众，犹复有沙丘纣淫地余民，通系之于淫风而言也。'"张守节《正义》："沙丘在邢州也。"《史记》，第 3263 页。

④　《史记》，第 3308 页。

⑤　《史记》，第 3285—3286 页。

父,比诸侯,以奉其先祀勿绝。"管蔡"与武庚作乱"后,重新处置"殷余民",《史记·周本纪》说:"以微子开代殷后,国于宋。颇收殷余民,以封武王少弟封为卫康叔。"《史记·鲁周公世家》记载:"收殷余民,以封康叔于卫,封微子于宋,以奉殷祀。"《史记·管蔡世家》也说一分为二:"而分殷余民为二:其一封微子启于宋,以续殷祀;其一封康叔为卫君,是为卫康叔。"《史记·卫康叔世家》和《史记·宋微子世家》则只说各自一支:"以武庚殷余民封康叔为卫君,居河、淇间故商墟。""微子故能仁贤,乃代武庚,故殷之余民甚戴爱之。"其记述史事,"封……殷之余民","以殷余民封……","颇收殷余民,以封……",以及"以奉殷祀","以续殷祀","以奉其先祀勿绝"的做法值得重视。就是说,"殷祀"未"绝",而殷贵族依然是"殷余民"的领袖,所谓"殷之余民甚戴爱之",指出原有的族群关系、宗法秩序和社会结构依然得以维持保留。

而秦人接纳"周余民",其方式应当与周人"颇收殷余民"有所不同:

1. 似乎没有保留"周余民"原有宗族组织的迹象。

2. 似乎没有容许"周余民""比诸侯,以奉其先祀勿绝"的迹象。

3. 似乎没有"分""为二"或者更多群体,依然保留周人原有社会结构单元的迹象。

4. 似乎没有为"周余民"安排旧有周人居地,如同周人安置"殷余民""居河、淇间故商墟"的迹象。

也就是说,秦国执政集团很可能令"周余民"完全散乱,彻底融入秦人社会之中。这样,不仅"周余民"后来没有任何政治表现的记录,其文化传统应当也被改造,完全没有出现前引《史记·货殖列传》所说"沙丘纣淫地余民"至西汉时代仍然保留原有民俗的现象:"中山地薄人众,犹有沙丘纣淫地余民,民俗懁急,仰机利而食。丈夫相聚游戏,悲歌忼慨,起则相随椎剽,休则掘冢作巧奸冶,多美物,为倡优。女子则鼓鸣瑟,跕屣,游媚贵富,入后宫,遍诸侯。"

秦人"收周余民有之"的人口管理政策和人口控制方式,应当是充分利用了这部分劳动力资源,同时采取令其完全与秦人社会相融合的策略。

在秦史中出现"余民"字样的记录,已经在秦王朝即将崩溃的末叶。赵高对秦二世说:"先帝之大臣,皆天下累世名贵人也,积功劳世以相传久矣。今高素小贱,陛下幸称举,令在上位,管中事。大臣鞅鞅,特以貌从臣,其心实不服。今上出,不因此时案郡县守尉有罪者诛之,上以振威天下,下以除去上生平所不可者。今时不师文而决于武力,愿陛下遂从时毋疑,即群臣不及谋。明主收举余民,贱者贵之,贫者富之,远者近之,则上下集而国安矣。"①赵高说到的"明主收举余民,贱者贵之,贫者富之,远者近之,则上下集而国安矣",体现对"余民"的复杂的政策。这是秦统一进程中对于所击灭诸国其民众的"收举"措施,似乎其设计理念,有相当深刻的思考。所谓"贱者贵之,贫者富之,远者近之",应当就是打乱原有的等级层次,破坏原有的高低秩序,从而构成新的"上下"关系,新的政治格局,以求得"国安",即社会稳定。

秦文公时代"收周余民有之",未必切实推行了这样的政策。但是"周余民"原有的社会结构遗存应该确实被打破,从而接近了"明主"以为理想的"上下集而国安"的形势。

（三）人口增益的直接意义

东周时期列国竞争,户口控制数量直接体现着国力强弱。《国语·越语上》记载,勾践谋求越国复兴,即积极采取了奖励人口增殖的政策:

> ……乃致其父母昆弟而誓之曰:"寡人闻,古之贤君,四方之民归之,若水之归下也。今寡人不能,将帅二三子夫妇以蕃。"令壮者无取老妇,令老者无取壮妻。女子十七不嫁,其父母有罪;丈夫二十不娶,其父母有罪。将免者以告,公令医守之。生丈夫,二壶酒,一犬;生女子,二壶酒,一豚。生三人,公与之母;生二人,公与之饩。

对于"将帅二三子夫妇以蕃"之"蕃",韦昭注:"蕃,息也。"又解释惩罚"女子十七不嫁""丈夫二十不娶"的规定:"礼,三十而娶,二十而嫁。今不待礼者,务育民也。"②这种促进民人之"蕃"、"务育民"的政策,是可以积极增强国家实力的。

---

① 《史记·秦始皇本纪》,第268页。
② 上海师范学院古籍整理组校点:《国语》,上海古籍出版社1978年版,第635—636页。《史记·越王勾践世家》记叙勾践志在复国图强:"身自耕作,夫人自织,食不加肉,衣不重采,折节下贤人,厚遇宾客,振贫吊死,与百姓同其劳。"又言"治国政","填抚国家,亲附百姓","拊循其士民"。第1742—1743页。没有直接涉及人口增殖政策。

秦史记录中"文公遂收周余民有之",无疑是国家直接实现人口增长的有益的政治决策。有的学者认为,秦的国力至此达到了空前充实的境地:"(秦文公)十六年,'文公以兵伐戎,戎败走。于是文公遂收周余民有之,地至岐,岐以东献之周'。至是,秦地西至今天水地区,中跨宝鸡,东至岐山,初具规模。"①有的学者也指出:"文公十六年(前750年)又对戎进行讨伐,戎战败退走。于是文公将秦国的土地扩展至岐。原留在这里的周的余民也归属于秦。至此秦才真正有了一块稳定的国土。"②

以"收周余民"而充益国民户口事,明代学者张自烈《明文学梅伯献传》有这样的评说:"当是时,天下自寇狄而外,强国齐、秦、晋、楚凡四。秦以收周余民而大晋。"③指出秦通过"收周余民",国家实力已经超越了长期占据优胜地位的晋国。所谓"晋之强,秦之忧也"④的情形得以改变,真正具备了能够"东服强晋"⑤的国力条件。

战国以来的"户口"争夺史事,可以通过楚汉之际大规模战争杀伤之后的历史迹象理解其意义。汉初,刘邦集团成功建国。作为新王朝的执政者盘点所控制的人口数量时,并不乐观:"天下初定,故大城名都散亡,户口可得而数者十二三,是以大侯不过万家,小者五六百户。后数世,民咸归乡里,户益息……"关于"十二三",司马贞《索隐》:"言十分才二、三在耳。"⑥同一文句,《汉书·高惠高后文功臣表》写作"时大城名都民人散亡,户口可得而数裁什二三,是以大侯不过万家,小者五六百户"。⑦ 关于陈平之封,甚至有这样的故事:"高帝南过曲逆,上其城,望见其屋室甚大,曰:'壮哉县! 吾行天下,独见洛阳与是耳。'顾问御史曰:'曲逆户口几何?'对曰:'始秦时三万余户,间者兵数起,多亡匿,今见五千户。'于

①　田昌五、安作璋主编:《秦汉史》,人民出版社1993年版,第17页。

②　王云度、张文立:《秦帝国史》,陕西人民教育出版社1997年版,第7页。

③　〔明〕张自烈撰:《芑山堂诗文集·传一》,清初刻本,第184页。

④　《史记·秦本纪》载"郑使人言缪公曰",第190页。

⑤　《史记·秦本纪》载"君子曰:'秦缪公广地益国,东服强晋,西霸戎夷,……'",第194页。

⑥　当时,"汉兴,功臣受封者百有余人"。由于民人"散亡","是以大侯不过万家,小者五六百户。后数世,民咸归乡里,户益息,萧、曹、绛、灌之属或至四万,小侯自倍,富厚如之"。《史记·高祖功臣侯者年表》,第877—878页。

⑦　《汉书》,第527页。

是乃诏御史，更以陈平为曲逆侯，尽食之，除前所食户牖。"①曲逆"秦时三万余户"，汉初"见五千户"，还达不到"户口可得而数者十二三"的情形，只有16.66％。这一情形引起执政者忧虑，说明"民人""户口"控制对于政治权力和经济实力的重要意义。

(四)"《终南》戒襄公"说及"襄公所得"

《诗·秦风·终南》有歌颂"君子"的诗句："终南何有？有条有梅。君子至止，锦衣狐裘。颜如渥丹，其君也哉。终南何有？有纪有堂。君子至止，黻衣绣裳。佩玉将将，寿考不忘。"毛亨序："《终南》，戒襄公也。能取周地，始为诸侯受显服。大夫美之，故作是诗，以戒劝之。"郑玄注："《终南》二章，章六句。至劝之。"言"劝"不言"戒"。《正义》曰："'美之'者，美以功德受显服。'戒劝之'者，'戒'令修德无倦；'劝'其务立功业也。既见受得显服，恐其惰于为政，故戒之美之。'戒劝之'者，章首二句是也。'美之'者，下四句是也。"②朱熹《诗集传》说："'君子'，指其君也。'至止'，至终南之下也。'锦衣狐裘'，诸侯之服也。""言容貌衣服称其为君也。此秦人美其君之词，亦《车邻》《驷驖》之意也。"③

宋人范处义《诗补传》则突出强调《终南》"戒劝之"诗意，并明确指出其与"收周余民"的关系："《序》有能取周地之言。案《史记》：平王封襄公为诸侯，曰：戎无道，夺我岐、丰。秦能攻杀戎，即有其地。十二年，伐戎至岐而卒。文公立十六年，以兵伐戎，戎败走，遂收周余民而有之。然则襄公虽未能自取周地，既有王命矣。秦之大夫以王命为重，故并受显服而美之，以为秦自襄公已得周地，且受侯服。不曰'美'而曰'戒劝'，正以周地虽有王命，尚为戎有，戒其无负天子之托，而劝其必取也。"④以为秦"得周地"因"既有王命矣"而具备合理性与合法性。"收周余民而有之"，应当也是如此。

---

①　《史记·陈丞相世家》，第2058页。
②　〔清〕阮元校刻：《十三经注疏》，中华书局据原世界书局缩印本影印，1980年版，第372页。
③　关于"佩玉将将，寿考不忘"，朱熹以为："'将将'，佩玉之声也。'寿考不忘'者，欲其居此位、服此服，长久而安宁也。"只说"美之"，不言"戒劝之"。〔宋〕朱熹集注：《诗集传》，上海古籍出版社1980年版，第77页。
④　〔宋〕范处义撰：《诗补传》卷一一，文渊阁四库全书本，第101页。

《终南》之诗透露有关秦国土扩张和国民增益的重要信息。宋人魏了翁《毛诗要义》卷六下《〈秦·车邻〉至〈权舆〉》"襄公固封秦东西《纪》谓献岐东非"条写道：

"遂横有周西都宗周畿内八百里之地。"《正义》曰：《地理志》：'初洛邑与宗周通封畿，东西长而南北短，短长相覆为千里。'则周之二都相接为畿，其地东西横长，西都方八百里也。《本纪》云：赐襄公岐以西之地，襄公生文公，于是文公遂收周余民有之，地至岐。岐以东献之周。如《本纪》之言，则襄公所得，自岐以西。如以郑言，横有西都八百里之地。则是全得西畿。言与《本纪》异者。案：终南之山，在岐之东南。大夫之戒襄公，已引《终南》为喻。则襄公亦得岐东，非唯自岐以西也。即如《本纪》之言，文公收周余民，又献岐东于周，则秦之东境终不过岐。而春秋之时，秦境东至于河。襄公以后，更无功德之君，复是何世得之也？明襄公救周即得之矣。《本纪》之言，不可信也。①

《困学纪闻·史记正误》"《秦本纪》"条也说："'赐襄公岐以西之地。襄公生文公，于是文公遂取周余民有之，地至岐，岐以东献之周。'《诗》正义曰：郑氏《诗谱》言：'横有周西都宗周畿内八百里之地。'则是全得西畿。与《本纪》异。"王应麟写道："案：终南之山在岐之东南。大夫之戒襄公，已引《终南》为喻，则襄公亦得岐东，非唯自岐以西也。如《本纪》之言，文公献岐东于周，则秦之东境终不过岐。而春秋之时，秦境东至于河，明襄公救周即得之矣。"王应麟于是认为："《本纪》之言，不可信也。"②王应麟《诗地理考》卷二"《终南》"条又写道："孔氏曰：《本纪》云赐襄公岐以西之地，文公收周余民有之，地至岐，岐以东献之周。则襄公所得，自岐以西。如《郑谱》则是全得西畿。案：终南山在岐之东南。大夫之戒襄公引《终南》为喻。则襄公亦得岐东，非唯自岐以西。《地理志》：秦地濒南山，近夏阳，多险阻轻薄。李氏曰：终南西距凤翔、武功，北距万年、长安。"③如果说"襄公亦得岐东"，甚至"秦境东至于河"，则秦文公"收周余民有之"或如王应麟所谓"取周余民有之"，应当包括"东至于河"的"周余民"。

但是，也有学者用《史记·秦本纪》说。如宋人欧阳修《诗本义·蒹葭》写道：

① 〔宋〕魏了翁撰：《毛诗正义》卷六下，宋淳祐十二年刻本，第151页。
② 〔宋〕王应麟撰：《困学纪闻》卷一一，四部丛刊三编景元本，第183页。
③ 〔宋〕王应麟撰：《诗地理考》卷二，明津逮秘书本，第28—29页。

"十二年,伐戎至岐而卒。子文公立,居西垂宫。十六年,以兵伐戎,戎败走,于是遂收周余民有之,地至岐。"①严粲《诗缉·国风》引"欧阳曰"字句略异:"襄公十二年,伐戎至岐而卒,子文公立十六年,以兵伐戎,戎败走,遂取周余民而有之,地至岐。盖自戎侵夺岐丰,周遂东迁,虽以岐丰赐秦,使自攻取。而终襄公之世,不能取之,但尝以一兵至岐。至文公始逐戎而取岐丰之地。"②《诗瀋·终南》:"史称秦襄伐戎至岐而卒,子文公立十六年,始伐戎,收周余民有之,地至岐。如所言,则自《小戎》以下皆文公之诗也。孔氏以《史》不足据,襄公救周即得之,当如序说。"又说:"欧阳氏及《纲目》前编皆宗《史记》,不知《史记》本《鲁诗》耳。"③

不过,我们读《史记·六国年表》,其中明确说"文公踰陇,攘夷狄,尊陈宝,营岐雍之间",又强调原始资料来自秦国官修史书:"太史公读《秦记》,……"④而秦文公执政时正当秦国史官正式启动历史记载的时代。⑤《史记·秦本纪》:"(秦文公)十三年,初有史以纪事,民多化者。十六年,文公以兵伐戎,戎败走。于是文公遂收周余民有之,地至岐,岐以东献之周。"⑥《秦记》开篇第三年的记录,应当郑重可信。⑦

《诗·秦风·小戎》毛亨序:"《小戎》,美襄公也。备其兵甲以讨西戎。西戎方强,而征伐不休,国人则矜其车甲,妇人能闵其君子焉。"宋人李樗《毛诗集解》就此讨论,说到"文公十六年伐戎,戎败走,于是文公遂收周余民有其地",没有论及分成"岐以西""岐以东"。这样"周余民"及其"地"的指向不能明朗。但是所论关于周秦文化基本品质和风格的比较是很有意思的:

> 观周自后稷以农事开国,故其民有恺悌和易之心,而其风俗卒归于忠厚。……观《国风》之诗,其言多于耕耨播种之事,则可见矣。周文武所以能成周家之治者,以其后稷有以遗之也。始皇所以能混一海内者,亦秦襄公有以遗之也。观后稷之稼穑,可以知

---

① 〔宋〕欧阳修撰:《诗本义》卷四,四部丛刊三编景宋本,第 22 页。
② 〔宋〕严粲撰:《诗缉·国风》,明味经堂刻本,第 165 页。
③ 〔清〕范家相撰:《诗瀋》卷九,文渊阁四库全书本,第 56 页。
④ 《史记》,第 685 页。
⑤ 王子今:《秦史学史的第一页:〈史记〉秦文公、史敦事迹》,《渭南师范学院学报(社会科学版)》2020 年第 7 期。
⑥ 《史记》,第 179 页。
⑦ 王子今:《〈秦记〉考识》,《史学史研究》1997 年第 1 期;《〈秦记〉及其历史文化价值》,《秦文化论丛》第 5 辑,西北大学出版社 1997 年版;《秦文化论丛选辑》,三秦出版社 2004 年版。

周家卜世卜年之过历,观襄公之使民矜车甲,则可以知秦之传祚二世而不及其期,非一朝一夕之故,其所由来者有渐矣。①

从"上农"②与"矜武"的比较看周秦文化,则可以体会秦"收周余民"的人口政策的文化深意。指出秦始皇实现统一"亦秦襄公有以遗之也",也是值得重视的历史认识。

（五）"收周余民有之"与农耕生产水准的提升

秦文公"收周余民有之",具有非常明显的积极意义。此后秦国力的迅速提升说明了这一点。考古资料表明,"(秦人)东周初的青铜器,显然继承了西周青铜器的风格",这当然与"周余民"中的手工业工匠转而服务于秦有关。战国前期秦墓"开始出现陶车、陶牛、陶囷之类的陶模型,为汉墓普遍存在的各种陶模型的先声"。③ 其中"陶牛"象征耕作动力,"陶车、陶牛"共同反映农田运输能力受到重视。④ 而最早的以陶牛牵引的双辕车模型,就出土在凤翔战国初期秦墓。BM103 出土 2 件牛车模型,牛一牡一牝,两车车辆形制相同,出土时陶车轮置于牛身后两侧,其间有木质车辕及轴、舆等车具朽痕,可以看到车辕为 2 根。⑤ 这是中国发现的最早的双辕车模型,也是世界最早的标志双辕车产生的实物资料。两件牛车模型出土于同一座小型墓葬中,且牛为一牡一牝,可以说明秦国民间运输生产资料的普及程度。⑥ 李学勤指出,"至今为止,年代最早的一件东周铁器,应推 1978 年在甘肃省灵台县景家庄 1 号墓出土的一把短剑"。这座墓的年代为"春秋前期",发现地点在周人早期开发而后来被秦作为东进根据地的地方。"剑的国别无疑属于秦国"。⑦ 雷从云统计春秋战国铁器的发现,"其国别当分属秦、

---

① 〔宋〕李樗撰:《毛诗集解》卷一四,文渊阁四库全书本,第 229、232—233 页。

② 秦始皇琅玡刻石:"上农除末,黔首是富。"

③ 李学勤:《东周与秦代文明》,上海人民出版社 2007 年版,第 138—139 页。

④ 王子今:《秦汉农田道路与农田运输》,《中国农史》1991 年第 3 期;收入李蓉主编:《青川郝家坪战国墓木牍考古发现与研究》,巴蜀书社 2018 年版。

⑤ 吴镇烽、尚志儒:《陕西凤翔八旗屯秦国墓葬发掘简报》,《文物资料丛刊》第 3 辑,文物出版社 1980 年版。

⑥ 王子今:《秦汉交通史稿(增订版)》,中国人民大学大学出版社 2013 年版,第 17、114 页。

⑦ 李学勤:《东周与秦代文明》,上海人民出版社 2007 年版,第 203 页。

齐、吴、楚、郑等国"，秦国列居第一。"器物的种类，以手工业工具和农具为多"。"年代估计为春秋中或晚期"的"凤翔南指挥 1 号墓出土的铁铲""系铸成，形制和汉代同类器颇相近似"，①体现出制作工艺的成熟。铁制农具用于农田耕作，创造了当时最先进的生产条件。

"周余民"加入秦国农耕生产的意义，受到史家重视。钱穆说："周幽王被犬戎攻击，秦襄公派兵援周，力战有功。等到平王东迁，襄公又派兵送周平王。因此周平王将岐周以西的地方封给秦襄公，从此秦国就列为诸侯。秦国再渐渐的剪灭泾渭平原的游牧部族，并且收容了周室的遗民。于是关中平原也都归入了秦国之手。"②林剑鸣在《秦史稿》中强调了"收周余民有之"对于秦史的特殊意义，以为"'收周余民'初步奠定国基"。他写道："秦文公率兵至岐以后，虽然在五十年内领地没有显著扩大，但这个时期却是秦国发展史上的关键时期。因为，正是在这个时期，秦国取得了发展经济的两个重要条件——优越的自然环境和充足的劳动力。""这里是我国农业生产发展最早的地区之一，这在客观上为秦国农业生产的发展，提供了有利的条件。"这是从国土的角度分析了秦国发展的新的条件。而又有相当重要的条件，表现为国民的增益，保障了"充足的劳动力"。林剑鸣在论说秦人占据"农业生产发展最早的地区之一"的意义之后，又写道："但是，还不仅如此。秦至岐后，就将原来在这里而没有随平王东迁的'周余民'接受过来。这些'周余民'的加入，对秦国经济结构的变化发生重要的影响。""秦在这个农业发达的地区建国，又将具有较高技术水平的周人接收过来，就很快地放弃了原来的以游牧为主的生活方式，而接受较高文明，这是十分自然的事。"③对于这一历史现象的意义，林剑鸣进行了如下总结："这样，秦至岐的五十年，正是他

---

① 雷从云：《三十年来春秋战国铁器发现述略》，《中国历史博物馆馆刊》1980 年第 2 期；李学勤：《东周与秦代文明》，上海人民出版社 2007 年版，第 203—206 页。

② 钱穆：《秦汉史》，中国文化书院出版部 1980 年版，第 1 页。

③ 林剑鸣分析，"周本是一个农业民族，相传其祖先后稷就'好耕农，相地之宜，宜谷者稼穑焉'（《史记·周本纪》），周人的祖先从公刘时代起，就在岐山之下'修后稷之业'，大力发展农业生产，所以这里的人民'有先王遗风，好稼穑'（《汉书·地理志》）。到秦建国前夕，周人的农业生产水平是相当高的。在生产工具方面，仅据《诗经》出现的名称就有：耒、耜、钱、镈、铚、艾、斧等等。农作物的种类已经有：黍、稷、秬、秠、芑、禾、穋、稙、穉、稻、莱、菽，和麻、瓜、瓞、桑等，以及杏、梅、棘等果树。"论者接着写道："正如马克思指出的：'野蛮的征服者总是被那些他们所征服的民族的较高文明所征服，这是一条永恒的历史规律。'（《马克思恩格斯选集》第二卷第七十页）"今按，此说似不妥。秦人与"周余民"的关系，和周人与"殷余民"的关系不同，其间不存在"征服"与"被征服"的对应关系。

们由游牧经济最后完全转入农业经济的关键时期,也是秦国社会发展中的重要历史阶段,它为秦国以后的发展奠定了最初的基础。"①当然,秦人在"至岐"之前是否经营"游牧经济"以及坚持"以游牧为主的生活方式"的判断,还可以深入讨论。秦人在"西垂"地方应以畜牧业和林业为经济形式的重心。进入渭河平原之后,农耕经济的比重应当已经上升。而"收周余民有之"的历史变化,一定显著提升了农业耕作的技术水准。

有的论著写道,秦文公扩地至岐,"原留在这里的周的余民也归属于秦。至此秦才真正有了一块稳定的国土。这里位于汧渭之间的河谷地区,土地肥美,水草丰盛,宜于畜牧,而且是周文化的发祥地,有着较先进的农业、手工业。秦人承袭周文化的遗产,大大促进了秦人经济、文化的发展,为秦在西方的兴起奠定了基础"。② 以为"岐"地"位于汧渭之间的河谷地区"的认识是错误的,应在"汧渭之间的河谷地区"以东。③ 而以为这里"土地肥美,水草丰盛,宜于畜牧",其次才"是周文化的发祥地,有着较先进的农业、手工业"的表述,以为"宜于畜牧"的条件在农耕生产之先,也是需要斟酌的。不过,指出秦人在国土与国民两个方面全面"承袭周文化的遗产,大大促进了秦人经济、文化的发展"的判断,是准确的。

"周余民"的融入,在精神生活方面也有利于秦人对周人的礼乐文明传统的继承。有学者认为,春秋时期"秦人对周文化的吸收只限于物质的层面,而对文化的深层,即制度、价值层面则没有触及"。④ 刘军社以为这样的认识"是不尽全面的"。他从考古资料出发,指出秦人在"宗庙与宗法制度""埋葬制度""礼乐制度"诸方面都对周文化有所"承袭",可以说"春秋时期周礼通行于秦国"。⑤ 秦穆公问由余:"中国以诗书礼乐法度为政,然尚时乱,今戎夷无此,何以为治,不亦难乎?"由余肯定"戎夷"之"治":"上含淳德以遇其下,下怀忠信以事其上,一国之政犹一身之治,不知所以治,此真圣人之治也。"秦穆公于是称"由余贤",以为"邻国

---

① 林剑鸣:《秦史稿》,上海人民出版社 1981 年版,第 39—40 页。

② 王云度、张文立:《秦帝国史》,陕西人民教育出版社 1997 年版,第 7 页。

③ 谭其骧主编:《中国历史地图集》,中国地图出版社 1982 年版,第 1 册第 17—18、22—23 页。

④ 陈春慧:《从文化结构看秦对外来文化的吸收》,《秦文化论丛》第 3 辑,西北大学出版社 1994 年版。

⑤ 刘军社:《秦人吸收周文化问题的探讨》,《文博》1999 年第 1 期。

有圣人"。① 前引李学勤说，秦墓出土"东周初的青铜器，显然继承了西周青铜器的风格"，所谓"显然继承了西周青铜器的风格"的文物实证，或许可以帮助我们理解"周余民"的文化素质和文化作用。但是总体说来，秦人对周文化的宗法制度和礼乐制度的继承是片断的、局部的、有所选择的。收纳"周余民"的直接意义，是对周人"较先进的农业"的学习，从而实现了农耕生产能力方面的进步。

秦"收周余民有之"，是向东方进取的历程中意义重要的步骤，既是明智的历史表现，也显现了秦文化的开放精神、实用原则与科学精神。对比秦占领三晋地方曾经"出其民""出其人"的政策，②可知对"周余民"文化资质与技术能力的明显看重。

（六）对于"周余民"的文化追忆

有学者指出，周人重视农业，郊天祀典以"后稷"为配享神。而秦人"'畤郊上帝'仪式中的神祇也具有农业神性"。③ 周秦神学继承关系或许与"周余民"的历史作用有关。除了信仰世界的共同点之外，"上农"成为秦基本国策，④执政者"务耕织"，⑤极力引导鼓励百姓"力农工"，⑥以"男乐其畴，女修其业，事各有序"⑦为理想经济秩序，很可能确实受到"周余民"社会文化表现的影响。他们自秦建国初期就开始参与起先为周地，后来为秦地的农耕生产经营，成为秦农业成就的

---

① 《史记·秦本纪》，第192—193页。

② 《史记·樗里子甘茂列传》：秦惠王八年（前330），"爵樗里子右更，使将而伐曲沃，尽出其人，取其城，地入秦"。第2307页。《史记·秦本纪》：秦惠文王十三年（前325），"使张仪伐取陕，出其人与魏"。第206页。《史记·六国年表》：魏哀王五年（前314），"秦拔我曲沃，归其人"。第732页。《史记·秦本纪》：秦昭襄王二十一年（前286），"（司马）错攻魏河内。魏献安邑，秦出其人，募徙河东赐爵，赦罪人迁之"。第212页。参看王子今：《秦兼并战争中的"出其人"政策——上古移民史的特例》，《文史哲》2015年第4期。

③ 原昊：《商周秦汉神祇的农业神性研究》，华中师范大学2015年博士学位论文，导师：董恩林教授，摘要第2页，第155页。

④ 秦始皇琅琊刻石："上农除末，黔首是富。"《史记·秦始皇本纪》，第245页。

⑤ 贾谊《过秦论》追述商鞅变法："当是时，商君佐之，内立法度，务耕织，修守战之备，外连衡而斗诸侯，于是秦人拱手而取西河之外。"《史记·秦始皇本纪》，第278—279页。又《史记·陈涉世家》褚少孙补述，第1962页。

⑥ 《史记·秦始皇本纪》载李斯语："今天下已定，法令出一，百姓当家则力农工。"第255页。

⑦ 秦始皇碣石刻石，《史记·秦始皇本纪》，第252页。

功臣。秦人可能受到"周余民"影响生成的尊崇具有"农业神性""神祇"的文化基因,在遥远的新征服地区也有表现。里耶秦简和周家台秦简"祠先农"简文的内容,可以作为出土文献的证明。①

《史记》及《史记》解读者所谓"周人承之以文",②"周人既纤",③"后稷稼穑",④世为传统,"公刘适邠,大王、王季在岐,文王作丰,武王治镐,故其民犹有先王之遗风,好稼穑,殖五谷,地重,重为邪",⑤都反映了"周人""其民"的文化风格。《吕氏春秋·上农》写道:"古先圣王之所以导其民者,先务于农。""后稷曰:'所以务耕织者,以为本教也。'"《吕氏春秋·任地》亦引"后稷曰"。⑥可知"为儿时""其游戏,好种树麻、菽,麻、菽美。及为成人,遂好耕农,相地之宜,宜谷者稼穑焉,民皆法则之"的周人先祖"后稷",⑦是被成书于秦地的《吕氏春秋》看作"古先圣王"的。

"周余民"成为一种文化符号,后世人民往往借相关追忆,作为多种思绪的寄托。宋人真德秀《送王子文宰昭武》诗写道:"樵川古乐国,谁遣生榛菅。往事忍复言,念之辄长叹。子往字其人,寄任良亦艰。伤哉周余民,十室九孤鳏。深心察苛痒,摩手苏痡瘝。愿加百倍功,勿作常时观。"⑧又宋人冯时行《龙鹤祷雨》诗:"青曦弄骄晖,绍兴丙辰年。嗷嗷周余民,生理谅难全。令尹谢不敏,来上天公笺。一念如丝芒,已斡造化权。夜半雷绕山,雨出山之巅。凌晨眺四郊,草木亦欣然。"⑨诗句中,"周余民"以"十室九孤鳏""生理谅难全"境遇,成为"长叹"

① 宋超:《"先农"与"神农炎帝"——以里耶、周家台秦简为中心的讨论》,中国(宝鸡)炎帝·姜炎文化与民生高层学术论坛,宝鸡,2009 年 9 月;田天:《先农与灵星:秦汉地方农神祭祀丛考》,《中国国家博物馆馆刊》2013 年第 8 期;田旭东:《秦简中的"祠五祀"与"祠先农"》,《西部考古》第 12 辑,科学出版社 2016 年版;李国强:《周家台"祠先农"简的释、译与研究》,《中国文化研究》2016 年第 2 期。

② 《史记·高祖本纪》,第 393 页。《史记·梁孝王世家》司马贞《索隐》:"周人尚文,尊尊,谓尊祖之正体。"第 2091 页。

③ 《史记·货殖列传》,第 3279 页。

④ 《史记·封禅书》,第 1357 页。

⑤ 司马贞《索隐》:"言重耕稼也。""重者,难也。畏罪不敢为奸邪。"张守节《正义》:"言关中地重厚,民亦重难不为邪恶。"《史记·货殖列传》,第 3261 页。

⑥ 许维遹撰,梁运华整理:《吕氏春秋集释》,中华书局 2009 年版,第 682、684、687 页。

⑦ 《史记·周本纪》,第 112 页。

⑧ 〔宋〕陈思编:《两宋名贤小记·西山先生诗集二》,文渊阁四库全书本,第 1280 页。又《闽诗录》丙集卷一一题《送王子文宰邵武塾》,清宣统三年刻本,第 249 页。

⑨ 〔宋〕冯时行撰:《缙云文集》卷一,清赵氏小山堂钞本,第 2 页。

"伤哉"的对象。文天祥《葬无主墓碑》："借问葬者谁,承平百世祖。亦有周余民,战骨委黄土。"诗人所谓"雨衣淋漓,字画漫灭",潇潇"风雨",匆匆"道傍",①也是一派哀伤气象。

清诗又可见查慎行《重阳前四日沿海堤入邑城道中感赋》："有如经战地,颠倒横僵尸。果然周余民,惨惨靡孑遗。赴死聚百族,偷生无一机。"②诗人言"战地""颠倒","赴死"而"无""生""机"。这里"周余民"名号在"惨惨"的历史场景和文化氛围之中,体现出一种悲壮的精神。

又有文献可见以"保周余民,还夏旧物"作为"大德"之政、"恢复之功"之象征的情形。③ 所谓"周余民"与"夏旧物"形成对应关系。其身份,成为遭遇冲击、摧毁的古文化的代表性符号。

后世人们的"周余民"咏叹,多含同情意味。但是秦文公时代融入秦人社会的"周余民",也许并没有特别深切的苦痛。他们作为农耕生产的技术骨干很可能曾经受到一定的尊重。

---

① 〔宋〕文天祥撰：《文山集》卷一五别集,《四部丛刊》景明本,第340页。

② 〔清〕查慎行撰：《敬业堂诗续集》卷三《余生集上》,清乾隆查学等刻本,第32页。

③ 〔宋〕李正民撰：《天申节贺表》,《大隐集》卷四,文渊阁四库全书本,第35页。

三、战国秦代"西—雍"交通

"西"与"雍"都曾经是秦国崛起时代的政治文化中心。两地之间的交通联系，在秦交通史进程中具有至为重要的地位。"西""雍"共同的神学影响，使得执政者频繁往来"西—雍"恭敬礼祀，促成这条交通线路的建设和养护，应达到帝王乘舆顺利通行的水准。西汉时期，这一情形依然继续。考察战国秦汉时期受到高度重视的"西—雍"交通线，应当关注自关中平原中部向西实现与西域联系的"丝绸之路"系统"陇道"的交通格局。

（一）"西—雍"早期交通

秦人有重视交通的传统。[①] 据《史记·秦本纪》："非子居犬丘，好马及畜，善养息之。犬丘人言之周孝王，孝王召使主马于汧渭之间，马大蕃息。"关于"汧渭之间"，张守节《正义》："言于二水之间，在陇州以东。"秦人的产业经营，发展空间已经由长江流域的西汉水上游转移至黄河流域的"汧渭之间"。这一变化应当与联系"犬丘"与"汧渭之间"两地的交通道路开拓有关。从"好马""主马"及"马大蕃息"等记载看，这一交通线路的使用，或许已经以"马"作为主要运输动力。

秦襄公时代，秦人向东进取的交通行为又明确见于《秦本纪》的记载："秦襄公将兵救周，战甚力，有功。周避犬戎难，东徙雒邑，襄公以兵送周平王。"这成为秦立国的重要契机。秦襄公"始国"后，"祠上帝西畤。十二年，伐戎而至岐，卒。生文公"。秦襄公东行"救周"之后，又回到"西""祠上帝"。随后又东进"伐戎"。从"至岐，卒"的文字，可知秦襄公大概在"岐"去世。《秦本纪》又记载："文公元年，居西垂宫。三年，文公以兵七百人东猎。四年，至汧渭之会。曰：'昔周邑我先秦嬴于此，

---

① 王子今：《秦国交通的发展与秦的统一》，《史林》1989 年第 4 期。

后卒获为诸侯。'乃卜居之,占曰吉,即营邑之。十年,初为鄜畤,用三牢。……十六年,文公以兵伐戎,戎败走。于是文公遂收周余民有之,地至岐,岐以东献之周。"看来秦人往来"西—岐"之间,当时似乎并不需要克服很严重的交通困难。

还应当注意,导致"秦襄公将兵救周"的"西戎犬戎与申侯伐周,杀幽王郦山下"这一民族史与战争史事件,其实也可以看作交通史信息。也就是说,"西戎犬戎""伐周"的军事行为,也曲折体现出秦人之外的西北少数民族对这一交通线路建设的历史贡献。

(二)"西"与"雍"的畤

秦人对于"畤"的设置和经营,表现出与东方诸国神学信仰有所不同的极具个性的文化精神。司马迁记述相关历史事实时所谓"僭端见矣"的评论,透露出人们对于秦人作"畤"行为背后的文化意义的重视。关于秦诸畤的陆续设立,《史记·封禅书》中有这样的记录:

> 秦襄公既侯,居西垂,自以为主少暤之神,作西畤,祠白帝,其牲用骝驹黄牛羝羊各一云。

这是史籍记载最早的白帝纪念的记录。裘锡圭研究上海博物馆藏战国楚简《子羔》篇有关商得金德传说的内容引录秦襄公"作西畤,祠白帝"事,指出:"《封禅书》记秦人祀神之事颇详,当有秦人记载为据。如此处所记无误,则早在东西周之交,以少暤为白帝的说法即已存在。"[①]秦人的"西畤"经营与"始国"的历史变化直接相关。《史记·秦本纪》:"周避犬戎难,东徙雒邑,襄公以兵送周平王。平王封襄公为诸侯,赐之岐以西之地。曰:'戎无道,侵夺我岐、丰之地,秦能攻逐戎,即有其地。'与誓,封爵之。襄公于是始国,与诸侯通使聘享之礼,乃用骝驹、黄牛、羝羊各三,祠上帝西畤。"司马贞《索隐》:"襄公始列为诸侯,自以居西,西,

---

① 裘锡圭:《释〈子羔〉篇"铫"字并论商得金德之说》,《中国简帛学国际论坛 2006 论文集》,武汉大学简帛研究中心、台湾大学中文系、芝加哥大学顾立雅中国古文字学中心,2006 年;《简帛》第 2 辑,上海古籍出版社 2007 年版;收入《裘锡圭学术文集·简牍帛书卷》,复旦大学出版社 2012 年版,第 496—503 页。

县名,故作西畤,祠白帝。畤,止也,言神灵之所依止也。亦音市,谓为坛以祭天也。"秦襄公虽然已经得到"岐以西之地",却仍然"自以居西","故作西畤"。《史记·封禅书》秦襄公"作西畤,祠白帝"事之后紧接着又记载:

> 其后十六年,秦文公东猎汧渭之间,卜居之而吉。文公梦黄蛇自天下属地,其口止于鄜衍。文公问史敦,敦曰:"此上帝之征,君其祠之。"于是作鄜畤,用三牲郊祭白帝焉。
>
> 自未作鄜畤也,而雍旁故有吴阳武畤,雍东有好畤,皆废无祠。或曰:"自古以雍州积高,神明之隩,故立畤郊上帝,诸神祠皆聚云。盖黄帝时尝用事,虽晚周亦郊焉。"其语不经见,缙绅者不道。

此后又有"陈宝"之祠的设立,"作鄜畤后九年,文公获若石云,于陈仓北阪城祠之。其神或岁不至,或岁数来,来也常以夜,光辉若流星,从东南来集于祠城,则若雄鸡,其声殷云,野鸡夜雊。以一牢祠,命曰陈宝"。《史记·封禅书》还记载:

> 作鄜畤后七十八年,秦德公既立,卜居雍,"后子孙饮马于河",遂都雍。雍之诸祠自此兴。用三百牢于鄜畤。作伏祠。磔狗邑四门,以御蛊菑。①
>
> 德公立二年卒。其后四年,秦宣公作密畤于渭南,祭青帝。

畤,作为秦人基于自己神学理念的文化发明,在上古信仰史上有重要的地位。随着秦人东进的足迹,神祠建设的新格局又在东方得以开创。于是出现了"西""雍"礼祀形式大致共同的畤。② 畤由"西"而"雍"的营造,一方面体现了进取精神,一方面则体现了对传统的坚持。从交通史的视角观察相关现象,也是有意义的。

(三)《史记》"西雍"辨正

《史记·秦始皇本纪》:"二世皇帝元年,年二十一。赵高为郎中令,任用事。"

---

① 关于"磔狗邑四门,以御蛊菑"的理解,参看王子今:《秦德公"磔狗邑四门"宗教文化意义试说》,《中国文化》总第 12 期,又:《周秦文化研究》,陕西人民出版社 1998 年版。

② 王子今:《秦人的三处白帝之祠》,徐卫民、雍际春主编:《早期秦文化研究》,三秦出版社 2006 年版。

随即有关于"始皇庙"的讨论：

> 二世下诏，增始皇寝庙牺牲及山川百祀之礼。令群臣议尊始皇庙。群臣皆顿首言
> 曰："古者天子七庙，诸侯五，大夫三，虽万世世不轶毁。今始皇为极庙，四海之内皆献贡
> 职，增牺牲，礼咸备，毋以加。……先王庙或在西雍，或在咸阳。天子仪当独奉酌祠始皇
> 庙。自襄公已下轶毁。所置凡七庙。群臣以礼进祠，以尊始皇庙为帝者祖庙。皇帝复
> 自称'朕'。"

所谓"先王庙或在西雍，或在咸阳"之"西雍"，张守节《正义》："西雍在咸阳西，今
岐州雍县故城是也。又一云西雍，雍西县也。"[①]

张守节《正义》提出了两种解说：第一："西雍在咸阳西，今岐州雍县故城是
也。"第二："又一云西雍，雍西县也。"虽然重视了"西县"的地位，但是仍以为"西
雍"是一个地名。其实，"西雍"应断读为"西、雍"。是说"西"和"雍"。

"西"，在天水礼县。这里发现了秦早期遗迹，其中包括祭祀建筑基址。《汉
书·地理志下》：

> 陇西郡，秦置。莽曰厌戎。户五万三千九百六十四，口二十三万六千八百二十四。有
> 铁官、盐官。县十一：狄道，白石山在东。莽曰操虏。上邽，安故，氐道，《禹贡》养水所出，至武
> 都为汉。莽曰亭道。首阳，《禹贡》鸟鼠同穴山在西南，渭水所出，东至船司空入河，过郡四，行千八
> 百七十里，雍州浸。予道，莽曰德道。大夏，莽曰顺夏。羌道，羌水出塞外，南至阴平入白水，过郡
> 三，行六百里。襄武，莽曰相桓。临洮，洮水出西羌中，北至枹罕东入河。《禹贡》西顷山在县西，
> 南部都尉治也。西，《禹贡》嶓冢山，西汉所出，南入广汉白水，东南至江州入江，过郡四，行二千七
> 百六十里。莽曰西治。[②]

其中有关"西"的内容值得重视："西，《禹贡》嶓冢山，西汉所出，南入广汉白水，东
南至江州入江，过郡四，行二千七百六十里。莽曰西治。"

《史记·秦本纪》："周宣王乃召庄公昆弟五人，与兵七千人，使伐西戎，破之。

于是复予秦仲后,及其先大骆地犬丘并有之,为西垂大夫。"张守节《正义》:"《水经》云:'秦庄公伐西戎,破之,周宣王与大骆犬丘之地,为西垂大夫。'《括地志》云:'秦州上邽县西南九十里,汉陇西西县是也。'"①明确指出其地在"汉陇西西县"。

所谓"先王庙或在西雍,或在咸阳",应当读作"先王庙或在西、雍,或在咸阳"。理解此说,应当关注秦人"先王庙"分置于"西""雍""咸阳"的事实。

(四)"西""雍"神祀中心及其交通联系

自春秋时期起,中原以外地方政治势力崛起,即《史记·周本纪》所谓"齐、楚、秦、晋始大",②《史记·齐太公世家》所谓"唯齐、楚、秦、晋为强"。③

这些原先处于边缘地位的政治实体迅速强盛,出现了《荀子·王霸》所谓"虽在僻陋之国,威动天下","皆僻陋之国也,威动天下,强殆中国"④的局面。

战国时期各强国的迁都方向则大致显示向中原靠拢的趋势,燕、赵、魏、楚、越、秦都表现出这样的动向。这说明中原在统一进程中的文化重心地位重新受到重视。其中秦由西而东的迁都方向尤其典型。

在这样的历史背景下,秦人的神祀重心实现了由"西"向"雍"继而向"咸阳"的横向转移。

这与秦向东发展的战略方向是一致的。"西—雍—咸阳"神祀重心的变化,也符合秦"公—霸—王—帝"的政治影响力上升的历史进程。

据前引《史记·秦始皇本纪》,在"始皇庙"营造之前,"先王庙或在西、雍,或在咸阳"。而位于"西""雍"两地的其他诸神祠,如《史记·封禅书》记载:

雍有日、月、参、辰、南北斗、荧惑、太白、岁星、填星、辰星、二十八宿、风伯、雨师、四

---

① 《史记》,第178页。
② 《史记》,第149页。
③ 《史记》,第1491页。又《史记·秦本纪》:"齐、晋为强国。"第183页。《史记·匈奴列传》:"当是之时,秦晋为强国。"第2883页。《汉书·五行志下之上》:"是时中国齐晋、南夷吴楚为强。"颜师古注:"中国则齐、晋为强,南夷则吴、楚为强。"第1463页。
④ 〔清〕王先谦撰,沈啸寰、王星贤点校:《荀子集解》,中华书局1988年版,第205页。

海、九臣、十四臣、诸布、诸严、诸逑之属，百有余庙。① 西亦有数十祠。

所谓"西亦有数十祠"，司马贞《索隐》："西即陇西之西县，秦之旧都，故有祠焉。"这些"庙""祠"，"各以岁时奉祠"。②《封禅书》还写道："雍菅庙亦有杜主。杜主，故周之右将军，其在秦中，最小鬼之神者。"③"雍……百有余庙。西亦有数十祠。"形成了两个神祀重心。这一情形在西汉时依然得以继承。

《封禅书》记述了建国初期汉帝国的领袖刘邦对秦王朝祠祀体系的态度：

> 二年，东击项籍而还入关，问："故秦时上帝祠何帝也？"对曰："四帝，有白、青、黄、赤帝之祠。"高祖曰："吾闻天有五帝，而有四，何也？"莫知其说。于是高祖曰："吾知之矣，乃待我而具五也。"乃立黑帝祠，命曰北畤。有司进祠，上不亲往。

对于"故秦时"祠祀传统除"立黑帝祠，命曰北畤"，实现"具五"而外，其他竟然全面予以继承：

> 悉召故秦祝官，复置太祝、太宰，如其故仪礼。因令县为公社。下诏曰："吾甚重祠而敬祭。今上帝之祭及山川诸神当祠者，各以其时礼祠之如故。"

裴骃《集解》引徐广曰："《高祖本纪》曰'二年六月，令祠官祀天地四方上帝山川，以时祀也'。"④

所谓"悉召故秦祝官"，"如其故仪礼"，"各以其时礼祠之如故"，体现出对"故秦""故仪礼""故""礼祠"形式的总体继承。所谓"雍有……百有余庙"，"西亦有数十祠"的情形，应当依然得以维持。甘肃礼县西山礼祀遗址发现西汉祭祀遗存的考古收获，提供了可以说明这一历史事实的实证。

---

① 《汉书·郊祀志上》颜师古注："风伯，飞廉也。雨师，屏翳也，一曰屏号。而说者乃谓风伯箕星也，雨师毕星也。此《志》既言二十八宿，又有风伯、雨师，则知非箕、毕也。九臣、十四臣，不见名数所出。诸布、诸严、诸逐，未闻其义。逐字或作述。"第1207页。

② 《史记》，第1375页。

③ 《史记》，第1375页。《汉书·郊祀志上》颜师古注："其鬼虽小而有神灵也。"第1207页。

④ 《史记》，第1378页。

"各以岁时奉祠"的制度,自然要求"西—雍"之间必须有高等级的交通道路。即使"上不亲往",但是仍必须"有司进祠",这一道路的建造和养护,应保证良好的通行条件。

(五)"西—雍""通权火"的可能

《史记·封禅书》记载,秦汉诸畤间礼祀活动曾经采用"通权火"的信息发布形式,在"上不亲往"的情况下传递敬意:

> 唯雍四畤上帝为尊,其光景动人民唯陈宝。故雍四畤,春以为岁祷,因泮冻,秋涸冻,冬塞祠,五月尝驹,及四仲之月月祠,若陈宝节来一祠。春夏用骍,秋冬用駵。畤驹四匹,木禺龙栾车一驷,木禺车马一驷,各如其帝色。黄犊羔各四,珪币各有数,皆生瘗埋,无俎豆之具。三年一郊。秦以冬十月为岁首,故常以十月上宿郊见,通权火,拜于咸阳之旁,而衣上白,其用如经祠云。西畤、畦畤,祠如其故,上不亲往。

"通权火",裴骃《集解》:"张晏曰:'权火,烽火也,状若井絜皋矣。其法类称,故谓之权。欲令光明远照通祀所也。汉祠五畤于雍,五里一烽火。'如淳曰:'权,举也。'"司马贞《索隐》:"权,如字,解如张晏。一音爟,《周礼》有'司爟'。爟,火官,非也。"[①]所谓"权火","状若井絜皋",即类同桔槔的形式,一如当时称重工具状如天平的"权"。简单的"权,举也"的解说,未能准确地表现"权火"的具体形制。

以"烽火""欲令光明远照通祀所也",是利用光的传递速度的一种特殊的信息交通方式。这种形式秦时已经采用,[②]汉世仍然继承,"汉祠五畤于雍,五里一烽火"。"雍"与"咸阳"之间的这种信息传递形式,由下文"西畤、畦畤,祠如其故,上不亲往"推想,"西"与"雍"之间,也很有可能同样采用。

(六)秦始皇二十七年出巡线路

《史记·秦始皇本纪》记述:"二十七年,始皇巡陇西、北地,出鸡头山,过回

---

① 《史记》,第 1376—1377 页。
② 王子今:《试说秦烽燧——以直道军事通信系统为中心》,《文博》2004 年第 2 期。

中。"①这是秦实现统一之后秦始皇第一次出巡。对秦始皇出巡的研究,学者往往多重视"东巡"这一方向,而对"二十七年""巡陇西、北地"似有忽略。② 或说秦始皇"以齐鲁海滨为巡游活动的主要目的地"。③ 或说"(秦始皇)巡游以东巡为主,重点是齐鲁滨海之地"。④ 按照《史记·货殖列传》表达的经济地理学理念,"陇西、北地"与关中同属于一个经济区:"天水、陇西、北地、上郡与关中同俗,然西有羌中之利,北有戎翟之畜,畜牧为天下饶。然地亦穷险,唯京师要其道。"⑤《货殖列传》的文字强调了三点:1. "与关中同俗",2. "畜牧为天下饶",3. "地亦穷险"。这样,从三个方面分析了这一地区的民俗文化、产业经济、交通条件:"与关中同俗",指出"陇西、北地"与"关中"区域文化的类同;"畜牧为天下饶",指出其畜牧业经营优势曾经成为秦富国强兵的重要条件;"地亦穷险,唯京师要其道",指出这里与东方联系必须经由"京师",然而另一方面,东方包括"京师"与西方的联系,也必须利用这里"穷险"的交通条件实现沟通。

张家山汉简《二年律令》相关内容显示的"大关中"的区域观念,也是将"陇西、北地"看作"关中"的共同经济地理与文化地理构成的。⑥

近年考古学者发现秦比较集中的早期遗迹的甘肃甘谷、清水、天水地方,就在陇西郡。甘肃礼县发掘的祀所遗址,有的至西汉初期仍然进行祭祀活动。⑦ 秦始皇二十七年(前220)西巡,其实体现了对秦国文化发祥地及统一战争中基本根据地的特别看重。正是在这里,秦文化得到良好的发育条件。秦人团结奋起成就的政治实体迅速崛起,逐渐向东发展,最终影响了中国历史的走向。秦始皇此次西巡,应当也视察了"秦之旧都"与故祠。⑧ 有学者认为,秦始皇"巡游西

① 《史记》,第241页。

② 黄宛峰:《从东巡看秦始皇对统治思想的探索》,《南都学坛》1995年第4期;张华松:《试探秦始皇东巡的原因与动机》,《东岳论丛》2002年第1期;李传江、张瑞芳:《秦始皇东巡与海洋疆域的拓展》,《兰台世界》2012年第27期;彭逢文:《秦始皇东巡与秦王朝国家认同的建构》,《东岳论丛》2014年第9期。

③ 李瑞、吴宏岐:《秦始皇巡游的时空特征及其原因分析》,《中国历史地理论丛》2003年第3期。

④ 郝建平:《浅析秦始皇之巡游》,《西安财经学院学报》2017年第6期。

⑤ 《史记》,第3262页。

⑥ 参看王子今:《秦汉区域地理学的"大关中"概念》,《人文杂志》2003年第1期。

⑦ 梁云:《对鸾亭山祭祀遗址的初步认识》,《中国历史文物》2005年第5期;甘肃省文物考古研究所、中国国家博物馆、北京大学考古文博学院等编著:《西汉水上游考古调查报告》,文物出版社2008年版,第290—291页。

⑧ 王子今:《秦始皇二十七年西巡考议》,《文化学刊》2014年第6期;又刊雍际春、赵文博、田佐等主编:《秦文化探研——甘肃秦文化研究会第二次学术研讨会论文集》,甘肃人民出版社2015年版。

方祭祀了诸位先王的宗庙,特别是在西县的秦襄公的祖庙",此次出巡的主题即
"到西县告庙祭祖"。李开元还写道:

> 关于秦始皇第一次巡游天下的目的,鹤间和幸先生曾经作过探讨,以为是向先王宗庙
> 报告统一天下的大业完成,樋口隆康先生也附同此说。稻叶一郎先生和桐本东太先生则
> 以为是与防卫匈奴的边防有关。不过,他们做上述的讨论时,西县秦公大墓及其相关的发
> 掘和研究尚未进行。……诸位日本学者的探讨,参见鹤间和幸《秦帝国による道路网の统
> 一と交通法》,收于《中国礼法と日本律令制》,东方书店,1992年(后收入同氏著《秦帝国の
> 形成と地域》第二章第二节《秦帝国による驰道の整备と巡狩》,汲古书院,2013年)。樋
> 口隆康《始皇帝を掘る》,学生社,1996年。稻叶一郎《始皇帝の巡狩と刻石》,《书论》,二五
> 号,1989年。桐本东太《中国古代の民俗と文化》,刀水书店,2004年。①

《史记·秦始皇本纪》关于秦始皇二十七年(前220)政事的记述仅仅只有88
字:"二十七年,始皇巡陇西、北地,出鸡头山,过回中。焉作信宫渭南,已更命信
宫为极庙,象天极。自极庙道通郦山,作甘泉前殿。筑甬道,自咸阳属之。是岁,
赐爵一级。治驰道。"②最后说到"治驰道","治驰道"是非常重要的行政举措。③
驰道的修筑,是秦交通建设事业中最具时代特色的成就。秦始皇二十七年(前
220)"巡陇西、北地"后即宣布"治驰道",因而开启了在中国古代交通史进程中意
义重要的全国交通建设的宏大工程。"治驰道"的设计,应当最初与"陇西、北地"
交通规划有关。现在看来,秦始皇此次出巡中经历"穷险"交通条件的切身体验,
很可能即这一决策的形成缘由。④

---

① 李开元:《秦始皇第一次巡游到西县告庙祭祖说——兼及秦统一后的庙制改革》,《秦汉研究》第
10辑,陕西人民出版社2016年版。

② 裴骃《集解》:"应劭曰:'驰道,天子道也,道若今之中道然。'《汉书·贾山传》曰:'秦为驰道于天
下,东穷燕齐,南极吴楚,江湖之上,滨海之观毕至。道广五十步,三丈而树,厚筑其外,隐以金椎,树以青
松。'"《史记》,第241—242页。

③ 曾经作为秦中央政权主要决策者之一的左丞相李斯被赵高拘执,在狱中上书自陈,历数功绩有七
项,其中包括"治驰道,兴游观,以见主之得意"。《史记·李斯列传》,第2561页。可见修治驰道是统治短
暂的秦王朝行政活动的主要内容之一。

④ 王子今:《秦始皇二十七年西巡考议》,《文化学刊》2014年第6期;又刊雍际春、赵文博、田佐等主
编:《秦文化探研——甘肃秦文化研究会第二次学术研讨会论文集》,甘肃人民出版社2015年版。

四、论伯乐、九方堙为
秦穆公"求马"

伯乐是早期相马技术与《庄子》所谓"治马"经验的总结者与传递者,也实现了先秦至秦汉关于马的动物学知识的文化中继。关于伯乐身份,有晋人、秦人(或赵人、秦人)的不同说法。有学者认为,春秋末年可能"有两伯乐",一为"赵人","另一伯乐为秦人也"。而《吕氏春秋·观表》说到"古之善相马者"以"秦之伯乐、九方堙,尤尽其妙矣"。《淮南子·道应》有伯乐推荐九方堙为秦穆公"求马"的故事,说到"相马"的技术与理念。伯乐举荐九方堙为秦穆公求"良马","三月而反报""得马""沙丘","马至,而果千里之马",或说"马至,果天下之马也"的故事,使人联想到汉武帝时代向西北方向寻求"天马"以改良马种,提升汉王朝骑兵军团战马作战能力的努力。伯乐、九方堙为秦穆公求"天下之马"故事,书写了中国古代养马史重要的一页,也可以看作汉武帝时代"天马"追求的历史先声。

(一) 伯乐"善治马""善驭马"说

《庄子·马蹄》借寓言方式以"治马"言"治天下",说到"伯乐善治马"。所谓"善治马",应当是驯马的专家。但是《庄子·马蹄》有关"治"的政治哲学论辩中,"伯乐"是以负面形象出现的:

> 马,蹄可以践霜雪,毛可以御风寒。龁草饮水,翘足而陆,此马之真性也。虽有义台路寝,无所用之。及至伯乐,曰:"我善治马。"烧之,剔之,刻之,雒之,连之以羁馽,编之以皂栈,马之死者十二三矣;饥之,渴之,驰之,骤之,整之,齐之,前有橛饰之患,而后有鞭笑之威,而马之死者已过半矣。陶者曰:"我善治埴,圆者中规,方者中矩。"匠人曰:"我善治木,曲者中钩,直者应绳。"夫埴木之性,岂欲中规矩钩绳哉?然且世世称之曰

"伯乐善治马，而陶匠善治埴木"，此亦治天下者之过也。

"善治马"，或作"善驭马"。陆德明《释文》："伯乐，姓孙，名阳，善驭马。石氏《星经》云：伯乐，天星名，主典天马。孙阳善驭，故以为名。"①

《庄子·马蹄》论"治天下"的合理方式，认为善于"治天下"者，"以不治治之，乃善治也"。② 而伯乐"治马"的方式，是错误的：

> 夫马，陆居则食草饮水，喜则交颈相靡，怒则分背相踶。马知已此矣。夫加之以衡扼，齐之以月题，而马知介倪、闉扼、鸷曼、诡衔、窃辔。故马之知而态至盗者，伯乐之罪也。

《庄子》以为"伯乐之罪"是以反自然的方式强力违背马的天性，按照郭象注的解说："御其真知，乘其自然，则万里之路可致，而群马之性不失。"按照成玄英的解说："夫马之真知，适于原野，驰骤过分，即矫诈心生，诡窃之态，罪归伯乐也。"但是在技术层面上说，是否可以理解为"伯乐""治马"方式确实应当彻底否定呢？郭象的以下注文或许接近《庄子》的本意："夫善御者，将以尽其能也。尽能在于自任，而乃走作驰步，求其过能之用，故有不堪而多死焉。若乃任驽骥之力，适迟疾之分，虽则足迹接乎八荒之表，而众马之性全矣。而惑③者闻任马之性，乃谓放而不乘；闻无为之风，遂云行不如卧；何其往而不返哉！斯失乎庄生之旨远矣。"④

关于"伯乐"，有"善治马""善驭马"两种说法。《庄子》说"世世称之曰'伯乐善治马'"。《史记·屈原贾生列传》："伯乐既殁兮，骥将焉程兮？"司马贞《索隐》："《战国策》曰：'夫骥服盐车上太山中阪，迁延负辕不能上，伯乐下车哭之也。'"⑤

---

① 成玄英《疏》："《列子》云：姓孙，名阳，字伯乐，秦穆公时善治马人。"郭庆藩辑，王孝鱼整理：《庄子集释》，中华书局1981年版，第330—332页。马非百《秦集史》引作："伯乐者，秦人也，姓孙名阳（《庄子·马蹄篇·释文》）。盖乐天星名，主典天马，故以为名云（《开元占经》引《石氏星经》）"。马非百：《秦集史》，中华书局1982年版，第334页。

② 郭象注。郭庆藩辑，王孝鱼整理：《庄子集释》，中华书局1981年版，第334页。

③ 整理者校："世德堂本惑作或。"郭象注。郭庆藩辑，王孝鱼整理：《庄子集释》，中华书局1981年版，第334页。

④ 郭庆藩辑，王孝鱼整理：《庄子集释》，中华书局1981年版，第339—340、333页。

⑤ 《史记》，中华书局1959年版，第2490、2493页。

《史记·司马相如列传》"阳子骖乘",司马贞《索隐》:"张揖曰:'阳子,伯乐也。孙阳字伯乐,秦缪公臣,善御者也。'"①"伯乐"后来成为天上星座的名号,也是因为胜任"御官"。《晋书·天文志上》:"传舍南河中五星曰造父,御官也,一曰司马,或曰伯乐。"②

(二)《韩非子》伯乐相马故事

但是,从更多的文化迹象看,在当时以及稍后的历史记忆中,"伯乐"是著名的相马专家。

《韩非子·说林下》记述了"伯乐"教人"相踶马"的故事:

> 伯乐教二人相踶马,相与之简子厩观马。一人举踶马,其一人从后而循之,三抚其尻而马不踶,此自以为失相。其一人曰:"子非失相也。此其为马也,踦肩而肿膝。夫踶马也者,举后而任前,肿膝不可任也,故后不举。子巧于相踶马而拙于任肿膝。"夫事有所必归,而以有所,肿膝而不任,智者之所独知也。惠子曰:"置猿于栈中,则与豚同。"故势不便,非所以逞能也。

又有一则伯乐教人"相千里之马"与"相驽马"的故事:

> 伯乐教其所憎者相千里之马,教其所爱者相驽马。千里之马时一,其利缓,驽马日售,其利急。此《周书》所谓"下言而上用者惑也"。

陈奇猷引孙诒让说,以为"此《周书》所谓'下言而上用者惑也'"盖《逸周书》佚文。③《韩非子·显学》也说到"伯乐"相马:

> 夫视锻锡而察青黄,区冶不能以必剑;水击鹄雁,陆断驹马,则臧获不疑钝利。发齿

---

① 《史记》,第3009—3010页。
② 《晋书》,中华书局1974年版,第290页。
③ 陈奇猷校注:《韩非子集释》,上海人民出版社1974年版,第448、453—454页。

吻形容,伯乐不能以必马;授车就驾而观其末涂,则臧获不疑驽良。观容服,听辞言,仲尼不能以必士;试之官职,课其功伐,则庸人不疑于愚智。故明主之吏,宰相必起于州部,猛将必发于卒伍。夫有功者必赏,则爵禄厚而愈劝;迁官袭级,则官职大而愈治。夫爵禄大而官职治,王之道也。

其中"发齿吻形容,伯乐不能以必马;授车就驾而观其末涂,则臧获不疑驽良",都说考察"马"的"驽良"。陈奇猷注:

> 王先谦曰:按五字不成句。形容在外,不待发也。吻下当有二字,与"视锻锡"句相配,而今夺之。物双松曰:观马必启其口而视其齿。蒲阪圆曰:一本形上有相字。津田凤卿曰:按形上恐脱察字,上下文可例。奇猷案:此言相马事,伯乐为善相马者,则一本形上补相字是。《说文》:"吻,口边也。"《十过篇》:"晋献公欲假道于虞以伐虢,乃使荀息以垂棘之璧与屈产之乘赂虞公而求假道焉,(虞公)遂假之道,荀息伐虢以还,反处三年,兴兵伐虞,又克之,荀息牵马操璧而报献公,献公说曰:璧则犹是也,虽然,马齿亦益长矣。"据此,知察马之老幼,必发其口而观其齿,故曰"发齿吻"也。形容者,形貌也。《说林下》:"伯乐教二人相踶马,一人举踶马,其一人从后而循之,三抚其尻而马不踶,此人以为失相。其一人曰:子非失相也,此其为马也,蹳肩而肿膝。夫踶马也者,举后而任前,肿膝不可任也,故后不举,子巧于相踶马,而拙于任肿膝。"据此,知相马之形貌足明马之踶与否,则马之驽良亦当能于此形貌观察而得,故云"相形容"也。今脱相字,义遂不可通。[1]

《韩诗外传》卷七记录孔子语,在论说"贤不肖者、材也,遇不遇者、时也,今无有时,贤安所用哉"这一主题时,说到"伯乐"和"造父":"夫骥罢盐车,此非无形容也,莫知之也,使骥不得伯乐,安得千里之足,造父亦无千里之手矣。"[2]"造父"是可以表现"千里之手"的高明的御者。"伯乐"是善于辨识良马"形容",能够纵其"千里之足"的相马专家。"伯乐"和"造父"并说的情形亦见于《盐铁论·利议》载文学言:"夫骥之才千里,非造父不能使;禹之知万人,非舜为相不能用。……骥,

---

① 陈奇猷校注:《韩非子集释》,上海人民出版社 1974 年版,第 1093—1094 页。
② 屈守元笺疏:《韩诗外传笺疏》,巴蜀书社 1996 年版,第 600 页。

举之在伯乐,其功在造父。造父摄辔,马无驽良,皆可取道。周公之时,士无贤不肖,皆可与言治。故御之良者善调马,相之贤者善使士。今举异才而使臧驺御之,是犹扼骥盐车而责之使疾。此贤良、文学多不称举也。"①对于"伯乐"的评价又见于《盐铁论·讼贤》载文学语:"骐骥之輓盐车垂头于太行之阪,屠者持刀而睨之。太公之穷困,负贩于朝歌也,蓬头相聚而笑之。当此之时,非无远筴骏才也,非文王、伯乐莫知之贾也。子路、宰我生不逢伯乐之举,而遇狂屠,故君子伤之,若'由不得其死然','天其祝予'矣。"②

(三) 伯乐"赵人秦人"异说

对于《韩非子》所见"伯乐"的身份,陈奇猷有所考论。

"伯乐"有晋人秦人两说。陈奇猷写道:

> 太田方曰:伯乐,晋大夫邮无恤,伯乐其字也,《左传》杜注:"王良也。"按《淮南》诸书以伯乐、王良为二人,且为秦穆公臣者非也。奇猷案:王良与伯乐当非一人。《汉书·古今人表》以王良与伯乐(《汉书》作柏乐,字同。)相距一格,则显以王良、伯乐为二人。(梁玉绳《人表考》以《人表》中"王良、伯乐"四字为邮无卹下之注文,而今误为大字,未确。)本书之王良、伯乐为二人亦极明显。王良乃善御者,即王於期,亦称王子期,《喻老篇》:"赵襄王学御于王子期",《外储说右下》:"王於期为赵简子取道争千里之表",又云:"王於期为宋君为千里之逐",又云:"王良、造父共车",《难势篇》:"良马固车,使臧获御之,则为人笑,王良御之而日取千里",(本书此例尚多,不列举)明王良为善御者。至于伯乐则为善相马者,此文云"伯乐教二人相踶马",下"伯乐教其所憎者相千里马",《显学篇》云:"发齿吻形容,伯乐不能以必马",明伯乐为善相马者,与王良非为一人甚明。据下文知伯乐为赵简子时人,据《喻老》及《外储说右下》王良亦赵简子时人,《汉书·人表》亦列二人与赵简子同时,则王良、伯乐同时同地又皆与马有关,故有时误为一人矣。又案春秋之末似有两伯乐,此伯乐为赵人。《吕氏春秋·观表篇》:"赵之王良,秦之伯乐",《列子·说符篇》:"穆公谓伯乐曰"云云,《庄子·马蹄篇》成玄英疏云:"伯乐,秦穆公时善治

---

① 王利器校注:《盐铁论校注(定本)》,中华书局 1992 年版,第 324 页。
② 王利器校注:《盐铁论校注(定本)》,中华书局 1992 年版,第 284 页。

马人",则另一伯乐为秦人也。(《外储说右下》:"王於期为宋君千里之逐",以宋言,或宋字为误文,或王於期偶一至宋则未可知矣,诸书未有言宋王於期者,则宋无王於期似可断言也。)①

说"宋无王於期似可断言也"大致是可靠的。所谓"春秋之末似有两伯乐",一为"赵人","另一伯乐为秦人也",也有依据。

伯乐"晋人秦人"与"赵人秦人"之异说,以及一为"赵人"一为"秦人""两伯乐"说法的出现,或许与秦、赵部族文化渊源本原由一,即所谓"赵氏之先,与秦共祖","赵氏之系,与秦同祖"有关。②

我们可以不讨论大致同时的晋与秦或赵与秦"两伯乐"事,只关注《吕氏春秋·观表》"赵之王良,秦之伯乐"所谓"秦之伯乐"对于说明秦交通史的意义。陈奇猷以为"观表"即"形法家之言":

> 此篇言观事物之征表而知吉凶善恶,盖即《汉书·艺文志》所叙数术六种中形法家之言也。《艺文志》云:"形法者,形人及六畜骨法之度数,器物之形容,以求其声气贵贱吉凶,犹律有长短,而各征其声,非有鬼神,数自然也。然形与器相首尾,亦有有形而无其气,有其气而无其形,此精微之独异也",并著录《相人》二十四卷,《相六畜》三十八卷。本篇所言寒风是等十人相马,"见马之一征而知节之高卑,足之滑易,材之坚脆,能之长短",正是相畜之法。③

_____

① 陈奇猷校注:《韩非子集释》,上海人民出版社 1974 年版,第 448—449 页。

② 《史记·秦本纪》说秦先祖事迹:"自太戊以下,中衍之后,遂世有功,以佐殷国,故嬴姓多显,遂为诸侯。其玄孙曰中潏,在西戎,保西垂。生蜚廉。蜚廉生恶来。恶来有力,蜚廉善走,父子俱以材力事殷纣。周武王之伐纣,并杀恶来。是时蜚廉为纣石北方,还,无所报,为坛霍太山而报,得石棺,铭曰'帝令处父不与殷乱,赐尔石棺以华氏'。死,遂葬于霍太山。蜚廉复有子曰季胜。季胜生孟增。孟增幸于周成王,是为宅皋狼。皋狼生衡父,衡父生造父。造父以善御幸于周缪王,得骥、温骊、骅骝、騄耳之驷,西巡狩,乐而忘归。徐偃王作乱,造父为缪王御,长驱归周,一日千里以救乱。缪王以赵城封造父,造父族由此为赵氏。自蜚廉生季胜已下五世至造父,别居赵。赵衰其后也。恶来革者,蜚廉子也,蚤死。有子曰女防。女防生旁皋,旁皋生太几,太几生大骆,大骆生非子。以造父之宠,皆蒙赵城,姓赵氏。"第 174—175 页。《史记·赵世家》:"赵氏之先,与秦共祖。至中衍,为帝大戊御。其后世蜚廉有子二人,而命其一子曰恶来,事纣,为周所杀,其后为秦。恶来弟曰季胜,其后为赵。"《索隐述赞》:"赵氏之系,与秦同祖。"第 1779、1833 页。

③ 陈奇猷校释:《吕氏春秋校释》,学林出版社 1984 年版,第 1414 页。

(四)《吕氏春秋》:"秦之伯乐、
九方堙,尤尽其妙"

《吕氏春秋·观表》说到"古之善相马者"即对于马之"骨法之度数"有精到研究的专家:

> 古之善相马者:寒风是相口齿,麻朝相颊,子女厉相目,卫忌相髭,许鄙相脱,投伐褐相胸胁,管青相膊肠,①陈悲相股脚,秦牙相前,赞君相后。凡此十人者,皆天下之良工也。若赵之王良,秦之伯乐、九方堙,尤尽其妙矣。其所以相者不同,见马之一征也,而知节之高卑,足之滑易,材之坚脆,能之长短。非独相马然也,人亦有征,事与国皆有征。圣人上知千岁,下知千岁,非意之也,盖有自云也。绿图幡薄,从此生矣。

其中"若赵之王良,秦之伯乐、九方堙,尤尽其妙矣"17 字,毕沅作了这样的解释:"以上十七字,旧本无,据《七命》注补。孙云:'又见《七发》及《荐祢衡表》、《与吴季重书》注,无九方堙。'"②

而陈奇猷虽然如前引,在《韩非子集释》中引录了"《吕氏春秋·观表篇》:'赵之王良,秦之伯乐'",他在《吕氏春秋校释》中却明确表示不认可毕沅据"《七命》注""《七发》及《荐祢衡表》、《与吴季重书》注"补入的"若赵之王良,秦之伯乐……,尤尽其妙矣"等字。他在"凡此十人者,皆天下之良工也"句后这样写道:

> 毕沅于此下增"若赵之王良,秦之伯乐、九方堙,尤尽其妙矣"十七字,曰:以上十七字旧本无,据《七命》注补。孙云:"又见《七发》及《荐祢衡表》、《与吴季重书》注,无九方堙"。马叙伦曰:以上下文观之,当无此十七字,盖高注也。蒋维乔等曰:毕校疑非是。马叙伦说是已。下句云"其所以相者不同,见马之一征也",即承前十人各能相马之一端而言。王良、伯乐尤尽其妙,非仅能相马之一征而已。加此十七字,则前后文义不贯矣。奇猷案:毕增非是。王良乃善御者,与此言相马者无关。此其一也。《淮南·道应》云:

---

① 毕沅曰:"李善注《文选》张景阳《七命》作'唇吻',《御览》八百九十六同。"
② 许维遹撰,梁运华整理:《吕氏春秋集释》,中华书局 2009 年版,第 579—580 页。

"伯乐曰：良马者，可以形容筋骨相也"，明伯乐系相全马者，与此言相马之一征不同。此其二也。九方堙，《列子·说符》《淮南·道应》谓其相马，"所观者天机也"，是其相马非相马之一征，与此亦不可相提并论。《庄子·徐无鬼》"堙"作"歅"，字通。谓九方堙为善相人者，与此文之义尤不相蒙。此其三也。不但《吕氏》不当有此文，高诱亦不当有此注。马、蒋说亦非。[1]

陈奇猷《韩非子集释》，上海人民出版社 1974 年 7 月出版。陈奇猷《吕氏春秋校释》，学林出版社 1984 年 4 月出版。时隔近 10 年。对于"若赵之王良，秦之伯乐……，尤尽其妙矣"等字，"不但《吕氏》不当有此文，高诱亦不当有此注"的坚定的否决的判断，应是《韩非子集释》面世之后的新见解。所指出的三条意见，现在看来似仍然不能有力支持决断的否定意见。我们在这里不就毕沅"增'若赵之王良，秦之伯乐、九方堙，尤尽其妙矣'十七字"的是非进行具体的讨论。其实，只是注意《七命》注和《七发》及《荐祢衡表》《与吴季重书》注中出现的"若赵之王良，秦之伯乐……，尤尽其妙矣"等字样，已经可以充实我们关于"伯乐"对于秦交通史进步之意义的认识了。

（五）九方堙为秦穆公求"天下之马"

《淮南子·道应》有伯乐推荐九方堙为秦穆公"求马"的故事，说到"相马"的技术与理念：

> 秦穆公谓伯乐曰："子之年长矣。子姓有可使求马者乎?"对曰："良马者，可以形容筋骨相也。相天下之马者，若灭若失，若亡其一。若此马者，绝尘弭辙。臣之子皆下材也，可告以良马，而不可告以天下之马。臣有所与供儋缠采薪者九方堙，此其于马，非臣之下也。请见。"穆公见之，使之求马。三月而反报曰："已得马矣。在于沙丘。"穆公曰："何马也?"对曰："牡而黄。"使人往取之，牝而骊。穆公不说，召伯乐而问之曰："败矣! 子之所使求者，毛物牝牡弗能知，又何马之能知!"伯乐喟然大息曰："一至此乎! 是乃其所以千万臣而无数者也。若堙之所观者天机也，得其精而忘其粗，在内而忘其外，

---

[1]　陈奇猷校释：《吕氏春秋校释》，学林出版社 1984 年版，第 1422 页。

见其所见而不见其所不见，视其所视而遗其所不视。若彼之所相者，乃有贵乎马者。"马至而果千里之马。故老子曰："大直若屈，大巧若拙。"①

看来，伯乐与九方堙为秦穆公"求马"的故事，似乎是说明老子"大直若屈，大巧若拙"道理的一则文化寓言。

《列子·说符》记录了大致相同的故事，具体情节稍有差异。其中"九方堙"作"九方皋"：

> 秦穆公谓伯乐曰："子之年长矣，子姓有可使求马者乎？"伯乐对曰："良马可形容筋骨相也。天下之马者，若灭若没，若亡若失。若此者绝尘弭辙。臣之子皆下才也，可告以良马，不可告以天下之马也。臣有所与共担纆薪菜者，有九方皋，此其于马非臣之下也。请见之。"穆公见之，使行求马。三月而反报曰："已得之矣，在沙丘。"穆公曰："何马也？"对曰："牝而黄。"使人往取之，牡而骊。穆公不说，召伯乐而谓之曰："败矣，子所使求马者！色物、牝牡尚弗能知，又何马之能知也？"伯乐喟然太息曰："一至于此乎！是乃其所以千万臣而无数者也。若皋之所观天机也，得其精而忘其粗，在其内而忘其外；见其所见，不见其所不见；视其所视，而遗其所不视。若皋之相者，乃有贵乎马者也。"马至，果天下之马也。

关于"伯乐"身份，晋张湛注："伯乐，善相马者。"关于"天下之马"，张湛解释说："天下之绝伦者，不于形骨毛色中求，故髣髴恍惚，若存若亡，难得知也。"②

关于"九方堙""九方皋"名谓，有学者指出，《淮南子·道应》"九方堙"，《列子·说符》作"九方皋"，《庄子·徐无鬼》作"九方歅"。③《庄子·徐无鬼》：

> 子綦有八子，陈诸前，召九方歅曰："为我相吾子，孰为祥？"九方歅曰："梱也为祥。"子綦瞿然喜曰："奚若？"曰："梱也将与国君同食以终其身。"子綦索然出涕曰："吾子何为以至于是极也？"九方歅曰："夫与国君同食，泽及三族，而况父母乎！今夫子闻之而泣，是御福也。子则祥矣，父则不祥。"子綦曰："歅，汝何足以识之。而梱祥邪？尽于酒肉，入于鼻口矣，而何足以知其所自来？吾未尝为牧而牂生于奥，未尝好田而鹑生于宎，若

---

① 何宁撰：《淮南子集释》，中华书局 1998 年版，第 859—862 页。
② 杨伯峻撰：《列子集释》，中华书局 1979 年版，第 255—258 页。
③ 陈广忠：《淮南子斠诠》，黄山书社 2008 年版，第 619 页。

勿怪,何邪? 吾所与吾子游者,游于天地。吾与之邀乐于天,吾与之邀食于地。吾不与之为事,不与之为谋,不与之为怪;吾与之乘天地之诚,而不以物与之相撄,吾与之一委蛇而不与之为事所宜,今也然,有世俗之偿焉! 凡有怪征者,必有怪行,殆乎! 非我与吾子之罪,几天与之也! 吾是以泣也。"无几何而使梱之于燕,盗得之于道,全而鬻之则难,不若刖之则易。于是乎刖而鬻之于齐,适当渠公之街,然身食肉而终。①

陆德明《释文》:九方歅,"善相马人。《淮南子》作九方皋"。②

《韩非子》所谓"臣有所与供儋缠采薪者九方堙,此其于马,非臣之下也",《列子》所谓"臣有所与共担纆薪菜者,有九方皋,此其于马非臣之下也",都说伯乐与九方堙(九方皋)的相马经验来自底层劳动生活。

马非百《秦集史》中《人物传》十二之三传主名称"伯乐"与"九方皋"并列,引录文献用《列子·说符》而不用《淮南子·道应》,③似不妥。《焦氏易林》的《履之巽》:"蹇驴不材,骏骥失时。筋劳力尽,罢于沙丘。"《剥之师》写作:"蹇驴不才,俊骥失时。筋力劳尽,罢于沙丘。"④看来,汉代民间对"沙丘""骏骥"的故事,是熟悉的。而后世亦多见相关咏叹。唐人有论书法者撰说:"九方皋得千里马于沙丘,众工犹笑之。今之论书者,多牝而骊者也。"⑤宋代学者黄庭坚《跋洪驹父诸家书》:"颜鲁公书虽自成一家,然曲折求之,皆合右军父子笔法。书家多不到此处,故尊尚徐浩沈传师尔。九方皋得千里马于沙丘,众相工犹笑之。今之论书者,多牝而骊者也。"⑥此说"众相工犹笑之"情节未见于《淮南子》及《列子》,或许宋人所见,还有其他文献记录。

(六) 九方堙"得马""沙丘"

伯乐举荐九方堙为秦穆公求"良马","三月而反报""得马""沙丘","马至,而

---

① 郭庆藩辑,王孝鱼整理:《庄子集释》,中华书局1981年版,第856—860页。《庄子·徐无鬼》"九方歅"故事只说相人,不涉及马。

② 〔唐〕陆德明撰,黄焯汇校:《经典释文汇校》,中华书局2006年版,第805页。

③ 马非百:《秦集史》,中华书局1982年版,第334页。

④ 〔旧题汉〕焦延寿撰,徐传武、胡真校点集注:《易林汇校集注》,上海古籍出版社2012年版,第424,872页。

⑤ 〔唐〕颜真卿:《颜鲁公文集·书评一·总论》引吕总《续书评》,清三长物斋丛书本,第210页。

⑥ 〔宋〕黄庭坚撰:《豫章黄先生文集·题跋》,四部丛刊景宋乾道刊本。

果千里之马",或说"马至,果天下之马也"的故事,使人联想到汉武帝时代向西北方向寻求优良马种以充实天子之厩并提升汉王朝骑兵军团战马素质的努力。

"沙丘"作为地名,有商纣王"益广沙丘苑台","大冣乐戏于沙丘",①赵主父"游沙丘","饿死沙丘宫",②秦始皇"崩于沙丘平台"③等故事。"沙丘"空间方位指向明确。④ 但是其他地方也有名"沙丘"者。如《续汉书·郡国志一》:"(河东)有沙丘亭。"⑤《隋书·地理志中》:"(谯郡)置沙丘县。"⑥《清史稿·地理志八》说到山东莱州府的"沙丘城"。⑦ 但是我们还看到古代文献中"沙丘"作为地理语汇只是强调地貌特征的情形,方位指代多偏向西北戈壁沙漠地方。唐骆宾王《上兖州崔长史启》:"侧闻丰城戢耀,骇电之辉俄剖;沙邱踠迹,蹑云之辔载驰。然则激溜侵星,佩潜蛟于壮武;腾镳历块,骋蹀骏于咸阳。"⑧注引九方皋"求马"故事。所言"沙邱踠迹",似说地面足迹,则"沙邱"或即具体的地貌形式。宋人冯山喜欢咏叹"沙丘""相马"故事,遗存诗作所见者三。如《谢夔守贾昌言礼宾》诗:

> 伯乐善相马,相内不相外。造父善御马,御成不御败。沙丘有病马,志远力未惫。盘身怯泥土,俛首困草稗。强起时奋迅,悲鸣辄喑噫。驽骀倦相逐,童人几见卖。斯人一回顾,世俗始惊怪。冀北有骏马,散蹄雨雹快。去势驰灭没,朝荆暮燕代。衔辔苟庸拙,道途足险隘。斯人一骋手,千里瞬息届。二者岂不伟,系人而否泰。相也命所系,御也才所赖。名马世常有,伏枥固有待。伯造不世出,古今重遭会。相得互相起,两致一

---

① 《史记·殷本纪》,张守节《正义》:"《括地志》云:'沙丘台在邢州平乡东北二十里。《竹书纪年》自盘庚徙殷至纣之灭二百五十三年,更不徙都,纣时稍大其邑,南距朝歌,北据邯郸及沙丘,皆为离宫别馆。'"第 105 页。

② 《史记·赵世家》,张守节《正义》:"沙丘,邢州也。"第 1815、1817 页。

③ 《史记·秦始皇本纪》,裴骃《集解》:"徐广曰:'沙丘去长安二千余里。赵有沙丘宫,在钜鹿,武灵王之死处。'"第 264 页。

④ 《史记·货殖列传》:"(中山)有沙丘纣淫地余民。"张守节《正义》:"沙丘在邢州也。"第 3263 页。

⑤ 《后汉书》,第 3395 页。

⑥ 《隋书》,中华书局 1973 年版,第 847 页。

⑦ 《清史稿》,中华书局 1977 年版,第 2062 页。

⑧ 〔唐〕骆宾王著,〔清〕陈熙晋笺注:《骆临海集笺注》,上海古籍出版社 1985 年版,第 242 页。释惠洪《神驹行》:"沙丘牝黄马已死,俗马千年不能嗣。忽生此马世上行,神骏直是沙丘子。紫焰争光夹镜眸,转顾略前批竹耳。雪蹄卓立尾萧梢,天骨权奇生已倡。绿丝络头沫流霈,绣帕搭鞍初结尾。次骥意态欲腾骧,奔逸长鸣抹千里。"〔宋〕释惠洪:《石门文字禅·古诗》,四部丛刊景明径山寺本,第 3 页。又晁补之《跋鲁直所书崔白竹后赠汉举》:"沙丘之相,至物色牝牡而丧其见。"〔宋〕晁补之撰:《鸡肋集·题跋》,四部丛刊明本,第 171 页。

无碍。所以马与人,功名各自大。

其中"沙丘有病马"与"冀北有骏马"并说,"沙丘"应不是指殷纣王、赵主父、秦始皇故事发生地方。又《再和李曼修孺职方谢梓守张靖子立龙图游春》:"中道多遭回,病骥盘沙丘。"《送梓宪穆珦东美度支移京西漕》:"每怜沙丘病,不作饥鹰呼。"①所谓"盘沙丘"及"饥鹰呼"的说法,体会其地理环境,似在西北荒漠。特别是宋代诗人吴泳《安西马》诗:"月胁霜飞镜夹瞳,龙媒扫尽朔庭空。沙丘尚有真骊牡,端自方皋一顾中。"②用典"方皋一顾","沙丘""骊牡",又言"龙媒扫尽朔庭空",而诗作题名"安西马","沙丘"的方位指向是明确的。又元代学者杨维桢作《些马》,说"旧乘马老而不任,遣奴钱塘市壮马"事,言"奴得贾胡马,济江,中流阴雾四合,风浪猝作,舟如扬箕。奴与马几溺,幸而济。奴归,语主曰:'主福得良骏,良骏几累仆。意者西域异种,神物所忌,恐非主厩中物也。'"果然,"主人赏其神骏,抖其风尘,命奴洗马西江之濆。马临流振而嘶,嘶而踊,已而泳于中流,莫知所逝。""主人悲不自己乃辞而些之曰:吁嗟,骏乎汝其糜没九渊填于海鳅之空乎,抑越景超光以返于房星之宫乎,……又辞曰:灵奇倜傥生渥流,肉鬣星尾文龙虬。协图特出兮应世求,嗟我何幸兮逢沙丘,……"③其中"沙丘"对应敦煌的"渥流",又"得胡贾马","西域异种"之说,可知对"沙丘"的地理认识,正在西北。

《史记·乐书》:"尝得神马渥洼水中,复次以为《太一之歌》。歌曲曰:'太一贡兮天下,沾赤汗兮沫流赭。骋容与兮跇万里,今安匹兮龙为友。'后伐大宛得千里马,马名蒲梢,次作以为歌。歌诗曰:'天马来兮从西极,经万里兮归有德。承灵威兮降外国,涉流沙兮四夷服。'"所谓"尝得神马渥洼水中",裴骃《集解》:"李斐曰:'南阳新野有暴利长,当武帝时遭刑,屯田燉煌界。人数于此水旁见群野马中有奇异者,与凡马异,来饮此水旁。利长先为土人持勒靽于水旁,后马玩习久之,代土人持勒靽,收得其马,献之。欲神异此马,云从水中出。'"关于"后伐大宛得千里马,马名蒲梢",裴骃《集解》:"应劭曰:'大宛旧有天马种,蹋石汗血,

①　〔宋〕冯山撰:《安岳集》卷一《五言古诗》、卷三《五言古诗》、卷四《五言古诗》,清钞本,第2—3、8、10页。

②　〔宋〕吴泳撰:《鹤林集·七言绝句》,文渊阁四库全书本补配文津阁四库全书本,第30页。

③　〔元〕杨维桢撰:《丽则遗音》卷四,文渊阁四库全书本,第21页。

汗从前肩膊出如血,号一日千里。'"①又《史记·大宛列传》:"(大宛)多善马,马汗血,其先天马子也。""初,天子发书《易》,云'神马当从西北来'。得乌孙马好,名曰'天马'。及得大宛汗血马,益壮,更名乌孙马曰'西极',名大宛马曰'天马'云。""及天马多,外国使来众,则离宫别观旁尽种蒲萄、苜蓿极望。"《索隐述赞》:"大宛之迹,元因博望。始究河源,旋窥海上。条枝西入,天马内向。葱岭无尘,盐池息浪。旷哉绝域,往往亭障。"②

"九方堙""九方皋"名号之"九方",有学者指出或与"鬼方"有关。解说《列子·说符》"九方皋",胡怀琛写道:"九方,姓;皋,名。《庄子》有九方堙。《通志》谓九方皋、九方堙是一个人。余窃谓九与鬼声近通用。《史记·殷本纪》'以西伯、九侯、鄂侯三公',徐广注:'一作鬼侯',是其证。然则九方即殷时鬼方,以地为姓也。"③也指出"天下之马"的寻求,在北方或西北方向。伯乐、九方堙为秦穆公求"天下之马"事,或许可以看作汉武帝时代"天马"追求的历史先声。④

伯乐、九方堙故事中,"天下之马"是远远超越"良马"的。按照晋代学者张湛的解说,"天下之马"即"天下之绝伦者"。张骞说"(大宛)多善马,马汗血,其先天马子也"。裴骃《集解》:"《汉书音义》曰:'大宛国有高山,其上有马,不可得,因取五色母马置其下,与交,生驹汗血,因号曰天马子。'"⑤此言高山"其上有马,不可得"者为"天马"。《汉书·礼乐志》载《天马》歌诗"天马徕,龙之媒"句,颜师古注:"应劭曰:'言天马者乃神龙之类,今天马已来,此龙必至之效也。'"⑥则取"天马""神龙"说,言"天马"来自"天"。而参考伯乐、九方堙故事,以"天下之马"即马的"天下之绝伦者"理解"天马"语义,或者也是一种解说。⑦

---

① 《史记》,第 1178—1179 页。

② 《史记》,第 3160、3170、3173—3174、3180 页。

③ 胡怀琛:《列子张湛注补正》,《大陆杂志》第 2 卷第 8 期,1934 年。杨伯峻撰:《列子集释》,中华书局 1979 年版,第 256 页。

④ 王子今:《汉代"天马"追求与草原战争的交通动力》,《文史知识》2018 年第 4 期。

⑤ 《史记》,第 3160 页。

⑥ 《汉书》,中华书局 1962 年版,第 1061 页。

⑦ 王子今:《论伯乐、九方堙为秦穆公"求马"》,《重庆师范大学学报(社会科学版)》2018 年第 2 期。

五、说秦宫"榛娥之台"
兼及"秦娥"称谓

　　《方言》卷二说到"秦有榛娥之台"。关于"榛娥之台"的考论,不仅涉及秦建筑史、秦宫廷史、林业史,也可以启示我们对于秦地生漆资源的开发与漆器生产技术之进步的认识。"漆娥之台"对于说明"娥"在称谓演变史中的意义,也是有意义的。而所谓"秦娥"在后来的文学史乃至文化史中产生深刻印迹的渊源,也可以因此得到探求的线索。秦统一之后,秦文化借政治强势向东扩展,对于更广阔区域形成影响的历史趋势,或许也可以通过对"娥"这一语言标本的分析获得深入认识的条件。

(一)《方言》"秦有榛娥之台"

　　男子对于女子容貌及其他性别特征的感觉、描述和评价,是性别研究和更宽广层面的社会文化研究的对象。男子的判断,在中国传统男性中心社会可能成为社会普遍意识倾向。《方言》卷二关于各个地方女子之美好的语言表示方式,有如下文字:

　　　　娃、嫷、窕,艳,美也。吴楚衡淮之间曰娃,南楚之外曰嫷,①宋卫晋郑之间曰艳。陈楚周南之间曰窕。自关而西秦晋之间凡美色或谓之好,或谓之窕。故吴有馆娃之宫,秦有榛娥之台。② 秦晋之间美貌谓之娥,③美状为窕,④美色为艳,⑤美心为窈。⑥

---

　　①　郭璞注:"言婟嫷也。"
　　②　郭璞注:"皆战国时诸侯所立也。榛,音七。"
　　③　郭璞注:"言娥娥也。"
　　④　郭璞注:"言闲都也。"
　　⑤　郭璞注:"言光艳也。"
　　⑥　郭璞注:"言幽静也。"

"秦晋之间美貌谓之娥"，①或作"秦晋之间美貌之娥"。② 所谓"娃、嬩、窕，艳美也"，所谓"美貌""美状""美色""美心"，③既是性别关系史考察应当注意的信息，也可以看作审美意识史的研究对象。而我们以为其中"秦有榛娥之台"亦值得特别关注。这里所谓"秦有榛娥之台"，与"吴有馆娃之宫"并说，应当也是指宫廷建筑，如郭璞说，"皆战国时诸侯所立也"，也可以理解为有关战国宫廷史的宝贵记载。

关于"吴有馆娃之宫，秦有榛娥之台"，郭璞注："皆战国时诸侯所立也。"以"战国时诸侯""吴""秦"并说。《四库全书考证·輶轩使者绝代语释别国方言》"卷二"条指出："'秦有榛娥之台'，刊本脱'秦有'二字。据《永乐大典本》增。"④ 清戴震《方言疏证》卷二："诸刻脱'秦有'二字，《永乐大典》本、曹毅本俱不脱。"⑤ 清钱绎《方言笺疏》："旧本脱'秦有'二字，今据明上党冯氏影宋钞本补。"⑥

在秦统一进程中及统一实现之后，诸多文化现象均与这一历史大趋势有密切关联。就宫廷建筑营造而言，典型史例是咸阳北阪上六国宫殿的复制。⑦ 而宫苑之中海洋模型"海池"的出现，也值得注意。⑧《方言》所提示"榛娥之台"以

---

① 周祖谟校笺：《方言校笺》，中华书局 1993 年版，第 10 页。华学诚汇证，王智群、谢荣娥、王彩琴协编：《扬雄方言校释汇证》，中华书局 2006 年版，第 100 页。

② 〔清〕钱绎撰集，李发舜、黄建中点校：《方言笺疏》，中华书局 1991 年版，第 60 页。

③ 《诗·周南·关雎》"窈窕淑女"，孔颖达疏："扬雄云：善心为窈，善容为窕。"〔清〕阮元校刻：《十三经注疏》，中华书局据世界书局缩印本影印，1980 年版，第 273 页。

④ 〔清〕王太岳撰：《四库全书考证》，清武英殿聚珍版丛书本，第 865 页。

⑤ 〔汉〕扬雄撰，〔清〕戴震疏证：《方言疏证》，清乾隆孔继涵刻微波榭丛书本。

⑥ 〔清〕钱绎撰集，李发舜、黄建中点校：《方言笺疏》，中华书局 1991 年版，第 61 页。

⑦ 《史记·秦始皇本纪》："秦每破诸侯，写放其宫室，作之咸阳北阪上。"裴骃《集解》："徐广曰：'在长安西北，汉武时别名渭城。'"张守节《正义》："今咸阳县北阪上。"第 239、241 页。今咸阳渭城区发现六国宫殿遗存。张在明主编《中国文物地图集·陕西分册》著录："A₈₋₆ '六国宫殿'（楚）遗址：〔窑店乡毛王沟村·秦代〕位于秦咸阳城北部宫城西端。发现有建筑基址，曾出土楚国形制的瓦当。《史记》载，秦每灭一国，即在咸阳北阪仿建一座该国宫殿，此地当为'六国宫殿'中的楚国宫殿遗址。""A₈₋₇ '六国宫殿'（燕）遗址：〔正阳乡柏家咀村·秦代〕位于秦咸阳城北部宫城东端。发现有建筑基址，曾出土燕国形制的瓦当。当为《史记》所载'六国宫殿'中的燕国宫殿遗址。"张在明主编：《中国文物地图集·陕西分册》，西安地图出版社 1998 年版，第 195、348 页。

⑧ 《史记·秦始皇本纪》记载："始皇为微行咸阳，与武士四人俱，夜出逢盗兰池，见窘，武士击杀盗，关中大索二十日。"张守节《正义》："《秦记》云：'始皇都长安，引渭水为池，筑为蓬、瀛，刻石为鲸，长二百丈。'逢盗之处也。"第 251 页。如果资料确实出自《秦记》，自然非常珍贵。不过，《续汉书·郡国志一》"京兆尹长安"条："有兰池。"刘昭注补：《史记》曰：'秦始皇微行夜出，逢盗兰池。'《三秦记》曰：'始皇引渭水为长池，东西二百里，南北三十里，刻石为鲸鱼二百丈。'"唐代学者张守节以为《秦记》的记载，南（转下页）

及"娥"之名义的扩张性影响,也与秦统一导致的文化演进有一定关系。

(二) 战国都城"高台"建筑与秦宫苑的"台"

"台"是主要服务于起居的宫殿建筑之外的宫室建筑。其功能与一般宫殿有所区别。[①]《释名·释宫室》:"台,持也。筑土坚高,能自胜持也。"[②]高台早先在殷商时代已经作为宫廷建筑中最醒目的形式而为君王所喜好。殷纣王"鹿台"与"沙丘苑台"故事被看作奢侈淫乐之行的典型表现。[③] 宫苑建筑群往往均追逐富丽华美,而突出"台"的高大,是东周以来特别是战国时期兴起的带有时代特征的建筑风格。杨鸿勋指出:"东周列国的统治者互相攀比,追逐享乐,以'高台榭,美宫室,以鸣得意'。[④] 晋灵公造九层之台,工程浩大,尽管投入了大量的人力、物

(接上页) 朝梁学者刘昭却早已明确指出由出自《三秦记》。《说郛》卷六一上《辛氏三秦记》"兰池"条:"秦始皇作兰池,引渭水,东西二百里,南北二十里,筑土为蓬莱山。刻石为鲸鱼,长二百丈。"清代学者张照已经判断,张守节所谓《秦记》其实就是《三秦记》,只是脱写了"三"字。《史记考证》,文渊阁四库全书本《史记·秦始皇本纪》附。秦封泥有"晦池之印",见路东之:《问陶之旅:古陶文明博物馆藏品掇英》,紫禁城出版社 2008 年版,第 171 页。"晦"可以读作"海"。可知秦有管理"晦池"即"海池"的官职。秦封泥又有"每池",见陈晓捷、周晓陆:《新见秦封泥五十例考略》,《碑林集刊》第 11 辑,陕西人民美术出版社 2005 年版。"每池"应当也是"海池"。秦始皇在统一战争中每征服一个国家,都要采集该国宫殿建筑图样,在咸阳北塬上复制。而翻版燕国宫殿的位置,正在咸阳宫的东北方向,与燕国和秦国的方位关系是一致的。兰池宫曾经出土"兰池宫当"文字瓦当,其位置大体明确。秦的兰池宫也在咸阳宫的东北方向,正在"出土燕国形制瓦当"的秦人复制燕国宫殿建筑以南。如果说这一湖泊象征渤海水面,从地理位置上考虑,也是妥当的。参看王子今:《秦汉宫苑的"海池"》,《大众考古》2014 年第 2 期。

① 刘叙杰主编《中国古代建筑史》第 1 卷:"建于夯土高基上的宫室建筑,除了正规宫殿与离宫之外,还有专门的台。它们的功能有:观天象,察四时,祭鬼神和供游览。"中国建筑工业出版社 2003 年版,第 240 页。

② 任继昉纂:《释名汇校》,齐鲁书社 2006 年版,第 302 页。《初学记》卷二四引《释名》:"台,持也。言筑土坚高,能自胜持也。"〔唐〕徐坚等著:《初学记》,中华书局 1962 年版,第 574 页。

③ 《史记·殷本纪》:"帝纣……好酒淫乐,嬖于妇人。爱妲己,妲己之言是从。于是使师涓作新淫声,北里之舞,靡靡之乐。厚赋税以实鹿台之钱,而盈巨桥之粟。益收狗马奇物,充仞宫室。益广沙丘苑台,多取野兽蜚鸟置其中。慢于鬼神。大冣乐戏于沙丘,以酒为池,县肉为林,使男女倮相逐其间,为长夜之饮。"裴骃《集解》:"如淳曰:'《新序》云鹿台,其大三里,高千尺。'瓒曰:'鹿台,台名,今在朝歌城中。'"张守节《正义》:"《括地志》云:'鹿台在卫县西南二十二里。'"裴骃《集解》:"《尔雅》曰:'迆逦,沙丘也。'《地理志》曰在巨鹿东北七十里。"张守节《正义》:"《括地志》云:'沙丘台在邢州平乡东北二十里。'《竹书纪年》自盘庚徙殷至纣之灭二百五十三年,更不徙都,纣时大其邑,南距朝歌,北据邯郸及沙丘,皆为离宫别馆。"第 105—106 页。

④ "高台榭,美宫室,以鸣得意"未详出处。可以参考的信息有《史记·苏秦列传》:"夫衡人者,皆欲割诸侯之地以予秦。秦成,则高台榭,美宫室,听竽瑟之音,前有楼阙轩辕,后有长姣美人,国被秦患而不与其忧。"第 2248 页。又沈鲤《域外三槐录》:"诸公当年起大厦连云,治高台广榭,以鸣得意者,何可胜数也。今皆不知其踪迹之所在。"〔清〕黄宗羲编:《明文海》卷三三七,涵芬楼藏清钞本,第 3261 页。

力,可是三年还没有完工。楚国所筑章华台也比较高,尤其华丽,建好之后,楚灵王邀宾登台宴会,休息了三次才到达台顶的宫殿,所以有'三休台'之称。""吴王夫差造了三百丈高的姑苏台,……东周列国在相互攀比下,台榭越建越高大,以致魏襄王妄想建造一座达到天高之半的'中天台'。"①晏婴批评齐景公"君高台深池,赋敛如弗得,刑罚如弗胜",②《史记·越王勾践世家》张守节《正义》引《越绝》:"使起宫室高台,以尽其财,以疲其力",③都说"高台"建筑的时兴。各国宫室皆"高筑土台",形成"一时风尚","这种成为中国古代宫室建筑特点的形式,后来还沿用了许多世纪"。④据《七国考》卷四,"秦宫室"有章台、三休台、祀鸡台、白起台、会盟台、灵台、凤台,"田齐宫室"有瑶台、柏寝台、琅琊台、戏马台、祭台、渐台、九重台,"楚宫室"有章华台、兰台之宫、小曲台、层台、云梦台、阳云台、豫章台、匏居台、放鹰台、附社台、春申台、钓台、乾溪台、中天台、章华台(楚灵王筑,一名三休台)、章华台(楚灵王筑)、章华台(楚襄王筑)、五仞台、九重台、强台、荆台、五乐台、京台、渐台,"赵宫室"有坛台之宫、丛台、洪波台、凿台、檀台、野望台、野台、清台,"魏宫室"有苑台、兰台、文台、京台、晖台、灵台、中天台、文侯台、拜郊台、武侯台、吹台,"韩宫室"有鸿台宫、望气台、听讼观台,"燕宫室"有展台、宁台、灵台、黄金台、小金台、金台、仙台、崇霞台、握日台、钓台、兰马台、禅台、逃齐台、五花台、三台、阳华台、通云台。⑤

　　据考古调查与发掘的收获可知,"台"在都市建筑群中具有标志性与主导性的意义。建筑史与建筑考古研究者指出,东周时期"宫城均位于全城地势最高

---

① 杨鸿勋:《宫殿考古通论》,紫禁城出版社 2001 年版,第 143—144 页。有学者也指出:"东周时期,周王室及各诸侯国开始大量建设台榭类的建筑。"张卫星、陈治国:《秦始皇陵封土高台建筑认识——以东周时期高台文化为背景》,《秦始皇帝陵博物院 2017》,三秦出版社 2017 年版。

② 《史记·齐太公世家》,第 1504 页。

③ 《史记》,第 1747 页。

④ 据建筑史学者的总结,这种"高台"建筑为"各地诸侯"竞相营造。秦国有章台、三休台、祀鸡台、灵台、凤台……。齐国台榭有瑶台、柏寝台、琅琊台、戏马台、九重台、檀台……。楚国有章华台、渐台、小曲台、层台、云萝台、阳云台、豫章台、匏居台、春申台、钓台、干溪台、章华台、五仞台……。赵国有丛台、洪波台、檀台、野台、野望台……。魏国有范台、文台、京台、晖台、中天台……。燕国有展台、宁台、黄金台、小金台、仙台、崇霞台、握日台、钓台、阳华台、通云台……。宋国有仪台。刘叙杰主编:《中国古代建筑史》第 1 卷,中国建筑工业出版社 2003 年版,第 240—241 页。所据资料引用或不符合文献学规范,亦有其他错误,但仍可作为参考。

⑤ 〔明〕董说原著,缪文远订补:《七国考订补》,上海古籍出版社 1987 年版,第 326—328、334—336、344—355、363—367、371—374、378—380、384—389 页。

处"，"宫殿建筑在宫城内，一般均筑有高台，在台四周建屋，形成在台基最上层建主殿，四周廊屋环抱的台榭高层建筑"。郑韩故城发现俗称"梳妆台"的高约 8 米的夯土台基，台上有水井和陶排水管道。赵都邯郸王城范围内有夯土台 10 处，称"龙台"的 1 号夯土台现高 16.3 米。丛台位于郭城即大北城遗址东北部。魏都安邑也有一个夯土台。燕下都宫殿区由南向北，依次是坐落在一条中轴线上的武阳台、望景台、张公台和城外的老姆台。武阳台和老姆台均高约 12 米。[①]齐都临淄的桓公台高 14 米。楚都纪南城内现存夯土台基 84 个。"纪南城东 50公里处有章华遗址，位于潜江县龙湾镇"，推测是"楚王的一处离宫"，夯土台基"已调查发现的有放鹰台、荷花台、打鼓台、陈马台、无名台、章家台、郑家台、小黄家台、华家台等 10 余个"。[②]

秦国的"台"，前引《七国考》卷四"秦宫室"，列有章台、三休台、祀鸡台、白起台、会盟台、灵台、凤台，计 7 处。《秦会要订补·方舆下》"台"条则有 18 处，除章台、白起台、灵台、凤台与《七国考》重复外，又有：高四台、怀清台、咸阳台、日观台、阿东之台、鱼池台、厌气台、望海台、琅玡台、鸿台、受珠台、酒池台、蒲台、云明台。[③]《秦集史》之《宫苑志》所见秦"台"与《七国考》重复者有三休台、祀鸡台、会盟台，除此之外又列有：朔方台、赏月台、黄土台、秦台。[④] 这些秦"台"有些并不在秦地。有的资料出自年代很晚的方志文献，似未足取信。

秦咸阳宫遗址的考古发掘工作被认为"开启了中国古代高台宫殿建筑遗址考古工作的先河"。[⑤] 在咸阳故城发现 33 处建筑遗址，其中"一号和六号至今还保留着高达 5.8 米和 6 米形似大冢的长方形夯土台，三号和四号也保留着高于地面形似龟背的残余夯台"。[⑥] 经发掘的第一号宫殿遗址"属于当时流行的高台

① 据河北省文物研究所《燕下都》，"武阳台主体宫殿建筑夯土台基……高出地面约 11 米"。文物出版社 1996 年版，第 23 页。

② 中国社会科学院考古研究所编著：《中国考古学·两周卷》，中国社会科学出版社 2004 年版，第229、236、238—241、244、251、261—262 页。

③ 徐复：《秦会要订补》，群联出版社 1955 年版，第 385—390 页。

④ 马非百：《秦集史》，中华书局 1982 年版，第 541—544 页。

⑤ 秦都咸阳考古工作站：《秦都咸阳第一号宫殿建筑遗址简报》，《文物》1976 年第 11 期。

⑥ 陕西省考古研究所编著：《秦都咸阳考古报告》，科学出版社 2004 年版，第 13 页。

建筑","殿址以夯土高台为宫殿建筑的核心,不同建筑依高台而建".[①] "由现存台面至台底,夯层总厚为 11.4 米".[②] 经清理的"第四号宫殿建筑遗址,位于城址中部的牛羊沟村与赛家沟村东西之间,宫殿建筑遗址西南部地面之上曾分布有高台建筑基址,现已毁坏无存".[③] "第六号宫殿建筑遗址,位于今赛家沟与姬家道沟之间,是城址中规模最大的遗址","遗址之上现存一高大夯土台""高 5.8 米,夯土厚达 16 米".[④]

有关秦宫苑"高台"建筑遗存的考古调查与发掘获得的知识,尚未能与文献所见秦"台"实现空间方位的对应。

以往关于秦宫廷文化研究的其他论著也多有涉及秦宫高台建筑者,[⑤]然而也似乎都忽略了本文讨论的这处"榛娥之台"。《方言》中有关"秦有榛娥之台"的信息,值得秦史研究者及建筑史研究者珍视。

(三)"秦俗,美貌谓之娥"

"榛娥之台"以"娥"为名号,透露出与称谓史、性别关系史有关的信息。

《艺文类聚》卷三九引晋陆机《拟今日良宴会》诗曰:"闲夜命欢友,置酒迎风馆。齐童梁甫吟,秦娥张女弹。哀音绕栋宇,遗响入云汉。人生能几何,为乐常苦晏。譬彼司晨鸟,扬声当及旦。"[⑥]出现了"秦娥"字样。

《文选·杂拟上》陆机《拟古诗十二首》中《拟今日良宴会》"齐童梁甫吟,秦娥张女弹"句,李善注:"《南都赋》曰:'齐僮唱兮列赵女。'……应场《神女赋》曰:'夏

① 中国社会科学院考古研究所编著:《中国考古学·秦汉卷》,中国社会科学出版社 2010 年版,第 37 页。

② 陕西省考古研究所编著:《秦都咸阳考古报告》,科学出版社 2004 年版,第 285 页。

③ 中国社会科学院考古研究所编著:《中国考古学·秦汉卷》,中国社会科学出版社 2010 年版,第 36 页,据《秦都咸阳考古报告》,"50 年代初,这里还遗存有南北向三座高大的夯土台"。科学出版社 2004 年版,第 567 页。

④ 中国社会科学院考古研究所编著:《中国考古学·秦汉卷》,中国社会科学出版社 2010 年版,第 36 页。

⑤ 如徐卫民、呼林贵:《秦建筑文化》,陕西人民教育出版社 1994 年版,第 58—62 页;田静:《秦宫廷文化》,陕西人民教育出版社 1998 年版,第 22—25 页;徐卫民:《秦都城研究》,陕西人民教育出版社 2000 年版,第 124—129 页。

⑥ 〔唐〕欧阳询撰,汪绍楹校:《艺文类聚》,上海古籍出版社 1965 年版,第 714 页。

姬曾不足以供妾御,况秦娥与吴娃。'《方言》曰:'秦俗,美貌谓之娥。'"李周翰注:
"齐僮、秦娥,皆古善歌者。《梁甫吟》《张女弹》,皆乐府曲名。"①所引应玚《神女赋》所谓"夏姬曾不足以供妾御,况秦娥与吴娃",②可能是我们看到的最早出现"秦娥"称谓的文例。所谓"秦娥""吴娃"的"秦""吴",在东汉人笔下,应该只是区域代号。而《方言》"吴有馆娃之宫,秦有榛娥之台"记述东周时代的宫廷史,其中"秦""吴",可以理解为国别代号。

《文选》卷三〇陆机《拟今日良宴会》李善注引《方言》"秦俗,美貌谓之娥"与今本《方言》卷二"秦、晋之间美貌谓之娥"不同。那么,所谓"美貌谓之'娥'"究竟是"秦俗"语言习惯还是"秦、晋之间"方言呢?《史记·外戚世家》司马贞《索隐》:"《方言》曰'美貌谓之娥'。"③不言"秦俗",亦不言"秦、晋之间"。不过,联系上文,我们看到这样的表述:"许慎云'秦晋之间谓好为姪'。又《方言》曰'美貌谓之娥'。"似可理解为与"许慎云"连读,省略了"秦晋之间"数字。而我们注意到"秦晋之间"的语言混同,是长期存在的文化现象。④

再读《文选》卷三〇陆机《拟今日良宴会》"齐僮梁甫吟,秦娥张女弹"句后言"哀音绕栋宇,遗响入云汉",李善注:"《列子·秦青》曰:'昔韩娥东之齐,鬻歌假食,既去,而余响绕梁三日不绝。'又曰:'薛谈学讴于秦青,辞归,青饯于郊衢。抚节悲歌,声震林木,响遏行云。张湛曰:三人、薛、秦、韩之善歌者也。'"刘良注:"栋梁也,言清远之妙。"⑤所谓"韩之善歌者"称"韩娥",或许体现了"秦晋之间"的称谓习惯。

《方言》是方言史研究的重要资料。周振鹤、游汝杰曾经指出:"值得注意的是《方言》提供的材料以秦晋为最多,在语义的解释上也最细。这说明作者对以西

---

① 〔梁〕萧统编,〔唐〕李善等注:《六臣注文选》,中华书局 1987 年版,第 575 页。
② 吴云主编《建安七子集校注(修订版)》应玚《神女赋》注释:"秦娥:古之歌女。吴娃:吴地美女。"天津古籍出版社 2005 年版,第 521 页。与"吴娃"对应,"秦娥"的解释避去"秦"字,一言空间,一言时间。这样的解说未可赞同
③ 《史记》,第 1983 页。
④ 参看王子今:《古晋语"天开之"索解——兼论秦晋交通的早期发展》,《史志研究》1998 年第 2 期。
⑤ 〔梁〕萧统编,〔唐〕李善等注:《六臣注文选》,中华书局 1987 年版,第 575 页。《宋书·乐志一》:"周衰,有秦青者,善讴,而薛谈学讴于秦青,未穷青之伎而辞归。青饯之于郊,乃抚琴悲歌,声震林木,响遏行云。薛谈遂留不去,以卒其业。又有韩娥者,东之齐,至雍门,匮粮,乃鬻歌假食。既而去,余响绕梁,三日不绝。左右谓其人不去也。过逆旅,逆旅人辱之。韩娥因曼声哀哭,一里老幼,悲愁垂涕相对,三日不食。遽而追之,韩娥还,复为曼声长哥,一里老幼,喜跃抃舞,不能自禁,忘向之悲也。乃厚赂遣之。故雍门之人善哥哭,效韩娥之遗声。"中华书局 1974 年版,第 548—549 页。

汉首都长安为中心的秦晋方言比较熟悉,也说明秦晋方言在全国占最重要的地位。还有,《方言》是将秦晋视为同一个区域,但是在春秋战国时代,这两地的方言还是有很大差别的。可见到了两汉之交,由于秦人的东进,秦晋的方言已经糅合而一了。"①"秦俗,美貌谓之'娥'"与"秦、晋之间美貌谓之'娥'"或许从一个侧面体现了包括语言习惯在内的"秦俗"在一定历史时期向东发生扩展性影响的情形。

（四）"榛娥"非"七娥"辩

"秦有榛娥之台"句,曾经被作为《方言》文献学研究重要的判定标尺。《四库全书总目·经部·小学类一》写道:"……据李善《文选》注引'悬诸日月不刊之书'句,已称《方言》,则自隋唐以来,原附卷末,今亦仍之。其书世有刊本,然文字古奥,训义深隐,校雠者猝不易详,故断烂讹脱,几不可读。钱曾《读书敏求记》尝据宋椠驳正其误。然曾家宋椠,今亦不传。惟《永乐大典》所收,犹为完善。检其中'秦有榛娥之台'一条,与钱曾所举相符,知即从宋本录入。今取与近本相校,始知明人妄行改窜,颠倒错落,全失其初,不止钱曾所举之一处。是书虽存而实亡,不可不亟为厘正。"②

有一种说法,以为"榛娥之台"的"榛",即数目字之"七"。就此应当有所辨析。

《太平御览》卷三八一引《方言》:"吴有馆娃之宫,秦有柒娥之台。"注:"柒音七。"③与通常"榛"字不同,此处写作"柒",又注明"柒音七"。明徐应秋《玉芝堂谈荟》卷三一"折计数目语"条说现今所谓大写数字形式:《文海披沙》:今文书一字至十字,皆用同音画多者,以防作伪。其中壹、贰音义俱同。肆、伍、陆、玖、拾音同义异。叁字字书所无,盖以参字微变之。古语勿贰以二勿参以三,《考工记》参分其股,《汉志》参分横一,则参亦可作三也。柒字亦无字,按束晳赋'朝列九鼎之奉,夕宿桼娥之房',桼即古七字。《太玄》七政亦作桼政。奈何不作桼乎? 捌字见《急就章》,农器也。"④明杨慎《丹铅总录》卷一四有"古文七作桼"条。杨

① 周振鹤、游汝杰:《方言与中国文化(修订本)》,上海人民出版社1998年版,
② 〔清〕永瑢等撰:《四库全书总目》,中华书局1965年版,第340页。
③ 〔宋〕李昉等撰:《太平御览》,中华书局用上海涵芬楼影印宋本1960年复制重印版,第1759页。
④ 〔明〕徐应秋撰:《玉芝堂谈荟》,文渊阁四库全书本,第622页。

慎写道:"《方言》'吴有桼娥之台',束皙赋'朝享五鼎之奉,夕宿桼娥之房',桼即七字也。《书》六律五声八音七始,而古文作夹始,《史记》作来始。夹与来皆桼字之误。《太玄》七政亦作桼。褚遂良书《枯树》赋,七亦作桼。"①杨慎还指出:"束皙《玄居赋》:'夕宿七娥之房,朝享五鼎之食。'《方言》:'吴有桼娥之台。'桼即七字。《七林》有七娥三粲百媚千娇之语。"②明人陈绛《金罍子》引《丹铅总录》也说"束皙赋'朝享五鼎之奉,夕宿桼娥之房',桼即七也。"③明夏树芳《词林海错》同样沿用此说。④"束皙赋'朝列九鼎之奉,夕宿桼娥之房'",可能即《晋书·束皙传》载《玄居释》"夕宿七娥之房,朝享五鼎之食"。⑤ 这些意见,均据束皙文字明确认定"桼娥之台""柒娥之台""桼娥之台"之"桼娥""柒娥""桼娥"就是"七娥"。

《玄居释》"夕宿七娥之房,朝享五鼎之食","七娥"与"五鼎"形成对仗。"七"和"五"都是数字。然而"吴有馆娃之宫,秦有桼娥之台"句,如果"桼娥"解作"七娥",则"七娥之台"与"馆娃之宫"则未能构成合理的对应关系。

此外,战国时期"娥"作为美女意义使用时前冠字多标明地方。如前引"秦娥""韩娥",以及"湘娥""湘川娥"等。⑥

---

① 〔明〕杨慎撰:《丹铅总录·订讹类》"古文七作桼"条,文渊阁四库全书本,第147—148页。〔清〕浦铣辑《续历代赋话》卷四引陈继儒《枕谭》:"《方言》:'吴有桼娥之台。'束皙赋:'朝享五鼎之奉,夕宿桼娥之房。'桼即七也。《太元》七政亦作桼。褚河南书《枯树赋》亦作桼。"清乾隆五十三年刻本,第96页。〔清〕周亮工《因树屋书影》卷二:"按束皙赋:'朝列九鼎之奉,夕宿桼娥之房。'桼即古七字。《太元》七政亦作桼政。奈何不作桼字?"清康熙六年刻本,第35页。

② 〔明〕杨慎:《升庵集》卷六七"七娥房"条。文渊阁四库全书本补配文津阁四库全书本,第546页。杨慎《秋林伐山》卷一二"七娥房"同。明嘉靖三十五年王询刻本,第40页。清沈自南《艺林汇考·栋字篇·亭台类》写道:"束皙《玄居赋》:'夕宿七娥之房,朝享五鼎之食。'《方言》:'吴有桼娥之台。'桼即七字。《字林》有七娥三粲百媚千娇之语。"文渊阁四库全书本,第20页。其说全袭杨慎。

③ 〔明〕陈绛:《金罍子》下篇卷四,明万历三十四年陈昱刻本,第344页。

④ 〔明〕夏树芳:《词林海错》卷一一"桼娥"条,明万历刻本,第166页。

⑤ 《晋书》,中华书局1974年版,第1428—1429页。

⑥ 《后汉书·文苑列传下·边让》:"招宓妃,命湘娥,齐倡列,郑女罗。扬激楚之清宫兮,展新声而长歌。繁手超于北里,妙舞丽于阳阿。"李贤注:"宓妃,洛水之神女也。湘娥,尧之二女娥皇、女英,湘水之神也。"中华书局1965年版,第2642—2643页。《艺文类聚》卷四一引魏陈王曹植《妾薄命行》曰:"想彼宓妃洛河,退咏汉女湘娥。"晋陆机《吴趋行》曰:"楚妃且勿叹,齐娥且莫讴。"《艺文类聚》卷四二引魏陈王曹植《仙人篇》:"湘娥拊琴瑟。素女吹笙竽。"晋陆机《前缓声歌行》曰:"北征瑶台女,南要湘川娥。"《艺文类聚》卷五六引魏陈王曹植《九咏》曰:"感汉广兮羡游女,杨激楚兮咏湘娥。"《艺文类聚》卷七八引齐袁豹《游仙诗》曰:"王子洛浦来,湘娥洞庭发。"《艺文类聚》卷七九引梁邵陵王《祀鲁山神文》曰:"江妃汉女,含睇来趋。湘娥拊嫔,宜言在侧。"《艺文类聚》卷八〇引周庾信《灯赋》曰:"楚妃留客,韩娥合声。"〔唐〕欧阳询撰,汪绍楹校:《艺文类聚》,上海古籍出版社1965年版,第742、746、756、757、1016、1334、1354、1370页。

参考以上例证,则"榛娥"似不应理解为"七娥"。

清人庄履丰、庄鼎铉《古音骈字续编》即将"柒娥,七娥"与"榛娥"彼此并列:

桼娥。七娥。束皙赋"夕宿桼娥之房"。

榛娥。秦有榛娥台。①

似乎并不以为"榛娥""桼娥"可以解读为"七娥"。对于"榛娥"的文意,也许应当另作分析。而"柒娥""桼娥",其实是"榛娥"的异写。

(五)"榛娥""漆娥"说

通常"用同音画多者,以防作伪"的所谓汉字数目字大写形式,"七"作"柒"。元代学者白珽在讨论这一问题时,则说"七"作"漆"。即壹、贰、叁、肆、伍、陆、漆、捌、玖、拾、伯、千、萬。所举"七"作"漆"的例证,即"秦有'漆娥台'"。论者以为"漆"即"柒"字:"古者及汉人用字如一之与壹,二之与贰,三之与叁,其义皆同。《毛诗·鸣鸠序》:'刺不壹也。'而正文乃云:'其仪一分。'《孟子》:'市价不贰。'赵岐注云:'无二价也。'本文用'贰'字,注用此'二'字。《周礼·天官》'参'谓'卿三人','伍'谓'大夫五人',则'参'与'三'、'伍'与'五'通也。所谓'肆',《周礼》法编悬之四八曰肆。'六六亡奇',《马援传》今更共'陆陆'。'七'则秦有'漆娥台',用此'漆'字。'捌',《广韵》云:'无齿杷也,本作扒。'今借为八。九、十、百、千、万,与玖、拾、伯、千、萬皆有通用也。"②所谓"'七'则秦有'漆娥台',用此'漆'字","榛娥"不应理解为"七娥",上文已经讨论。然而所引"秦有'漆娥台'","榛娥台"写作"漆娥台",值得我们注意。

所谓"榛娥之台"的"榛",极有可能是地名,如前说"秦娥""韩娥""湘娥"等。"榛娥台"作"漆娥台",提示我们注意到秦地的"漆"县。

保留秦汉行政地理资料的《汉书·地理志上》所列"右扶风"属县,其中有

---

① 〔清〕庄履丰、庄鼎铉撰:《古音骈字续编·平韵·五歌》,〔明〕杨慎撰:《古音骈字》,文渊阁四库全书本,第76页。

② 〔元〕白珽撰:《湛渊静语》卷一,清知不足斋丛书本,第2页。

"漆"县：

> 漆，水在县西。有铁官。莽曰漆治。①

"漆"的县治在今陕西彬县。②

《史记·夏本纪》引《禹贡》："黑水西河惟雍州：弱水既西，泾属渭汭。漆、沮既从，沣水所同。"关于"漆"，张守节《正义》："《括地志》云：'漆水源出岐州普润县东南岐山漆溪，东入渭。'……《诗》云古公亶父去邠度漆、沮，即此二水。"③《汉书·地理志上》引《禹贡》同句，颜师古注："漆、沮，即冯翊之洛水也。郿水出郿之南山。言漆、沮既从入渭，郿水亦来同也。"④"漆"县与"漆水"的关系，使我们联想到"嫘娥"可能即"漆娥"的称谓与前说"湘娥""湘川娥"等称谓的接近之处。

《方言》"嫘娥之台"之"嫘"字从木，应与漆树，亦与生漆的开发生产有一定关系。元熊忠《古今韵会举要》卷二六写道："桼。《说文》：'桼，木汁可以髤物，象木形。'漆如水滴而下。徐曰六点皆象水而非水，盖象形也。当作桼。《周礼》注：'故书桼林。'《汉书》：'陈夏千亩桼。'《汉·邹阳传》：'坚如胶桼。'通作漆。《广韵》：'秦有嫘娥台。'今经史通作漆。《周礼》：'漆林之征。'《本草》：'漆树高二丈余，皮白，叶似椿樗，花似槐子，若牛奈。木心黄。六月刻取滋汁。'"⑤在讨论"漆"的生产和使用时涉及"漆树""漆林""髤物""胶桼"等，同时说到"秦有嫘娥台"，又说"今经史通作漆"，推想"嫘娥"名号，很可能与生漆的采集与漆器的制作有某种关联。

林剑鸣较早致力于漆的生产史与应用史的研究。⑥后来关于商周以至秦的

---

① 《汉书》，第 1547 页。
② 谭其骧主编：《中国历史地图集》，地图出版社 1982 年版，第 2 册第 15—16 页。
③ 《史记》，第 65—66 页。
④ 《汉书》，第 1532 页。
⑤ 〔元〕熊忠撰：《古今韵会举要》，文渊阁四库全书本，第 673 页。
⑥ 林剑鸣：《我国古代劳动人民对生漆的发现和利用》，《西北大学学报（自然科学版）》1978 年第 1 期。此后研究成果，又有王世襄：《中国古代漆工杂述》，《文物》1979 年第 3 期；曹金柱：《中国生漆经营史初探》，《中国生漆》1983 年第 1 期；王尚林、曹金柱：《中国漆文化发展简史》，《中国生漆》2002 年第 2 期。

漆业发展有论著陆续面世。①

有研究者注意到秦二世曾经"欲漆其城"②及秦时"开渠而运南山之漆"③等记载，又指出："秦人依托本地丰富的生漆资源，在传承、吸收西周漆器艺术风格的基础上，发展本国漆器制造业。"④这样肯定性的判断符合历史真实。然而论者似乎更看重巴蜀及楚地的漆器生产优势。在对"战国时期的秦漆器"进行分析时写道："丰富的生漆资源，为巴蜀漆器手工业发展奠定了坚实基础。随着秦对巴蜀地区的占领，秦漆器手工业在传承吸收的基础上，得到了创新发展。"⑤这样的认识，似乎低估了周人漆器生产经验继承的意义，也低估了秦岭即"南山之漆"以及秦人曾经经营多年的陇山林区"生漆资源"的优势。

秦国"橪娥"名号的发生与生漆产出与漆器制作是否有关，是值得用心思考的学术问题。如果能够研究获得能够说明发生于秦地的"橪娥"称谓与秦国的林业开发和手工业生产有怎样的关系，确实是一件有意思的事。

秦人在陇东最初发展，其经济生活中应当已经较早有漆的生产与消费。陇东早期经济史迹中可见或许与秦并非同一文化系统的族群物质遗存中有漆器使用。⑥ 可知大致在春秋甚至更早的时期，这一地区林业资源中"漆"已经得到开发。虽然现今考古文物资料中长江流域发现的漆器在数量和质量方面都占优势，但是我们不能因此低估由于环境因素的限定而保存条件不理想的黄河流域

---

① 刘士莪：《商周时期的漆器》，《中国生漆》1985 年第 3 期；张永山：《西周漆器概述》，《华夏考古》1988 年第 2 期。

② 原注："《史记·滑稽列传》。"《史记·滑稽列传》："二世立，又欲漆其城。优旃曰：'善。主上虽无言，臣固将请之。漆城虽于百姓愁费，然佳哉！漆城荡荡，寇来不能上。即欲就之，易为漆耳，顾难为荫室。'于是二世笑之，以其故止。"第 3203 页。

③ 原注："《括地志》，引自《秦会要订补》，卷 7《水利》。"徐复《秦会要订补·食货·水利》："胡亥筑阿房宫，开渠而运南山之漆。"注："《括地志》。按《长安志》于滈河下引《汉书》云：穿此渠通漆水。又引《括地志》之言。盖两存其说者也。"第 268 页。〔唐〕李泰等著，贺次君辑校《括地志辑校·雍州·长安县》："漆渠，胡亥筑阿房宫开此渠，而运南山之漆。"注："《长安志》卷十三咸阳县引，又同卷一条引作'胡亥将运南山之漆而开此渠'。"中华书局 1980 年版，第 11 页。

④ 朱学文：《秦漆器研究》，三秦出版社 2016 年版，第 240 页。

⑤ 朱学文：《秦漆器研究》，三秦出版社 2016 年版，第 29—30 页。

⑥ 据王永安、张俊民《甘肃宁县石家墓群 2016 年发掘收获》介绍，这一东周墓群出土"漆器如漆盒、漆耳杯、漆盘等"。《2016 中国重要考古发现》，文物出版社 2017 年版。王永安、张俊民《甘肃宁县石家墓群发掘 5 座春秋高等级墓葬》所介绍 M216"椁室四壁抹一层浅绿色涂料，代替木板构筑椁壁以装饰墓壁"，以及 M36"墓圹四壁一定深度下抹浅绿色涂料"的情形，也值得注意。《中国文物报》2017 年 11 月 17 日 8 版，《豳风》2017 年第 1 期。

漆器生产的规模、水准,以及社会消费的等级和数量。

(六)"女称娥"的普及与"忆秦娥"文学意境

以"娥"称女子者,古例甚早。《史记·五帝本纪》:"尧妻之二女,观其德于二女。"张守节《正义》:"二女,娥皇、女英也。娥皇无子,女英生商均。舜升天子,娥皇为后,女英为妃。"[1]关于"姮娥"即"嫦娥"的传说,《山海经》《淮南子》等都有记载。[2]

秦汉之际又有吕后字娥姁的实例。《史记·吕太后本纪》司马贞《索隐》说吕后"讳雉,字娥姁也"。[3]《史记·外戚世家》:"汉兴,吕娥姁为高祖正后。"[4]刘增贵研究汉代女子名字,考察其中所透露的历史文化信息,注意到用"娥"的实例,所辑录计 8 例。[5]

《能改斋漫录·事始》"女称娥"分析了"娥"作为女子称谓的由来和演变:

> 唐乐府有《忆秦娥》。娥字见《史记·齐悼惠王传》:"王太后有爱女,曰修成君,修成君有女,名娥。"后汉顺帝,乳母宋娥。又《史记·外戚世家》:"武帝时幸夫人尹婕妤、邢夫人,众人谓之娙娥。"[6]

《史记》中华书局标点本断句作:"武帝时,幸夫人尹婕妤。邢夫人号娙娥,众人谓之'娙何'。娙何秩比中二千石。"司马贞《索隐》:"《说文》云'娙,长也,好也'。许慎云'秦晋之间谓好为娙'。又《方言》曰'美貌谓之娥'。"[7]"娙娥"名号,是将"秦

---

① 《史记》,第 21—22 页。

② 《淮南子·览冥》:"羿请不死之药于西王母,姮娥窃以奔月,怅然有丧,无以续之。"袁珂说:"姮娥即《山海经·大荒西经》所记'生月十二'之常羲。古音读羲为娥,逐渐演变为奔月之常娥。《文选》注两引《归藏》,均谓常娥服不死药奔月。知常娥神话古有流传,非始于《淮南子》。""《诗·生民》'时维后稷'孔颖达疏引《大戴礼记·帝系篇》又作常仪,……羲、仪、娥,古音同。"袁珂编:《中国神话大词典》,四川辞书出版社 1998 年版,第 435、591 页。

③ 《史记》,第 395 页。

④ 《史记》,第 1969 页。

⑤ 刘增贵:《汉代妇女的名字》,《新史学》第 7 卷第 4 期(1996 年)。

⑥ 〔宋〕吴曾:《能改斋漫录》,上海古籍出版社 1979 年版,第 29 页。

⑦ 《史记·外戚世家》褚先生补述,第 1983—1984 页。

晋之间"言"好"及"美貌"的词语结合了起来。据《汉书·外戚传上》,"婕娥"之号及相应"爵位"为"武帝制"。① 关于修成君有女名娥事,《史记·齐悼惠王世家》:"皇太后有爱女曰修成君,修成君非刘氏,太后怜之。修成君有女名娥,……"②

东汉"名娥"即以"娥"为名字的女子又见数例。《后汉书·左雄传》:"初,帝废为济阴王,乳母宋娥与黄门孙程等共议立帝,帝后以娥前有谋,遂封为山阳君,邑五千户。"③《后汉书·献帝纪》李贤注引《续汉志》曰:"女子李娥,年六十余死,瘞于城外。有行人闻冢中有声,告家人出之。"④《后汉书·章帝八王传·清河孝王庆》:"帝所生母左姬,字小娥,小娥姊字大娥,犍为人也。初,伯父圣坐妖言伏诛,家属没官,二娥数岁入掖庭,及长,并有才色。小娥善史书,喜辞赋。和帝赐诸王宫人,因入清河第。"⑤《后汉书·列女传·孝女曹娥》:"孝女曹娥者,会稽上虞人也。父盱,能弦歌,为巫祝。汉安二年五月五日,于县江沂涛婆娑迎神,溺死,不得尸骸。娥年十四,乃沿江号哭,昼夜不绝声,旬有七日,遂投江而死。至元嘉元年,县长度尚改葬娥于江南道傍,为立碑焉。"⑥曹娥故事,《三国志·吴书·虞翻传》《晋书·隐逸传·夏统》也有记载。⑦《后汉书·列女传·庞淯母》:"酒泉庞淯母者,赵氏之女也,字娥。父为同县人所杀,而娥兄弟三人,时俱病物故,雠乃喜而自贺,以为莫己报也。娥阴怀感愤,乃潜备刀兵,常帷车以候雠家。十余年不能得。后遇于都亭,刺杀之。因诣县自首。曰:'父仇已报,请就刑戮。'禄福长尹嘉义之,解印绶欲与俱亡。娥不肯去。曰:'怨塞身死,妾之明分;结罪

---

① 《汉书》,第3935页。《后汉书·皇后纪上》李贤注:"婕好一,婕娥二,容华三,充衣四,已上武帝置。"第400页。

② 《史记》,第2007页。《汉书·高五王传》:"皇太后有爱女曰修成君,修成君非刘氏子,太后怜之。修成君有女娥,……"第1999页。

③ 《后汉书》,第2021页。《后汉书·孝顺孝冲孝质帝纪》赞:"保阿传土,……"李贤注:"传土谓阿母山阳君宋娥更相货赂,求增邑土也。"第282页。《后汉书·宦者列传·孙程》:"黄龙、杨佗、孟叔、李建、张贤、史泛、王道、李元、李刚九人与阿母山阳君宋娥更相货赂,求高官增邑,又诬罔中常侍曹腾、孟贲等。永和二年,发觉,并遣就国,减租四分之一。宋娥夺爵归田舍。"第2518页。

④ 《后汉书》,第381页。《续汉书·五行志五》:"建安四年二月,武陵充县女子李娥,年六十余,物故,以其家杉木槥敛,瘞于城外数里上,已十四日,有行闻其冢中有声,便语其家。家往视闻声,便发出,遂活。"《后汉书》,第3348页。

⑤ 《后汉书》,第1803页。

⑥ 《后汉书》,第2794页。

⑦ 《三国志》,第1327页。《晋书》,中华书局1974年版,第2429页。

理狱,君之常理。何敢苟生,以枉公法!'后遇赦得免。"①

张孟伦《汉魏人名考》分析"几种特殊的女子名字",先举"妖冶"一类,以为"秦代统治天下,防民正俗,严禁淫泆","汉则不然",宫廷"淫逸之习,固已毫无禁忌","而女子命名,也都诲奸诲淫,充满了邪妖娇娆的意味"。又说到"娥":"汉制,宫中位号,有婕娥爵级。'婕娥,皆美貌也'(《汉书·外戚传》颜注)。故'好而轻者谓之娥'(《方言》)。是娥乃美容轻佻,诱人玩弄之尤物。两汉女子,却多有名娥的。"所举实例,有修成君女娥、宋娥、曹娥、赵娥及汉安帝母家"二娥"。② 所谓"诲奸诲淫""邪妖娇娆""美容轻佻,诱人玩弄"的说法我们不能同意,而且应当指出,秦汉民俗并没有明显的由"严禁淫泆"到"毫无禁忌"的根本性转变。就"娥"字的使用而言,汉人其实继承了秦俗。有学者在分析现代女性人名用字的特点时,指出:"在我们民族的传统中,男子和女子的名字一般是要有区别的。特别是女子的名字,总要反映出女性的特征来。"研究者又分别指出如下现象:1. "常取表现美貌的字……。"2. "有时借用他物来形容美貌。如用花草的名称或开花的状态形容……。"3. "或用自然界的季节、美好的景物来形容……。"4. "或用美丽的鸟儿来形容……。"5. "常取表示珍贵的字。……"第 1 "常取表现美貌的字",列举"姗、姣、娟、娥、婵、嫦、婍、婉、妙、媛、婷、妍、嫣、娜、娇、媚、丽、美、艳、彩、仙、俊等等",③"娥"列位于第四。思考这样的文化人类学或者社会学现象,应当注意现代相关理念,可以在秦人有关"榛娥"的历史文化信息中发现早期渊源。

《艺文类聚》卷四引隋庾信《七夕赋》曰:

> 兔月先上,羊灯次安。睹牛星之曜景,视织女之阑干。于是秦娥丽妾,赵艳佳人,窈宨名燕,逶迤姓秦。嫌朝妆之半故,怜晚拭之全新。此时并舍房栊,共往庭中,缕条紧而贯矩,针鼻细而穿矩。④

---

① 《后汉书》,第 2796—2797 页。
② 张孟伦:《汉魏人名考》,兰州大学出版社 1988 年版,第 68、71—72 页。
③ 中国社会科学院语言文字应用研究所汉字整理研究室:《人名用字和性别的关系》,中国社会科学院语言文字应用研究所汉字整理研究室编:《姓氏人名用字分析统计》,语文出版社 1991 年版,第 455 页。
④ 〔唐〕欧阳询撰,汪绍楹校:《艺文类聚》,上海古籍出版社 1965 年版,第 79 页。

其中"秦娥丽妾"与"赵艳佳人"排比对应。"赵艳"即赵地女子以色艺优长活跃于社会上层,是人们熟悉的社会史现象。① 而"窈窕名燕,逶迤姓秦",大致体现了秦崛起之后"弃击瓮叩缶而就《郑》《卫》","佳冶窈窕赵女""立于前"②的情形。因政治强权的作用,各地美女"逶迤姓秦"。另一方面,"秦娥"称谓体现的原生于秦的"娥"这一女子美称,可能又由于秦文化借助军政强势的向东扩张,影响到更广阔的地域。上文引录周振鹤、游汝杰的分析:"到了两汉之交,由于秦人的东进,秦晋的方言已经糅合而一了。"或许这种方言的变化可以理解为起始于战国时期"秦人的东进"。周振鹤、游汝杰还指出:"春秋之前诸夏语言的中心地区是成周(今河南洛阳)一带,那时候秦国的语言还偏在西方,在诸夏语言区域中并无重要的地位,到了两汉之交秦晋的方言一跃而占显要地位。在秦汉之后汉语的最终形成和后来的发展中,秦语起了关键的作用。后世的北方汉语就是以当时的秦晋和雒阳一带方言为基础,逐渐定型的。"③

前引《能改斋漫录·事始》"女称娥"开篇就说"唐乐府有《忆秦娥》"。"徐矩《事务原始》云:词始于李太白。"李白词作"乃后世倚声填词之祖",相传李白有《忆秦娥》,"被认为百代词曲之祖(见郑樵《通志》)"。"《忆秦娥》自然是标准的词,但许多人疑心不是李白所作(例如《词苑丛谈》)"。无论是何人所作,其艺术水准之高是没有异议的,其中"秦娥梦断秦楼月","咸阳古道音尘绝"④等句体现出对秦史的追忆,也是没有疑问的。⑤

　① 《战国策·中山策》:"赵,天下善为音,佳丽人之所出也。"〔西汉〕刘向集录:《战国策》,上海古籍出版社 1985 年版,第 1180 页。《史记·货殖列传》:"女子则鼓鸣瑟,跕屣,游媚贵富,入后宫,遍诸侯。"第 3263 页。《太平御览》卷一六一引《赵记》:"女子盛饰冶容,习丝竹长袖,倾绝诸侯。"第 783 页。参看方诗铭:《战国秦汉的"赵女"与"邯郸倡"及其在政治上的表现》,《史林》1995 年第 1 期,收入《方诗铭文集》,上海社会科学院出版社 2010 年版。

　② 《史记·李斯列传》载《谏逐客书》,第 2544、2543 页。

　③ 周振鹤、游汝杰:《方言与中国文化(修订本)》,上海人民出版社 1998 年版。

　④ 王力:《汉语诗律学》,上海教育出版社 2005 年版,第 495、497、496 页。

　⑤ 王子今:《论秦宫"榛娥之台"兼及漆业开发与"秦娥"称谓》,《四川文物》2018 年第 6 期。

六、秦孝公商鞅变法与
秦定都咸阳

《史记·秦本纪》记载："（秦孝公）十二年，作为咸阳，筑冀阙，秦徙都之。"①
《史记·秦始皇本纪》："孝公享国二十四年。……其十三年，始都咸阳。"②《史记·商君列传》也写道："于是以鞅为大良造。……居三年，作为筑冀阙宫庭于咸阳，秦自雍徙都之。"③

定都咸阳，是秦史具有重大意义的事件，也形成了秦国兴起的历史过程中的显著转折，是秦政治史上的辉煌亮点。从定都咸阳的战略意义考察，关注咸阳对于统一战略的作用，也可以获得新的有意义的发现。

（一）秦都转移与"东征"战略

秦的政治中心，随着秦史的发展，呈现由西而东逐步转移的轨迹。

秦人传说时代的历史，有先祖来自东方的说法。而比较明确的秦史记录，即从《史记·秦本纪》所谓"初有史以纪事"的秦文公时代起，秦人活动的中心，经历了这样的转徙过程：

西垂——汧渭之会——平阳——雍——咸阳

其基本趋向，是由西而东逐渐转移。对于秦增强国势，向东方帝国不断紧逼的情

---

① 张守节《正义》："《括地志》云：'咸阳故城亦名渭城，在雍州咸阳县东十五里，京城北四十五里，即秦孝公徙都者也。今咸阳县，古之杜邮，白起死处。'"第 203 页。

② 《史记》，第 288 页。

③ 《史记》，第 232 页。

形来说，取积极进击的战略态势。

秦都由西垂东迁至于咸阳的过程，是与秦向东积极进取的战略方向一致的。王国维称秦国向东发展的历史时期为"东略之世"。① 《史记·秦本纪》载"君子"评价秦穆公，则称之为"东征"：

> 君子曰："秦缪公广地益国，东服强晋，西霸戎夷，然不为诸侯盟主，亦宜哉。死而弃民，收其良臣而从死。且先王崩，尚犹遗德垂法，况夺之善人良臣百姓所哀者乎？是以知秦不能复东征也。"②

秦"东征"战略，向东方的进取，决定了由"雍"迁都"咸阳"这一国家大政的方向性抉择。

东周以来天下形势的变化，可见原先中原先进文明圈外围的政治实体迅速崛起，压倒了周天子亲近的老牌的强国。《荀子·王霸》称之为"虽在僻陋之国，威动天下，五伯是也"。又说："齐桓、晋文、楚庄、吴阖闾、越勾践，是皆僻陋之国也，威动天下，强殆中国。"③秦国，也被列入"五伯"之一。也是"僻陋之国"。

齐景公与孔子的对谈，曾经以"昔秦穆公国小处辟，其霸何也"为主题。④ 秦孝公曾经发表"诸侯卑秦，丑莫大焉"的感叹。《史记·秦本纪》还写道："周室微，诸侯力政，争相并。秦僻在雍州，不与中国诸侯之会盟，夷翟遇之。"⑤《史记·六国年表》说："秦始小国僻远，诸夏宾之，比于戎翟。"⑥秦惠文王"使张仪南见楚王"，在与楚王的对话中，称秦王"敝邑之王"。⑦ 秦昭襄王面对东方文化积淀深厚的中原地方，曾经承认"秦国辟远"。⑧ 又《史记·齐太公世家》："秦穆公辟远，

① 王国维：《秦都邑考》，《王国维遗书》，上海古籍书店据商务印书馆 1940 年版影印，1983 年版，《观堂集林》卷一二第 9 页。
② 《史记·秦本纪》，第 194 页。
③ 〔清〕王先谦撰，沈啸寰、王星贤点校：《荀子集解》，中华书局 1988 年版，第 205 页。
④ 《史记·孔子世家》，第 1910 页。
⑤ 《史记·秦本纪》，第 202 页。
⑥ 《史记》，第 685 页。
⑦ 《史记·楚世家》，第 1723 页。
⑧ 《史记·范睢蔡泽列传》，第 2407 页。

不与中国会盟。"①楚人有"辟在荆山","僻在荆蛮"之说。② 楚怀王也曾自称"此僻陋之国"。③《史记》又见这样的记载:"齐王曰:'寡人不敏,僻远守海,穷道东境之国也,未尝得闻余教。'"④"齐王曰:'齐僻陋,隐居东海之上,未尝闻社稷之长利也。'"⑤"燕王曰:'寡人蛮夷僻处,……'"⑥《史记·乐毅列传》也有"燕国小,辟远"⑦的政治地理分析。

　　然而这些"僻陋之国""威动天下,强殆中国"之后,却不甘心"辟远""僻处"的形势,多迁都向中原靠拢。其动机,正是范雎对秦昭襄王所言"欲霸,必亲中国以为天下枢"。⑧ 燕国的国都向南迁徙,越国的国都向北迁徙,韩国和魏国的国都向东迁徙。楚国的国都连续向东北方向迁徙。⑨ 行迹鲜明的秦国向东方迁都的历史轨迹,是与"东征"战略方向一致的。

(二)咸阳:新的经济中心与行政中心

　　史念海曾经指出:"在形成古都的诸因素中,自然环境应居有一定的重要位置。都城的设置是不能离开自然环境的。如果忽略了自然环境,则有关都城的一些设想就无异成为空中楼阁,难得有若何着落。""都城的自然环境显示在地势、山川、土壤、气候、物产等方面。"⑩徐卫民在总结秦都城变迁的历史规律时,也曾经提醒人们注意:"(自然环境)既是形成都城的基础因素,又可成为都城发展的限制性因素,加之不同历史时期的都城对自然环境的利用和要求的角度不同,因此就可能形成都城的迁徙。"他还指出:"在东进的过程中,秦人也对占领区

---

　　① 《史记》,第1491页。

　　② 《史记·楚世家》,第1705、1739页。

　　③ 《史记·张仪列传》,第2287页。

　　④ 《史记·苏秦列传》,第2259页。

　　⑤ 《史记·张仪列传》,第2295页。

　　⑥ 《史记·张仪列传》,第2298页。

　　⑦ 《史记》,第2427页。

　　⑧ 《史记·范雎蔡泽列传》,第2409页。

　　⑨ 王子今:《战国秦汉时期楚文化重心的移动——兼论垓下的"楚歌"》,《北大史学》第12辑,北京大学出版社2007年版。

　　⑩ 史念海:《中国古都和文化》,中华书局1998年版,第180页。

的地形环境进行观察，以便选择较为理想的地方作为都城，因而随着占领的土地越多，选择的机会也多起来。"他于是认为，秦都东迁的过程，"因此完全可以说是优化选择和充分利用地理优势的过程"。① 这样的分析，无疑是正确的。然而我们如果从另一角度进一步考察择定新都的动机，还可以发现，秦人由西而东迁都的决策，有于生态条件和经济形式方面进行"优化选择"的因素。

秦人有早期以畜牧业作为主体经济形式的历史。

《史记·秦本纪》记载："（秦先祖大费）佐舜调驯鸟兽，鸟兽多驯服，是为柏翳。""非子居犬丘，好马及畜，善养息之。犬丘人言之周孝王，孝王召使主马于汧渭之间，马大蕃息。""于是孝王曰：'昔伯翳为舜主畜，畜多息，故有土，赐姓嬴。今其后世亦为朕息马，朕其分土为附庸。'邑之秦，使复续嬴氏祀，号曰秦嬴。"秦最初立国，曾经得益于畜牧业的成功。

我们还应当看到，作为秦早期经济发展基地的西垂之地，长期是林产丰盛的地区。《汉书·地理志下》："天水、陇西，山多林木，民以板为室屋。""故《秦诗》曰'在其板屋'。"颜师古注："《小戎》之诗也。言襄公出征，则妇人居板屋之中而念其君子。"②《水经注·渭水》："（天水郡）其乡居悉以板盖屋，《诗》所谓'西戎板屋'也。"③或引明代学者何景明《陇右送行徐少参》中有"瓦亭之西半山谷，土室阴阳连板屋"句，说近世附近地方民居、庙宇、店铺、磨坊等仍多取"板屋"形式。④原生林繁密的生态条件，可以成为特殊的物产优势的基础，同时也在一定意义上表现出不利于农耕经营之发展的影响。《汉书·地理志下》说秦先祖柏益事迹，"为舜朕虞，养育草木鸟兽，赐姓嬴氏"。⑤ 与《史记·秦本纪》记载"调驯鸟兽"⑥有所不同，经营对象包括"草木"。根据考古发现，当时"秦人起码已过着相对定居的生活"，"其饮食生活当以农作物的粮食为重要食物来源"，有的学者指出，

---

① 徐卫民：《秦都城研究》，陕西人民教育出版社 2000 年版，第 67 页。

② 《汉书》，第 1644 页。

③ 陈桥驿校证："《诗》，《注疏》本作'毛公'。"又引段熙仲《校记》："按《诗·秦风·小戎》有'在其板屋'。《毛传》曰：'西戎板屋。'《注》用《毛传》，非《诗》语也。依《济水》'二'毛公曰：景山大山也'词例，《诗》字宜改毛公，或《诗》下增《传》字。今改'毛公'二字。"中华书局 2007 年版，第 428、436 页。

④ 参看薛桂琴："'民以板为屋——浅说甘肃省渭源县中南部板屋建筑'"，《科技资讯》2010 年第 1 期。

⑤ 《汉书》，第 1641 页。

⑥ 《史记》，第 173 页。

"这完全不像人们一贯传统的说法,认为秦人当时是过着游牧、狩猎的生活"。①
注意秦人经营林业的历史,或许有助于理解有关现象。

《史记·秦本纪》如此记录秦文公营邑于"汧渭之会"的情形:

> 三年,文公以兵七百人东猎。四年,至汧渭之会。曰:"昔周邑我先秦嬴于此,后卒
> 获为诸侯。"乃卜居之,占曰吉,即营邑之。

秦文公决定在"汧渭之会"营建城邑,具有重要的历史意义。王国维曾经说:"文
公始逾陇而居汧渭之会,其未逾陇以前,殆与诸戎无异。"②而这一历史转变的契
由,竟然是"以兵七百人东猎"。《汉书·地理志下》也写道,天水、陇西及安定、北
地等地方,"皆迫近戎狄,修习战备,高上气力,以射猎为先"。所以《秦诗》曰"王
于兴师,修我甲兵,与子偕行"。③ "及《车辚》、④《四载》、⑤《小戎》⑥之篇,皆言车
马田狩之事"。⑦

秦文公的另一事迹也值得我们注意。《史记·秦本纪》:"十六年,文公以兵
伐戎,戎败走。于是文公遂收周余民有之,地至岐,岐以东献之周。"这一历史记
载告诉我们,秦人已经以"收周余民有之"的形式继承了周人的农耕经验,接受了
周人的经营方式,在岐以西之地从事农业生产。对于"岐以东"同样具有悠久农
耕传统和农耕条件可能更为优异的土地,则似乎尚无全面占有的条件。不过,对
于这一判断,也多有学者通过对《诗经》中《终南》一篇的理解,提出了相反的
意见。

---

① 樊志民:《秦农业历史研究》,三秦出版社 1997 年版,第 9—10 页。
② 王国维:《秦都邑考》。王国维还对《史记》卷五《秦本纪》"非子居犬丘"的误解,指出:"徐广以
犬丘为槐里,《正义》仍之,遂若秦之初起已在周畿内者,殊失实也。"并有附记:"此稿既成,检杨氏守敬《春
秋列国图》,图西犬丘于汉陇西郡西县地,其意正与余合。"《王国维遗书》,上海古籍书店据商务印书馆
1940 年版影印,1983 年版,《观堂集林》卷一二第 9 页。
③ 《诗·秦风·小戎》。颜师古注:"《小戎》之诗也。言襄公出征,则妇人居板屋之中而念其君子。"
④ 《诗·秦风·车邻》。颜师古注:"《车辚》,美秦仲大有车马。其诗曰'有车辚辚,有马白颠'。"
⑤ 《诗·秦风·驷驖》。颜师古注:"《四载》,美襄公田狩也。其诗曰'四载孔阜,六辔在手','輶车鸾
镳,载猃猲獢'。"
⑥ 《诗·秦风·小戎》。颜师古注:"《小戎》,美襄公备兵甲,讨西戎。其诗曰'小戎俴收,五楘良辀',
'文茵畅毂,驾我骐馵','龙盾之合,鋈以觼軜'。"
⑦ 《汉书》,第 1644 页。

（三）自雍徙都咸阳：商鞅变法的重要主题

自"武公卒,葬雍平阳",以及"德公元年,初居雍城大郑宫",又"卜居雍,后子孙饮马于河"①之后,雍城成为秦的行政中心。建都于雍的秦国,已经明确将东进作为发展方向。雍城是生态条件十分适合农耕发展的富庶地区,距离周人早期经营农耕,创造农业奇迹的所谓"周原膴膴"②的中心地域,东西不过咫尺。而许多学者是将其归入广义的"周原"的范围之内的。③

秦人东向发展的历史进程,是以军事方式推进的。从秦穆公发起对晋国的战争,又"益国十二,开地千里,遂霸西戎",到"献公即位,镇抚边境,徙治栎阳,且欲东伐,复缪公之故地",至秦孝公时,"十年,卫鞅为大良造,将兵围魏安邑,降之"。④ 秦国以战争手段力克强敌,艰难发展,逐步扩张疆土。

还应当看到,在这一历史阶段,在与敌国进行持续的战争的同时,秦人又进行着与自然的持续的战争。

秦人由于从畜牧业经济中脱生不久,在文化传统方面还保留有许多旧时礼俗,于是被中原人仍然看作"夷翟""戎翟"。《史记·秦本纪》说,秦孝公以前,"秦僻在雍州,不与中国诸侯之会盟,夷翟遇之",秦人以为"诸侯卑秦,丑莫大焉"。⑤《史记·六国年表》还写道,"秦杂戎翟之俗","秦之德义不如鲁卫之暴戾"。⑥

不过,以雍城为中心的秦国,实际上已经在农业经济的轨道上平稳运行了相当长的时间,并且取得了引人注目的成就。

雍城出土的铁制农具,是迄今所知我国发现最为集中的早期铁农具。⑦

---

① 《史记·秦本纪》,第 179 页。

② 《诗·大雅·绵》,〔清〕阮元校刻:《十三经注疏》,中华书局据原世界书局缩印本影印,1980 年版,第 510 页。

③ 史念海:《周原的变迁》,《河山集二集》,三联书店 1981 年版,第 214—231 页;《周原的历史地理与周原考古》,《西北大学学报(哲学社会科学版)》1978 年第 2 期,收入《河山集三集》,人民出版社 1988 年版,第 357—373 页。林剑鸣也明确说,"秦位于漳河上游的雍水附近,这里是周原最富庶的地区。《秦史稿》,上海人民出版社 1981 年版,第 43 页。

④ 《史记·秦本纪》,第 194、202—203 页。

⑤ 《史记》,第 202 页。

⑥ 《史记·六国年表》,第 685 页。

⑦ 王学理、尚志儒、呼林贵等:《秦物质文化史》,三秦出版社 1994 年版,第 10—12 页。

秦国农业的进步,还表现在秦穆公十二年(前 648)的"汎舟之役"。《左传·僖公十三年》记载:

> 冬,晋荐饥,使乞籴于秦。秦伯谓子桑:"与诸乎?"对曰:"重施而报,君将何求?重施而不报,其民必携;携而讨焉,无众必败。"谓百里:"与诸乎?"对曰:"天灾流行,国家代有。救灾恤邻,道也。行道有福。"丕郑之子豹在秦,请伐晋。秦伯曰:"其君是恶,其民何罪?"秦于是乎输粟于晋,自雍及绛相继,命之曰"汎舟之役"。①

《史记·秦本纪》的记载略同:"晋旱,来请粟。丕豹说缪公勿与,因其饥而伐之。缪公问公孙支,支曰:'饥穰更事耳,不可不与。'问百里傒,傒曰:'夷吾得罪于君,其百姓何罪?'于是用百里傒、公孙支言,卒与之粟。以船漕车转,自雍相望至绛。"②

另一可以反映秦国农业成就的史例,是《史记·秦本纪》:

> 戎王使由余于秦。由余,其先晋人也,亡入戎,能晋言。闻缪公贤,故使由余观秦。秦缪公示以宫室、积聚。由余曰:"使鬼为之,则劳神矣。使人为之,亦苦民矣。"③

戎王使者由余来访,秦穆公展示"宫室、积聚",炫耀国力,致使对方不得不惊叹。所谓"宫室、积聚",后者是农耕经济的直接成就,前者是农耕经济的间接成就。

尽管以雍城为都城的秦国农业水平已经相当成熟,但是在与东方诸国的竞争中依然处于不利的地位。除了在文化传统和经济积累方面的不足以外,雍城的生态地理与经济地理条件与"岐以东"地方相比,也处于劣势。当时的雍城,临近林区和耕地的交界,也临近畜牧区和农业区的交界。正如樊志民所指出的:"关中西北的农牧交错地带,受生产类型之制约,只宜农牧兼营,维持相对较低的农牧负载水平。"④与东方长期以农为本的强国比较,"秦僻在雍州",形成了生态

---

①　《春秋左传集解》,上海人民出版社 1977 年版,第 284 页。
②　《史记》,第 188 页。
③　《史记》,第 192 页。
④　樊志民:《秦农业历史研究》,三秦出版社 1997 年版,第 63 页。

条件和经济背景的强烈的反差,于是也成为致使"中国诸侯"不免"夷翟遇之"的因素之一。

在这样的形势下,秦孝公和商鞅为了谋求新的发展,决定迁都咸阳。

迁都咸阳的决策,有将都城从农耕区之边缘转移到农耕区之中心的用意。

秦自雍城迁都咸阳,实现了重要的历史转折。一些学者将"迁都咸阳"看作商鞅变法的内容之一,是十分准确的历史认识。翦伯赞主编《中国史纲要》在"秦商鞅变法"题下写道:"公元前 356 年,商鞅下变法令","公元前 350 年,秦从雍(今陕西凤翔)迁都咸阳,商鞅又下第二次变法令,……"。① 杨宽《战国史(增订本)》在"秦国卫鞅的变法"一节"卫鞅第二次变法"题下,将"迁都咸阳,修建宫殿"作为变法主要内容之一,又写道:"咸阳位于秦国的中心地点,靠近渭河,附近物产丰富,交通便利。"② 林剑鸣《秦史稿》在"商鞅变法的实施"一节,也有"迁都咸阳"的内容。其中写道:"咸阳(在咸阳市窑店东)北依高原,南临渭河,适在秦岭怀抱,既便利往来,又便于取南山之产物,若浮渭而下,可直入黄河;在终南山与渭河之间就是通往函谷关的大道。"③

《史记·商君列传》记载,商鞅颁布的新法,有促进扩大农耕生产规模的内容:

> 僇力本业,耕织致粟帛多者复其身。事末利及怠而贫者,举以为收孥。④

扩大农耕的规划,奖励农耕的法令,保护农耕的措施,使得秦国掀起了一个新的农业跃进的高潮。而这一历史变化的策划中心和指挥中心,只有位于关中农耕区中心的咸阳方能胜任。

据《商君书·更法》,商鞅推行新法的第一道政令,就是《垦草令》。其内容现

---

① 翦伯赞主编:《中国史纲要》,人民出版社 1979 年版,第 75 页。

② 杨宽:《战国史(增订本)》,上海人民出版社 1998 年版,第 206 页。

③ 林剑鸣:《秦史稿》,上海人民出版社 1981 年版,第 189 页。近年以商鞅变法为主题的讨论中,有学者进行有关变法内容的介绍时却不论及迁都咸阳。如马飞:《极权路上的陷阱:商鞅学派学说的演变与误区》,《常州大学学报(社会科学版)》2016 年第 6 期;邱忠来:《商鞅变法与秦文化革新》,《西安财经学院学报》2017 年第 1 期;张俊英、邹璇、严凯等:《商鞅变法与秦王朝之兴衰研究》,《六盘水师范学院学报》2017 年第 6 期。

④ 《史记》,第 2230 页。

在已经难以确知。我们从《商君书·垦令》中,可以推知其主要内容。《商君书·垦令》提出了 20 种措施,一一论说,分别指出各条措施对于"垦草"的积极意义,如:

1. 农不败而有余日,则草必垦矣。

2. 少民学之不休,则草必垦矣。

3. 国安不殆,勉农而不偷,则草必垦矣。

4. 辟淫游惰之民无所于食。无所于食则必农,农则草必垦矣。

5. 窳惰之农勉疾,商欲农,则草必垦矣。

6. 意壹而气不淫,则草必垦矣。

7. 农事不伤,农民益农,则草必垦矣。

8. 逆旅之民无所于食,则必农。农则草必垦矣。

9. 恶农、慢惰、倍欲之民无所于食。无所于食,则必农,农则草必垦矣。

10. 上不费粟,民不慢农,则草必垦矣。

11. 褊急之民不斗,很刚之民不讼,怠惰之民不游,费资之民不作,巧谀、恶心之民无变也,五民者不生于境内,则草必垦矣。

12. 农静诛愚,则草必垦矣。

13. 余子不游事人,则必农,农则草必垦矣。

14. 知农不离其故事,则草必垦矣。

15. 农民不淫,国粟不劳,则草必垦矣。

16. 农多日,征不烦,业不败,则草必垦矣。

17. 农恶商,商疑惰,则草必垦矣。

18. 农事必胜,则草必垦矣。

19. 业不败农,则草必垦矣。

20. 农民不败,则草必垦矣。①

以"垦草"作为新法的首要内容,体现了执政者大力发展农耕业的决心。其基本措施,是全面动员民众务农,严格约束非农业经营,为农业生产的发展提供各种

---

① 高亨:《商君书译注》,中华书局 1974 年 11 月版,第 19—30 页。

政策保证。有的学者指出，商鞅倡行垦草、徕民，是主要针对关中东部的政策。"关中东部作为秦新占领的地区之一，土地垦殖率相对低于关中西部，有'垦草'之余地；人口密度相对小于三晋诸邻，有'徕民'之空间。"①从这一角度理解商鞅推行《垦草令》的意义，秦定都咸阳所体现的进取意识，可以给人更深刻的印象。

大规模"垦草"促成的田土面积的空前扩大，可能超过了周人的经营范围，使得农产品富足一时，秦国于是成为实力强盛的农业大国。周天子以及东方列国都已经不能再无视这一以成功的农耕经济为基础的政治实体的存在了。这样的历史性进步，"提升了秦国国力，保障了军事后勤"，为秦的扩张提供了条件，"为秦国统一奠定了基础"。②

（四）始都咸阳与新的战略格局的形成

《史记·秦本纪》说，商鞅建议秦孝公"变法修刑，内务耕稼，外劝战死之赏罚"，③新法的基本原则，是"内务耕稼"。商鞅变法在促成"耕稼"发展方面的成功，是在定都于咸阳之后取得的。

《史记·项羽本纪》记载："项王乃立章邯为雍王，王咸阳以西，都废丘。""立司马欣为塞王，王咸阳以东至河，都栎阳。"④可见咸阳位于关中之中，是两分关中的中界。正如有的学者所指出的，"咸阳位当关中平原的中心地带，恰在沣、渭交会以西的大三角地带。这里有着大片的良田沃土，早为人们所开发利用，是个农产丰富的'奥区'"。⑤咸阳在当时因生态地理与经济地理条件的优越，本身已经成为富足的"天府"的中心，⑥同时又具有能够领导关中地方的地位。

对于秦定都咸阳之后继续推行变法，国势日盛的历史，司马迁在《史记·秦

① 樊志民：《秦农业历史研究》，三秦出版社1997年版，第63页。
② 赵宏坤、李亚光：《秦国"农战"背景下的农业发展》，《赤峰学院学报（汉文哲学社会科学版）》2017年第11期。
③ 《史记》，第203页。
④ 《史记》，第316页。
⑤ 王学理：《咸阳帝都记》，三秦出版社1999年版，第41页。
⑥ "刘敬说高帝曰：'都关中。'上疑之。左右大臣皆山东人，多劝上都雒阳"，张良说：雒阳"田地薄"，而"关中""沃野千里"，"此所谓金城千里，天府之国也"。"于是高帝即日驾，西都关中"。《史记·留侯世家》，第2043—2044页。

本纪》中有这样的记述：

> 十二年，作为咸阳，筑冀阙，秦徙都之。并诸小乡聚，集为大县，县一令，四十一县。
> 为田开阡陌。东地渡洛。
> 十四年，初为赋。
> 十九年，天子致伯。
> 二十年，诸侯毕贺。秦使公子少官率师会诸侯逢泽，朝天子。①

除了行政结构进步，生产形势改善以外，"东地渡洛"显示了军事进取的胜利。而
"天子致伯"和"诸侯毕贺"，也是战略性的收获。《史记·商君列传》也记载：

> 于是以鞅为大良造。将兵围魏安邑，降之。居三年，作为筑冀阙宫庭于咸阳，秦自
> 雍徙都之。而令民父子兄弟同室内息者为禁。而集小乡邑聚为县，置令、丞，凡三十一
> 县。为田开阡陌封疆，而赋税平。平斗桶权衡丈尺。行之四年，公子虔复犯约，劓之。
> 居五年，秦人富强，天子致胙于孝公，诸侯毕贺。②

我们看到，所谓"居五年，秦人富强"，体现商鞅在咸阳推行新的政策获得的成功。
秦国终于使得"天子致伯"，"诸侯毕贺"，"诸侯卑秦，丑莫大焉"的耻辱得以洗刷。

归纳秦孝公和商鞅在咸阳推行变法采取的政策，大致有如下内容：

（1）确定并完善县制。

> 《史记·秦本纪》："并诸小乡聚，集为大县，县一令，四十一县。"③
> 《史记·六国年表》："初聚小邑为三十一县，令。"④
> 《史记·商君列传》："集小乡邑聚为县，置令、丞，凡三十一县。"⑤

---

① 《史记》，第 203 页。
② 《史记》，第 2232 页。
③ 裴骃《集解》："《汉书·百官表》曰：'县令长皆秦官。万户以上为令，秩千石至六百石；减万户为
长，秩五百石至三百石。皆有丞尉。'"《史记》，第 203 页。
④ 《史记》，第 723 页。
⑤ 《史记》，第 2232 页。

（2）确定并完善田制。

　　《史记·秦本纪》："（秦孝公十二年）为田开阡陌。"①
　　《史记·六国年表》："（秦孝公十二年）为田开阡陌。"②
　　《史记·商君列传》："为田开阡陌封疆。"③

（3）确定并完善税制。

　　《史记·秦本纪》："（秦孝公）十四年，初为赋。"④
　　《史记·六国年表》："（秦孝公十四年），初为赋。"⑤
　　《史记·商君列传》："赋税平。平斗桶权衡丈尺。"⑥

　　落实这些政策之后，秦国与东方传统农耕国家在体制上已经没有差别，在农业经济的管理方面，已经迈进了成熟的阶段。也就是说，秦孝公和商鞅在咸阳领导了一场在秦史上具有重要意义的胜利的经济革命。

　　《史记·秦始皇本纪》记载："先王庙或在西雍，或在咸阳。"⑦这就是说，当时不仅秦的政治中心和经济中心转移到了咸阳，国家的礼祀中心，也开始向咸阳转移。

　　《史记·封禅书》在关于祠祀制度的论说中，列述秦人经营的关中祠所：

　　　　自华以西，名山七，名川四。曰华山，薄山。薄山者，衰山也。岳山，岐山，吴岳，鸿冢，渎山。渎山，蜀之汶山。水曰河，祠临晋；沔，祠汉中；湫渊，祠朝那；江水，祠蜀。亦春秋泮涸祷塞，如东方名山川；而牲牛犊牢具珪币各异。而四大冢鸿、岐、吴、岳，皆有

---

　　①　司马贞《索隐》："《风俗通》曰：'南北曰阡，东西曰陌。河东以东西为阡，南北为陌。'"《史记》，第203页。《史记·秦始皇本纪》："昭襄王生十九年而立。立四年，初为田开阡陌。"第290页。
　　②　《史记》，第723页。
　　③　《史记》，第2232页。
　　④　裴骃《集解》："徐广曰：'制贡赋之法也。'"司马贞《索隐》："谯周云：'初为军赋也。'"《史记》，第203—204页。
　　⑤　《史记》，第724页。
　　⑥　《史记》，第2232页。
　　⑦　《史记》，第266页。

尝禾。

陈宝节来祠。其河加有尝醪。此皆在雍州之域,近天子之都,故加车一乘,骝驹四。

霸、产、长水、沣、涝、泾、渭皆非大川,以近咸阳,尽得比山川祠,而无诸加。

汧、洛二渊,鸣泽、蒲山、岳嶻山之属,为小山川,亦皆岁祷塞泮涸祠,礼不必同。

而雍有日、月、参、辰、南北斗、荧惑、太白、岁星、填星、辰星、二十八宿、风伯、雨师、四海、九臣、十四臣、诸布、诸严、诸逑之属,百有余庙。西亦有数十祠。于湖有周天子祠。于下邽有天神。沣、滈有昭明、天子辟池。于杜、亳有三社主之祠、寿星祠;而雍菅庙亦有杜主。杜主,故周之右将军,其在秦中,最小鬼之神者。各以岁时奉祠。

唯雍四畤上帝为尊,其光景动人民唯陈宝。故雍四畤,春以为岁祷,因泮冻,秋涸冻,冬塞祠,五月尝驹,及四仲之月月祠,若陈宝节来一祠。春夏用骍,秋冬用駵。畤驹四匹,木禺龙栾车一驷,木禺车马一驷,各如其帝色。黄犊羔各四,珪币各有数,皆生瘗埋,无俎豆之具。三年一郊。秦以冬十月为岁首,故常以十月上宿郊见,通权火,拜于咸阳之旁,而衣上白,其用如经祠云。西畤、畦畤,祠如其故,上不亲往。

诸此祠皆太祝常主,以岁时奉祠之。至如他名山川诸鬼及八神之属,上过则祠,去则已。郡县远方神祠者,民各自奉祠,不领于天子之祝官。祝官有秘祝,即有菑祥,辄祝祠移过于下。[①]

事实上,秦人西方故地依然是祭祀重心,如"雍有日、月、参、辰、南北斗、荧惑、太白、岁星、填星、辰星、二十八宿、风伯、雨师、四海、九臣、十四臣、诸布、诸严、诸逑之属,百有余庙。西亦有数十祠"。但是东方"华山"与"河"等名山名川列为祀所,是秦成为文化大国的标志之一。特别是所谓"霸、产、长水、沣、涝、泾、渭皆非大川,以近咸阳,尽得比山川祠,而无诸加",以及"秦以冬十月为岁首,故常以十月上宿郊见,通权火,拜于咸阳之旁",都说明咸阳在秦神学系统中的重要地位。而所谓"西畤、畦畤,祠如其故,上不亲往",则暗示西方传统祭祀形式有所变革,其祀所的地位已经有所下降。

山川风雨神崇拜以及岁时之祠,其实所体现的都不是纯神学的与经济生活无关的信仰,而往往是对自然恩遇的祈祝,体现着一种自然观、生态观。中国古代的农业、牧业部族以及农牧兼营的部族,在这一点上彼此类同。但是秦人在以

———————————

① 《史记》,第 1372—1377 页。

咸阳为中心的祭祀格局中河川崇拜的地位特别突出，值得我们重视。这就是所谓"霸、产、长水、沣、涝、泾、渭皆非大川，以近咸阳，尽得比山川祠"，以及"沣、滈有昭明、天子辟池"，等等。

后来的一些历史事实，如秦人大规模修建水利工程，[①]以及秦始皇"更名河曰德水，以为水德之始"[②]，等等，都可以与以咸阳为中心的河川崇拜联系起来分析。而"近咸阳"诸水"尽得比山川祠"这一现象，显然与秦人始都咸阳之后因农业经济的发展对相关生态环境的特别重视有关。

咸阳形胜，因生态地理条件和经济地理形势的优越，而促成了秦始皇的帝业。汉并天下，定都长安，依然企图沿袭这一优势。《史记·韩信卢绾列传》："绾封为长安侯。长安，故咸阳也。"[③]《史记·高祖本纪》："高祖常繇咸阳。"司马贞《索隐》："应劭云：'今长安也。'"[④]所谓"长安，故咸阳也"，咸阳"今长安也"，都说明了这一史实。当然，汉初这一地区的生态地理条件和经济地理形势，与战国时期相比又有了新的变化。[⑤]

---

① 战国晚期秦国修建的大型水利工程，最著名的有李冰主持的都江堰工程和郑国主持的郑国渠工程。参看林剑鸣：《秦史稿》，上海人民出版社 1981 年版，第 279—282 页。

② 《史记·秦始皇本纪》，第 238 页。

③ 《史记》，第 2637 页。

④ 《史记》，第 344 页。

⑤ 王子今：《秦定都咸阳的生态地理学与经济地理学分析》，《人文杂志》2003 年第 5 期；同作者：《从雍城到咸阳：秦国成就统一大业的经济动力》，《国家人文地理》2009 年第 9 期；同作者：《从鸡峰到凤台：周秦时期关中经济重心的移动》，《咸阳师范学院学报》2010 年第 3 期。

七、雍—咸阳文化重心的转换与
蜀道主线路的变化

李白《蜀道难》有"不与秦塞通人烟"名句,[①]指出扼守蜀道秦岭关隘的"塞"的存在。作者和读者并不明究此"秦塞"是何处关塞,是因为蜀道秦岭线路本有多条,而"秦塞"亦实有多处。

在蜀道历史中,几条秦岭线路在当时交通格局中的位置,先后各有主次轻重的变化。也就是说,不同历史时期蜀道秦岭区段有不同的主线路。这种变化的发生有多种因素,而关中地方文化重心的变化也显现重要的作用。

分析咸阳-长安文化重心地位的形成与蜀道主线路移换的关系,可以深化对区域史和交通史以及相关社会文化现象的认识。

(一)"故道"主线路时代

从蜀道秦岭线路开通的年代先后来推断,位于陕西宝鸡以南的散关很可能是最早的蜀道"秦塞"。

从文化遗存分布的密度而言,关中平原西部地区较中部地区和东部地区获得较早的开发。被神化的农学经验总结者曾经在这里活动。[②] 蜀道的出发点因此曾经由自关中西部。

秦即有"故道"县,县治在今陕西宝鸡南。《水经注·渭水》:"渭水又与扞水合,水出周道谷,北迳武都故道县之故城西。"[③]地名可见"周道"和"故道"。而西周中晚期铜器散氏盘铭文中亦有"周道"字样。据王国维考论,周散国在散关一

---

① 《李太白全集·乐府三十首》,〔清〕王琦注:《李太白全集》,中华书局1977年版,第162页。
② 参看王子今:《论秦汉雍诸畤中的炎帝之祠》,《文博》2005年第6期。
③ 〔北魏〕郦道元著,陈桥驿校证:《水经注校证》,中华书局2007年版,第431页。

带,此周道即《水经注》"周道谷"之"周道"。① 可见这条道路的开通年代相当早。《后汉书·隗嚣传》所谓"白水险阻,栈道败绝",是说故道在今陕西略阳白水江一带的地段。故道又有由此通向天水地区的栈道。

所谓"故道",应是蜀道其他秦岭线路得以开通并逐渐成为主线路之后的称谓。这条道路北端的"秦塞"即散关。散关被看作"关中"区域的界限标志之一。《史记·高祖本纪》记载:"怀王乃以宋义为上将军,项羽为次将,范增为末将,北救赵。令沛公西略地入关。与诸将约,先入定关中者王之。"司马贞《索隐》:"韦昭云:'函谷、武关也。'又《三辅旧事》云:'西以散关为界,东以函谷为界,二关之中谓之关中。'"《史记·项羽本纪》也写道:"人或说项王曰:'关中阻山河四塞,地肥饶,可都以霸。'"裴骃《集解》引徐广曰:"东函谷,南武关,西散关,北萧关。"又《史记·汉兴以来将相名臣年表》:"都关中。"司马贞《索隐》:"咸阳也。东函谷,南峣、武,西散关,北萧关。在四关之中,故曰'关中'。"关于"关中"区域限定的理解有所不同。也有说函谷关以内者。也有只说两关者,言函谷关、武关,或者函谷关、散关。关于老子出关的传说,有解释"关"是散关的意见。② 散关因散国得名。可知这条道路的开通当在西周甚至更早。

周原甲骨所见"[克]蜀"文字(H11:97),③"蜀人"参与武王伐纣军事行动的历史记录,④都反映蜀道早期开通的事实。而当时蜀道的主线路,很可能即秦汉

---

① 王国维《散氏盘跋》:"……顷闻之陕人言克鼎出处在宝鸡县南之渭水南岸。此地既为克之故虚,则散氏故虚必距此不远。因知'散氏'者即《水经·渭水注》'大散关''大散岭'之'散'。……'周道'即'周道谷','大沽'者即《漾水注》之'故道水'。"《王国维遗书》,上海古籍书店据商务印书馆 1940 年版影印,1983 年版,《观堂集林》卷一八第 3 页。

② 《史记·老子韩非列传》说:"居周久之,见周之衰,乃遂去。至关,关令尹喜曰:'子将隐矣,强为我著书。'于是老子乃著书上下篇,言道德之意五千余言而去,莫知其所终。"其中"至关"的"关",有函谷关和散关两说。司马贞《索隐》:"李尤《函谷关铭》云'尹喜要老子留作二篇',而崔浩以尹喜又为散关令是也。"张守节《正义》:"《抱朴子》云:'老子西游,遇关令尹喜于散关,为喜著《道德经》一卷,谓之《老子》。'或以为函谷关。《括地志》云:'散关在岐州陈仓县东南五十二里。函谷关在陕州桃林县西南十二里。'"第 2141 页。

③ 曹玮编著:《周原甲骨文》,世界图书出版公司 2002 年版,第 71 页。

④ 《尚书·牧誓》:"千夫长、百夫长,及庸、蜀、羌、髳、微、卢、彭、濮人。"孔氏传:"八国皆蛮夷戎狄属文王者国名。羌在西,蜀、叟、髳、微在巴蜀。"〔清〕阮元校刻:《十三经注疏》,中华书局据原世界书局缩印本影印,1980 年版,第 183 页。《史记·周本纪》:"千夫长、百夫长,及庸、蜀、羌、髳、微、纑、彭、濮人。"裴骃《集解》:"孔安国曰:'八国皆蛮夷戎狄。羌在西。蜀、叟。髳、微在巴蜀。纑、彭在西北。庸、濮在江汉之南。'马融曰:'武王所率,将来伐纣也。'"张守节《正义》:"髳音矛。《括地志》云:'房州竹山县及金州,古庸国。益州及巴、利等州,皆古蜀国。陇右岷、洮、丛等州以西,羌也。姚府以南,古髳国之地。戎府之南,古微、泸、彭三国之地。濮在楚西南。有髳州、微、濮州、泸府、彭州焉。武王率西南夷诸州伐纣也。'"第 122 页。

人所称"故道"。

所谓"故道"早期开通并成为蜀道秦岭主线路,很可能与周人在关中西部农耕经营的成功有关。《国语·晋语四》:"炎帝以姜水成。"韦昭注:"姜,水名。成,谓所生长以成功也。"①炎帝传说和"姜水"的关系,暗示炎帝部族活动的地域。早有学者指出,"姜姓起源于陕西西部黄土原上",探索炎帝传说的发生,应当注意宝鸡"姜城堡、清姜河、神农庙、磻溪水、姜氏城"地名的存在。② 应当注意到,这一地方,正在散关左近。

秦汉所谓"故道"者,有可能在早期开通的时代曾经称作"周道"。

(二) 褒斜道的开通和使用

《华阳国志·蜀志》较早记载了蜀道"石牛"传说:

> 周显王之世,蜀王有褒汉之地。因猎谷中,与秦惠王遇。惠王以金一笥遗蜀王。王报珍玩之物,物化为土。惠王怒,群臣贺曰:"天承我矣! 王将得蜀土地。"惠王喜。乃作石牛五头,朝泻金其后,曰"牛便金"。有养卒百人。蜀人悦之,使使请石牛,惠王许之。乃遣五丁迎石牛。既不便金,怒遣还之。乃嘲秦人曰:"东方牧犊儿。"秦人笑之,曰:"吾虽牧犊,当得蜀也。"③

不仅"石牛道"故事值得注意,我们还看到,秦人观念中另一有关"牛"的神秘传说,也与交通开发有关。《史记·秦本纪》:"(秦文公)二十七年,伐南山大梓,丰大特。"裴骃《集解》:"徐广曰:'今武都故道有怒特祠,图大牛,上生树本,有牛从木中出,后见丰水之中。'"张守节《正义》引《括地志》云:"大梓树在岐州陈仓县南十里仓山上。《录异传》云:秦文公时,雍南山有大梓树,文公伐之,辄有大风雨,树生合不断。时有一人病,夜往山中,闻有鬼语树神曰:'秦若使人被发,以朱丝绕树伐汝,汝得不困耶?'树神无言。明日,病人语闻,公如其言伐树,断,中有一

---

① 上海师范学院古籍整理组校点:《国语》,上海古籍出版社 1978 年版,第 356—357 页。
② 徐旭生:《中国古史的传说时代(增订本)》,文物出版社 1985 年版,第 122 页。
③ 〔晋〕常璩撰,任乃强校注:《华阳国志校补图注》,上海古籍出版社 1987 年版,第 123 页。

青牛出，走入丰水中。其后牛出丰水中，使骑击之，不胜。有骑堕地复上，发解，牛畏之，入不出，故置髦头。汉、魏、晋因之。武都郡立怒特祠，是大梓牛神也。"张守节又写道："按：今俗画青牛障是。"①所谓"武都故道""岐州陈仓县南""雍南山"等信息，应当理解为道路北端的方位。如果联想到"姜姓"而"长于姜水"的炎帝"人身牛首"传说，②可以推知其发生时代很可能在秦人"地至岐"，因"周余民"多归服，与"姜"有关的地名移用至于渭北之后。③

清华简《系年》有涉及"褒姒"故事的文字："王或取孚（褒）人之女，是孚（褒）□（姒）。"④《史记·周本纪》："幽王嬖爱褒姒。"司马贞《索隐》："褒，国名。"张守节《正义》："《括地志》云：'褒国故城在梁州褒城县东二百步，古褒国也。'"《汉

---

① 参看王子今：《秦汉民间信仰体系中的"树神"和"木妖"》，《周秦汉唐文化研究》第 3 辑，三秦出版社 2004 年版。

② 《艺文类聚》卷一一引《帝王世纪》："炎帝神农氏，姜姓也，人身牛首，长于姜水。有圣德。"〔唐〕欧阳询撰，汪绍楹校：《艺文类聚》，上海古籍出版社 1965 年版，第 209 页。《初学记》卷九引《帝王世纪》："神农氏，姜姓。母曰姙姒，有乔氏之女，名女登，游于华阳，有神龙首感女登于尚羊，生炎帝，人身牛首。长于姜水。有圣德，以火承木，位在南方，主夏，故谓之炎帝。"〔唐〕徐坚等著：《初学记》，中华书局 1962 年版，第 196 页。《水经注·渭水》引《帝王世纪》："炎帝，神农氏，姜姓。母女登游华阳，感神而生炎帝。长于姜水，是其地也。"〔北魏〕郦道元著，陈桥驿校证：《水经注校证》，中华书局 2007 年版，第 442 页。

③ 《太平御览》卷七〇："（《三辅旧事》）曰：姜泉在岐山县。皇甫谧《帝王世纪》云：'炎帝神农氏，母有乔氏女登为少典妃，游华阳感神而生炎帝。长于姜水。因以氏焉。'郦道元注《水经》云：'炎帝长于姜水，即此水是为。'"〔宋〕李昉等撰：《太平御览》，中华书局用上海涵芬楼影印宋本 1960 年复制重印版，第 331 页。今本《水经注·渭水中》写道："岐水又东径姜氏城南，为姜水，按《世本》：炎帝，姜姓。《帝王世纪》曰：炎帝，神农氏，姜姓。母女登游华阳，感神而生炎帝，长于姜水，是其地也。东注雍水。"〔北魏〕郦道元著，陈桥驿校证：《水经注校证》，中华书局 2007 年版，第 442 页。姜水应是雍水的支流。《太平寰宇记》卷三〇"岐山县"题下有"姜泉"条："姜泉。皇甫谧《帝王世纪》云：'炎帝神农氏，母有蟜氏女，等为少典妃，游华阳，感神而生炎帝。长于姜水，因以氏焉。'郦道元注《水经》云：'炎帝长于姜水。'即此水也。"〔宋〕乐史撰，王文楚等点校：《太平寰宇记》，中华书局 2007 年版，第 639 页。《元丰九域志·秦凤路·次府凤翔府》"次畿岐山"条说到"有……姜水"。〔宋〕王存撰，王文楚、魏嵩山点校：《元丰九域志》，中华书局 1984 年版，第 122 页。《陕西通志·建置第二》："姜。炎帝后姜姓，国扶风美阳，有姜氏城。（《路史》）岐水东径姜氏城南，为姜水。《帝王世纪》曰：炎帝神农氏长于姜水（《水经注》）"同书卷一〇《山川三》："横水。……一名姜水，在县南三里，自凤翔界流入，合雍水。又东径姜氏城南，为姜水，与雍水合。"看来，与炎帝传说密切相关的姜泉、姜水、姜氏城，应当都在雍城近旁。而渭水以南的姜水、姜城，其地名形成的时代以及与炎帝传说的关系，可以另外考察。参看王子今：《论秦汉雍地诸畤中的炎帝之祠》，《文博》2005 年第 6 期。现在来看，渭北的"姜泉、姜水、姜氏城"等，不能排除来自渭南以"姜"命名地方的移民将地名带到新的居地的可能。《史记·秦本纪》："十六年，文公以兵伐戎，戎败走。于是文公遂收周余民有之，地至岐，岐以东献之周。"第 179 页。所谓"周余民"，可能就是导致涉及"姜"的地名移用的移民。

④ 刘国忠：《从清华简〈系年〉看周平王东迁的相关史实》，陈致主编：《简帛·经典·古史》，上海古籍出版社 2013 年版。

书·五行志下之上》："幽王暴虐，妄诛伐，不听谏，迷于褒姒，废其正后。"颜师古注："褒姒，褒人所献之女也。"可知西周末年关中往"褒人"所居"褒国"的道路已经可以通行。《华阳国志·蜀志》记载的秦王和蜀王"褒汉""谷中"之遇以及"石牛""五丁"传说，反映"周显王之世"褒谷已经成为南北交通走廊。

自"平王封襄公为诸侯，赐之岐以西之地"，后来文公"至汧渭之会"，"卜居之"，"营邑之"，以至宁公"徙居平阳"，"德公元年初居雍城大郑宫"，很可能秦人通过"褒"，与"汉"维持着经济交往和文化联系。

（三）灙骆道早期交通条件

《隶释·司隶杨君碑》："高祖受命，兴于汉中。道由子午，出散入秦。建定帝位，以汉诋焉。后以子午，涂路涩难。更随围谷，复通堂光。凡此四道，垓鬲允艰。"[①]辛德勇据此考论，以为所谓"堂光"中的"堂"应当就是"党（灙）"的同音假借字。他又指出，"在灙骆道的北口围谷口外稍西的渭河南岸，有西汉武功县城。"《汉书·王莽传上》："以武功县为安汉公采地，名曰汉光邑。"《汉书·地理志上》又说到武功县"莽曰新光"。"'党光'中的'光'，应该就是指这个'汉光'或'新光'"。因此，堂光道应该就是灙骆道的前身。除名称有所差异而外，堂光道与灙骆道的取代也略有不同，即堂光道在秦岭北坡走围谷（韦谷，即今泥河），灙骆道走骆（洛）谷（即今西骆峪）。[②] 相关研究和实地考察，可以说明这条古道的交通史意义。[③]

《史记·秦本纪》记载："（秦）厉共公二年（前 475），蜀人来赂。"[④]"（秦惠公）十三年（前 387），伐蜀，取南郑。"[⑤]同一史实《史记·六国年表》则写作"蜀取我南郑"。[⑥] 又《秦本纪》："惠文君元年"（前 337），"蜀人来朝"。[⑦] 这一历史阶段的蜀

① 〔宋〕洪适撰：《隶释 隶续》，中华书局据洪氏晦木斋刊本影印，1985 年版，第 229 页。

② 辛德勇：《汉〈杨孟文石门颂〉堂光道新解——兼析灙骆道的开通时间》，《中国历史地理论丛》1990 年第 1 期。

③ 王子今：《〈禹贡〉黑水与堂光古道》，《文博》1994 年第 2 期，又刊《汉水文化研究》2017 年第 2 期。

④ 《史记》，第 199 页。《史记·六国年表》，第 688 页。

⑤ 《史记》，第 200 页。

⑥ 《史记》，第 713 页。

⑦ 《史记》，第 205 页。

道交通,很可能经由褒斜道或傥骆道。

(四) 商鞅时代交通形势

《史记·秦本纪》记载:"(秦孝公)十二年,作为咸阳,筑冀阙,秦徙都之。"《史记·秦始皇本纪》:"孝公享国二十四年。……其十三年,始都咸阳。"《史记·商君列传》也写道:"于是以鞅为大良造。……居三年,作为筑冀阙宫庭于咸阳,秦自雍徙都之。"[①]定都咸阳,是秦史具有重大意义的事件,也形成了秦国兴起的历史过程中的显著转折,是秦政治史上的辉煌亮点。[②] 这一商鞅时代的重要决策,也影响到交通史的进程。

秦经营咸阳的时代,交通战略也有了新的思路。因东向进取的需要,函谷关和武关道路首先受到重视。而蜀地的占领,必须有蜀道的交通条件以为可靠的军事保障。对于秦兼并蜀地这一重要的历史事实,我们在《史记》中可以看到司马迁如下的记述:

> 秦惠文王更元九年(前 316),(1) 司马错伐蜀,灭之(《秦本纪》),(2) 击蜀,灭之(《六国年表》),(3) 起兵伐蜀,十月,取之,遂定蜀,贬蜀王更号为侯,而使陈庄相蜀(《张仪列传》);秦惠文王更元十四年(前 311),(4) 蜀相壮杀蜀侯来降(《秦本纪》),(5) 蜀相杀蜀侯(《六国年表》);秦武王元年(前 310),(6) 诛蜀相壮(《秦本纪》),(7) 诛蜀相壮(《六国年表》),(8) 蜀侯煇、相壮反,秦使甘茂定蜀(《樗里子甘茂列传》),秦昭襄王六年(前 301),(9) 蜀侯煇反,司马错定蜀(《秦本纪》),(10) 蜀反,司马错往诛蜀守煇,定蜀(《六国年表》)。[③]

---

① 《史记》,第 203、288、2232 页。

② 参看王子今:《秦定都咸阳的生态地理学与经济地理学分析》,《人文杂志》2003 年第 5 期。在秦定都雍与定都咸阳之间,有学者提出曾经都栎阳的意见。笔者认为,司马迁的秦史记录多根据《秦记》,因而较为可信的事实,是值得重视的。而可靠的文献记载中并没有明确说明秦迁都栎阳的内容。就考古文物资料而言,栎阳的考古工作也没有提供秦曾迁都栎阳的确凿证据,其城址遗迹年代均判定为秦代或汉代。中国社会科学院考古研究所栎阳发掘队:《秦汉栎阳城遗址的勘探和试掘》,《考古学报》1985 年第 3 期。根据现有材料依然可以肯定:栎阳始终未曾作为秦都。参看王子今:《秦献公都栎阳说质疑》,《考古与文物》1982 年第 5 期;同作者:《栎阳非秦都辨》,《考古与文物》1990 年第 3 期。

③ 《史记》,第 207、732、2284、207、733、209、734、2311、210、736 页。

从起初(1)(2)(3)的"伐蜀,灭之","击蜀,灭之","伐蜀","取之,遂定蜀",到(9)(10)之最终"定蜀",①秦人征服蜀地,经历了三代秦王前后十数年的时间。这一系列军事行动,都必然是在蜀道畅通的条件下完成的。

就商鞅本人而言,其封地在商,正当秦楚交通要道丹江通道上。② 秦楚对于商於之地的争夺,即在丹江通道左近。而商鞅本人有出使楚国的记录。江陵秦家嘴楚墓 M1、M13、M99 都出土竹简。发掘者认为,"其下限年代当在战国晚期早段,即公元前 278 年以前"。③ M1 出土的第 1 简可见"周客"。M99 第 15 简:

> 秦客公孙鞅聘于楚之岁,八月庚子之日,野以其有病之。

据晏昌贵的判断:"'公孙鞅'即'商鞅',……此条纪年当在前 356 年至前 340 年之间。"④

江陵天星观 1 号墓出土竹简也有记录"秦客公孙絉(鞅)"曾经在楚地有所活动的简文:

> 秦客公孙絉(鞅)闻(问)王于骊郢之岁。⑤

前例称"秦客公孙鞅聘于楚",此言"秦客公孙絉(鞅)闻(问)王",应当都是作为国家外交代表从事着高层次的活动。

这两条简文,提供了反映商鞅以"秦客"身份在楚地活动的重要史料。商鞅很可能由武关道入楚。⑥ 经过他的封地商邑,交通最为近便。

---

① 其中(8)与(9)(10)有关"蜀侯煇""蜀守煇"的记载相互抵牾,当有一误,疑(8)中"侯煇"二字为衍文。参看王子今:《秦兼并蜀地的意义与蜀人对秦文化的认同》,《四川师范大学学报(社会科学版)》1998年第 2 期。

② 王子今、周苏平、焦南峰:《陕西丹凤商邑遗址》,《考古》1989 年第 7 期;

③ 荆沙铁路考古队:《江陵秦咀秦墓发掘简报》,《江汉考古》1988 年第 2 期;

④ 晏昌贵:《秦家嘴"卜筮祭祷"简释文辑校》,《湖北大学学报(哲学社会科学版)》2005 年第 1 期。

⑤ 湖北省荆州地区博物馆:《江陵天星观 1 号楚墓》,《考古学报》1982 年第 1 期。

⑥ 王子今:《武关·武候·武关候:论战国秦汉武关位置与武道道走向》,《中国历史地理论丛》2018 年第 1 期;同作者:《武关道蓝桥河栈道形制及设计通行能力的推想》,汉中市博物馆等编:《栈道历史研究与 3S 技术应用国际学术研讨会论文集》,陕西人民教育出版社 2008 年版。

　　简文出现的"秦客公孙鞅""秦客公孙絤",应当就是商鞅。《史记·商君列传》记载:

　　　　商君者,卫之诸庶孽公子也,名鞅,姓公孙氏,其祖本姬姓也。鞅少好刑名之学,事魏相公叔座为中庶子。公叔座知其贤,未及进。会座病,魏惠王亲往问病,曰:"公叔病有如不可讳,将奈社稷何?"公叔曰:"座之中庶子公孙鞅,年虽少,有奇才,愿王举国而听之。"王嘿然。……惠王既去,而谓左右曰:"公叔病甚,悲乎,欲令寡人以国听公孙鞅也,岂不悖哉!"公叔既死,公孙鞅闻秦孝公下令国中求贤者,将修缪公之业,东复侵地,乃遂西入秦,因孝公宠臣景监以求见孝公。①

　　《史记》多称其本名"公孙鞅"。《史记·卫康叔世家》:"成侯十一年,公孙鞅入秦。"②《史记·六国年表》:"卫公孙鞅为大良造,伐安邑,降之。"③《史记·范雎蔡泽列传》:"夫公孙鞅之事孝公也,极身无贰虑,尽公而不顾私。"④

　　《史记》中,"商君"48 见,"卫鞅"24 见,"商鞅"7 见,"公孙鞅"6 见。虽然"公孙鞅"出现最少,但却是他的本来姓名。即《史记·商君列传》所谓"名鞅,姓公孙氏"。

　　楚简所见"秦客公孙鞅""秦客公孙絤(鞅)",记载这位秦国权贵,也是秦国行政最高决策者,曾经"聘于楚","闻(问)王于旤郢",即前往楚国有所活动。这应当是秦楚外交史的珍贵记录。战国史籍未见相关记载,而出土文献保留了秦国与楚国交往史迹中这非常重要的一页。

　　战国时有"天下莫强于秦、楚"的形势判断。⑤ 秦国和楚国地域亲近,关系特殊。正如战国游士所说,"秦与楚接境壤界,固形亲之国也"。⑥ 而楚有多"与秦亲"的历史表现。⑦ 虽频繁争战,亦往往交好。在新的资料支持下研究秦楚外交史,应当可以取得新的认识。

---

　　① 《史记》,第 2227—2228 页。
　　② 《史记》,第 1604 页。
　　③ 《史记》,第 722 页。
　　④ 《史记》,第 2420 页。
　　⑤ 《史记·春申君列传》,第 2387 页。
　　⑥ 《史记·张仪列传》,第 2292 页。
　　⑦ 《史记·张仪列传》,第 2292 页。

所谓"秦客公孙鞅聘于楚"以及"秦客公孙䭅（鞅）闻（问）王于骊郢"，说明身份为"秦客"的公孙鞅参与了楚国高层政治生活。

有关商鞅历史表现的研究论著都没有说到他曾经活动于楚国的事迹，这是史籍记载有限的缘故。杨宽《商鞅变法》言"商鞅诞生于卫国"，"入秦"，"东伐"。[①] 谷滋《商鞅简介》也只说他是"战国中期卫国人"，"到了秦国"，"在秦国变法"，曾经"东伐魏国"。[②] 郑良树《商鞅及其学派》说："对秦国及秦朝而言，没有什么比商鞅及商学派更重要了。"对于商鞅事迹，指出："在国内，开发全国经济，动员全国生产力量，又提高法治及法治效能；在国外，发动军事战争，消灭山东六国。"[③] 涉及"山东六国"，显然只是概说其战略方向。而称其学派为"商学派"，提示了其封地为"商"的标志性意义。而"商"正位于秦楚曾经先后用心经营的丹江通道上。有的论著列录《商鞅的年表》，只记述了他在魏国和秦国的行迹。[④] 出土楚简"秦客公孙鞅""秦客公孙䭅（鞅）"文字因此具有特别值得重视的秦史与楚史史料价值。

（五）秦始皇的"南阙"和汉高祖的"蚀中"

《史记·秦始皇本纪》记载，秦始皇三十五年（前212）：

> 始皇以为咸阳人多，先王之宫廷小，吾闻周文王都丰，武王都镐，丰镐之间，帝王之都也。乃营作朝宫渭南上林苑中。先作前殿阿房，东西五百步，南北五十丈，上可以坐万人，下可以建五丈旗。周驰为阁道，自殿下直抵南山。表南山之颠以为阙。为复道，自阿房渡渭，属之咸阳，以象天极阁道绝汉抵营室也。[⑤]

秦始皇规划咸阳的建设时，曾经有"周驰为阁道"，又"自（阿房宫）殿下直抵南山，

---

① 杨宽著：《商鞅变法》，上海人民出版社1955年版，第8、16、55页。
② 北京大学谷滋：《商鞅简介》，《北京日报》1974年6月15日，收入《商鞅和〈商君书〉》，北京人民出版社1974年版。
③ 郑良树著：《商鞅及其学派》，上海古籍出版社1989年版，第4页。
④ 陈启天著：《商鞅评传》，台湾商务印书馆1967年版，第22—25页。
⑤ 《史记》，第256页。

表南山之颠以为阙"的设想。"表南山之颠以为阙"这一特别值得重视的构想，说明当时的建筑蓝图包含有贯通南北即"子午"的意识。"南山"之"阙"的设计，可以说明秦都咸阳有南行的重要通路。这样的规划，与沿子午岭北上直通九原的"直道"形成对应关系。而"子午"快读，与"直"音近。在咸阳、长安以南，确实有"子午道"通往汉中巴蜀。而子午道也有与"直道"—"子午岭"类似的情形。宋敏求《长安志·县一·万年》写道："福水即交水也。《水经注》曰：'上承樊川御宿诸水，出县南山石壁谷，①南三十里与直谷水合，亦曰子午谷水。'"②所谓"直谷水"，也就是"子午谷水"。又《长安志·县二·长安》："豹林谷③水出南山，北流三里，有竹谷水自南来会。又北流二里，有子午谷水自东来会。④ 自北以下，亦谓之子午谷水。"⑤"直谷"应当也是"子午谷"的快读合音。⑥ 另外，还特别值得我们注意的是，汉魏子午道秦岭南段又曾经沿池河南下汉江川道。"池"或为"直"之音转。也就是说，很可能子午道循行的河道，也曾经被称作"直河"。⑦

《史记·高祖本纪》说，汉王之国，"从杜南入蚀中"。⑧ 程大昌《雍录》卷五"汉高帝入关"条说："蚀中之名地书皆不载，以地望求之，关中南面皆碍南山，不可直达，其有微径可达汉中者，惟子午关。子午关在长安正南，其次向西则有骆谷关，关之又西则褒斜也。此之蚀中，若非骆谷，即是子午也。若大散关则在汉中西南，不与咸阳对出，非其地矣。"⑨《资治通鉴》胡三省注，《读史方舆纪要》《史记会注考证》等都据《司隶校尉杨君孟文石门颂序》所谓"高祖受命，兴于汉中，道由子午，出散入秦"，以为"蚀中"可能就是子午谷。《三国志·蜀书·魏延传》记述魏延向诸葛亮建议，"欲请兵万人，与亮异道会于潼关，如韩信故事"。裴松之

---

① 今案：亦作石鳖谷，今称石砭峪。
② 今本《水经注》无此文。《太平寰宇记》文与此同，而不云出《水经注》。
③ 今案：今称抱龙峪。
④ 今案："自东来会"疑当作"自西来会"。
⑤ 〔宋〕宋敏求撰，辛德勇、郎洁点校：《长安志》，三秦出版社2013年版，第365、388页。
⑥ 《咸宁县志·南山诸谷图》中，"石鳖峪"旁侧标注"竹"，由此可以推想"竹谷"或许也应从音读的线索考虑其与"子午谷"的关系。
⑦ 参看王子今：《秦直道的历史文化观照》，《人文杂志》2005年第5期。
⑧ 《史记》，第367页。
⑨ 〔宋〕程大昌撰，黄永年点校：《雍录》，中华书局2002年版，第92—93页。今按："若大散关则在汉中西南"，"西南"，或应为"西北"。

注引《魏略》说,其具体路线是"直从褒中出,循秦岭而东,当子午而北",直抵长安。① 由三国时人所谓"韩信故事",可知"道由子午,出散入秦"或许确是刘邦北定三秦的路线。看来,子午道在秦汉之际已经通行大致是没有疑义的。

李之勤曾经对子午道的历史变迁进行过深入的考证。② 我们在对子午道秦岭北段遗迹进行实地考察时,也发现了相当丰富的古栈道的遗存。③《汉书·王莽传上》颜师古注将"子午岭"和"子午道"并说,这位唐代学者的意见应当引起我们重视,还有将直道所循子午岭和子午道所循子午谷"计南北直相当"者联系在一起的说法,即所谓"此则北山者是'子',南山者是'午',共为'子午道'。"④

① 《三国志》,第 1003 页。

② 李之勤:《历史上的子午道》,《西北大学学报(哲学社会科学版)》1981 年第 2 期。

③ 王子今、周苏平:《子午道秦岭北段栈道遗迹调查简报》,《文博》1987 年第 4 期。

④ 《汉书》,第 4076 页。王子今:《秦直道的历史文化观照》,《人文杂志》2005 年第 5 期;王子今、刘林:《咸阳—长安文化重心地位的形成与蜀道主线路的移换》,《长安大学学报(社会科学版)》2012 年第 1 期。

八、秦兼并蜀地的意义与
蜀人对秦文化的认同

秦惠文王时代，秦完成了对蜀地的占有。秦人兼并蜀地，是秦首次实现大规模的领土扩张，于是为后来统一事业的成功奠定了最初的基础。通过这一历史过程，我们也可以看到秦文化在与其他地域文化体系相互融合相互影响时保持主动性的地位和作用。而蜀人当时接受外来文化影响的态度以及因此而实现的历史性进步，也是应当肯定的。

（一）散国与"周道"

回顾华夏文明初步萌生的历史，可以看到秦岭巴山是几大基本文化区之间相互联系的最大的天然阻障。可以说，穿越秦岭巴山的早期道路，是我们民族文化显现出积极的创造精神、宏大的地理意识、非凡的人文智慧和强韧的工程能力的历史纪念。而秦岭巴山古道路系统中，连通重要区域方向的蜀道地位尤其重要。在中国古代道路中，蜀道在经济联系、文化沟通、政令宣达、军事攻防等方面的历史作用，乃至工程规划组织水准所体现的领先性和代表性，都是历史学者和地理学者应当认真关注的研究课题。

关中以南的秦岭山脉，或许也包括巴山山脉，东周秦汉称作"南山"。《史记·秦本纪》"伐南山大梓"，张守节《正义》引《括地志》云："大梓树在岐州陈仓县南十里仓山上。《录异传》云：'秦文公时，雍南山有大梓树，文公伐之，辄有大风雨，树生合不断。'"①《史记·秦始皇本纪》："周驰为阁道，自殿下直抵南山。""表

---

① 《史记》，第 180 页。

南山之颠以为阙。"①《史记·封禅书》:"南山巫祠南山秦中。"②《史记·河渠书》:"引渭穿渠起长安,并南山下,至河三百余里。"③《史记·魏其武安侯列传》:"魏其谢病,屏居蓝田南山之下数月,诸宾客辩士说之,莫能来。"④《史记·李将军列传》:"屏野居蓝田南山中射猎。"⑤《史记·司马相如列传》:"望南山之参差。"⑥

　　新石器时代秦岭南北的重要遗址已经表现出共同的文化面貌。⑦ 商周时期蜀道已得早期开通。⑧ 周原甲骨所见"[克]蜀"文字(H11∶97),⑨也证明了蜀道交通条件已经得到初步开发的事实。周武王伐纣,从行有"蜀"人。⑩《水经注·渭水》:"(扦)水出周道谷,北迳武都故道县之故城西,王莽更名曰善治也。"⑪而西周中晚期铜器散氏盘铭文中已见"周道"。据王国维考定,周散国在散关一带,此"周道"即《水经注》"周道谷"之"周道"。⑫ 可见这条道路的开通年代相当早。

　　① 《史记》,第 256 页。

　　② 《史记》,第 1379 页。

　　③ 《史记》,第 1409 页。

　　④ 《史记》,第 2840 页。

　　⑤ 《史记》,第 2871 页。

　　⑥ 《史记》,第 3055 页。

　　⑦ 考古学者对于新石器时代大地湾文化的分布区域,指出:"主要分布于甘肃的陇东地区和陕西的关中地区,以渭河下游地区较为密集,另外,陕南的汉水上游地区也有分布。"汉水地区的遗址包括西乡李家村、何家湾、紫阳白马石、马家营,南郑龙岗寺等。仰韶文化的分布,"包括关中—陕南—晋南—豫西区"。半坡文化的典型遗址包括南郑龙岗寺、西乡何家湾等。中国社会科学院考古研究所编著:《中国考古学·新石器时代》,中国社会科学出版社 2010 年版,第 114—115、208—209、211、215 页。

　　⑧ 有学者指出:"在四川三星堆文化中,虽然主要的铜器,如大型的青铜人像、人头像、大小面具以及青铜树等与中原商文化的铜器有极大的差别,但是,从其文化总体来考察,也不乏类似于中原商文化的器物,如铜器中的尊、罍、盘、瓶、器盖以及青铜兵器中的戈、钺等。这些类似于中原商文化的成分,只能理解为是商文化向外辐射的结果。"宋新潮:《殷商文化区域研究》,陕西人民出版社 1991 年版,第 262 页。

　　⑨ 曹玮编著:《周原甲骨文》,世界图书出版公司 2002 年版,第 71 页。

　　⑩ 《尚书·牧誓》:"王曰:'嗟!我友邦冢君,御事司徒、司马、司空、亚旅、师氏、千夫长、百夫长,及庸、蜀、羌、髳、微、卢、彭、濮人,称尔戈,比尔干,立尔矛,予其誓。'"〔清〕阮元校刻:《十三经注疏》,中华书局据原世界书局缩印本影印,1980 年版,第 183 页。

　　⑪ 〔北魏〕郦道元著,陈桥驿校证:《水经注校证》,中华书局 2007 年版,第 431 页。

　　⑫ 王国维《散氏盘跋》写道:"'散氏'者即《水经·渭水注》'大散关''大散岭'之'散',又铭中'㳕水'即《渭水注》中之'扦水','周道'即'周道谷','大沽'者即《漾水注》之'故道水','冈'即衙岭山间之高地也。"《王国维遗书》,上海古籍书店据商务印书馆 1940 年版影印,1983 年版,《观堂集林》卷一八第 3 页。

至于影响周王朝命运的褒姒的故事，更是人们熟知的。① 而春秋战国我们民族文化得到显著跃进和空前积累的时期，这一山地通道的建设又实现了新的历史进步。对于蜀道交通的历史贡献，以秦人最为突出。

（二）"石牛"传说与秦蜀早期往来

秦与蜀的交通往来，有久远的历史记录。《华阳国志·蜀志》说，蜀人传说时代的先王"卢帝"当政时，曾经"攻秦，至雍"。任乃强说："'攻秦至雍'，足见当时蜀国已占有汉中，并曾过秦岭山脉，达渭水平原之宝鸡。"所谓"杜宇"时代，"以褒斜为前门"，或有传说形制。② 此后这种联系更为频繁。《史记·秦本纪》及《史记·六国年表》记载："厉共公二年，蜀人来赂。"③ 又《史记·秦本纪》：秦惠公十三年（前 387），"伐蜀，取南郑"。同一史实《史记·六国年表》则写作"蜀取我南郑"。④ 又《秦本纪》："惠文君元年"（前 337），"蜀人来朝"。同一史实《六国年表》写作"秦惠文王元年""蜀人来"。⑤

《华阳国志·蜀志》记录了反映秦巴山地道路早期开通的著名的"石牛""五丁"故事：

> 周显王之世，蜀王有褒汉之地，因猎谷中，与秦惠王遇。惠王以金一笥遗蜀王。王报珍玩之物，物化为土。惠王怒。群臣贺曰："天奉我矣！王将得蜀土地。"惠王喜，乃作石牛五头，朝泻金其后，曰："牛便金。"有养卒百人。蜀人悦之，使使请石牛，惠王许之。乃遣五丁迎石牛。既不便金，怒遣还之。乃嘲秦人曰："东方牧犊儿。"秦人笑之曰："吾虽牧犊，当得蜀也。"⑥

---

① 《国语·晋语一》："周幽王伐有褒，褒人以褒姒女焉，褒姒有宠，生伯服，于是乎与虢石甫比，逐太子宜臼而立伯服。太子出奔申，申人、鄫人召西戎以伐周，周于是乎亡。"上海师范学院古籍整理组校点：《国语》，上海古籍出版社 1978 年版，第 255 页。

② 〔晋〕常璩撰，任乃强校注：《华阳国志校补图注》，上海古籍出版社 1987 年版，第 122、124、118、120 页。

③ 《史记》，第 199、688 页。

④ 《史记》，第 200、713 页。

⑤ 《史记》，第 205、727 页。

⑥ 〔晋〕常璩撰，任乃强校注：《华阳国志校补图注》，上海古籍出版社 1987 年版，第 123 页。

秦王和蜀王"褒汉""谷中"之遇，反映蜀道的早期开通，已经具备了比较好的通行条件。《水经注·沔水》引来敏《本蜀论》：

> 秦惠王欲伐蜀而不知道，作五石牛，以金置尾下，言能屎金。蜀王负力，令五丁引之成道。秦使张仪、司马错寻路灭蜀，因曰石牛道。[①]

所谓"使使请石牛"和"遣五丁迎石牛"，"令五丁引之，成道"，体现因交通需求的变化，道路形制有所进步。

《华阳国志·蜀志》中，又可以看到这样的记载：

> 周显王二十二年，蜀侯使朝秦。秦惠王数以美女进，蜀王感之，故朝焉。惠王知蜀王好色，许嫁五女于蜀。蜀遣五丁迎之。还到梓潼，见一大蛇入穴中。一人揽其尾，掣之，不禁。至五人相助，大呼抴蛇。山崩，同时压杀五人及秦五女，并将从；而山分为五岭。直顶上有平石。蜀王痛伤，乃登之。因命曰五妇冢山。川平石上为望妇堠。作思妻台。今其山，或名五丁冢。[②]

蜀使朝秦，秦王嫁女，五丁迎之，都是秦蜀交通过程。堠，是古道路记程的土堆。[③] 因而这一传说，也可以与"蜀王负力，令五丁引之，成道"之说对照理解，看作蜀道早期开通的历史真实的反映。[④]

通过相关传说"蜀王有褒汉之地，因猎谷中，与秦惠王遇"，"秦惠王欲伐蜀而不知道，作五石牛"，"蜀王负力，令五丁引之，成道"，以及秦惠王"许嫁五女于蜀，

---

① 〔北魏〕郦道元著，陈桥驿校证：《水经注校证》，中华书局 2007 年版，第 645 页。
② 〔晋〕常璩撰，任乃强校注：《华阳国志校补图注》，上海古籍出版社 1987 年版，第 123 页。
③ 古代交通道路管理曾经有以所谓"封堠"划界分程的制度，据说"十里双堠，五里只堠"。有的学者引据经典，指出黄帝游幸天下时，"道路有记里堆"，因而以为"封堠"之制，启始于黄帝时代。〔明〕杨慎：《丹铅总录》卷二《地理类》"封堠壖埒"条，文渊阁四库全书本。
④ 《华阳国志》还有其他有关"五丁"开路的传说。卷二《汉中志》："梓潼县，(梓潼)郡治。有五妇山，故蜀五丁士所拽蛇崩山处也。"卷三《蜀志》："时蜀有五丁力士，能移山。""武都有一丈夫，化为女子，美而艳，盖山精也。蜀王纳为妃。不习水土，欲去。王必留之，乃为《东平》之歌以乐之。无几，物故。蜀王哀之。乃遣五丁之武都担土，为妃作冢，盖地数亩，高七丈。上有石镜。今成都北角武担是也。"〔晋〕常璩撰，任乃强校注：《华阳国志校补图注》，上海古籍出版社 1987 年版，第 91、122—123 页。其中"遣五丁之武都担土"情节，也反映了交通过程。

蜀遣五丁迎之"等情节,可知早期蜀道的开通,是秦人和蜀人共同的历史功绩。然而由"石牛""五女"谋略之设计,可以得到秦人可能发挥了更多的主动性这一认识。

秦蜀栈道的开通,意义非常重要。有学者指出,其意义不仅作用于秦军兼并蜀地,后来对于刘邦帝业的成功、汉武帝西南开拓,以及"联系大西北与大西南"的交通战略,都表现出重要的作用。[①]

（三）秦惠文王发兵伐蜀

秦惠文王时代,秦完成了对蜀地的占有。秦人兼并蜀地,是秦首次实现面积达数十万平方公里的大规模的领土扩张,于是为后来统一事业的成功奠定了最初的基础。通过这一历史过程,我们也可以看到秦文化在与其他地域文化体系相互融合相互影响时保持主动地位,体现积极态势的事实。

秦惠文王确定出兵伐蜀的战略决策之前,最高统治集团中曾经就此发生争论。据《史记·张仪列传》记载:

> 苴蜀相攻击,各来告急于秦。秦惠王欲发兵以伐蜀,以为道险狭难至,而韩又来侵秦,秦惠王欲先伐韩,后伐蜀,恐不利,欲先伐蜀,恐韩袭秦之敝,犹豫未能决。司马错与张仪争论于惠王之前,司马错欲伐蜀,张仪曰:"不如伐韩。"王曰:"请闻其说。"仪曰:"……秦攻新城、宜阳,以临二周之郊,诛周王之罪,侵楚、魏之地。周自知不能救,九鼎宝器必出。据九鼎,案图籍,挟天子以令于天下,天下莫敢不听,此王业也。今夫蜀,西僻之国而戎翟之伦也,敝兵劳众不足以成名,得其地不足以为利。臣闻争名者于朝,争利者于市。今三川、周室,天下之朝市也,而王不争焉,顾争于戎翟,去王业远矣。

张仪建议直扑"天下之朝市"而求切近"王业"。司马错则说:

> 臣闻之,欲富国者务广其地,欲强兵者务富其民,欲王者务博其德,三资者备而王随

---

① 梁中效:《司马迁对秦蜀栈道的体验与书写》,《渭南师范学院学报》2016 年第 21 期;同作者:《司马迁的秦蜀栈道考察记》,《中国公路》2018 年第 16 期。

之矣。今王地小民贫,故臣愿先从事于易。夫蜀,西僻之国也,而戎翟之长也,有桀纣之乱。以秦攻之,譬如使豺狼逐群羊。得其地足以广国,取其财足以富民缮兵,不伤众而彼已服焉。拔一国而天下不以为暴,利尽西海而天下不以为贪,是我一举而名实附也,而又有禁暴止乱之名。

秦惠文王对于司马错的见解表示:"善,寡人请听子。"①予以赞同。

可以看到,司马错作为秦人,张仪作为关东人,各自的政见在某种程度上表现出不同的地域文化的传统。而前者,尤以务实为基本特色。还应当指出,关东人张仪的政治视野中,自然主要为关东地区的大政治舞台所占据,而作为秦人的司马错,却并不对所谓"西僻之国而戎翟之伦"的蜀地存有文化偏见。事实上秦地与蜀地之间,原本也具有若干文化共性。

秦人似乎并不掩饰其进取蜀地的意图。据《史记·苏秦列传》,世人其实很早就已经注意到"秦有举巴蜀并汉中之心"。② 我们以为尤其应当关注的,是秦惠文王进行决策时"欲发兵以伐蜀",又"以为道险狭难至"的考虑。蜀道的通行条件,影响着秦国君的战略思维。

对于秦兼并蜀地这一重要的历史事实,我们在《史记》中可以看到司马迁如下的记述:

年　　代	公　元	史　　事	出　　处
秦惠文王更元九年	前316	(1) 司马错伐蜀,灭之 (2) 击蜀,灭之 (3) 起兵伐蜀,十月,取之,遂定蜀,贬蜀王更号为侯,而使陈庄相蜀	《秦本纪》 《六国年表》 《张仪列传》
秦惠文王更元十四年	前311	(4) 蜀相壮杀蜀侯来降 (5) 蜀相杀蜀侯	《秦本纪》 《六国年表》

① 《史记》,第 2281—2284 页。

② 《史记》,第 2261 页。《史记·张仪列传》载张仪语:"今以大王之力,举巴蜀,并汉中,包两周,迁九鼎,守白马之津。秦虽僻远,然而心忿含怒之日久矣。"第 2296 页。

续　表

年　　代	公　元	史　　事	出　　处
秦武王元年	前 310	(6) 诛蜀相壮 (7) 诛蜀相壮 (8) 蜀侯煇、相壮反，秦使甘茂定蜀	《秦本纪》 《六国年表》 《樗里子甘茂列传》
秦昭襄王六年	前 301	(9) 蜀侯煇反，司马错定蜀 (10) 蜀反，司马错往诛蜀守煇，定蜀	《秦本纪》 《六国年表》

其中(8)与(9)(10)有关"蜀侯煇""蜀守煇"的记载相互抵牾，当有一误，疑(8)中"侯煇"二字为衍文。[①]

从起初(1)(2)(3)的"伐蜀，灭之"，"击蜀，灭之"，"伐蜀"，"取之，遂定蜀"，到(9)(10)之最终"定蜀"，秦人征服蜀地，都必然通行蜀道路线进军。

"蜀侯煇"，《华阳国志》作"蜀侯恽"。据说蜀侯恽死后，"蜀人葬恽郭外"。《华阳国志·蜀志》又记载了这样的神奇故事：

> (周赧王)十七年，[②](秦昭襄王)闻恽无罪冤死，使使迎丧入葬之郭内。初则炎旱三月，后又霖雨；七月，车溺不得行。丧车至城北门，忽陷入地中。蜀人因名北门曰咸阳门，为蜀侯恽立祠。其神有灵，能兴云致雨，水旱祷之。[③]

《太平御览》卷一一一引《蜀本纪》则写道：

> 秦王诛蜀侯恽，后迎葬咸阳，天雨，三月不通，因葬成都。故蜀人求雨，祠蜀侯必雨。[④]

---

① 参看王子今：《秦兼并蜀地的意义与蜀人对秦文化的认同》，《四川师范大学学报(社会科学版)》1998 年第 2 期。

② 今按：公元前 298 年。

③ 〔晋〕常璩撰，任乃强校注：《华阳国志校补图注》，上海古籍出版社 1987 年版，第 129 页。

④ 〔宋〕李昉等撰：《太平御览》，中华书局用上海涵芬楼影印宋本 1960 年复制重印版，第 55 页。

二者参照,可能"后迎葬咸阳"之说较为接近史实,"炎旱"及"霖雨"连续数月之久,正形成对枢车远程行进的阻碍。而所谓"名北门曰咸阳门",也因为成都北门是北上通向咸阳道路的起点。这两则传说所谓"车溺不得行","忽陷入地中",所谓"三月不通",都可以理解为蜀道交通艰难的象征性表述。

秦军伐蜀行进道路,《史记·张仪列传》张守节《正义》引《华阳国志》:"秦遣张仪从子午道伐蜀。"①今本《华阳国志·蜀志》:"周慎王五年秋,秦大夫张仪、司马错、都尉墨等从石牛道伐蜀。"究竟是"从子午道伐蜀"还是"从石牛道伐蜀"呢?任乃强《华阳国志校补图注》说:"《史记正义》引作'从子午道伐蜀',当是张守节据误本。宋刻'从石牛道',与上文相应。石牛道,谓自汉入蜀之西道。其路线,自汉中入阳平关,循水道至葭萌,自葭萌溯清水河谷,逾马鸣阁(今马角壩)至江油(今彰明),历涪、雒,至成都。与今宝成铁路线同。"②所谓"马鸣阁"者,不排除"阁"是指"阁道"即栈道的可能。

其实,"从子午道伐蜀"和"从石牛道伐蜀"两说并不矛盾。南伐路线,有可能经过秦岭"从子午道",由巴山南行"从石牛道"。

蜀道的作用为秦兼并蜀地的军事行动提供了条件。秦军进取蜀地对于最终实现统一有重要的战略意义。

(四) 关中"天府"与蜀中"天府"

战国秦汉时期关中称"天府"。《史记》和《汉书》六见"天府"的说法,其中五次都是指关中。如《史记·刘敬叔孙通列传》娄敬语:

> 秦地被山带河,四塞以为固,卒然有急,百万之众可具也。因秦之故,资甚美膏腴之地,此所谓天府者也。③

---

① 《史记》,第 2281 页。

② 任乃强注还写道:"马鸣阁,秦汉梓潼县地。五妇冢山在其侧,为梓潼水源。梓潼蜿蜒似蛇行,《汉志》称为'虵水'。故蜀人有五丁抴蛇(同虵)之说也。"〔晋〕常璩撰,任乃强校注:《华阳国志校补图注》,上海古籍出版社 1987 年版,第 127 页。

③ 司马贞《索隐》:"案:《战国策》苏秦说惠王曰'大王之国,地势形便,此所谓天府'。高诱注云'府,聚也'。"《史记》,第 2716 页。

通过相关论说,可以得知关中与巴蜀交通的方便也受到重视。① 自汉末起,已经能够看到巴蜀亦称"天府"的史例。如《三国志·蜀书·诸葛亮传》:"益州险塞,沃野千里,天府之土,高祖因之以成帝业。"②和《三国志·蜀书·法正传》:"资益州之殷富,冯天府之险阻,以此成业,犹反掌也。"③

蜀道使得关中平原和四川平原这两处公认最早的"天府"相互连接,于是形成了中国西部相当长的历史时期内的文化优势、经济强势和军事威势。直到江南得到开发以后,以所谓"扬一益二"④为标志,显示出四川平原富足实力外在影响的长久。这种影响也是通过蜀道实现的。

蜀道高效能使用,使得中国西部连通为一个实力雄厚的整体。就天文与人文的对应关系而言,出现了所谓"(蜀地)星应舆鬼,故君子精敏,小人鬼黠;与秦同分,固多悍勇"的说法。⑤ 所谓蜀地"与秦同分",与所谓"巴、蜀亦关中地也"⑥可以对照理解。秦汉"关西""山西"也就是"大关中"区域因此成为统一帝国成立之基础。⑦ 兼并蜀地之后,秦国虽然尚未征服东方文化基础深厚的地区,但是已经远远超越其他六个强国,成为版图面积最大的国度。秦国领土南北纵跨纬度超过12°。这是战国七雄中其他国家无一能够相比的。对包括畜牧区、粟麦耕作区和稻米耕作区的广大区域的综合管理,自然可以提高秦国领导集团的执政能力,而为后来统一帝国的行政提供了预演的条件。

在军事扩张的历程中,秦国将士表现出善于"远攻"⑧的特点,秦人较早创大

---

① 如《史记·苏秦列传》苏秦语:"秦四塞之国,被山带渭,东有关河,西有汉中,南有巴蜀,北有代马,此天府也。"第 2044 页。又《史记·留侯世家》张良语:"夫关中左殽函,右陇蜀,沃野千里,南有巴蜀之饶,北有胡苑之利,阻三面而守,独以一面东制诸侯。诸侯安定,河渭漕輓天下,西给京师;诸侯有变,顺流而下,足以委输。此所谓金城千里,天府之国也。"第 2044 页。

② 《三国志》,第 912 页。

③ 《三国志》,第 957 页。

④ 《资治通鉴》卷二五九"唐昭宗景福元年":"扬州富庶甲天下,时人称'扬一益二'。"胡三省注:"言扬州居一,益州为次也。"〔宋〕司马光编著,〔元〕胡三省音注,"标点资治通鉴小组"校点:《资治通鉴》,中华书局 1956 年版,第 8430 页。《全唐诗·盐铁谚》:"唐世盐铁转运使在扬州,尽筦利权,商贾如织。天下之盛,扬为首而蜀次之。故谚曰'扬一益二'。"《全唐诗》,中华书局 1960 年版,第 9937 页。

⑤ 《华阳国志·蜀志》,〔晋〕常璩撰,任乃强校注:《华阳国志校补图注》,上海古籍出版社 1987 年版,第 113 页。

⑥ 《史记·项羽本纪》,第 316 页。

⑦ 参看王子今:《秦汉区域地理学的"大关中"概念》,《人文杂志》2003 年第 1 期;王子今、刘华祝:《说张家山汉简〈二年律令·津关令〉所见五关》,《中国历史文物》2003 年第 1 期。

⑧ 《史记·范雎蔡泽列传》,第 2409 页。

军团长距离远征,"径数国千里而袭人"①的历史记录。秦统一战争中,往往调动数十万人的大军连年出击,无疑也需要凭借强大的运输力量保证后勤供给。秦国最终能够完成击灭六国,实现一统的伟业,有强劲的交通实力以为倚助,也是重要因素之一。秦征服蜀地的战争,使包括运输能力在内的军力经历了考验。蜀道,可以看作秦国军运能力的试验场和考场。

(五)"蜀侯""蜀相""蜀守"故事

蜀文化长期表现出独异于其他文化系统的若干特色,或许与地理条件有关,其相对隔绝封闭的特质尤其引人注目。

秦人似乎并不掩饰其进取蜀地的意图。世人其实很早就已经注意到"秦有举巴蜀并汉中之心"。② 而"惠文王"实际的军事行为,贾谊《过秦论》称"南取汉中,西举巴蜀"。③

秦惠文王征服蜀地之后,秦曾三次封王子为蜀侯,显示出对于这一地区的特殊重视。据《史记·秦本纪》记载,秦惠文王更元十一年(前314),"公子通封于蜀"。④《史记·六国年表》记载:秦惠文王更元十二年(前313),"公子繇通封蜀"。⑤《华阳国志·蜀志》也记载:"周赧王元年,秦惠王封子通国为蜀侯,以陈壮为相。置巴、蜀郡,以张若为蜀守。"⑥或以为"公子通""公子繇通"、公子"通国"实为一人。马非百《秦集史》中《人物传二之三·公子繇》认为:"公子繇者,惠文王之子也。一名通,又曰通国。"⑦据《史记·张仪列传》,公子繇曾经有在秦惠文王十年(前328)时"质于魏"的经历。⑧

《华阳国志·蜀志》说,秦惠王封子通国为蜀侯的同时,"以陈壮为相"。又

---

①　《史记·秦本纪》,第190页。

②　《史记·苏秦列传》,第2261页。张仪说赵王,也曾经建议"今以大王之力,举巴蜀,并汉中,包两周,迁九鼎,守白马之津"。《史记·张仪列传》,第2296页。

③　《史记·陈涉世家》,第1962页。

④　《史记》,第207页。

⑤　《史记》,第733页。

⑥　〔晋〕常璩撰,任乃强校注:《华阳国志校补图注》,上海古籍出版社1987年版,第128页。

⑦　马非百著:《秦集史》,中华书局1982年版,第118页。

⑧　《史记》,第2284页。

"置巴郡",并"以张若为蜀守"。对蜀地分权以治的政策,还表现为"(周赧王)三年,分巴、蜀置汉中郡"。三年后,有陈壮之变,于是秦军再次伐蜀。"六年,陈壮反,杀蜀侯通国。秦遣庶长甘茂、张仪、司马错复伐蜀。诛陈壮。七年,封公子恽为蜀侯。"①然而《史记·秦本纪》说:秦惠文王更元十四年(前311),"丹、犁臣,蜀相壮杀蜀侯来降"。张守节《正义》:"二戎号也,臣伏于蜀。蜀相杀蜀侯,并丹、犁二国降秦。在蜀西南姚府管内,本西南夷,战国时蜀、滇国,唐初置犁州、丹州。"②《史记会注考证》:"方苞曰:言丹、犁二国臣属于秦也。以下蜀相壮杀蜀侯来降,韩、魏、齐、楚、越皆宾从,立文正相类。据《正义》丹、犁臣蜀为句,则下云相壮,不知何国之相。且二国臣蜀,亦无为载于秦史,愚按《张仪传》及《秦策》云:司马错定蜀,蜀王更号为侯,而使陈壮相。据此则是《纪》所云蜀相壮,即陈壮。其所杀蜀侯,非蜀王则蜀王子,非秦所封公子通也。"③

公子恽,可能即《史记·秦本纪》"(秦昭襄王)六年,蜀侯辉反,司马错定蜀"之"蜀侯辉",④《史记·六国年表》"(秦昭襄王)六年,蜀反,司马错往诛蜀守辉,定蜀"之"蜀守辉"。⑤ 而《史记·樗里子甘茂列传》:"惠王卒,武王立。""蜀侯辉、相壮反,秦使甘茂定蜀。"司马贞《索隐》:"秦之公子,封蜀也。《华阳国志》作'晖'。壮音侧状反。姓陈也。"⑥

《史记·秦本纪》"(秦昭襄王)六年,蜀侯辉反",司马贞《索隐》:"《华阳国志》曰:'秦封王子辉为蜀侯。蜀侯祭,归胙于王,后母疾之,加毒以进,王大怒,使司马错赐辉剑。'此辉不同也。"⑦今本《华阳国志·蜀志》记载:"(周)赧王十四年,蜀侯恽祭山川,献馈于秦昭襄王。恽后母害其宠,加毒以进王。王将尝之,后母曰:'馈从二千里来,当试之。'王与近臣,近臣即毙。王大怒,遣司马错赐恽剑,使自裁。恽惧,夫妇自杀。秦诛其臣郎中令婴等二十七人。蜀人葬恽郭外。十五

---

① 〔晋〕常璩撰,任乃强校注:《华阳国志校补图注》,上海古籍出版社1987年版,第128页。《史记·六国年表》:"蜀相杀蜀侯。"第733页。

② 《史记》,第207—208页。

③ 〔汉〕司马迁撰,(日)泷川资言考证,(日)水泽利忠校补:《史记会注考证附校补》,上海古籍出版社1986年版,第134页。

④ 《史记》,第210页。

⑤ 《史记》,第736页。

⑥ 《史记》,第2311页。

⑦ 《史记》,第210—211页。

年,王封其子绾为蜀侯。十七年,闻恽无罪冤死,使使迎丧入葬郭内。初则炎旱三月,后又霖雨七月,车溺不得行。丧车至城北门,忽陷入地中。蜀人因名北门曰咸阳门。为蜀侯恽立祠。其神有灵,能兴云致雨。水旱祷之。三十年,疑蜀侯绾反,王复诛之,但置蜀守。张若因取笮及楚江南地焉。"①

"蜀侯""蜀相""蜀守"身份及事迹记述并不明朗。而秦王数次封王子为蜀侯,又屡屡疑而诛之,说明秦地与蜀地在政治文化方面的隔别,似乎也说明秦对于在蜀地新占领区的统治起初尚缺乏信心。而信息"从二千里来",不免引致惑乱迷失。所谓"疑""怒"与"诛"或"使自裁",以及"惧"而"自杀"等表现,都可能与此有关。

蜀地终于"但置郡守",可能是比较准确的历史记录。这表明秦对于蜀地的统治已经具有与其他地区同样的稳固性。

这时距秦最初"伐蜀灭之",已经过去了 31 年。

(六) 蜀侯:"求雨""镇水"之神

有学者指出,"蜀地自身深厚的巫术信仰基础"与秦文化有接近之处。这成为秦蜀文化沟通的基点之一。而"颛顼史传""由秦入蜀",也是"秦、蜀文明交流"的表现之一。② 也许通过神巫文化的考察来说明蜀文化与秦文化的关系,是有学术意义的。

据说蜀侯恽死后,"蜀人葬恽郭外"。后来秦昭襄王"闻恽无罪冤死,使使迎丧葬之郭内"。"丧车至城北门,忽陷入地中",相应的神异现象,使得"蜀人因名北门曰咸阳门"。《太平御览》卷一一引《蜀本纪》则写道:

> 秦王诛蜀侯恽,后迎葬咸阳,天雨,三月不通,因葬成都。故蜀人求雨,祠蜀侯

---

① 〔晋〕常璩撰,任乃强校注:《华阳国志校补图注》,上海古籍出版社 1987 年版,第 128 页。刘琳校注断句相同,〔晋〕常璩撰,刘琳校注:《华阳国志校注》,巴蜀书社 1984 年版,第 200 页。今按:或许可以如此句读:"……但置蜀守张若,因取笮及楚江南地焉。"

② 龚伟:《颛顼史传与秦、蜀文明交流》,《中华文化论坛》2018 年第 7 期。

必雨。①

　　二者参照，可能"后迎葬咸阳"之说较为接近史实，"炎旱"及"霖雨"连续数月之久，正形成对枢车远程行进的阻碍。而所谓"名北门曰咸阳门"，很可能也因为成都北门是北上通向咸阳道路的起点。

　　含冤而死的蜀侯恽作为秦王子，却被蜀人尊奉为神，是颇可发人深省的。

　　另一位被蜀人尊崇而置于神位的秦人，是被秦孝文王（或说秦昭襄王）任命为"蜀守"的李冰。

　　《史记·封禅书》说："江水，祠蜀。"司马贞《索隐》："《风俗通》云'江出岷山，岷山庙在江都'。《地理志》江都有江水祠。盖汉初祠之于源，后祠之于委也。又《广雅》云'江神谓之奇相'。《江记》云'帝女也，卒为江神'。《华阳国志》云'蜀守李冰于彭门阙立江神祠三所'。《汉旧仪》云'祭四渎用三正牲，沈圭，有车马绀盖也'。"张守节《正义》引《括地志》云："江渎祠在益州成都县南八里。秦并天下，江水祠蜀。"②复杂的"江神"崇拜，"祠蜀"似曾经是正统。而"蜀守李冰""立江神祠三所"，以及所谓"秦并天下，江水祠蜀"，说明李冰创立的神祀规范，得到秦最高权力机构的认可。这一规范，直到西汉前期仍然得到继承。据《汉书·郊祀志下》，汉宣帝即位后，确定了新的祠祀秩序：

　　　　其三月，幸河东，祠后土，有神爵集，改元为神爵。制诏太常："夫江海，百川之大者也，今阙焉无祠。其令祠官以礼为岁事，以四时祠江海雒水，祈为天下丰年焉。"自是五岳、四渎皆有常礼。东岳泰山于博，中岳泰室于嵩高，南岳灊山于灊，西岳华山于华阴，北岳常山于上曲阳，河于临晋，江于江都，淮于平氏，济于临邑界中，皆使者持节侍祠。唯泰山与河岁五祠，江水四，余皆一祷而三祠云。③

　　这时，江水之祠的祀所才终于确定，即"江于江都"。颜师古注："广陵之县也。"即江水之祀由长江上游的蜀地改变为长江下游的江都。也就是所谓"汉初祠之于

---

①　〔宋〕李昉等撰：《太平御览》，中华书局用上海涵芬楼影印宋本1960年复制重印版，第55页。

②　《史记》，第1372—1374页。

③　《汉书》，第1249页。

源,后祠之于委也"。

关于"蜀守李冰于彭门阙立江神祠三所",《华阳国志·蜀志》记载:"(李)冰
能知天文、地理,谓汶山为天彭山;及至湔氐县,见两山对如阙,因号天彭阙。仿
佛若见神,遂从水上立祀三所,祭用三牲,圭璧沈濆。汉兴,数使使者祭之。"[1]李
冰"从水上立祀三所",至"汉兴",其祀制依然得到继承。

李冰安定蜀地的功绩,以水利开发最为突出。《史记·河渠书》记载:"于蜀,
蜀守冰凿离碓,[2]辟沫水之害,[3]穿二江成都之中。此渠皆可行舟,有余则用溉
浸,百姓飨其利。"[4]又《华阳国志·蜀志》:

> 冰乃壅江作堋,穿郫江、简江,别支流双过郡下,以行舟船。岷山多梓、柏、大竹,颓
> 随水流,坐致材木,功省用饶。又溉灌三郡,开稻田。于是蜀沃野千里,号为陆海。旱则
> 引水浸润,雨则杜塞水门,故记曰:"水旱从人,不知饥馑。""时无荒年,天下谓之天
> 府"也。

李冰还曾经以神秘方式"厌水精"、"要""江神":"外作石犀五头以厌水精。穿石
犀渠于南江,命曰犀牛里。后转为耕牛二头,一在府市市桥门,今所谓石牛门是
也。[5]一在渊中。乃自湔堰上分穿羊、摩江灌江西。于玉女房下白沙、邮作三石
人,立水中。与江神要:水竭不至足,盛不没肩。"李冰在水利开发工程中,借用
神力福佑,在必要时又以人力抗击神力。他曾经开通多处水上航路,在所谓"触
山胁洄崖,水脉漂疾,破害舟船,历代患之"之处,"冰发卒凿平洄崖,通正水道"。
据说李冰还曾经亲自入水与"水神"拼斗:"或曰:冰凿崖时,水神怒,(李)冰乃操
刀入水中与神斗。迄今蒙福。"在僰道工程中,也有类似与"神"抗争的事迹:"僰
道有故蜀王兵阑,亦有神,作大滩江中。其崖崭峻,不可凿;乃积薪烧之。故其处

---

[1] 〔晋〕常璩撰,任乃强校注:《华阳国志校补图注》,上海古籍出版社1987年版,第132—133页。

[2] 裴骃《集解》引晋灼曰:"古'堆'字也。"

[3] 司马贞《索隐》:"按:《说文》云'沫水出蜀西南徼外,与青衣合,东南入江'也。"

[4] 《史记》,第1407页。

[5] 关于"石犀厌水之说",任乃强以为"常璩所亲见之李冰石牛,是耕牛,非犀牛也"。其论说基础,是
"蜀地古无犀牛"。这是一种误说。参看王子今:《战国秦汉时期中国西南地区犀的分布》,复旦大学历史
地理研究中心主编:《面向新世纪的中国历史地理学——2000年国际中国历史地理学术讨论会论文集》,
齐鲁书社2001年版。

悬崖有赤白五色。"①《水经注·江水》引《风俗通》,也生动记述了有关李冰与"江神"搏杀,称"吾斗大亟",最终刺杀江神的传说,并且写道:"蜀人慕其气决,凡壮健者,因名'冰儿'也。"②

1974 年春,在都江堰外江节制闸修整工程中,于鱼嘴外江一侧江底,出土两尊石像。其中之一为李冰形象,胸前有铭文:

故蜀郡李府君讳冰位

两袖上刻写:

建宁元年闰月朔二十五日,都水掾尹龙长陈壹造三神石人以镇水,兼为水则。

李冰早年曾经"作三石人,立三水中",与江神相约"水竭不至足,盛不没肩",其实是以石人作为水位标记,即"水则"。都江堰渠首出土石人为汉灵帝时建宁元年(168)所作,③可知后世民间出于对李冰的崇拜,又有"造三神石人以镇水"的做法。李冰,实际上已经成为具有"镇水"威力的"神"。

李冰敬祀江神又斗杀江神的事迹,其实可以看作秦人对于蜀地文化传统既有所尊重又致力于改造的态度的象征。而蜀人对李冰等人的敬慕,也体现出蜀地对秦文化某些成分的逐步认同。

(七) 成都"与咸阳同制"

表现关中丰饶富足的文字符号"陆海""天府",后来被用以形容蜀地,可以说

---

① 〔晋〕常璩撰,任乃强校注:《华阳国志校补图注》,上海古籍出版社 1987 年版,第 133 页。
② 〔北魏〕郦道元著,陈桥驿校证:《水经注校证》,中华书局 2007 年版,第 767 页。
③ 四川省灌县文教局:《都江堰出土东汉李冰石像》,《文物》1974 年第 7 期。出土于都江堰鱼嘴外侧渠首外江区域的大致同一时期的石刻雕像,还有 1975 年发现的 1 尊,2005 年发现的 2 尊及 2014 年发现的 1 尊。四川省博物院、灌县工农兵文化站:《都江堰又出土一躯汉代石像》,《文物》1975 年第 8 期;成都文物考古研究院、都江堰市文物局:《四川都江堰渠首 2005、2014 年的发掘与调查》,《四川文物》2018 年第 6 期。

明蜀地与秦地关系的进一步密切,同时也暗示蜀文化与秦文化的进一步接近。而蜀人对于秦文化风格的某种向慕与附从,还可以通过其他迹象有所发现。

称成都北门为"咸阳门",当然也是相类同的例证。此外,我们还可以看到这样的历史记载,《华阳国志·蜀志》:

> 赧王五年,(张)仪与(张)若城成都,周回十二里,高七丈。郫城,周回七里,高六丈。临邛城,周回六里,高五丈。造作下仓,上皆有屋。而置观楼射兰。成都县本治赤里街。若徙置少城。内营广府舍,置盐铁市官并长、丞。修整里阓,市张列肆,与咸阳同制。

任乃强校注:

> 秦成都城,有大城与少城。少城,《寰宇记》引李膺《益州记》云:"与大城俱筑,惟西南北三壁,东即大城之西墉。"今考"大城",张仪在灭蜀时所筑,非秦惠王二十七年同时筑也。《张仪传》:"武王自为太子时不悦张仪。及即位,群臣多谗张仪,……惧诛……张仪相魏一岁,卒于魏。"《秦本纪》武王二年,"张仪死于魏(《六国表》作武王元年),武王二年即周赧王六年(前三〇九)。"是仪甫讨诛陈壮,即返咸阳,未更入蜀。其筑成都城,在灭蜀之初,非周赧王五年。又少城如亦同时作,即不至与大城隔为二城。又王羲之帖,向周益州询张仪城楼遗址,即大城西北之宣明门。故知大城为张仪所筑,即所谓龟城也。

其说"少城如亦同时作,即不至与大城隔为二城",似不大了解城防建筑史常规。任乃强又写道:"张仪所筑大城,门可考者,北曰咸阳门,南曰江桥门;西墉与少城间二门,南曰阳城门,北曰宣明门;东墉相当二门失名。"[1]《太平寰宇记·剑南西道一·益州》"成都县"条引扬雄《蜀本纪》:"蜀王据有巴蜀之地,本治广都樊乡,徙居成都,秦惠王遣张仪、司马错定蜀,因筑成都而县之。都在赤里街,张若徙置少城内,始造府县寺舍,令与长安同制。"[2]言张若营建成都城,"始造府县寺舍,令与长安同制",当由自"令与咸阳同制"。《史记·高祖本纪》:"(七年)二月,高

---

① 〔晋〕常璩撰,任乃强校注:《华阳国志校补图注》,上海古籍出版社 1987 年版,第 128、131 页。
② 〔宋〕乐史撰,王文楚等点校:《太平寰宇记》,中华书局 2007 年版,第 1463 页。

祖自平城过赵、雒阳，至长安。长乐宫城，丞相已下徙治长安。"司马贞《索隐》：
"按：《汉仪注》高祖六年，更名咸阳曰长安。《三辅旧事》扶风渭城，本咸阳地，高
帝为新城，七年属长安也。"①所谓"更名咸阳曰长安"，以及长安"本咸阳地"，应
是"令与长安同制"之说出现的条件。然而张仪、张若营建成都城的时代，只能是
"令与咸阳同制"。

　　蜀地行政与文化中心成都的城市规划"与咸阳同制"的事实，可以说明蜀地
文化创造在某种程度上仿拟秦文化的倾向。尽管这种倾向形成的最初的因素，
可能有秦人统治者军事强制的成分，但是作为社会文化现象来考察，应当对这种
倾向的形成与蜀人终于认同秦文化的历史事实之间的关系，予以更充分的重视。

　　秦人对蜀地的征服，不仅使得蜀地后来在"政治体制"方面"跻身华夏帝国行
政序列"，也促使了蜀地"华夏化"的演进。②　有的学者称这一历史进程为"秦蜀
一体"。③

（八）"移秦民""迁之蜀"

　　秦人兼并蜀地之初，由于蜀西北方向少数部族未能安定，"戎伯尚强"，于是
组织了"秦民"迁居的人口移动。前引《华阳国志·蜀志》"周赧王元年，秦惠王封
子通国为蜀侯，以陈壮为相。置巴、蜀郡，以张若为蜀守"记述之后，又这样写道：

　　　　戎伯尚强，乃移秦民万家实之。④

这是秦组织较大规模移民的最早史例。《蜀鉴·秦人取蜀》记载："张若为蜀国
守，移秦民万家实之。"⑤

　　此后秦人迁居蜀地的史例，又有《史记·六国年表》所载秦始皇帝九年（前

---

　　①　《史记》，第385页。
　　②　刘力、卢江：《秦汉帝国治域下巴蜀的华夏化》，《重庆师范大学学报（社会科学版）》2017年第
6期。
　　③　梁中效：《司马迁的秦蜀一体论及其影响》，《渭南师范学院学报》2017年第21期。
　　④　〔晋〕常璩撰，任乃强校注：《华阳国志校补图注》，上海古籍出版社1987年版，第128页。
　　⑤　〔宋〕郭允蹈撰：《蜀鉴》，文渊阁四库全书本，第2页。

238),"嫪毐为乱,迁其舍人于蜀"。①《史记·吕不韦列传》:"诸嫪毐舍人皆没其家而迁之蜀。"②"秦王十年十月,免相国吕不韦。""而出文信侯就国河南。岁余,诸侯宾客使者相望于道,请文信侯。秦王恐其为变,乃赐文信侯书曰:'君何功于秦? 秦封君河南,食十万户。君何亲于秦? 号称仲父。其与家属徙处蜀。'"③《史记·太史公自序》说:"不韦迁蜀,世传《吕览》。"④又《史记·项羽本纪》记载:"……又恶负约,恐诸侯叛之,乃阴谋曰:'巴、蜀道险,秦之迁人皆居蜀。'"⑤所谓"秦之迁人皆居蜀",大致反映了当时移民中这一特定成分的基本流向。数量众多的秦人移居蜀地,当然也形成有利于秦文化向西南扩张的重要条件。⑥

《史记·西南夷列传》说,西南夷有称"徙"的地方。而冄駹部族,"其俗或土著,或移徙,在蜀之西"。⑦《史记·司马相如列传》:"天子问相如,相如曰:'邛、筰、冄、駹者近蜀,道亦易通,秦时尝通为郡县,至汉兴而罢。今诚复通,为置郡县,愈于南夷。'"⑧这里所谓"徙""移徙"与我们讨论的移民现象可能没有直接关系。但是,此所谓"道亦易通"与上文所谓"巴、蜀道险","险阻","道险狭难至"等交通因素,是共同成为移民的条件的。秦时著名的"居蜀"移民,有卓王孙、程郑等。《史记·货殖列传》:

> 蜀卓氏之先,赵人也,用铁冶富。秦破赵,迁卓氏。卓氏见虏略,独夫妻推辇,行诣迁处。诸迁虏少有余财,争与吏,求近处,处葭萌。唯卓氏曰:"此地狭薄。吾闻汶山之下,沃野,下有蹲鸱,至死不饥。民工于市,易贾。"乃求远迁。致之临邛,大喜,即铁山鼓铸,运筹策,倾滇蜀之民,富至僮千人。田池射猎之乐,拟于人君。程郑,山东迁虏也,亦

---

① 《史记》,第752页。三年之后,秦始皇帝十二年(前235),"吕不韦卒,复嫪毐舍人迁蜀者"。第753页。

② 司马贞《索隐》:"家谓家产资物,并没入官,人口则迁之蜀也。"《史记》,第2512页。《史记·吕不韦列传》又记载:"秦王所加怒吕不韦、嫪毐皆已死,乃皆复归嫪毐舍人迁蜀者。"第2513页。

③ 《史记》,第2512—2513页。

④ 《史记》,第3300页。

⑤ 《史记》,第316页。

⑥ 陆游《阆中作》二首其一:"三叠凄凉《渭城曲》,数枝闲澹阆中花。"其二:"遨游无时冠巴蜀,语音渐正带咸秦。"《剑南诗稿》卷三。钱仲联校注:《剑南诗稿校注》,上海古籍出版社1985年版,第248—249页。所谓阆中方音有"咸秦"风韵,或许可以看作这种移民运动的一种文化遗痕。

⑦ 《史记》,第2991页。

⑧ 《史记》,第3046页。

　　冶铸,贾椎髻之民,富埒卓氏,俱居临邛。①

　　他们以"山东迁虏"身份"居蜀",取得经营实业的成功。他们不是秦人,然而是在秦代继承其移民传统的政策的作用下实现其"迁"的交通实践的。据《华阳国志·蜀志》说,"秦惠文、始皇,克定六国,辄徙其豪侠于蜀",②似乎"秦惠文"时代,已经开始迁徙"豪侠"至蜀地。不过,这样的说法,还需要实证支持。

（九）蜀人"染秦化"与蜀文化的反方向传布

　　《华阳国志·蜀志》关于蜀中风俗,有这样一段话:

　　　　秦惠文、始皇,克定六国,辄徙其豪侠于蜀;资我丰土,家有盐铜之利,户专山川之材,居给人足,以富相尚。故工商致结驷连骑,豪族服王侯美衣,婚嫁设太牢之厨膳,归女有百两之徒车,送葬必高坟瓦椁,祭奠而羊豕夕牲,赠襚兼加,赙赗过礼,此其所失。原其由来,染秦化故也。若卓王孙家僮千数,程、郑各八百人;而邸公从禽,巷无行人;箫、鼓歌吹,击钟肆悬;富侔公室,豪过田文;汉家食货,以为称首。盖亦地沃土丰,奢侈不期而至也。③

　　常璩指出蜀地风习之"奢侈"受秦地影响。我们曾经关注过"工商致结驷连骑"与"归女有百两之徒车"等交通习俗"原其由来,染秦化故也"的情形。④ 而蜀地"染秦化",可能比较准确地体现了民间礼俗与文化倾向的全面的对秦地的仿效。

　　由于蜀人对秦文化的逐步认同,形成了蜀地原有文化传统渐次与秦文化相接近的历史趋势。于是就天文与人文的关系而言,出现了前引"(蜀地)与秦同分"的说法,而所谓"巴、蜀亦关中地也",也成为民间所能够普遍接受的观念。而

---

　　① 《史记》,第 3277—3278 页。
　　② 〔晋〕常璩撰,任乃强校注:《华阳国志校补图注》,上海古籍出版社 1987 年版,第 148 页。
　　③ 〔晋〕常璩撰,任乃强校注:《华阳国志校补图注》,上海古籍出版社 1987 年版,第 148 页。
　　④ 王子今:《试说秦人出行"结驷连骑"习尚》,《重庆师范大学学报(社会科学版)》2020 年第 1 期。

司马迁在《史记·货殖列传》中说到"关中"，班固在《汉书·地理志下》中说到"秦地"，都有兼及"巴、蜀"的内容。班固的《西都赋》陈述长安邻近地区的富足时，又写道："陆海珍藏，蓝田美玉，商洛缘其隈，鄠杜滨其足，源泉灌注，陂池交属，竹林果园，芳草甘木，郊野之富，号为近蜀。"李善注："言秦境富饶，与蜀相类，故号'近蜀'焉。"李周翰注："言水物杂出，与蜀相类，故云'近蜀'。"①而所谓"号为近蜀"，说明秦地与蜀地资源的丰饶和经济的进步，都达到大体相近的水平。

李学勤在论述东周时期蜀、秦两国文化的交流时，举例提到新都九联墩、成都百花潭两墓，指出"虽然当地是蜀国的中心地区，仍然受到邻近诸侯国的文化影响"。比如蜀、秦两国"文化的交流"。李学勤指出："如两墓中的礼器有鍪、釜、甑等，器饰几何纹或素面，有辫索形的耳。这几种炊器是巴蜀墓葬常见的，同时也见于秦墓。随着秦兼并列国，其分布日渐广泛，直至汉代。近年在秦雍城等地的考古工作，证明这些器种在秦地出现要迟到战国晚期。新都和成都百花潭所出，时代更早。以往多以为它们是秦人特有的，由秦传入巴、蜀，恐未必正确。它们的发祥地可能是巴、蜀，秦灭巴、蜀后北传到秦，再传布到其他地区。这一推测如果不错的话，应当认为是古代巴、蜀人民在文化史上的一项贡献。"②

这一实例，或许可以说明巴蜀文化也曾经北向影响秦文化的历史事实。

秦文化与蜀文化相互影响与逐渐融并的历史现象，是战国秦汉时期区域文化研究的重要课题。要全面说明这一历史过程，还需要做进一步细致的工作。然而我们现在已经可以看到，蜀文化能够热诚接受其他较先进的文化成分影响的风格，以及秦文化注重外向发展的积极进取的传统，都对这一历史进程发生过明显的作用。而前者的历史进步意义尤其值得重视。

卢云在论列汉代各地学术文化时，强调了蜀地文字学的发达。他举司马相如所作《凡将篇》、传郭舍人所作《尔雅犍为文学注》、扬雄作所《训纂》《苍颉训纂》《方言》等为例。《方言·扬雄答刘歆书》说到扬雄治小学，与蜀地学术传统有直

---

① 〔梁〕萧统编，〔唐〕李善等注：《六臣注文选》，中华书局1987年版，第27页。

② 李学勤：《东周与秦代文明》，上海人民出版社2007年版，第131页。

接的关系：

> 雄少不师章句，亦于《五经》之训所不解。常闻先代輶轩之使奏籍之书皆藏于周秦
> 之室；及其破也，遗弃无见之者。独蜀人有严君平、临邛林闾翁孺者，深好训诂，犹见輶
> 轩之使所奏言。翁孺与雄外家牵连之亲。又君平过误，有以私遇。少而与雄也，君平财
> 有千言耳。翁孺梗概之法略有。……①

看来，蜀地自有其文化传承续统，而"周秦"文献亦有宝爱珍存。有学者推断："自
秦王朝灭亡之后，藏于宫廷王室的古代文字之学即可能流传至蜀地，并在蜀地保
存下来。"②可能并不是没有根据的臆想。

秦地和蜀地密切的文化关系，是有久远的历史传统的。其起点，或许可以上
溯到司马错举兵南下的时代。关于历史上军事行为影响文化形态的情形，于是
又有了一个典型的实例。③

陕西咸阳考古队就西咸新区秦汉新城坡刘村 M3 出土青铜鉴所见 16 字铭
文"十九年蜀守斯离造工师某臣求乘工耐"发表论文，提出这件文物可以说明秦
人对蜀地实施"羁縻政策"，以为此鉴的督造者是蜀守斯离，据《资治通鉴》胡三省
注"斯，蜀之西南夷种，遂以为姓"，"斯"为夷姓，则"斯离"就是西南夷人。因判定
秦灭蜀之后，"保留了蜀侯，斯离曾一度担任蜀守，体现了秦国的'羁縻政策'。秦
国在蜀国保持了少数民族原有的社会组织形式和统治机构，承认其酋长、首领在
本民族本地区的政治地位和统治权力。"④有的媒体于是发布了这样的报道："考
古专家认为'蜀守斯离'这四个字透露——秦人对蜀地已实施少数民族自治。"⑤
吴镇烽提出了新的铭文释读意见："十九年，蜀守斯离造，工师狢，丞求乘，工耐。"

---

① 华学诚汇证，王智群、谢荣娥、王彩琴协编：《扬雄方言校释汇证》，中华书局 2006 年版，第
1035 页。

② 卢云：《汉晋文化地理》，陕西人民教育出版社 1991 年版，第 48—49 页。

③ 王子今：《秦兼并蜀地的意义与蜀人对秦文化的认同》，《四川师范大学学报（社会科学版）》1998
年第 2 期。

④ 陕西咸阳考古队：《西咸新区秦汉新城坡刘村出土"蜀守斯离"督造》，陕西省考古研究院官方微
信公众号"考古陕西"2019 年 11 月 5 日。

⑤ 马虎振：《秦汉新城坡刘村出土文物新发现：秦人对蜀地已实施"少数民族自治"》，《华商报》
2019 年 11 月 6 日。

他认为:"从文献记载和出土文物,都不能说明秦灭巴蜀之后,对蜀施行过羁縻政策。""铭文没有一句可以反映出秦国地方行政管理制度方面的信息。仅据一个人名的姓氏就判定秦国对一个地区实行什么样的管理制度,未免太草率了。"①这样的意见,我们是同意的。

---

①　吴镇烽:《蜀守斯离鉴不能说明秦人对蜀地实行羁縻政策》,复旦大学出土文献与古文字研究中心网站,2019 年 12 月 11 日。

九、秦国巴山交通开发与
"賨民"的文化表现

賨人的生产与生活以巴山地方为环境背景。因巴山山地严重的交通阻障，其文化个性鲜明，也长期保持着隔绝特征。同时，賨人对于巴山地区交通事业的艰苦开发做出了重要贡献。回顾巴山地区交通史的历程，关注川陕道路的建设与维护，不能忽略賨人的历史功绩。当然，賨人利用逐步便利的交通条件走出巴山山地，也在不同历史阶段或主动或被动，或积极或消极地迎入了中原文化及其他文化因素的影响，从而导致巴賨文化逐步融入汉文化的总体之中。然而巴山地区在复杂的秦蜀交通体系中的重要地位，依然成为巴賨人交通建设业绩的永久的纪念。汉唐米仓道、荔枝道的开通，都是在继承早期巴山道路条件的基础上的历史进步。

(一) "巴人""賨人""南蛮"说与"输布"制度

有学者指出，"巴人"曾经活动于安徽北部，后来迁到豫西南、鄂西北一带。甲骨卜辞中的巴人，"其主要活动地域基本位于晋南一带"，至迟在殷商末年，巴人已迁徙至汉水上游。"大约在春秋、战国之际，巴人活动的重心已迁至川东、重庆一带"。① "巴俞"或"巴渝"的说法，体现出区域文化的个性。其较早出现，已经明确指向唐代的"巴州""渝州"。这里活动的人群即所谓"賨人"。据说"賨人"推助刘邦建国有功。《汉书·西域传下》："设酒池肉林以飨四夷之客，作巴俞都卢、海中砀极、漫衍鱼龙、角抵之戏以观视之。"颜师古注："巴人，巴州人也。俞，

---

① 钟周铭、彭邦本：《巴人早期活动地域及其迁徙考》，《上海交通大学学报(哲学社会科学版)》2017年第6期。

水名,今渝州也。巴俞之人,所谓賨人也,劲锐善舞,本从高祖定三秦有功,高祖喜观其舞,因令乐人习之,故有《巴俞》之乐。"①

《后汉书·南蛮传》又追溯了更早的历史,说到"賨"与"蛮""南蛮"的关系:

> 平王东迁,蛮遂侵暴上国。晋文侯辅政,乃率蔡共侯击破之。至楚武王时,蛮与罗子共败楚师,杀其将屈瑕。庄王初立,民饥兵弱,复为所寇。楚师既振,然后乃服,自是遂属于楚。鄢陵之役,蛮与恭王合兵击晋。及吴起相悼王,南并蛮越,遂有洞庭、苍梧。秦昭王使白起伐楚,略取蛮夷,始置黔中郡。汉兴,改为武陵。岁令大人输布一匹,小口二丈,是谓賨布。虽时为寇盗,而不足为郡国患。

所谓"賨布",李贤注:"《说文》曰:'南蛮赋也。'"②指其为"南蛮"。所引《说文》,证明以"賨"称"南蛮",大约是汉代语言习惯。

不过,"黔中""武陵"与"巴俞""巴渝"区域空间似乎并不完全一致。《后汉书·冯绲传》:"进击武陵蛮夷,斩首四千余级,受降十余万人。"③曹金华《后汉书稽疑》:

> 《校勘记》按:"汲本、殿本'十余万'作'十万余'。"余按:《舆地纪胜》卷一六二引《华阳国志》作"斩首四千,获生口十万"。《车骑将军冯绲碑》作"南征五溪蛮夷黄加少高、相法氏、赵伯、潘鸿等,斩首万级,没溺以千数,降者十万人,收逋賨布卅万匹"。④

又使用"武陵蛮夷""五溪蛮夷"的称谓。而所谓"收逋賨布卅万匹",使得"进击武陵蛮夷"史事与"賨人"活动联系起来。

前引《后汉书·南蛮传》:"岁令大人输布一匹,小口二丈,是谓賨布。"曹金华《后汉书稽疑》指出:"按:《文选·魏都赋》李善注引《风俗通义》作'盘瓠之后,输

---

① 《汉书》,第 3928 页。
② 《后汉书》,第 2831 页。《说文·贝部》:"賨,南蛮赋也。"段玉裁注:"《后汉书·南蛮西南夷传》曰:盘瓠之传蛮夷,秦置黔中郡,汉改为武陵,岁令大人输布一匹,小口二丈,是为賨布。《魏都赋》曰:賨嵘积墦。"〔汉〕许慎撰,〔清〕段玉裁注:《说文解字注》,上海古籍出版社据经韵楼藏版影印,1981 年版,第 282 页。
③ 《后汉书》,第 1283 页。
④ 曹金华:《后汉书稽疑》,中华书局 2014 年版,第 504 页。

布一匹二丈,是谓賨布',与此不同。"①大约"盘瓠之后"所指古代部族或部族联盟,分布在相当广阔的地域,文化风格有接近之处。

《后汉书·南蛮传》还记载:"及秦惠王并巴中,以巴氏为蛮夷君长,世尚秦女,其民爵比不更,有罪得以爵除。其君长岁出赋二千一十六钱,三岁一出义赋千八百钱。其民户出幏布八丈二尺,鸡羽三十镞。②汉兴,南郡太守靳强请一依秦时故事。"李贤注:"《说文》:幏,南郡蛮夷布也。""俗本'幏'作'蒙'","误也"。③《说文·巾部》:"幏,南郡蛮夷賨布也。"段玉裁注:"《贝部》曰:賨者,南蛮赋也。《文选·魏都赋》注引《风俗通》曰:槃瓠之后,输布一匹,小口二丈(《后汉书》少"小口"二字),是为賨布。廪君之巴氏出幏布八丈(《后汉书》云"八丈二尺")。幏亦賨也,故统谓之賨布。"④所谓"世尚秦女",体现与秦的婚姻关系。"有罪得以爵除",以及"其君长岁出赋","其民户出幏布""鸡羽"情形,体现秦能够实现对巴地的司法控制和"赋"的征收。⑤ 这当然是以交通联系为基本条件的。

联系所谓"出""鸡羽"制度,我们注意到里耶秦简有"捕羽"和"捕鸟及羽"的内容,如简例:

卅五年正月庚寅朔甲寅,迁陵少内壬付内官 8 - 1457＋8 - 1458(正)

翰羽二当一者百五十八镞,AⅠ三当一者三百八十六镞,AⅡ·五当一者四百七十九镞,BⅠ·六当一者三百卅六镞,BⅡ·八当一者【五】CⅠ·十五当一者 CⅡ 8 - 1457背＋8 - 1458 背

似与《南蛮传》"民户"缴纳"鸡羽"的制度有关。而"巴氏"控制的地方与"南蛮""武陵蛮夷""五溪蛮夷"的关系,也有所透露。⑥

---

① 曹金华:《后汉书稽疑》,中华书局 2014 年版,第 1191 页。
② 曹金华《后汉书稽疑》:"按:《文选·魏都赋》李善注引《风俗通义》谓'廪君之巴氏出幏布八丈','二尺'或属下句读。"中华书局 2014 年版,第 1196 页。今按:"二尺""鸡羽"不宜作"镞",此说似未可从。
③ 《后汉书》,第 2841 页。
④ 〔汉〕许慎撰,〔清〕段玉裁注:《说文解字注》,上海古籍出版社据经韵楼藏版影印,1981 年版,第 362 页。
⑤ 前引"岁令大人输布一匹,小口二丈,是谓賨布",以及"虽时为寇盗,而不足为郡国患",分别体现了汉代巴地赋税与司法形态。
⑥ 王子今:《说"捕羽"》,里耶秦简博物馆著:《里耶秦简博物馆藏秦简》,中西书局 2016 年版;同作者:《里耶秦简"捕羽"的消费主题》,《湖南大学学报(社会科学版)》2016 年第 4 期;同作者:《里耶秦简"捕鸟及羽"文书的生活史料与生态史料意义》,《西部考古》第 12 辑,科学出版社 2016 年版。

（二）廪君"土船"故事与"盐神"崇拜

巴赏事迹在传说中的遗存，有涉及早期交通经营的情节。《后汉书·南蛮传》记载：

> 巴郡南郡蛮，本有五姓：巴氏，樊氏，瞫氏，相氏，郑氏。皆出于武落钟离山。其山有赤黑二穴，巴氏之子生于赤穴，四姓之子皆生黑穴。未有君长，俱事鬼神，乃共掷剑于石穴，约能中者，奉以为君。巴氏子务相乃独中之，众皆叹。又令各乘土船，约能浮者，当以为君。余姓悉沈，唯务相独浮。因共立之，是为廪君。乃乘土船，从夷水至盐阳。盐水有神女，谓廪君曰："此地广大，鱼盐所出，愿留共居。"廪君不许。盐神暮辄来取宿，旦即化为虫，与诸虫群飞，掩蔽日光，天地晦冥。积十余日，廪君伺其便，因射杀之，天乃开明。廪君于是君乎夷城，四姓皆臣之。廪君死，魂魄世为白虎。巴氏以虎饮人血，遂以人祠焉。

李贤注："《代本》曰'廪君之先，故出巫诞'也。"此说与三峡地方古代盐产的相关信息相合。[①] 李贤又引《代本》："廪君使人操青缕以遗盐神，曰：'婴此即相宜，云与女俱生，弗宜将去。'盐神受缕而婴之，廪君即立阳石上，应青缕而射之，中盐神，盐神死，天乃大开。"廪君与"青缕""遗盐神"，"盐神受缕而婴之"，廪君"应青缕而射之，中盐神，盐神死"的故事中"青缕"的意义，可以与"賨布""幏布"相联系，或可理解为体现巴人纺织技术的信息。而"共掷剑于石穴，约能中者，奉以为君"以及"巴氏子务相乃独中之，众皆叹"情节，暗示巴人用"剑"，可能有"掷"击的形式。

---

① 任乃强《说盐》一文曾经论述巴东盐泉对于满足楚地食盐消费的重要作用。认为宋玉的《高唐》《神女》两赋，即"把食盐比作神女"，是"歌颂巫盐人楚的诗赋"。《华阳国志校补图注》附，上海古籍出版社1987年版，第52—59页。《汉书·地理志》载各地盐官35处，属于巴蜀地方的有：蜀郡临邛，犍为郡南安，巴郡朐忍。其地分别在今四川邛崃、四川乐山、重庆云阳西。所录盐官其实未能完全，据杨远考补，又有越嶲郡定莋，巴郡临江两处。杨远：《西汉盐、铁、工官的地理分布》，《香港中文大学中国文化研究所学报》第9卷上册，1978年。其地在今四川盐源、重庆忠县。参看谭其骧主编：《中国历史地图集》，地图出版社1982年版，第29—30页。从现有资料看，巴郡朐忍和巴郡临江两地盐产，值得我们注意。参看王子今：《张家山汉简〈二年律令〉所见盐政史料》，《文史》2002年第4辑；同作者：《张家山汉简〈金布律〉中的早期井盐史料及相关问题》，《盐业史研究》2003年第3期。

　　关于"巴氏""廪君"的传说与盐业开发有关。"盐水""神女""愿留共居"而"廪君不许",最终"伺其便,因射杀之"的情节,体现廪君在与占据盐业资源的原有部族的争夺中取胜。[①] 所谓"盐阳",李贤注引引《荆州图》曰:"夷陵县西有温泉。古老相传,此泉元出盐,于今水有盐气。"又引盛弘之《荆州记》曰:"昔廪君浮夷水,射盐神于阳石之上。案今施州清江县水一名盐水,源出清江县西都亭山。"[②]盐业生产的发明与盐业资源的控制与远古社会权力的集中有密切的关系。而盐运能力则决定了这种社会权力影响区域的规模。

　　前引"及秦惠王并巴中,以巴氏为蛮夷君长,世尚秦女,其民爵比不更,有罪得以爵除"之说,反映秦征服巴地之后,维持其旧有行政格局。而"汉兴",这一传统依然得以继承,即所谓"一依秦时故事"。

　　廪君"乘土船""独浮",表现出交通能力的优越。"乘土船,从夷水至盐阳",暗示交通方面的优势可能应用于盐运。盐运的发展,或许有益于"君乎夷城,四姓皆臣之"之地位的形成。可以说,廪君以"乘土船""浮夷水,射盐神"的实践,实现了"君乎夷城,四姓皆臣之"的政治局面。大约"巴氏"早期控制巴地盐产与盐运的情形,"汉兴"之后也大致"一依秦时故事"。

　　理解廪君"乘土船,从夷水至盐阳"的交通能力与"君乎夷城,四姓皆臣之"的行政权威之形成的关系,可以参考秦人早期崛起时期的"故事"。回顾秦人早期发展的历史,可以看到重视盐产资源与盐运通道的传统。在秦文化获得早期发展条件的最初的根据地,曾经占有盐业生产的优势。《水经注》卷二〇《漾水》可见相关记述:"……西汉水又西南径始昌峡。《晋书·地道记》曰:'天水,始昌县故城西也,亦曰清崖峡。'西汉水又西南径宕备成南,左则宕备水自东南、西北注之。右则盐官水南入焉。水北有盐官,在嶓冢西五十许里。相承营煮不辍,味与海盐同。故《地理志》云'西县有盐官'是也。其水东南迳宕备成西,东南入汉水。"[③]考古学者对礼县秦早期遗址的调查获得丰富收获。其中对盐官镇附近遗

　　① 王子今:《战国秦汉"盐神"记忆》,《盐业史研究》2020 年第 3 期。
　　② 《后汉书》,第 2840—2841 页。
　　③ 〔北魏〕郦道元著,陈桥驿校证:《水经注校证》,中华书局 2007 年版,第 479 页。所谓《地理志》云'西县有盐官'",《汉书·地理志下》:"陇西郡,秦置。莽曰厌戎。户五万三千九百六十四,口二十三万六千八百二十四。有铁官、盐官。"第 1610 页。

址的考古调查值得重视。《西汉水上游考古调查报告》介绍了98处遗址,而盐官镇相关遗址有多达13处,竟然占总数的13.27%。① 秦在西汉水流域取得生存和发展的优越条件,当与附近的盐业资源有关。②

（三）"板楯蛮夷""杀虎"事迹的
交通史与行政史意义

前引"廪君死,魂魄世为白虎"以及"巴氏以虎饮人血,遂以人祠焉"的说法,可见"虎"在当地社会生活中的强势影响。这一情形,或许反映了巴賨活动区域虎的活跃。

《后汉书·南蛮传》关于"板楯蛮夷"的记载,明确说到"群虎"为害,而"巴郡阆中夷人""射杀白虎"的事迹:

> 板楯蛮夷者,秦昭襄王时有一白虎,常从群虎数游秦、蜀、巴、汉之境,伤害千余人。昭王乃重募国中有能杀虎者,赏邑万家,金百镒。时有巴郡阆中夷人,能作白竹之弩,乃登楼射杀白虎。昭王嘉之,而以其夷人,不欲加封,乃刻石盟要,复夷人顷田不租,十妻不筭,伤者论,杀人者得以倓钱赎死。盟曰:"秦犯夷,输黄龙一双;夷犯秦,输清酒一钟。"夷人安之。

李贤注引《华阳国志》,指出"杀虎"故事有"巴夷廖仲等射杀之"的说法。③ 有学者指出:

> 《华阳国志》卷一《巴志》云:"世号'白虎复夷',一曰'板楯蛮',今所谓'弜头虎子'者也。"《隶续》录《汉繁长张禅等题名》有"白虎夷王谢节","白虎夷王资伟"。故云"白虎"

---

① 报告执笔者写道:"据说当地在汉代以前还生产池盐,唐代以后才转为生产井盐,而唐代这里产盐的盛况可见于杜甫的相关诗篇。"就遗址地理分布与交通形势进行的分析,关注了盐运与秦文化发展的关系:"沿红河、上寺河溯流而上可至天水,进入渭河河谷;顺流而下可到盐官镇。这是一条历史悠久的古道,秦人迁徙亦有可能循此路径。"甘肃省文物考古研究所、中国国家博物馆、北京大学考古文博学院等:《西汉水上游考古调查报告》,文物出版社2008年版,第32、291页。
② 王子今:《秦始皇直道的盐运效能》,《中国矿业大学学报(社会科学版)》2016年第6期。
③ 《后汉书》,第2842页。

为板楯之种,非"一白虎"也。本传下文程包云"板楯七姓,射杀白虎立功,先世复为义
人",若一白虎,何须七姓杀之?①

"若一白虎,何须七姓杀之"的质疑有一定道理。"'白虎'为板楯之种"的意见,符
合"廪君死,魂魄世为白虎","巴氏以虎饮人血,遂以人祠焉"传说。《汉繁长张禅
等题名》"白虎夷王谢节""白虎夷王资伟"名号称"白虎"。似未可排除"白虎"为
族种符号甚至部族信仰对象的可能。然而《华阳国志·巴志》相关记载作如下
表述:

> 秦昭襄王时,白虎为害,自黔、蜀、巴、汉患之。秦王乃重募国中:"有能煞虎者邑万
> 家,金帛称之。"于是夷胸忍廖仲、药何、射虎秦精等乃作白竹弩于高楼上,射虎。中头三
> 节。白虎常从群虎,瞋恚,尽搏煞群虎,大呴而死。秦王嘉之曰:"虎历四郡,害千二百
> 人。一朝患除,功莫大焉。"欲如约,嫌其夷人。乃刻石为盟要:复夷人顷田不租,十妻不
> 算;伤人者,论;煞人雇死,倓钱盟曰:"秦犯夷,输黄龙一双。夷犯秦,输清酒一钟。"夷人
> 安。汉兴,亦从高祖定乱,有功。高祖因复之,专以射虎为事。户岁出賨钱口四十。
> 故世号白虎复夷。一曰板楯蛮。今所谓弜头虎子者也。②

其中并未强调"一白虎",而"煞虎""射虎"情节具体,"白虎为害,自黔、蜀、巴、汉
患之","虎历四郡,害千二百人"等说,既称"白虎",亦称"虎",应是指曾经为害地
方的切实的虎患。

战国秦汉时期有"虎暴""虎患""虎灾"造成社会危难的记载。《史记·李将
军列传》说到李广射虎故事:"(李)广所居郡闻有虎,尝自射之。"③《后汉书·宋
均传》:宋均迁九江太守,"郡多虎暴,数为民患,常募设槛穽而犹多伤害"。④《后
汉书·循吏列传·童恢》:童恢除东莱郡不其县令,"民尝为虎所害,乃设槛捕
之"。⑤《后汉书·法雄传》:法雄迁南阳太守,"郡滨带江沔,又有云梦薮泽,永初

---

① 曹金华:《后汉书稽疑》,中华书局 2014 年版,第 1197 页。
② 〔晋〕常璩撰,任乃强校注:《华阳国志校补图注》,上海古籍出版社 1987 年版,第 14 页。
③ 《史记》,第 2872 页。
④ 《后汉书》,第 1412 页。
⑤ 《后汉书》,第 2482 页。

中,多虎狼之暴".①《太平御览》卷八九一引《谢承后汉书》:"豫章刘陵,宇孟高,为长沙安成长,先时多虎,百姓患之,皆徙他县。"②

而猛虎为患,突出体现为对人类交通行为的影响。《老子道德经》下篇五十章:"盖闻善摄生者,陆行不遇兕虎。"③马王堆汉墓帛书《老子甲本》作:"盖〔闻善〕"(二五)"执生者,陵行不〔避〕矢(兕)虎……。"(二六)《老子乙本》作:"盖闻善执生者,陵行不辟(避)兕虎……。"(一八六上)④《韩非子·解老》:"圣人之游世也无害人之心,无害人之心则必无人害,无人害则不备人,故曰:'陆行不遇兕虎。'"⑤《论衡·遭虎》说:"虎亦诸禽之雄也。""夫虎害人,古有之矣。""动于山泽之中,遭虎搏噬之时,禀性狂勃,贪叨饥饿,触自来之人,安能不食? 人之筋力,羸弱不適,巧便不知,故遇辄死。"⑥

野生虎的活跃危害人们的"行"。其中主要交通线路的虎灾特别值得关注。《后汉书·儒林传上·刘昆》:"崤、黾驿道多虎灾,行旅不通。"⑦这是有关最重要的联系两都、两京交通干线受到"虎灾"影响的历史记录。

巴山地方的野生动物分布,可以通过史籍记载发现相关信息。《三国志·魏书·张鲁传》裴松之注引《世语》曰:

> 鲁遣五官掾降,弟卫横山筑阳平城以拒,王师不得进。鲁走巴中。军粮尽,太祖将还。西曹掾东郡郭谌曰:"不可。鲁已降,留使既未反,卫虽不同,偏携可攻。县军深入,以进必克,退必不免。"太祖疑之。夜有野麋数千突坏卫营,军大惊。夜,高祚等误与卫众遇,祚等多鸣鼓角会众。卫惧,以为大军见掩,遂降。⑧

---

① 《后汉书》,第1278页。

② 〔宋〕李昉等撰:《太平御览》,中华书局用上海涵芬楼影印宋本1960年复制重印版,第3958页。

③ 王弼注:"兽之害者,莫甚于兕虎。"〔魏〕王弼注,楼宇烈校释:《老子道德经注校释》,中华书局2008年版,第134—135页。

④ 国家文物局古文献研究室编:《马王堆汉墓帛书〔壹〕》,文物出版社1980年版,第4、90页。

⑤ 陈奇猷校注:《韩非子集释(附刘盼遂集解)》,上海人民出版社1974年版,第372页。

⑥ 黄晖撰:《论衡校释》,中华书局1990年版,第707、709、708页。

⑦ 《后汉书》,第2550页。汉代画像资料或反映了相关史实。王子今:《秦汉代驿道虎灾——兼质疑几种旧题"田猎"图像的命名》,《中国历史文物》2004年第6期。

⑧ 《三国志》,第264页。

张卫营地遭受意外破坏，致使"军大惊"，最终败降竟然是由于一起生态史的异常
事件。此即《世语》所谓"夜有野麋数千突坏卫营"事。这是极其罕见的野生鹿群
夜间活动的记载。我们曾经讨论过两汉三国时期鹿的分布的生态环境史意
义。① 也注意过"米仓道"沿途的生态环境。② 然而，"夜有野麋数千突坏卫营"导
致张卫"军大惊"，大群"麋鹿"冲击人类活动空间，堪称人与鹿的关系史中仅见的
一例。这是反映秦巴山地野生动物分布的极其珍贵的生态史料，值得特别重视。
这是东汉末年的情形，推想战国时期至于秦代，当地的生态环境形势应当更适宜
野生动物的自然生存。

　　巴山地方的虎患也见诸史籍。《宋史·五行志四·金》："太平兴国三年，果、
阆、蓬、集诸州虎为害。遣殿直张延钧捕之，获百兽。俄而七盘县虎伤人，延钧又
杀虎七，以为献。"③明代汉中附近山区再次出现严重的虎患。崔应科《捕虎记》
写道："万物之中，惟人为贵。兽之不仁，莫过于虎"，"惟兹汉郡，幅员多山。蕞尔
西乡，尤处山薮。忆昔神为民庇，民无物害，……未闻猛虎潜据于中，以为民戕
者"。然而，"夫何迩年，神慈泛爱，虎豹成群，自沔山峡，白额恣虐。初掠牛羊于
旷野，渐窥犬豕于樊落，底今益横，屡报残人。昏夜遇之者麋，白昼触之者碎"。
作者感叹道："父兄拊膺而力不能救，妻子长号而魂无所招。以致山居者门户昼
扃，食力者耕樵路绝。"而交通道路也因此断绝，"置邮莫必其命，商贾为之不
通"。④ 道光《南江县志》卷中录有邑令王经芳经行米仓道的纪行诗《从汉中取径
南江因为短述》，其中写道："樊林渡涧只啼乌，绝迹村烟山径迂。每拟相如窥世
业，胡为阮籍泣穷途。人藏深谷烦招抚，虎啸巉岩间有无。欲绘流离难着笔，不
胜感慨共长吁。"⑤民国《南江县志》第四编《艺余杂录》说王经芳"康熙十九年知
南江县，时三藩倡乱，蜀江新定"，所谓"虎啸巉岩间有无"，民国《南江县志》作"虎

　　① 王子今：《马王堆一号汉墓出土梅花鹿标本的生态史意义》，《古代文明》第 2 卷，文物出版社 2003
年版；同作者：《走马楼简的"入皮"记录》，《吴简研究》第 1 辑，崇文书局 2004 年版。
　　② 王子今：《生态史视野中的米仓道交通》，《陕西理工学院学报（社会科学版）》2014 年第 2 期，又刊
汉中市博物馆编：《中国蜀道学术研讨会论文集》，三秦出版社 2014 年版。
　　③ 〔元〕脱脱等撰：《宋史》，中华书局 1977 年版，第 1451 页。
　　④ 〔清〕严如熤原本，杨名飏续纂：民国《汉南续修郡志》卷二六，民国十三年刻本，第 1594 页。
　　⑤ 〔清〕胡炳修，彭映纂：道光《南江县志》卷中，清道光七年刻本。

啸巉岩问有无",①途中闻"虎啸",应当是行旅真实感受。道光《西乡县志》卷四《物产》"野兽"条:"野兽。虎,彪,鹿,狱,犴,猿,山羊,羚羊。"②"虎"位列第一。

前引"秦昭襄王时有一白虎,常从群虎数游秦、蜀、巴、汉之境,伤害千余人",记录了战国时期巴山地方"群虎"为害的自然生态史实。"秦、蜀、巴、汉"依任乃强意见,应作"黔、蜀、巴、汉"。③ 此说未得确证,然而仍具有一定的参考意义。"时有巴郡阆中夷人,能作白竹之弩,乃登楼射杀白虎",是"巴郡""夷人"英雄保障巴山古道交通安全的历史贡献。

(四) 楚灭"枳巴"说

《史记·秦本纪》说:"楚自汉中,南有巴、黔中。"④有的历史文献记录了"楚灭巴"的历史变化。《通典·州郡十三》:"古老相传云:楚子灭巴。"⑤《太平御览》卷一七一引《十道志》曰:"故老云:楚子灭巴,巴子兄弟五人流入黔中。"⑥《舆地纪胜》卷七五《辰州·景物下》:"故老相传云:楚子灭巴。巴子兄弟五人,流入黔中。"卷一五九《合州·景物下》:"《九域志》引《益部耆旧传》云:昔楚襄王灭巴子。"⑦

赵炳清指出,"关于楚国灭巴,由于不见于《史记》《汉书》等记载,为一些学者不认可,理由是《史记》等明确记载公元前 316 年秦灭巴"。但是,"在一些地志中,楚灭巴的记载却很明确",如《舆地纪胜》引《益部耆旧传》、《蜀中名胜记》引《郡国志》及梁载言《十道志》。以为这些文献记载"楚灭巴"是可信的。不过,楚所灭巴并非有的学者所谓"江州巴""汉上巴""廪君巴"。蒙文通早已提出楚顷襄

① 〔民国〕董珩修,岳永武纂:民国《南江县志》第四编,民国十一年刻本,第 320 页。

② 〔清〕张廷槐纂修:道光《西乡县志》卷四,清道光八年刻本,第 346 页。

③ 黔,任乃强说:"旧各本皆作秦字。按,下言'四郡',则此字当指黔中郡。《后汉书》作秦,缘音讹也。后人不知秦有黔中郡,又援《范书》改讹耳。"〔晋〕常璩撰,任乃强校注:《华阳国志校补图注》,上海古籍出版社 1987 年版,第 14 页。

④ 《史记》,第 202 页。

⑤ 〔唐〕杜预撰:《通典》,中华书局据原商务印书馆万有文库十通本影印,1984 年版,第 975 页。

⑥ 〔宋〕李昉等撰:《太平御览》,中华书局用上海涵芬楼影印宋本 1960 年复制重印版,第 835 页。

⑦ 〔宋〕王象之撰:《舆地纪胜》,清景宋钞本,第 951、1468 页。

王所灭之巴是枳巴的意见。① 赵炳清结合考古发现进行了有关巴文化分布地域的更全面的论说，推定"枳巴"的历史存在："枳及其地域当时在巴人控制中。由于枳是巴国先王陵墓所在地，存在王室宗支是必然的，巴王在阆中为秦所擒后，不管是南逃于枳还是在枳的王室宗支为了维护宗庙社稷，必称号为'巴'。因此，在枳存在着巴政权是可信的，时间为公元前 316 年至前 280 年。"秦楚在长江中游就另外国度的争夺可能就此展开。

《史记·苏秦列传》："秦之所害莫如楚，楚强则秦弱，秦强则楚弱，其势不两立。"②在巴文化分布地域争夺的激化，导致秦楚战略格局的变化。"楚顷襄王灭枳巴政权，就招致了秦对楚的一系列的大规模的军事行动，致使楚国西境和腹心地区丧失。这无疑加快了秦兼并列国的统一步伐，恐怕是楚顷襄王灭巴时所料想不到的"。③ 其实，秦军占有巴蜀，即已经对楚形成了战略威胁。张仪对楚王言："秦西有巴蜀，大船积粟，起于汶山，浮江已下，至楚三千余里。舫船载卒，一舫载五十人与三月之食，下水而浮，一日行三百余里，里数虽多，然而不费牛马之力，不至十日而距扞关。扞关惊，则从境以东尽城守矣，黔中、巫郡非王之有。"④说得已经非常明白。所谓"强秦之祸"，即所谓"秦兵之攻楚也，危难在三月之内"。⑤ 楚军挺近"枳巴"，正是对秦军自蜀东进的合理反应。不过，后来战略形势的演进，是秦的优胜地位更为显著。正如《战国策·燕策二》记载"秦召燕王，燕王欲往"，苏代"约燕王"时所谓"楚得枳而国亡"。⑥

（五）"賨钱"与"賨幏""賨布"

前引"其君长岁出赋二千一十六钱，三岁一出义赋千八百钱。其民户出幏布八丈二尺，鸡羽三十镞"，以及"汉兴，南郡太守靳强请一依秦时故事"的记载，说明了巴賨人与战国秦、统一后的秦帝国以及西汉帝国的经济关系。《说文》释

① 蒙文通：《巴蜀古史论述》，四川人民出版社 1981 年版，第 28 页。
② 《史记》，第 2260 页。
③ 赵炳清：《"楚灭巴"考辨》，《西华师范大学学报（社会科学版）》2016 年第 6 期。
④ 《史记》，第 2290 页。
⑤ 《史记》，第 2290 页。
⑥ 〔西汉〕刘向集录：《战国策》，上海古籍出版社 1985 年版，第 1077 页。

"賨""南蛮赋"以及车骑将军冯绲碑"南征五溪蛮夷⋯⋯,收逋賨布卅万匹"等文字,指出以"賨"为代号的"蛮夷"所织作的"賨布""幏布",经济价值受到秦汉国家的重视。

《后汉书·南蛮传》还记载,巴地"夷人"曾帮助刘邦平定三秦,并因此享受"复"的优遇:

> 秦地既定,乃遣还巴中,复其渠帅罗、朴、督、鄂、度、夕、龚七姓,不输租赋,余户乃岁入賨钱,口四十。世号为板楯蛮夷。①

"岁出赋二千一十六钱,三岁一出义赋千八百钱"的征收对象是"其君长"。数额有限,可以理解为象征性的经济控制制度和财政管理形式。"入賨钱"而称"不输租赋",似乎体现当地主要物产比如农耕经营的谷物收获可能对邻近地方经济意义有限。除了农田耕作产量不高而外,很有可能运输条件的艰难也影响了农业产出的市场流通。这大概是山区经济特有的现象。

前引《说文》段注引《魏都赋》曰"賨幏积墆"。其说很可能由自《后汉书·西南夷传》言白马氏"其賨幏火毳驯禽封兽之赋,輱积于内府"。②"賨幏"应是西南山区少数民族出产的织品。"賨布""幏布"或说"賨幏"缴纳,反映这一地区的物产对其他地区唯纺织品具有市场意义。"賨幏积墆","賨幏""之赋"至于"輱积于内府",说到其征收数量之多。这是我们研究战国秦汉纺织史、纺织品生产开发史以及和丝绸之路史有某种间接联系的纺织品交易史、纺织品运输史必须重视的历史信息。

对于"其民户出幏布八丈二尺",李贤注:"《说文》:'幏,南郡蛮夷布也。'"并指出"俗本'幏'作'蒙'","误也"。③前引《说文·巾部》:"幏,南郡蛮夷賨布也。"川东鄂西山地古"蛮夷"制作的称作"賨幏"的"布"的品质形制,是有待研究与说明的有意思的生产史与科学史的学术主题。其产品的转运与流通,其技术的传播与继承,也是涉及交通史的。

---

① 《后汉书》,第 2842 页。
② 《后汉书》,第 2860 页。
③ 《后汉书》,第 2841 页。

（六）"率以征伐"与后世"反""叛"：
巴宾民人控制

　　有学者通过传世文献、出土文献和考古文物资料的综合研究,以为"巴国的活动范围有从汉水流域向长江流域和嘉陵江流域扩张的趋势","以嘉陵江流域的'宾族'和长江干流的'巴族'为代表的不同民族结成了部落联盟式的国家"。[①]在这一时期,"宾"和"巴"都曾经作为这一部族历史存在的文化符号。随着交通条件的进步,以巴山山地及峡江地区为基本活动空间的宾人、巴人在不同历史阶段或主动或被动,或积极或消极地迎纳了中原文化及其他文化因素的影响。

　　另一方面,宾人、巴人也参与了地方文化融汇为汉文化总体的历史进步,巴宾文化因此发生变化。这种融汇通过多种途径实现,而战争也是一种交往形式。[②]

　　《后汉书·南蛮传》关于巴宾的历史文化回顾,涉及军事史、战争史与军事交通地理：

　　　　至高祖为汉王,发夷人还伐三秦。秦地既定,乃遣还巴中,复其渠帅罗、朴、督、鄂、度、夕、龚七姓,不输租赋,余户乃岁入宾钱,口四十。世号为板楯蛮夷。阆中有渝水,其人多居水左右。天性劲勇,初为汉前锋,数陷陈。俗喜歌舞,高祖观之,曰："此武王伐纣之歌也。"乃命乐人习之,所谓巴渝舞也。遂世世服从。至于中兴,郡守常率以征伐。[③]

刘邦"发夷人还伐三秦",而"秦地既定,乃遣还巴中",说明这些"夷人"可以从容利用蜀道交通道路。

---

　　①　陈卫东、周科华：《略论川东地区的巴国》,《四川文物》2018 年第 4 期。
　　②　克劳塞维茨曾经说："战争是一种人类交往的行为。"《战争论》,中国人民解放军军事科学院译,解放军出版社 1964 年版,第 1 卷第 179 页。马克思和恩格斯也曾经指出："战争本身""是一种经常的交往形式"。他们特别重视民族关系在这种"交往"中的动态。马克思、恩格斯指出："对野蛮的征服者民族说来,正如以上所指出的,战争本身还是一种经常的交往形式；在传统的、对该民族来说唯一可能的原始生产方式下,人口的增长需要有愈来愈多的生产资料,因而这种形式也就被愈来愈广泛地利用着。"马克思、恩格斯：《德意志意识形态》,《马克思恩格斯全集》,人民出版社 2002 年版,第 3 卷第 26 页。
　　③　《后汉书》,第 2843 页。

而刘邦“此武王伐纣之歌也”的赞叹，又追溯了商末“巴渝”“夷人”从“武王伐纣”的远征。①

刘邦调用巴地人力资源，“发夷人还伐三秦”的事迹，可以作为秦末賨史的现象予以理解。

通过“至于中兴，郡守常率以征伐”的历史记录，或许可以说明汉王朝平定羌人反抗的军事行动中巴人的作用。② 从交通史的视角关注以“常”表述的多次“征伐”，应当肯定这一民族力量在巴山军事交通进步历程中的作用。

所谓“世世服从”，其实只是立足汉王朝立场的历史记忆中相对的有限的肯定。东汉桓灵时期，“板楯”多次反叛：

> 桓帝之世，板楯数反，太守蜀郡赵温以恩信降服之。灵帝光和二年，巴郡板楯复叛，寇掠三蜀及汉中诸郡。灵帝遣御史中丞萧瑗督益州兵讨之，连年不能克。帝欲大发兵，乃问益州计吏，考以征讨方略。汉中上计程包对曰：“板楯七姓，射杀白虎立功，先世复为义人。其人勇猛，善于兵战。昔永初中，羌入汉州，郡县破坏，得板楯救之，羌死败殆尽，故号为神兵。羌人畏忌，传语种辈，勿复南行。至建和二年，羌复大入，实赖板楯连摧破之。前车骑将军冯绲南征武陵，虽受丹阳精兵之锐，亦倚板楯以成其功。近益州郡乱，太守李颙亦以板楯讨而平之。忠功如此，本无恶心。长吏乡亭，更赋至重，仆役棰楚，过于奴虏，亦有嫁妻卖子，或乃至自刭割。虽陈冤州郡，而牧守不为通理。阙庭悠远，不能自闻。含怨呼天，叩心穷谷。愁苦赋役，困罹酷刑。故邑落相聚，以致叛戾。非有谋主僭号，以图不轨。今但选明能牧守，自然安集，不烦征伐也。”帝从其言，遣太守曹谦宣诏赦之，即皆降服。至中平五年，巴郡黄巾贼起，板楯蛮夷因此复叛，寇掠城邑，遣西园上军别部司马赵瑾讨平之。③

考察“巴渝”地方军事交通地理，应当重视“板楯”屡次“反”“叛”与“降服”的过程

① 《后汉书》，第2842页。

② 下文记录“汉中上计程包”语，言：“昔永初中，羌入汉州，郡县破坏，得板楯救之，羌死败殆尽，故号为神兵。羌人畏忌，传语种辈，勿复南行。至建和二年，羌复大入，实赖板楯连摧破之。”对“武陵”方向的民族征服，也调用了“板楯”军事力量：“前车骑将军冯绲南征武陵，虽受丹阳精兵之锐，亦倚板楯以成其功。”他们还曾参与平定益州郡之乱：“近益州郡乱，太守李颙亦以板楯讨而平之。”

③ 《后汉书》，第2843页。所谓“巴郡黄巾贼起”，也反映地下宗教信息传递网络的效率，因交通条件得以实现。

中,"板楯"与"征伐"者们各自的军事交通行为。可以推知"其人多居水左右"且"天性劲勇",频繁"寇掠城邑"的"板楯蛮夷"在民族战争中应当显著发挥了他们传统的交通能力的优势,也有力促进了巴山附近地方交通条件的进步。

《三国志·蜀书·杨戏传》说到汉昌"賨人"事迹:"季然名畿,巴西阆中人也。刘璋时为汉昌长。县有賨人,种类刚猛,昔高祖以定关中。① 巴西太守庞羲以天下扰乱,郡宜有武卫,颇招合部曲。有谗于璋,说羲欲叛者,璋阴疑之。"②《三国志·蜀书·诸葛亮传》裴松之注引《汉晋春秋》载诸葛亮上言:"自臣到汉中,中间期年耳,然丧赵云、阳群、马玉、阎芝、丁立、白寿、刘合、邓铜等及曲长屯将七十余人,突将无前。賨、叟、青羌散骑、武骑一千余人,此皆数十年之内所纠合四方之精锐,非一州之所有,若复数年,则损三分之二也,当何以图敌?"③可知賨人骑兵曾追随诸葛亮征战,被看作"数十年之内"苦心"纠合"之"精锐"中列于首位者,被看作"图敌"之基本。

关于"賨"的"散骑",可参考王士祯《陇蜀余闻》说到的"巴賨"地方的山地马:"巴賨出小驷。其最驶骏者,名夹山马。"④同治《恩施县志·艺文志·诗》载夏熙臣《施州卫寄所亲》诗,其中"小驷"与"花賨"对举:"环卫皆君长,东南尽笮卬。流官乘小驷,蛮妇织华賨。刀剑生睚眦,衣冠列附庸。不烦司马檄,尺土亦王封。"⑤

(七) 巴賨故事的历史回声: 张鲁"奔南山入巴中"

汉末汉中实力派领袖张鲁曾经实现成功的地方割据。在曹操集团军事压力下又被迫放弃割据。其行为提示了交通史的重要现象。张鲁"奔南山入巴中",

---

① 〔清〕王士祯《蜀道驿程记》:"十八。雨中过葡萄碥、烧鸡滩、水观音、塔子山,次苍溪县,汉汉昌地,古賨国也,有賨城、卢城。"〔清〕王士祯著,袁世硕主编:《王士祯全集》杂著之三,齐鲁书社2007年版,第2553页。

② 《三国志》,第1089页。

③ 《三国志》,第924页。

④ 〔清〕王士祯:《陇蜀余闻》,〔清〕王士祯著,袁世硕主编:《王士祯全集》杂著之九,齐鲁书社2007年版,第3619页。

⑤ 〔清〕罗凌汉纂修:《(同治)恩施县志·艺文志》,清同治三年修民国二十年铅字重印本。

一说是在阳平关失守之后。事见《三国志·魏书·张鲁传》：

> 建安二十年，太祖乃自散关出武都征之，至阳平关。鲁欲举汉中降，其弟卫不肯，率众数万人拒关坚守。太祖攻破之，遂入蜀。鲁闻阳平已陷，将稽颡归降，（阎）圃又曰："今以迫往，功必轻；不如依杜濩，赴朴胡相拒，然后委质，功必多。"于是乃奔南山入巴中。

张卫"入蜀"，应经由金牛道。张鲁"入巴中"则应行米仓道。毕沅"曹操击张鲁，鲁奔南山入巴中，乃米仓道也"①的判断是正确的。张鲁"奔南山"撤退时，有意保存物资不予破坏，得到曹操赞许。曹操遣人说服，张鲁终于归降。"左右欲悉烧宝货仓库。鲁曰：'本欲归命国家而意未达，今之走避锐锋，非有恶意。宝货仓库，国家之有。'遂封藏而去。太祖入南郑，甚嘉之。又以鲁本有善意，遣人慰喻。鲁尽将家出。太祖逆拜鲁镇南将军，待以客礼，封阆中侯，邑万户。封鲁五子及阎圃等皆为列侯。"②

另一说法，则谓张鲁"走巴中"在阳平关失守之前。《三国志·魏书·张鲁传》裴松之注引《世语》有这样的记述："鲁遣五官掾降，弟卫横山筑阳平城以拒，王师不得进。鲁走巴中。军粮尽，太祖将还。西曹掾东郡郭谌曰：'不可。鲁已降，留使既未反，卫虽不同，偏携可攻。县军深入，以进必克，退必不免。'太祖疑之。夜有野麋数千突坏卫营，军大惊。夜，高祚等误与卫众遇，祚等多鸣鼓角会众。卫惧，以为大军见掩，遂降。"③则"鲁走巴中"在"弟卫横山筑阳平城以拒，王师不得进"时。而在军营意外破坏，魏军集结时，"卫惧，以为大军见掩，遂降"，并没有"入蜀"。

在张鲁不得不放弃汉中时，阎圃提出的"不如依杜濩，赴朴胡相拒，然后委质，功必多"的建议，其先"相拒"后"委质"的设计，应当是考虑到巴山地区复杂民族构成的特殊条件，并有意予以利用的。其中"巴賨"的历史存在受到重视。《资治通鉴》卷六七"汉献帝建安二十年"记载："张鲁闻阳平已陷，欲降。阎圃曰：'今

---

① 〔清〕毕沅：《关中胜迹图志》卷二〇。毕沅指出："今驿路所趣，盖金牛道，而米仓为僻径焉。"
② 《三国志》，第264—265页。
③ 《三国志》，第264页。

以迫往,功必轻。不如依杜濩,赴朴胡,与相拒,然后委质,功必多。乃犇南山入巴中。"其中"依杜濩,赴朴胡"句,胡三省注:

> 杜濩,宾邑侯也。朴胡,巴七姓夷王也。余据板楯蛮渠帅有罗、朴、督、鄂、度、夕、龚七姓,不输租赋,此所谓"七姓夷王"也。其余户岁入宾钱口四十,故有宾侯。

"依杜濩,赴朴胡",利用巴地复杂民族关系之背景以图自存并提升政治影响力的意向,因胡三省注得以明朗。胡三省还写道:"今兴元府,古汉中之地也。兴元之南有大行路,通于巴州。其路险峻,三日而达于山顶。其绝高处谓之'孤云、两角,去天一握'。孤云、两角,二山名也。今巴州汉巴郡宕渠县之北界也。三巴之地,此居其中,谓之中巴。巴之北境有米仓山,下视兴元,实孔道也。"①

"孔道",指大道。这里所说的"米仓山",应当就是《三国志·魏书·张鲁传》所谓张鲁"于是乃奔南山入巴中"的"南山"。

米仓山"下视兴元,实孔道也",也就是可以"下视""米仓道"的北段,也应当是"米仓道"得名的由来。

《嘉庆重修一统志·汉中府二·古迹·关隘》"米仓关"条:"米仓关,在褒城县南一百七十里。《元史·李进传》:进从征蜀,道陈仓,入兴元,度米仓关。其地荒塞不通,进伐木开道七百里。"②有关于"米仓道"的记述:"米仓道。在南郑县南,通四川巴州境。《图经》:汉末曹操击张鲁于汉中,张鲁奔南山入巴中。又张郃守汉中,进军宕渠,皆由此道。自兴元逾此达巴州,不过五百里。"③所谓"自兴元逾此达巴州,不过五百里",指出"米仓道"是自汉中前往巴州最捷近的交通线路。

(八) 朴胡、杜濩"皆封列侯"与高峻拜"通路将军"

《三国志·魏书·武帝纪》记载了又一则有关"巴夷、宾民来附"的历史信息:

---

① 〔宋〕司马光编著,〔元〕胡三省音注,"标点资治通鉴小组"标点:《资治通鉴》,中华书局1956年版,第2139—2140页。

② 《嘉庆重修一统志》,中华书局1986年版,第11816页。

③ 《嘉庆重修一统志》,中华书局1986年版,第11823页。

九月，巴七姓夷王朴胡、賨邑侯杜濩举巴夷、賨民来附，于是分巴郡，以胡为巴东太守，濩为巴西太守，皆封列侯。天子命公承制封拜诸侯守相。

"巴夷、賨民"领袖举众"来附"，使得巴山地方复杂的民族问题迎刃而解，巴山交通也因此可以畅达。"巴七姓夷王朴胡、賨邑侯杜濩"因此分领巴东郡和巴西郡地方行政权力，而且得以封侯。裴松之注引孔衍《汉魏春秋》写道：

> 天子以公典任于外，临事之赏，或宜速疾，乃命公得承制封拜诸侯守相，诏曰："夫军之大事，在兹赏罚，劝善惩恶，宜不旋时，故《司马法》曰'赏不逾日'者，欲民速覩为善之利也。昔在中兴，邓禹入关，承制拜军祭酒李文为河东太守，来歙又承制拜高峻为通路将军，察其本传，皆非先请，明临事刻印也，斯则世祖神明，权达损益，盖所用速示威怀而著鸿勋也。其《春秋》之义，大夫出疆，有可命之事，苟所以利社稷安国家而已。况君秉任二伯，师尹九有，实征夷夏，军行藩甸之外，失得在于斯须之间，停赏俟诏以滞世务，固非朕之所图也。自今已后，临事所甄，当加宠号者，其便刻印章假授，咸使忠义得相奖励，勿有疑焉。"[1]

"天子"诏令在宣布关于"巴七姓夷王朴胡、賨邑侯杜濩举巴夷、賨民来附"事迹的决策时，回顾东汉初年来歙"承制拜高峻为通路将军"事，[2]由"通路"名号，可以

---

① 《三国志》，第50页。

② 高峻曾经据高平，控制"河西道"之枢要。他的降服，对于西北方向的交通有非常重要的意义。拜"通路将军"后又曾叛离刘秀集团，"西遮陇道，连年不下"。《后汉书·寇恂传》："初，隗嚣将安定高峻，拥兵万人，据高平第一，帝使待诏马援招降峻，由是河西道开。中郎将来歙承制拜峻通路将军，封关内侯，后属大司马吴汉，共围嚣于冀。及汉军退，峻亡归故营，复助嚣拒陇阺。及嚣死，峻据高平，畏诛坚守。建威大将军耿弇率太中大夫窦士、武威太守梁统等围之，一岁不拔。十年，帝入关，将自征之，恂时从驾，谏曰：'长安道里居中，应接近便，安定、陇西必怀震惧，此从容一处可以制四方也。今士马疲倦，方履险阻，非万乘之固，前年颍川，可为至戒。'帝不从。进军及汧，峻犹不下，帝议遣使降之，乃谓恂曰：'卿前止吾此举，今为吾使也。若峻不即降，引耿弇等五营击之。'恂奉玺书至第一，峻遣军师皇甫文出谒，辞礼不屈。恂怒，将诛文。诸将谏曰：'高峻精兵万人，率多强弩，西遮陇道，连年不下。今欲降之而反戮其使，无乃不可乎？'恂不应，遂斩之。遣其副归告峻曰：'军师无礼，已戮之矣。欲降，急降；不欲，固守。'峻惶恐，即日开城门降。诸将皆贺，因曰：'敢问杀其使而降其城，何也？'恂曰：'皇甫文，峻之腹心，其所取计者也。今来，辞意不屈，必无降心。全之则文得其计，杀之则峻亡其胆，是以降耳。'诸将皆曰：'非所及也。'遂传峻还洛阳。"第625—626页。参看王子今：《"高平第一城"与丝绸之路"陇道"交通》，"丝绸之路"暨秦汉时期固原区域文化国际学术研讨会论文，固原，2016年8月。

产生对应性联想,即巴賨领袖朴胡、杜濩"举巴夷、賨民来附"对于巴山交通的开拓,有十分重要的意义。

在米仓道交通基础上,唐代荔枝道的开通,也是在继承早期巴山交通道路开拓事业条件下的历史进步。①

---

① 参看四川省文物考古研究院、万源市申报世界自然与文化遗产工作领导小组:《觅证荔枝道》,四川大学出版社 2016 年版。王子今:《战国秦汉"賨民"的文化表现与巴山交通》,《周秦汉唐文化研究》第 10 辑,三秦出版社 2018 年版。

十、宣太后的政治实践与
秦扩张历程

　　战国时期秦国的历史进步以及"宣太后"的事迹，可以说为秦始皇时代实现统一创造了前期条件。说明相关历史文化现象，以及若干重要历史人物的作用，复原真实的历史，对于认识当时的历史走向，理解走向统一的社会进程的文化动力，以及某些形成我们民族文化传统的重要基因，都是有积极意义的。

（一）"诸侯争强，战国并起，甲兵不休"的时代

　　战国阶段是中国史的英雄时代。这是一个战乱频繁，动荡激烈的历史阶段。但是同时，社会积极变革、热情进取、推崇发明和鼓励创造的时代精神有史无前例的表现。战国时期的思想创新和文化进步，在中国历史上形成永远的亮点。《隶释·柳孝廉碑》："自战国以来，圣人不作，诸子百家，异端怪说，纷然而起。"[①]宋人也有这样的评价："天下大乱，道德不一。"[②]"百家之学"盛起，人称"异端之盛莫甚于此时"。[③] 儒学正统学者所批评的"异端"之"起"、"异端之盛"，其实体现了百家争鸣时代的思想自由，学术繁荣和文化进步。宋人张九成《孟子传》卷一写道："……是时秦惠文王正用张仪之谋以败从约，齐宣王正尊稷下先生以谋强国，楚又大国吞五湖三江之利，据方城、汉水之险而有陈轸为之谋画。"[④]知识分子的活跃，使得高层次的智慧应用于军事政治实践。战国时期也是我们民族

---

　　① 〔宋〕洪适撰：《隶释 隶续》，中华书局据洪氏晦木斋刻本影印，1986年版，第261页。
　　② 〔宋〕真德秀：《读书记》卷三五，文渊阁四库全书本。
　　③ 〔宋〕王应麟著，张三夕、杨毅点校：《汉艺文志考证》卷六，中华书局2011年版，第223页。
　　④ 〔宋〕张九成撰：《孟子传》，文渊阁四库全书本。

精神体现英雄主义光辉的时代之一。所谓"诸侯争强,战国并起,甲兵不休",①
所谓"战国拘兵,更相吞灭,专以争强攻取为务",②以"甲兵""争强"为表现形式
的以英雄进取为主题的时代精神,是我们回顾历史时不能不瞩目的。从战国时
期直到秦汉之际"王""霸""帝"的政治支配权力的争夺,使得社会承受了极大的
牺牲,但社会活动节奏的急进,则促动思想文化的活跃。而随后实现的统一,又
推动中国历史迈入了新的纪元。司马迁《史记》中的《循吏列传》和《刺客列传》都
没有记述秦汉时代故事,其中形象最光辉的主要人物都是战国时人。他提示我
们注意的政治建设与社会稳定的关系,侠义精神与生命意识的关系,战国历史进
程均给予我们重要的启示。

(二) 宣太后登上历史舞台

秦武王之后,"宣太后专制",③在数十年的秦史记录中,这位女子以她的智
慧和勇力从事政治经营、军事谋略和外交设计,取得了诸多成功。秦史的宣太
后时代,进取是显著的。宣太后在历史提供的舞台上进行了精彩的表演。分
析宣太后的成就,应当注意一个基本的历史条件,即秦孝公与商鞅合作变法,
为秦国实现富国强兵确定了制度条件,也改变了秦史的走向。秦惠文王即位
后处决了商鞅,却依然执行商鞅确定的新法。芈八子也就是后来的宣太后,亲
历这一历史过程。在她主持行政期间,仍维持商鞅之法的权威,商鞅也得到一
定程度的肯定。正如《韩非子·定法》所说:"及孝公、商君死,惠王即位,秦法
未败也。"④《韩非子·问田》:"秦行商君而富彊。"⑤法制秩序的稳定,即秦法体现
的商鞅所确定制度的落实,为社会的进步及宣太后乃至秦昭襄王兼并事业的成
功,提供了重要的保证。正如《盐铁论·非鞅》载大夫言:"昔商君相秦也,内立法
度,严刑罚,饬政教,奸伪无所容,外设百倍之利,收山泽之税,国富民强,器械完

①　《盐铁论·未通》,王利器校注:《盐铁论校注(定本)》,中华书局1992年版,第191页。
②　《中论·历数》,〔魏〕徐干撰,孙启治解诂:《中论解诂》,中华书局2014年版,第248页。
③　《史记·穰侯列传》,第2329页。
④　陈奇猷校注:《韩非子集释》,上海人民出版社1974年版,第907页。
⑤　陈奇猷校注:《韩非子集释》,上海人民出版社1974年版,第904页。

饰,蓄积有余。是以征敌伐国,攘地斥境。"①商鞅之法的推行,对秦的统一有重要意义。"秦任商君,国以富强,其后卒并六国而成帝业。"商鞅确定的策略原则也有利于秦的扩展。"昔商君明于开塞之术,假当世之权,为秦致利成业。是以战胜攻取,并近灭远,乘燕、赵,陵齐、楚,诸侯敛衽,西面而向风。其后,蒙恬征胡,斥地千里,踰之河北,若坏朽折腐。何者?商君之遗谋,备饰素循也。故举而有利,动而有功。"②

(三)"太后自治事"

宣太后是古史第一位"太后"。宋人马廷鸾曾经写道:"秦氏有宣太后、穰侯之专。"③宋人陈师道也曾指出:"母后临政自秦宣太后始也。"④宣太后曾经主持秦的国家行政数十年。她的政治生涯,经历秦惠文王、秦武王、秦昭襄三代,正是秦迅速强国的历史阶段。在她主政的时期,秦军事进取频繁获胜,捷音大振,凯奏高扬,政治建设也屡有成功。

宋代学者邵雍撰《皇极经世书·观物篇三十一》记述,乙未年,秦"罢穰侯相国及宣太后权,以客卿范雎为相,封应侯。魏冉就国"。次年,丙申年,"宣太后卒"。⑤朱熹对邵雍的记述表示赞许。《朱子语类·邵子之书》:"《皇极经世》纪年甚有法。史家多言秦废太后,逐穰侯,《经世》书只言'秦夺宣太后权'。伯恭极取之,盖实不曾废。"⑥认为宣太后与秦昭襄王的权力交递,大概并未曾出现激烈形式。宣太后被"罢""权"或说"夺""权"的次年,即走到人生终点。看来宣太后交出国家最高权力时,很可能执政能力已经因年龄和健康出现了问题。

《资治通鉴》卷五"周赧王四十九年"也是这样记载的:"(周赧王)四十九

　　① 王利器校注:《盐铁论校注(定本)》,中华书局 1992 年版,第 93 页。
　　② 王利器校注:《盐铁论校注(定本)》,中华书局 1992 年版,第 94—95 页。我们认为,"蒙恬征胡",也是秦统一战争的军事主题之一。参看王子今:《秦统一局面的再认识》,《辽宁大学学报(哲学社会科学版)》2013 年第 1 期。
　　③ 〔宋〕马廷鸾撰:《碧梧玩芳集·读史旬编》"吕后"条,民国豫章丛书本,第 124 页。
　　④ 〔宋〕陈师道撰:《后山集·理究》,〔清〕王初桐撰《奁史·统系门一》引,清嘉庆刻本,第 91 页。
　　⑤ 〔宋〕邵雍撰:《皇极经世书》,文渊阁四库全书本,第 375 页。
　　⑥ 〔宋〕黎靖德编,王星贤点校:《朱子语类》,中华书局 1986 年版,第 2548 页。

年，……(秦昭襄王)废太后，逐穰侯、高陵、华阳、泾阳君于关外，以范雎为丞相，封为应侯。"《资治通鉴》卷五"周赧王五十年"："(周赧王)五十年秦宣太后薨，九月，穰侯出之陶。"司马光以"臣光曰"的形式肯定了"穰侯"对秦国力崛起的功绩：

> 臣光曰：穰侯援立昭王，除其灾害，荐白起为将，南取鄢郢，东属地于齐，使天下诸侯稽首而事秦。秦益强大者，穰侯之功也。虽其专恣骄贪足以贾祸，亦未至尽如范雎之言。若雎者，亦非能为秦忠谋，直欲得穰侯之处，故搤其吭而夺之耳。遂使秦王绝母子之义，失舅甥之恩。要之，雎真倾危之士哉！①

对于司马光"秦王绝母子之义"的说法，似乎不应当作简单化的理解。

宋代学者洪迈曾经指责宣太后时代参与秦国最高行政决策的魏冉在政治道德方面的罪过：

> 自汉以来，议者谓秦之亡由商鞅、李斯。鞅更变法令，使民不见德，斯焚烧《诗》《书》，欲人不知古。其事固然。予观秦所以得罪于天下后世，皆自挟诈失信故耳。

以为"挟诈失信"致使天下反秦。而始作俑者，在于魏冉等。

> 其始也以商於六百里啖楚绝齐，继约楚怀王入武关，辱为藩臣，竟留之至死。及其丧归，楚人皆怜之，如悲亲戚。诸侯由是不直秦。未及百年，"三户亡秦"之语遂验。而为此谋者，张仪、魏冉也。仪之恶不待言，而冉之计颇隐，故不为士君子所诛。

魏冉支持秦昭襄王即位有功，"当秦武王薨，诸弟争立，唯冉力能立昭王。冉者，昭王母宣太后之弟也。昭王少，太后自治事，任冉为政，威震秦国"。宣太后和魏冉的姐弟组合，控制了秦政，也在外交、军事行为中有特殊的表现。

> 才六年，而诈留楚王，又怒其立太子，复取十六城。是时，王不过十余岁，为此者必

---

① 〔宋〕司马光编著，〔元〕胡三省音注，"标点资治通鉴小组"标点：《资治通鉴》，中华书局 1956 年版，第 161—162 页。

冉也。后冉为范雎所间而废逐,司马公以为冉援立昭王,除其灾害,使诸侯稽首而事秦,秦益强大者,冉之功也。盖公不细考之云。又尝请赵王会渑池,处心积虑,亦与诈楚同。赖蔺相如折之,是以无所成,不然,与楚等耳。冉区区匹夫之见,徒能为秦一时之功,而贻秦不义不信之名万世不灭者,冉之罪诚大矣。①

这段指责魏冉的文字,其实可以看作对宣太后的直接批判。而所谓"秦益强大者,冉之功也",指出秦国"太后自治事,任冉为政"的时代,比较灵活,比较实际,不受东方文化"义""信"道德准则制约的策略方式,是致使"秦益强大"的重要因素。

宣太后等在军事外交方面无视传统游戏规则,不按常规出牌的策略手段,受到当时人和后世人的批评,即所谓"得罪于天下后世","贻秦不义不信之名万世不灭"。洪迈所指秦之"挟诈失信""不义不信",其实可以和死板偏执地恪守道德传统而终致败亡的宋襄公事迹对照理解。对于"信""义"的价值取向在军事外交实践中这两种极端表现,因文化立场差异,会有不同的评判,但是就实际效用而言,区别是显而易见的。

(四)"昭襄业帝":统一的历史准备

司马迁"昭襄业帝"的评价,②肯定了宣太后时代的政治成就。就此进行历史因素的分析,除了前面说到的商鞅设计的新法使得秦富国强兵得到了确定的制度保证之外,还应当注意以下几点:

第一,几代秦王维护的政策的连续性显现出历史效力。贾谊《过秦论》曾经如此总结秦统一的事业:"秦王奋六世之余烈,振长策而御宇内,吞二周而亡诸侯,履至尊而制六合,执捶拊以鞭笞天下,威振四海。"《史记·陈涉世家》的引文是"奋六世之余烈",③《史记·秦始皇本纪》的引文是"续六世之余烈"。所谓"六

---

① 以上洪迈之论见《容斋四笔》卷九"魏冉罪大"条,〔宋〕洪迈撰,孔凡礼点校:《容斋随笔》,中华书局 2005 年版,第 737—738 页。

② 《史记·太史公自序》,第 3302 页。

③ 《史记》,第 1963 页。

世"，据裴骃《集解》引张晏的说法，即"孝公、惠文王、武王、昭王、孝文王、庄襄王"。① 这"六世"中，秦昭襄王时代的军事政治进取有决定性的意义。

第二，秦坚持的兼并列国，力争统一的努力，符合历史进步的方向。在战国时期，向往统一已经成为比较普遍的社会意识。儒学学者较早提出了"大一统"的政治主张。② 其他不同学派的学者，也分别就"大一统"有论说发表。如《墨子·尚同中》所谓"一同天下之义"，③《庄子·天道》所谓"功大名显而天下一"，"一心定而王天下"④等。"大一统"理想的提出，是以华夏文明的突出进步和我们民族文化共同体的初步形成作为历史基础的。对于"大一统"实现的方式，《孟子·梁惠王上》记录了孟子的观点。回答"天下恶乎定"这一问题，孟子明确表态："定于一。"对方问："孰能一之？"孟子回答："不嗜杀人者能一之。"⑤另外，孟子还强调说，"惟仁者宜在高位"，"三代之得天下以仁"，"夫国君好仁，天下无敌"。⑥ "仁人无敌于天下"。⑦ 孟子推崇的王道的核心，就是以"德"统一天下。然而因秦人的努力成为历史事实的统一，是通过战争手段实现的。战国百家争鸣时，各学术流派的思想家论著均多见"天下"语汇的使用，体现出倾向统一的共同意识。对秦政影响最为深刻的《韩非子》一书中"天下"出现最为频繁，多达261 次。"制天下""取天下""兼天下""王天下""治天下""一匡天下""诏令天下""为天下主"等文字，都体现出对统一的强烈追求。⑧

第三，秦在向东发展的历史进程中，逐步重视接受东方文化的积极影响。我们看到，《商君书》中对东方文化高度推崇的道德符号"廉"予以排斥，《商君书·

---

① 《史记》，第 280—281 页。

② 《公羊传·隐公元年》："元年春，王正月。……何言乎'王正月'，大一统也。"〔清〕阮元校刻：《十三经注疏》，中华书局据世界书局缩印本影印，1980 年版，第 2196 页。

③ 《墨子·尚同中》："明乎民之无正长以一同天下之义，而天下乱也。是故选择天下贤良圣知辩慧之人，立以为天子，使从事乎一同天下之义。天子既以立矣，以为唯其耳目之请，不能独一同天下之义，是故选择天下赞阅贤良圣知辩慧之人，置以为三公，与从事乎一同天下之义。"〔清〕孙诒让著，孙以楷点校：《墨子间诂》，中华书局 1986 年版，第 71—72 页。

④ 刘文典著：《庄子补正》，云南人民出版社 1991 年版，第 422—423、425 页。

⑤ 《孟子·梁惠王上》，〔清〕焦循：《孟子正义》，中华书局 1987 年版，第 71 页。

⑥ 《孟子·离娄上》，〔清〕焦循：《孟子正义》，中华书局 1987 年版，第 486、492、497 页。《孟子·尽心下》也说："国君好仁，天下无敌焉。"〔清〕焦循：《孟子正义》，中华书局 1987 年版，第 962 页。

⑦ 《孟子·尽心下》，〔清〕焦循：《孟子正义》，中华书局 1987 年版，第 959 页。

⑧ 周钟灵、施孝适、许惟贤主编：《韩非子索引》，中华书局 1982 年版，第 428—429 页。

农战》说，国以"廉"治，"敌至必削，不至必贫"。① 《商君书·去彊》也说：国有"廉"，"上无使战，必削至亡"。② 《商君书·赏刑》提出，"廉"者，"不可以富贵，不可以评刑，不可独立私议以陈其上"。③ 按照高亨的解释，这里所谓"廉"，就是"廉洁"。④ "廉洁"者，"朝廷不准许凭借这些取得富贵；不准许根据这些批评刑罚；不准许拿独特的私议对君上陈诉"。⑤ "贞廉"，被指为导致国家"必贫至削"的"六虱"之一。⑥ 我们看到，秦人当时对东方文化主题中"善""修""仁""廉""辩""慧"以及"孝""弟"这些看来具有普世价值的道德修养和人生能力是予以全面贬斥的。这一情形后来发生了变化，在《韩非子》和《吕氏春秋》中已经体现出秦政治文化体系吸纳了"廉"的原则。秦统一后，秦始皇东巡刻石明确宣传"廉"，秦始皇和秦二世言谈中"廉"均显示褒奖涵义，睡虎地秦简《为吏之道》中也倡导以"廉"为原则的政治道德。⑦ 秦史中从商鞅时代到秦始皇时代"廉"的翻覆性变化值得注意。以"廉"为标本的秦政治道德导向考察，应当有益于深化对秦政治文化历史转变的认识。而从《商君书》到《韩非子》的文献学史的间隔，正好大致经历了宣太后时代。具体的例证，又有宣太后执政时，秦昭襄王九年（前298），"孟尝君薛文来相秦"，⑧这是秦国引入东方人才推动行政进步的特例。我们还注意到，秦在逐步东进，推动兼并的战争进程中，曾经发生对新占领地区"出其人"或说"归其人"，也就是驱逐原居民而仅仅占领土地的政策。有记载表明，对这样的地区，又有"募徙""赐爵"，"赦罪人迁之"予以充实的情形。这种特殊的移民方式，可能体现出新占领区居民与秦人极端敌对的情绪，以及因此导致的秦军政长官对新占领区居民的不信任心态。后来新占领区政策的调整和修正，则明显有利于推动秦统一的进程。因"民不乐为秦"导致的"出其人""归其人"史例后来不再出现，或许体现了"徕民"政策的逐步成功。⑨

---

① 高亨：《商君书注译》，中华书局1974年版，第35—36页。
② 高亨：《商君书注译》，中华书局1974年版，第45页。
③ 高亨：《商君书注译》，中华书局1974年版，第133页。
④ 高亨：《商君书注译》，中华书局1974年版，第36、46、134页。
⑤ 高亨：《商君书注译》，中华书局1974年版，第134页。
⑥ 《商君书·靳令》，高亨：《商君书注译》，中华书局1974年版，第106—107页。
⑦ 睡虎地秦墓竹简整理小组：《睡虎地秦墓竹简》，文物出版社1978年版，第283页。
⑧ 《史记·秦本纪》，第210页。
⑨ 王子今：《秦兼并战争中的"出其人"政策——上古移民史的特例》，《文史哲》2015年第4期。

长平之战时,秦昭襄王亲自前往河内,"王自之河内,赐民爵各一级,发年十五以上悉诣长平,遮绝赵救及粮食"。① 可以看作谋求"战胜"同时避免"天下不服"的努力。大致在秦昭襄王时代,秦帝业的基础已经奠立。以往,"秦能取其地,而不能夺其民也"②的情形已经有所改变。东方人"秦与戎翟同俗,有虎狼之心,贪戾好利无信,不识礼义德行,苟有利焉,不顾亲戚兄弟,若禽兽耳"③的成见也逐渐消除。

第四,秦人在技术方面的领先地位,也值得重视。1. 水利经营。自商鞅变法自雍迁都咸阳之后,秦的文化重心由农耕区的边缘转移到农耕区的中心,对农耕的重视达到空前的地步。当时秦人对"水利"的重视,从河川神祭祀制度可以得到体现。《史记·封禅书》:"霸、产、长水、沣、涝、泾、渭皆非大川,以近咸阳,尽得比山川祠。"④"近咸阳"诸水尽管"皆非大川",均得列入高等级的正统的"山川祠"系统之中,主要因素应在于咸阳附近的水资源对于秦国主要农耕区的"濯灌"发挥了重要的作用。《战国策·秦策一》记载,苏秦说秦惠王时,说到"大王之国""田肥美,民殷富","沃野千里,蓄积饶多,地势形便,此所谓'天府',天下之雄国也"。⑤ 关中"天府"地位的形成,应当与水利建设的成功有关。秦人在关中发展水利事业的经验,又曾经在巴蜀地区推广。秦人经营巴蜀,除了继承原有的经济文化积累而外,也有显著的创新。四川青川出土秦武王二年《更修为田律》木牍有关于农田水利建设的文字,可以说明秦本土关中地区的水利建设技术已经传布到蜀地。⑥ 都江堰水利工程使成都平原的农业发展大得其利。2. 交通建设。秦人有重视交通的传统。《左传·僖公十三年》记载,"晋荐饥","秦于是乎输粟于晋",这一著名的"汎舟之役"⑦而外,秦史上另一次大规模粮运的记载,是《史记·秦本纪》所见秦昭襄王十二年(前295)"予楚粟五万石"事。⑧ 按照汉代运粮

---

① 《史记·白起王翦列传》,第 2334 页。

② 《商君书·徕民》,高亨:《商君书注译》,中华书局 1974 年版,第 118 页。

③ 《史记·魏世家》,第 1857 页。

④ 《史记》,第 1374 页。

⑤ 〔西汉〕刘向集录:《战国策》,上海古籍出版社 1985 年版,第 78 页

⑥ 四川省博物馆、青川县文化馆:《青川县出土秦更修田律木牍》,《文物》1982 年第 1 期。

⑦ 《春秋左传集解》,上海人民出版社 1977 年版,第 284 页。

⑧ 《史记》,第 210 页。

车辆的载重指标每车 25 石计，①运送五万石粮食需组织多达两千辆运车的浩荡车队。秦人对蜀道的经营为世人瞩目。天水放马滩 1 号秦墓出土的年代为战国晚期的木板地图，可以提供重要的交道史料。图中往往明确绘出交通道路，有些还标记道里数字，如"去谷口可五里"，"宛到口廿五里"等，图中关隘写作"闭"，用特殊形象符号表示。② 在秦人军事扩张的历程中，秦军善于"远攻"，③较早创大军团长距离远征即所谓"径数国千里而袭人"④的历史记录。秦统一战争中，调动数以十万计的大军连年出击，无疑需要凭借强大的运输力量保证后勤供给。

3. 机械发明。《韩非子·难二》写道："明于权计，审于地形，舟车机械之利，用力少致功大，则入多。"⑤最早的双辕车的模型见于凤翔战国初期秦墓。⑥ 秦人所使用的运车数量之多见于历史记录。《左传·昭公元年》记载，秦景公三十六年(前541)，秦后子鍼适晋，"其车千乘"。⑦《史记·穰侯列传》说，秦昭襄王三十六年(前271)，穰侯免相，出关就封邑时，"辎车千乘有余"。⑧《战国策》虽然夸奖韩国兵器的优良，然而涉及秦军用"弩"的文字，出现密度最大。如《秦策二》以"千钧之弩"比喻秦军的攻击力。《赵策一》又说到秦"三军强弩"的威势。⑨ 4. 动力革命。秦人久有善于养马的传统，"好马及畜，善养息之"，以及"马大蕃息"等，⑩是秦崛起初期的实力记录。战国时期，"秦马之良，戎兵之众，探前趹后，蹄间三寻

① 从《九章算术·均输》中关于"均输粟""均赋粟"的算题所提供的情况看，汉代运粮车的载重标准一般为 25 斛。裘锡圭《汉简零拾》一文涉及汉简有关以车运粮的资料，引用每车所载粮食为 25 石的简文多至十数例，并指出："雇佣的傭人和服役的将车者输送粮食的时候，大概一般比较严格地遵守二十五石一车的常规。"裘锡圭：《汉简零拾》，《文史》第 12 辑，中华书局 1981 年版。

② 甘肃省文物考古研究所、天水市北道区文化馆：《甘肃天水放马滩战国秦汉墓群的发掘》，《文物》1989 年第 2 期；何双全：《天水放马滩秦墓出土地图初探》，《文物》1989 年第 2 期；雍际春：《天水放马滩木板地图研究》，甘肃人民出版社 2002 年版，第 140—141 页。

③ 《史记·范雎蔡泽列传》，第 2409 页。《汉书·贾捐之传》："……以至乎秦，兴兵远攻，贪外虚内，务欲广地，不虑其害。然地南不过闽越，北不过太原，而天下溃畔，祸卒在于二世之末。"第 2831 页。

④ 《史记·秦本纪》，第 190 页。

⑤ 陈奇猷校注：《韩非子集释》，上海人民出版社 1974 年版，第 835 页。

⑥ 吴镇烽、尚志儒：《陕西凤翔八旗屯秦国墓葬发掘简报》，《文物资料丛刊》第 3 辑，文物出版社 1980 年版。

⑦ 《春秋左传集解》，上海人民出版社 1977 年版，第 1191 页。

⑧ 《史记》，第 2329 页。

⑨ 〔西汉〕刘向集录：《战国策》，第 165、608 页。"千钧之弩"，校注："姚本：钱、刘'弩'下有'射'字。"上海古籍出版社 1985 年版，第 166 页。

⑩ 《史记·秦本纪》，第 177 页。

者,不可胜数也",①显示出与其他强国军事实力对比因动力优越所展现的机动性和进击速度方面的明显优势。《战国策·赵策一》记载,赵豹警告赵王应避免与秦国对抗:"秦以牛田,水通粮,其死士皆列之于上地,令严政行,不可与战。王自图之!"②徐中舒曾经指出:"牛耕的普遍推行是战国时代秦国的事。""如果没有牛耕,秦国也就不能抽出更多的壮丁和积聚更多的粮食来作长期的战争。如果没有水通粮(即后来的漕运),也就不能把它所积聚的粮食,输送到远方去征服其它的国家。"③徐复《秦会要订补》附录《秦用牛耕说》指出:"此于嬴秦利用畜力,增进生产,在当时有莫大之意义。"④所谓"秦以牛田,水通粮",从动力开发的意义观察,也可以理解为秦统一战争中表现出突出军事优势的重要因素之一。⑤

(五)"义渠之事"与秦楚风俗背景

作为反常礼俗现象的义渠王与宣太后的"通"与"乱",引起人们的关注。对于宣太后"杀义渠戎王"又"起兵伐残义渠",马非百曾经有如下评论:

> 宣太后以母后之尊,为国家歼除顽寇,不惜牺牲色相,与义渠戎王私通生子。谋之达三十余年之久,始将此二百年来为秦人腹心大患之敌国巨魁手刃于宫廷之中,衽席之上。然后乘势出兵,一举灭之,收其地为郡县,使秦人得以一意东向,无复后顾之忧。此

---

① 《战国策·韩策一》,〔西汉〕刘向集录:《战国策》,上海古籍出版社 1985 年版,第 934 页。

② 〔西汉〕刘向集录:《战国策》,上海古籍出版社 1985 年版,第 618 页。

③ 徐中舒:《论东亚大陆牛耕之起源》,《成都工商导报》《学林》副刊,1951 年 12 月。参看王子今:《秦统一原因的技术层面考察》,《社会科学战线》2009 年第 9 期。

④ 徐复说:"世之解牛耕者,约有三说,一为《山海经·海内经》后稷之孙曰叔均,始作牛耕……;其次,谓起自春秋前后,《史记·仲尼弟子列传》冉耕字伯牛,司马耕字子牛,又《论语》司马牛,孔注:宋司马犁也,……;第三为汉世用牛耦说,……。凡此皆牛耕说之可考者,犹未及秦用牛耕一事也。今按赵豹对赵王云云在秦昭王时,秦国已渐臻富强,故赵豹有不可与战之说。秦以牛田,只此一见。且涉文字舛误,语法难解,故世人多未征引。惟衡之当日情势,秦用牛耕,增进生产,当承自商鞅之教,与徕民垦草决裂阡陌,同为变法之重要措施,惜史未明言耳。又考周益公云:《礼记·月令》季冬出土牛,示农耕早晚(见《困学纪闻》卷四引)。《月令》秦书,其农耕以土牛示意,是牛耕之说亦且著之典章。《赵策》之文未为孤证矣。"徐复:《秦会要订补》,群联出版社 1955 年版,第 447—448 页。

⑤ 参看王子今:《秦统一原因的技术层面考察》,《社会科学战线》2009 年第 9 期。

其功岂在张仪、司马错收取巴蜀下哉！

所谓"为国家""牺牲色相"，"谋之达三十余年之久"，完全否定男女真爱的可能，也许不尽符合宣太后真实的情感经历。

马非百又写道：

> 吾观范雎入秦，待命岁余。昭王谓雎云："寡人宜以身受命久矣。会义渠之事急，寡人早暮自请太后。今义渠之事已，寡人乃得受命。"日夜请事太后，至于岁余，接见宾客，亦无暇暑。当日秦廷君臣同仇敌忾情绪之高，可以想见。[1]

所谓义渠乃"二百年来为秦人腹心大患之敌国"，是确实的。秦与义渠之间，实力强弱与攻守关系曾经反复变化。秦惠文王时，秦与义渠的关系因秦国力的上升出现新的形势。秦惠文王七年（前331），"义渠内乱，庶长操将兵定之"。[2] 秦惠文王十一年（前327），"义渠君为臣"。[3] 秦惠文王更元五年（前320），"王北游戎地，至河上"。[4] 秦惠文王通过义渠控制的地方北至"河上"。这正是芈八子为"惠王之妃"的时候。[5] 虽然《史记·匈奴列传》说"秦昭王时，义渠戎王与宣太后乱，有二子"，《后汉书·西羌传》也记载"及昭王立，义渠王朝秦，遂与昭王母宣太后通，生二子"，[6]如果芈八子当时随秦惠文王"北游"，或许此即她与"义渠君"初识之时。与宣太后大致先后不久来秦的惠文后即"魏夫人来"，《史记·六国年表》有明确年代记载，秦惠文王四年（前334）。[7] 宣太后"诱杀义渠王"时，距此已有62年之久。注意这样一情形，或许可以较好地理解她的决断。历史文献还保留了宣太后其他相关事迹。如《战国策·秦策二》"秦宣太后爱魏丑夫"："宣太后

---

[1]　马非百：《秦集史》，中华书局1982年版，第108页。

[2]　《史记·六国年表》，第728页。

[3]　《史记·秦本纪》，第206页。

[4]　《史记·六国年表》，第731页。

[5]　《史记·穰侯列传》司马贞《索隐》，第2323页。

[6]　《后汉书》，第2874页。

[7]　《史记》，第727页。

病将死，出令曰：'为我葬，必以魏子为殉。'"①宣太后纵意个人私爱，全然不避外人。死后依然专宠"生所爱"，令其"为殉"的愿望，竟然以"令"的形式发布。又如《战国策·韩策二》"楚围雍氏五月"条记载，宣太后对韩国求援的使节尚靳说，外交的"利"，可以回报军事付出的"疲"与"重"："妾事先王也，先王以其髀加妾之身，妾困不疲也；尽置其身妾之上，而妾弗重也，何也？以其少有利焉。今佐韩，兵不众，粮不多，则不足以救韩。夫救韩之危，日费千金，独不可使妾少有利焉。"②

对于宣太后以性爱动作为喻见于外交语言，清人王士禛《池北偶谈·谈异二》"秦宣太后晏子语"条引"《国策》"此事，感叹道："此等淫亵语，出于妇人之口，入于使者之耳，载于国史之笔，皆大奇。"③宣太后所谓"淫亵"言行，可能与社会风尚方面"秦与戎翟同俗"④有关。而她的出身地楚国，君王也同样曾以"诸侯远我"的"敝邑"自卑。⑤ 秦始皇会稽刻石"防隔内外，禁止淫泆，男女絜诚"⑥以及睡虎地秦简《语书》针对故楚地"南郡"地方风习，说到"乡俗淫失（泆）之民"，"邪避（僻）淫失（泆）之民"，要求"矫端民心，去其淫避（僻），除其恶俗"⑦等文字作为楚地民俗史料的意义，都值得我们重视。⑧

应当认识到，在统一大方向下"行同伦"⑨文化史进程中，这是短暂的局部的现象。据《中华人民共和国国家历史地图集》第1册标示的战国时期民族分布与迁徙的形势，秦国与楚国的绝大部分国土当时均为少数民族聚居。⑩ 中原人视

① 〔西汉〕刘向集录：《战国策》，上海古籍出版社1985年版，第167页。魏丑夫，《太平御览》卷五五三引《战国策》称"魏余"。

② 〔西汉〕刘向集录：《战国策》，上海古籍出版社1985年版，第969页。

③ "先王以其髀加妾之身，妾困不疲也"，作"先王以髀加妾之身，妾固不支也"。〔清〕王士禛撰，靳斯仁点校：《池北偶谈》，中华书局1982年版，第508—509页。

④ 《史记·魏世家》，第1857页。

⑤ 《史记·楚世家》，第1705、1702、1723页。

⑥ 《史记·秦始皇本纪》，第262页。

⑦ 睡虎地秦墓竹简整理小组：《睡虎地秦墓竹简》，文物出版社1978年版，第16页。

⑧ 王子今：《秦国上层社会礼俗的性别关系考察——以秦史中两位太后的事迹为例》，《秦陵秦俑研究动态》2002年第4期；同作者：《秦国女权的演变》，《光明日报》2002年8月20日B4版。

⑨ 《礼记·中庸》引"子曰"，〔清〕阮元校刻：《十三经注疏》，中华书局据世界书局缩印本影印，1980年版，第1634页。

⑩ 《中华人民共和国国家历史地图集》，中国地图出版社、中国社会科学出版社2014年版，

为"戎翟"的所谓"邪避（僻）淫失（泆）之民"的"恶俗"，其实在秦统一之后也未能简单"去""除"。孔子所谓"行同伦"，是"言天下一统也"[1]的基本文化要素，其大体实现，已经是汉武帝时代的事情了。当时，体现统一的民族精神的汉文化，方才大致形成。[2]

---

[1]　〔宋〕黄震：《黄氏日抄·读礼记》，元后至元刻本，第 615 页。《清史稿·交通志一》："孔子论治，以书同文、车同轨、行同伦为极盛。"中华书局 1976 年版，第 16 册第 4426 页。

[2]　王子今：《秦史的宣太后时代》，《光明日报》2016 年 1 月 20 日 14 版；同作者：《宣太后的历史表演与秦统一进程》，《秦汉研究》第 11 辑，陕西人民出版社 2017 年版；《卸妆芈月：宣太后世家》，中国人民大学大学出版社 2016 年版。

十一、"郑国渠"经营与泾洛流域的农业进步

郑国渠工程对于秦国农业的进步、经济的兴起、国力的增强,有重要的意义,为秦的统一准备了必要的条件,在中国水利史上也有显著的地位。秦实现统一有技术条件方面的因素。① 郑国渠等成功的水利工程所反映的设计思想、经营理念和工程水准,也是重要条件之一。而"郑国渠"的命名,又体现了秦文化在科学精神和开放意识方面的先进性。有学者如此评价郑国渠对于秦扩张的意义:"郑国渠灌溉的关中地区日益富庶,又直接支持秦统一的战争,还与都江堰灌溉的川西平原相呼应,共同构筑秦国强大的经济长城。"②

(一)"郑国开渠利秦"

司马迁《史记》比较具体地记述了郑国渠施工及完成后命名的情形。《史记·河渠书》写道:

> 韩闻秦之好兴事,欲罢之,毋令东伐,乃使水工郑国间说秦,令凿泾水自中山西邸瓠口为渠,③并北山东注洛④三百余里,欲以溉田。中作而觉,秦欲杀郑国。郑国曰:"始臣

---

① 王子今:《秦统一原因的技术层面考察》,《社会科学战线》2009 年第 9 期。

② 张捷:《从秦郑国渠兴建看水利工程与政府财政的关联》,《淮阴师范学院学报(哲学社会科学版)》2017 年第 6 期。

③ 司马贞《索隐》:"小颜云:'中音仲,即今九嵕山之东仲山是也。邸,至也。'瓠口即谷口,乃《郊祀志》所谓'寒门谷口'是也。与池阳相近,故曰'田于何所,池阳谷口'也。"张守节《正义》:"《括地志》云:'中山一名仲山,在雍州云阳县西十五里。又云焦获薮,亦名瓠,在泾阳北城外也。'邸,至也。至渠首起云阳县西南二十五里,今枯也。"

④ 裴骃《集解》:"徐广曰:'出冯翊怀德县。'"

为间,然渠成亦秦之利也。"①秦以为然,卒使就渠。渠就,用注填阏之水,溉泽卤之地四万余顷,②收皆亩一钟。于是关中为沃野,无凶年,秦以富强,卒并诸侯,因命曰"郑国渠"。

所谓"欲罢之,毋令东伐",裴骃《集解》引如淳曰:"欲罢劳之,息秦伐韩之计。"郑国的"水工"身份,裴骃《集解》引录韦昭的解释:"郑国能治水,故曰'水工'。"③

《史记·李斯列传》也说到郑国渠故事:"会韩人郑国来间秦,以作注溉渠,已而觉。秦宗室大臣皆言秦王曰:'诸侯人来事秦者,大抵为其主游间于秦耳,请一切逐客。'李斯议亦在逐中。斯乃上书曰:……。"关于"韩人郑国来间秦,以作注溉渠"事,张守节《正义》写道:"郑国渠首起雍州云阳县西南二十五里,自中山西邸瓠口为渠,傍北山,东注洛,三百余里以溉田。又曰韩苦秦兵,而使水工郑国间秦作注溉渠,令费人工,不东伐也。"④

《汉书·沟洫志》沿袭《河渠书》的记载,而文句略有不同:"……其后韩闻秦之好兴事,欲罢之,无令东伐。乃使水工郑国间说秦,令凿泾水,自中山西邸瓠口为渠,并北山,东注洛,三百余里,欲以溉田。中作而觉,秦欲杀郑国。郑国曰:'始臣为间,然渠成亦秦之利也。臣为韩延数岁之命,而为秦建万世之功。'秦以为然,卒使就渠。渠成而用注填阏之水,溉舄卤之地四万余顷,收皆亩一钟。于是关中为沃野,无凶年,秦以富强,卒并诸侯,因名曰'郑国渠'。"对于所谓"欲罢之,无令东伐",颜师古注:"如淳曰:'息秦灭韩之计也。'师古曰:'罢读曰疲,令其疲劳不能出兵。'"对于所谓"中作而觉",颜师古注:"中作,谓用功中道,事未竟也。"对于"渠成而用注填阏之水,溉舄卤之地四万余顷,收皆亩一钟",颜师古注:"注,引也。阏读与淤同,音于据反。填阏谓壅泥也。言引淤浊之水灌咸卤之田,更令肥美,故一亩之收至六斛四斗。"⑤

《史记·六国年表》记载,秦王政元年(前246),"作郑国渠"。⑥ 宋人吕祖谦

---

① 司马贞《索隐》:"《沟洫志》郑国云'臣为韩延数岁之命,为秦建万代之功'是也。"
② 司马贞《索隐》:"溉音古代反。泽,一作'舄',音昔,又并音尺。本或作'斥',则如字读之。"
③ 《史记》,第1408页。
④ 《史记》,第2541页。
⑤ 《汉书》,第1678页。
⑥ 《史记》,第751页。

《大事记》卷六据此以为"作郑国渠"在"秦始皇帝政元年,魏安釐王三十一年"。①
司马光《稽古录》卷一一也系于"始皇政元年"。②苏辙《古史·古史七·秦始皇
本纪第七》:"韩遣水工郑国来间,作郑国渠。"③王应麟《玉海·地理》"秦郑国渠"
条:"《史记·表》:秦始皇元年乙卯作郑国渠。《地理志》:始皇之初,郑国穿渠,
引泾水溉田,沃野千里,民以富强。"④清人《金石萃编·尊圣陀罗尼宝幢铭》:"王
太岳《泾渠志》其略云:秦始皇帝元年,作郑国渠。"⑤而康基田《河渠纪闻》卷二
"秦作郑国渠"条不言年代。⑥《大事记解题》卷六在"因名曰郑国渠"句后写道:
"始皇虽少,而其谋国者乃如此。"清人马骕《绎史·秦并天下》"(秦王政)十年"条
下写道:"《通鉴》载于元年,然以《秦纪》考之,似宜在是年。"⑦分析当时形势,似
以《六国年表》的记录比较合理,《资治通鉴》的"载于元年"处是正确的。

　　宋人刘一止诗《再用韵呈允迪秘监江子我郎中》二首其一写道:"曾见雄风追
楚赋,尚堪雌霓读《郊居》。愿公先卜嵌岩隐,秦利宁忘郑国渠。"⑧末句突出强调
了"郑国渠"于"秦利"的意义。又韩元吉《周彦广待制挽词》:"淮海欢腾《五袴
歌》,政声京兆益中和。邺侯井在功堪纪,郑国渠成利更多。"⑨所谓"郑国渠成利
更多",以为其功效超过其他水利工程的判断,是正确的。明人沈炼《赠葛仪封堤
成二首》其二:"郑国渠成千里完,葛公堤就万人欢。鱼惊浅浪穿花度,鸟羡微波
隔叶看。"⑩王鏊《舟次张秋冒雨上读徐武功治水碑》诗又写道:"长堤十里隐如
虹,来往行人说武功。泺水突来无兖济,铁牛屹立尚西东。淇园竹下人初骇,郑
国渠成运自通。读罢穹碑人不见,北来冻雨洗寒空。"⑪所谓"郑国渠成千里完",
"郑国渠成运自通",可以理解为"郑国渠成"利润"千里",秦国的国"运"亦因"郑

　　① 〔宋〕吕祖谦撰:《大事记》,文渊阁四库全书本,第43页。
　　② 〔宋〕司马光撰:《稽古录》,四部丛刊景明翻宋本,第46页。
　　③ 〔宋〕苏辙撰:《古史》,宋刻元明递修本,第37页。
　　④ 〔宋〕王应麟撰:《玉海》,清光绪九年浙江书局刊本,第442页。
　　⑤ 〔清〕王昶撰:《金石萃编》,清嘉庆十年刻同治钱宝传等补修本,第1146页。〔清〕王昶辑:《金石
萃编》,中国书店据1921年扫叶山房本影印,1985年版,卷六七《唐二七》,第7页。
　　⑥ 〔清〕康基田撰:《河渠纪闻》卷二,清嘉庆霞荫堂刻本,第35页。
　　⑦ 〔清〕马骕撰:《绎史》,文渊阁四库全书本,第2220页。
　　⑧ 〔宋〕刘一止撰:《苕溪集·律诗七言》,文渊阁四库全书本,第22页。
　　⑨ 〔宋〕韩元吉撰:《南涧甲乙稿·七言律诗》,清武英殿聚珍本,第53页。
　　⑩ 〔明〕沈炼撰:《青霞集·旧稿》,文渊阁四库全书本补配文津阁四库全书本,第84页。
　　⑪ 〔明〕王鏊撰:《震泽集·赋诗》,文渊阁四库全书本,第6页。

国渠成"而自然通达畅泰。张念祖《中国历代水利述要》于是以"郑国开渠利秦"作为工程的总结概括。[①] 郑国渠工程的成就及其对于政治和经济的意义,正如有的学者所指出的:"对增强秦国的经济实力和完成统一大业有着直接的关系。"[②]

明人周文郁《修筑大凌城纪事》也曾在颂扬当代工程的成功时比附"正所谓郑国渠成,万世之利也"。[③] 郑国渠工程,被看作上古工程史的典范。

翦伯赞《秦汉史》写道:"秦代的政府,对于水利,也很注意。据史载秦国曾任用韩国的工程师郑国凿泾水,掘成长三百里的运河,以灌溉田地,把以前认为干旱不毛之地,变为膏腴沃土。这条运河,灌溉四百万亩的土地,每亩收粟一钟,于是国以富强。"[④]肯定了郑国渠致秦"富强"的意义。[⑤] 林剑鸣《秦史稿》在秦"农业生产的发展"一节分析了秦"大型水利工程的修建"的作用:"水利灌溉在战国末年的秦国发展很快,这个期间兴建了中国古代最有名的两个大型的水利工程:都江堰和郑国渠。"在评价都江堰的作用之后,论者又写道:"郑国渠也是战国末期秦国修建的水利灌溉系统。""原来关中地区渭河流域的雨量很少,不宜于农作物生长。"郑国渠完工之后:"水渠经过之地,可用渠水灌溉土地。因渠水含有大量泥沙,用这样的水浇地,对改造关中盐卤地起了显著作用。渠修成后,据《史记·河渠书》记载:'用注填阏之水,溉泽卤之地四万余顷。'每亩的粮食产量可达一钟(相当于现在二百多斤[⑥]),从此'关中为沃野',盐卤地皆变为肥沃良田,无论雨水多少都可以保证一定收成,'无凶年'(《史记·河渠书》)。人们为了纪念

---

① 民国丛书第四编 89《科学技术史类》,上海书店 1992 年版。

② 武汉水利电力学院、水利水电科学研究院《中国水利史稿》编写组:《中国水利史稿》上册,水利电力出版社 1979 年版,第 120 页。

③ 〔明〕周文郁撰:《边事小纪》卷三,民国玄览堂丛书本,第 30 页。

④ 翦伯赞:《秦汉史》,北京大学出版社 1983 年版,第 30 页。

⑤ 今按:然而称郑国渠为"运河"的说法似有不妥。史籍未见郑国渠开通航运的记载。至少工程设计的目标是灌溉而非通航。所谓"以前认为干旱不毛之地",亦恐未合史实。灌溉的主要作用是增产。此前这些土地"干旱"低产,然而未必"不毛之地"。杨宽《战国史》亦称郑国渠为"运河"。在有关"运河开凿技术的进步"的讨论中,对郑国渠有所论说。杨宽著:《战国史(增订本)》,上海人民出版社 1998 年版,第 65—67 页。

⑥ 林剑鸣自注:"据吴成洛《中国度量衡史》推算:秦汉时一亩合二百四十方步,一步为六尺,一尺当现在 0.8295 五市尺,则秦汉时一亩约当现在 0.9908 亩。四万顷即四百万亩,约合现在的三百九十多万亩。又《汉书·沟洫志》注:师古曰'故一亩之收至六斛四斗'。秦汉时一斗当现在 0.3425 市斗;则六斛四斗当为现在 2.19 市石。"

领导修渠的郑国,就把这条渠称为'郑国渠'。"①

(二) 郑国渠:"郑国"的纪念

"人们为了纪念领导修渠的郑国,就把这条渠称为'郑国渠'"的说法,其中所谓"人们",概念似乎稍显模糊。《史记·河渠书》说,"渠就","于是关中为沃野,无凶年,秦以富强,卒并诸侯,因命曰'郑国渠'"。"郑国渠"名号,未必如前引诗句所见其他"功名",是民间"政声""欢腾"的反映。这样的舆情,大概是需要一定时间方能形成的。而由"因命曰'郑国渠'"数字,似可推知确定"郑国渠"命名的,应当是秦国执政当局。当然这一命名,不排除有民间呼声以为基础。前引有人于"因名曰郑国渠"句后感叹"始皇虽少,而其谋国者乃如此",联系后来又有表彰巴寡妇清"筑女怀清台"的举动,②可知"郑国渠"命名确实体现了秦始皇的行政风格。

"郑国渠"也可以理解为地名。③"人名""演变为地名"的情形,在历史上并不罕见。④ 有研究者关于"地名起源",指出"纪念历史人物"的情形:"我国这类地名分布很广,如黄陵(陕西,有黄帝陵墓)、黄山(安徽,传说中黄帝炼丹成仙处)、禹县(河南,夏禹治河)、茂名(广东,相传晋人潘茂名在此得道)等。有关孔丘、关羽、孔明的地名在县以下很常见。""现代出现了一批纪念革命先烈的地名"。⑤ 与"黄陵""黄山"类似,《山海经·西山经》说到"轩辕之丘",《淮南子·地形》谓"轩辕丘",也可以看作地名,又"禹县"(今河南禹州)亦同,然而纪念对象是

① 林剑鸣:《秦史稿》,上海人民出版社 1981 年版,第 279、282、305 页。
② 《史记·货殖列传》:"巴蜀寡妇清,其先得丹穴而擅其利数世,家亦不訾。清,寡妇也,能守其业,用财自卫,不见侵犯。秦皇帝以为贞妇而客之,为筑女怀清台。"司马迁又说:"清,穷乡寡妇,礼抗万乘,名显天下。"司马贞《索隐》:"《汉书》作'巴寡妇清'。"
③ 有地名学家讨论"地名的基本概念",说到"由于人类政治、经济文化活动形成的一些地名",如"渠道"等"具有地名性质的名称","凡其所代表的地理实体具有独立方位及范围者,均具有地名性质,广义地说也属于地名范畴"。王际桐:《地名的基本概念》,收入《王际桐地名论稿》,社会科学文献出版社 1999 年版,第 22 页。
④ 褚亚平、尹钧科、孙冬虎:《地名学基础教程》,中国地图出版社 1994 年版,第 17 页。
⑤ 熊树梅:《谈谈中国地名的起源和演变》,《地名学研究》第 1 集,辽宁人民出版社 1984 年版,第 15—16 页。

传说中的先古圣王，并非真实的历史人物。《史记·晋世家》记载，介子推隐居，"遂求所在，闻其入绵上山中，于是文公环绵上山中而封之，以为介推田，号曰'介山'，'以记吾过，且旌善人'"。据此则"介山"是因纪念介子推定名。顾炎武《左传杜解补正》卷上则对《史记》的记载提出疑义："之推既隐，求之不得，未几而死，乃以田禄其子尔。《楚辞·九章》云：'思久故之亲身兮，因缟素而哭之。'明文公在时之推已死。《史记》则云'闻其入绵上山中，于是环绵上山中而封之，以为介推田，号曰介山。然则受此田者何人乎？于义有所不通矣。"而张尚瑗《左传折诸·僖公》"以绵上为之田"条就此有所澄清："亭林又谓之，推既隐而死，乃以田禄其子，《史记》云闻其入绵上山中，于是环绵上之山封之，以为推田，号曰'介山'，'则受此田者何人乎？'愚按《越语》环会稽三百里以为范蠡地。蠡泛五湖不反，勾践以此封之。晋文之封'介山'，亦是此义。古人盖有名地以旌遗德者。"不过，即使晋文公"环绵上山中而封之，以为介推田，号曰'介山'"其事确凿无疑，作为"名地以旌遗德者""旌善人"的史例，仅取一"介"字，也还是与以完整的姓名"名地"的"郑国渠"有所不同。

如果"郑国渠"称"郑渠"，则与"介山"类同。《水经注·沮水》即将人们通常所说的"郑国渠"写作"郑渠"："渠成，而用注填阏之水，溉泽卤之地四万余顷，皆亩一钟。关中沃野，无复凶年，秦以富强，卒并诸侯。命曰'郑渠'。"《初学记》卷六引《史记》也作"郑渠"："韩闻秦之好兴利，欲罢之，无令东伐。乃使水工郑国间说秦，令凿泾，自中山西抵瓠口，为渠溉田。因名'郑渠'。"不过，理解这一水利工程的明确定名，还是应当信从《史记·河渠书》的记载，以"郑国渠"为是。

以人名命名以取"旌"即表彰或者纪念意义的情形，宋人孙奕《示儿编·杂记》"因物得名"条有所涉及。他写道：

> 世有所出、所嗜、所作，因以冠名者多矣。莫邪作宝剑，而名其剑曰'莫邪'（《贾谊传》《吊屈原赋》：'莫邪为钝兮。'应劭曰：'莫邪，吴大夫也，作宝剑，因以冠名'）。刘白堕善酿酒，而名其佳酒曰'白堕'（《洛阳伽蓝记》）。蕃中毕氏、罗氏好食，因谓所食者为'毕罗'（《资暇录》）。……潘州郭使君疗小儿多用此物，医家因名曰'使君子'（《本草》）。……阮咸作铜器似琵琶，又易以木，因名琵琶作'阮咸'（《唐元僧传》）。巢元修所嗜之菜，谓之'元修菜'……（《江东记》）。牡丹曰'姚黄''魏紫'（欧公《牡丹谱》）。荔枝

曰'十八娘红''状元红'(蔡君谟《荔枝谱》)。以至'郑国渠'(《河渠书》)、'刘氏冠'(《汉·高祖纪》)、'谢公墩'(《晋·谢安传》)、'莱公竹'(《言行录》)皆类。

其中,"郑国渠"是唯一的以人名"名地"的一例。这可能是因为同类情形中,"郑国渠"比较著名。也可能是因为同类情形中,"郑国渠"的年代比较早。

华林甫《中国地名学源流》指出,《越绝书》"保存了不少地名资料",有"43处地名渊源解释"。其中"人物"一类,"所释地名"列有"胥主嘹""复城""干城""摇城""楚门""罘罳""木客""秦伊山""种山""巫里""独妇山""吴塘""女阳亭""梅里"。"渊源解释举例":"吴北野胥主嘹者,吴王女胥主田也。"(《吴地传》)"种山者,句践所葬大夫种也。"(《地传》)"种山"类似于"介山"。所举诸例均为地方因人事得名,然而以人名"名地"的其实不多。"秦伊山"可以看作一例。《越绝书·外传记地传》:"民西大冢者,句践客秦伊善照龟者冢也,因名冢为'秦伊山'。"还有一例,似为华林甫书所遗漏,同样见《越绝书·外传记地传》:"射卒陈音死,葬民西,故曰'陈音山'。"其情形与"秦伊山"同,都是以人名"名地"。然而均为以墓主姓名自称,与"郑国渠"完全不同。①

《越绝书》记录东周史事,然而一般以为成书于东汉时期。所述内容的史料价值,自然也不能与载有"郑国渠"命名事的《史记》相比。华林甫对于《越绝书》的成书年代又有新的考证。他指出:"《越绝书》涉及的政区地名最晚的应是三国鼎立以后,东晋末年以前的行政建置。若余嘉锡先生认为'此书非一时一人所作'②之说不谬;那么,我们可以宽泛地说,《越绝书》的最后成书应在魏、晋年间,因而它的地名学贡献也应归入魏晋时期。有的学者认为,'《越绝书》的成书年代

---

① 华林甫《中国地名学源流》是一部比较好的地名史、地名学史的学术专著。然其中亦不免千虑一失。如"表8:《越绝书》的地名渊源解释"中"类别"栏内"人物""动物""事件""军事""物产"之次为"农田水利",其中"所释地名"有"世子塘""富中大塘",地名均非渊源自"农田水利",而是命名"农田水利"之例,与前"人物""动物"等及后之"谐音"皆不同。其中"世子塘","渊源解释举例"谓:"地门外塘波洋中'世子塘'者,故曰王世子造以为田(《吴地传》)"。湖南人民出版社2002年版,第74—75页。情形与"郑国渠"有类同处,只是"世子"不是确切的人名。"世子塘",其实可以归入"人物"类别之中。

② 华林甫原注:"说见《四库提要辨正》卷七;参见仓修良:《〈越绝书〉是一部地方史》,载《历史研究》1990年第4期。"

早于《汉书·地理志》，……此书在地名学研究中的意义，并不下于《汉书·地理志》。'①这个说法由于忽视了该书最后成书年代，从而与地名学史发展规律相左，所以是站不住脚的。"②这样的意见应当说是正确的。

就现有资料看，"郑国渠"是比较早的，比较典型的以人名"名地"的实例。③

（三）"郑国间秦"行为与"郑国渠"的工程史意义

毕沅《关中胜迹图志·西安府·大川水利附》："臣谨按：古来言水利者，首称关辅。而龙洞一渠，尤为秦民衣食之源，关内膏腴之最。其在秦时号'郑国渠'，汉名'六辅'。"④而宋人郭茂倩《乐府诗集·杂歌谣辞一》中《郑白渠歌》题解引《史记》则说"今曰'郑国渠'"。⑤是知"郑国渠"名号的影响其实相当长久。郑国自谓"为秦建万世之功"者，确实不是虚言。

前引《史记·河渠书》记录"郑国"故事，谓韩国"使水工郑国间说秦"，目的是"闻秦之好兴事，欲罢之，毋令东伐"，这位"水工"其实可以说是肩负着重大军事使命的。后来事情败露，"中作而觉，秦欲杀郑国"，郑国本人也承认："始臣为间……"。宋人林之奇《拙斋文集·史论》有一节题为"郑国间秦"的史论："君子创业垂统，必为万世之计。而战国之君，其所以为国者，苟可以延数年之命者，无所不为。是所谓偷生苟活者也。夫韩王使郑国为间于秦，使之凿渠以延数年之命，信可谓拙矣。然向使于此数年之间，有以处之，亦未为拙也。汉高祖与项羽转战以争天下，尝谓随何曰：'为我说九江王布使叛楚，若得羽留齐数月，则吾取天下之计定矣。'古之人固有缓敌人之兵以成其谋者。项羽留齐数月，而高祖取天下之计遂成。况缓其兵于数年之久乎？秦人既从郑国之策，数年不伐韩，而韩于此数年之间，亦不见其有所为者，徒玩岁阅月，以苟一旦之命。数年之后，秦之

① 华林甫原注："陈桥驿：《点校本〈越绝书〉序》，载入乐祖谋点校《越绝书》，上海古籍出版社，1985 年。"

② 华林甫：《中国地名学源流》，湖南人民出版社 2002 年版，第 72—73、76—77 页。

③ 王子今：《秦"郑国渠"命名的意义》，周作斌、任燕主编：《秦文化与经济》，陕西人民出版社 2017 年版。

④ 〔清〕毕沅撰，张沛校点：《关中胜迹图志》，三秦出版社 2004 年版，第 91 页。

⑤ 〔宋〕郭茂倩：《乐府诗集》，中华书局 1979 年版，第 1172 页。

渠既成,而韩亦亡矣。自秦人为远交近攻之策,二十年而不加兵于楚,四十年而不加兵于齐。幸而齐、楚之君皆庸黯懦愚,故遂蹈其计中而不悟。使齐、楚之君有如一越王勾践,则夫二十年、四十年之间,秦安得而逞之哉?"①这是一段颇有见识的史评。缓兵成谋,如果本自无谋,"缓"又何益? 其说也指出了"郑国间秦"是"偷生苟活者"的"拙"计,其实并不能救韩,而秦统一的历史大趋势也是任何力量也不能阻止的。

"郑国为间于秦","中作而觉,秦欲杀郑国",可是因郑国"然渠成亦秦之利也"之说,"秦以为然,卒使就渠"。郑国应当是因为其工程理念的先进、技术经验的丰富和此前工作成绩的优秀,增强了"渠成亦秦之利"的说服力的。

据水利史专家总结:"郑国渠引泾水东注洛水,干渠东西长三百余里,其间横穿几道天然河流,因此,无论是三百里长的干渠的测量施工,渠系的布置运用,还是灌水的组织管理,都要具有相应的技术水平才行。"干渠的规划体现出科学性。"根据现代的实地调查,郑国渠干渠渠线布置在渭北平原二级阶地的最高线上。""位于干渠南部的整个灌区都在它的控制之下,这就保证了支渠以及其它下级渠道的自然引水,从而获得了尽可能大的灌溉面积。根据调查结果推算,当年郑国渠干渠平均坡降约为千分之零点六四。干渠渠线的选择合理地利用了当地的地形条件,显示了较高的测量和施工技术水平。"②另一技术难题,是郑国渠"绝"即交度几条天然河流的方式。当时可能是采用了类似"飞渠"的"一种原始形态的简易渡槽"实现和冶水、清水、沮水、漆水等河流的"立交"。利用泾水泥沙改良盐碱化农田,也是郑国等人的创造性发明。可以肯定,郑国渠从多方面体现了大型水利工程的高水平的设计和施工。

(四) 郑国渠的灌溉效能

对于郑国渠的"灌溉面积"是否确实"高达四万顷之多",有研究者就"泾水是

---

① 〔宋〕林之奇:《拙斋文集》卷一三,文渊阁四库全书本。
② 《中国水利史稿》上册原注:"参阅李健超:《秦始皇的农战政策与郑国渠的修凿》一文,载《西北大学学报》,一九七五年,第一期。"

否能提供灌溉四万顷地的水量"提出疑问。"近代水文记录表明,泾河多年月平均流量,除多雨的七、八、九、十等四个月外,其余月份均不超过每秒四十立方米"。按照目前关中地区灌溉的一般标准计算,"如果单纯引用泾水,郑国渠也只能灌溉五十万亩左右,也达不到所说四万顷的五分之一。古代水文条件当不会与现在有很大的不同,可见,关于郑国渠灌溉效益的记载是存在疑问的"。① 对于郑国渠的实际灌溉效益自然有必要讨论,但是如果否定的意见是以"古代水文条件当不会与现在有很大的不同"这样的认识为基础,那显然是难以得到赞同的。战国秦汉时期,气候比现今温暖湿润,②水资源条件也优越于现今,③"水文条件"必然"与现在有很大的不同"。以关中的情形为例,根据汉长安城未央宫遗址和建章宫之间滈河古桥的发掘资料,当时滈河的河床宽度约 60 米。④ 而现今滈河河床宽度不超过 10 米,甚至"枯水季节常断流"。⑤ 杜笃《论都赋》"北阬泾流"语,"澄邑漕仓"瓦当的发现,凤翔长青西汉仓储遗址的发掘收获⑥,告知我们当时泾水、洛水、汧水都可以通航。⑦ 而就今天的"水文条件"而言,显然已经是不可能的事情。

　　我们在为郑国渠的惊人成就而赞叹的同时,还会思考这样的问题:为什么秦人可以任用一个敌国人来设计、规划、指挥一项规模宏大的,足以使国力"疲劳不能出兵"的水利工程?为什么在其"间秦""欲罢之",本当死罪的阴谋已经败露,却依然可以让他负责领导这一工程?为什么在工程完成之后,竟然"命曰'郑国渠'"来纪念这样一个原本要危害秦国的外国阴谋分子?相关现象所透露出来的秦人对经济的重视,对水利的重视,对实用技术的重视,以及秦人的科学精神、

---

　　① 武汉水利电力学院、水利水电科学研究院《中国水利史稿》编写组:《中国水利史稿》上册,第122—125 页。

　　② 竺可桢:《中国近五千年来气候变迁的初步研究》,《竺可桢文集》,科学出版社 1979 年版;王子今:《秦汉时期气候变迁的历史学考察》,《历史研究》1995 年第 2 期。

　　③ 参看王子今:《秦汉时期生态环境研究》,北京大学出版社 2007 年版,第 74—148 页。

　　④ 王自力:《西安发掘汉代滈河木桥遗址》,《中国文物报》2006 年 12 月 29 日。

　　⑤ 穆根胥:《西安地区水资源分布图》,《西安地区环境地质图集》,西安地图出版社 1999 年版,第9 页。

　　⑥ 陕西省考古研究所、宝鸡市考古工作队、凤翔县博物馆:《陕西凤翔县长青西汉汧河码头仓储建筑遗址》,《考古》2005 年第 7 期。

　　⑦ 辛德勇:《西汉时期陕西航运之地理研究》,《历史地理》第 21 辑,上海人民出版社 2006 年版;彭曦:《陕西洛河汉代漕运的发现与考察》,《文博》1994 年第 1 期。

开放意识和宽广胸襟，①都是我们在考察秦史和秦文化时应当关注的。

《史记·河渠书》载录郑国"然渠成亦秦之利也"以及未见于《河渠书》而为《汉书·沟洫志》载录"臣为韩延数岁之命，而为秦建万世之功"之说为秦王政所相信，于是工程得以继续。这一历史情节，是可以反映这位政治领袖人物的判断力的。然而果然"渠就，用注填阏之水，溉泽卤之地四万余顷，收皆亩一钟"。

秦王朝走向末日，"楚将沛公破秦军入武关，遂至霸上，使人约降子婴。子婴即系颈以组，白马素车，奉天子玺符，降轵道旁。沛公遂入咸阳，封宫室府库，还军霸上。居月余，诸侯兵至，项籍为从长，杀子婴及秦诸公子宗族。遂屠咸阳，烧其宫室，虏其子女，收其珍宝货财，诸侯共分之。灭秦之后，各分其地为三，名曰雍王、塞王、翟王，号曰三秦。项羽为西楚霸王，主命分天下王诸侯，秦竟灭矣。"②所谓"三秦"形势，《史记·项羽本纪》记载："立沛公为汉王，王巴、蜀、汉中，都南郑。而三分关中，王秦降将以距塞汉王。项王乃立章邯为雍王，王咸阳以西，都废丘。长史欣者，故为栎阳狱掾，尝有德于项梁；都尉董翳者，本劝章邯降楚。故立司马欣为塞王，王咸阳以东至河，都栎阳；立董翳为翟王，王上郡，都高奴。"关于"塞王"，裴骃《集解》："韦昭曰：'在长安东，名桃林塞。'"关于"栎阳"，裴骃《集解》："苏林曰：'栎音药。'"张守节《正义》："《括地志》云：'栎阳故城一名万年城，在雍州栎阳东北二十五里。秦献公之城栎阳，即此也。'"③郑国渠明显改变农耕经济面貌的地区，主要即"司马欣为塞王，王咸阳以东至河，都栎阳"所控制的区域。

郑国渠的灌溉效能使得原先开发有限的关中东部实现了农耕条件的进步，于是"关中为沃野，无凶年"，关中总体成为秦人东进的实力富足的战略基地。郑国渠如司马迁的判断，大有利于秦的统一战争，"秦以富强，卒并诸侯"。

---

① 现代国家意识生成之后，对于"地名几乎处于空白"的地方"用帝国主义帝王将相、'知名人士'的名字命名"的情形，也会有"有损我民族尊严"的反应。参看王际桐：《西藏地名核调概述》，收入《王际桐地名论稿》，社会科学文献出版社1999年版，第141—142页。虽然战国时期国家与现代国家多有不同，但是相关观念的流变也值得思考。

② 《史记·秦始皇本纪》，第275—276页。

③ 《史记》，第317页。

（五）郑国渠"石囷"辨

对于郑国渠灌溉效能及其形制，杨宽《战国史》写道："郑国渠全长三百多里，灌溉田亩四万余顷。相传人们利用泾水含沙而有肥效的特点，在一段平坦河床下游，利用木料筑成圆廪，填进巨石，成为'石囷'，用大量'石囷'排列成堰骨，使泾水到此减低流速，沉淀部分粗沙，引进细沙入渠，既可用来灌溉，又可冲压、降低耕土层中的盐碱含量，收到改良土壤的效果，从而使得每亩（相当于今零点七四亩）增产到一钟，即六石四斗（每斗相当于今二升），从此关中成为沃野，常获丰收。"

在"用大量'石囷'排列成堰骨"句下，原注："《重修泾阳县志·水利志》说，郑国'来至秦北山之下，视泾河巨石磷磷，约三四里许，泾水注流其中，湛以作堰。于是立石囷以壅水，每行用一百余囷，凡一百二十行，借天生巨石之力，以为堰骨；又恃三四里许众石之多，以堰势，故泾水至此不甚激，亦不甚浊。'"据杨宽的总结，郑国渠体现了"淤灌压碱方法的创造"。他写道："郑国利用泾水，'用注填阏之水，溉泽卤之地'（《汉书·沟洫志》）。[1] 就是利用'石囷'作堰，使泾水流速变慢，沉淀部分粗沙，引进具有肥效的细沙入渠，用来灌溉含有盐碱的耕土，可以起冲压、降低耕土中盐碱含量，改良土壤和增加肥力的作用。"[2] 利用"石囷"设置改变泾水"流速"，以调整含沙量，进而"改良土壤"，虽反复论说，但是并没有提出实证。如果确实"立石囷以壅水，每行用一百余囷，凡一百二十行"，则不会全无遗存。

"石囷"之说，可能据《长安志图》卷中《洪堰制度》，其事甚晚："圣朝因前代故迹，初修洪口石堰。当河中流，直抵两岸，立石囷以壅水。囷行东西，长八百五十尺，每行一百零六个，计十一行，阔八十五尺。总用囷一千一百六十六个。"杨宽引《重修泾阳县志·水利志》"每行用一百余囷，凡一百二十行"与此数据颇相近，应当并不能反映郑国时代渠堰形制。《长安志图》卷中《洪堰制度》下文相关说明讲到"囷行广密，委是坚牢，虽遇水涨，止是冲破龙口，或卷去堰上石头，或吹损囷

---

[1] 原注："《汉书·沟洫志》颜注：'注，引也。阏读与淤同，……填阏，谓壅泥也。言引淤浊之水，灌咸卤之田，更令肥美。'"

[2] 杨宽著：《战国史（增订本）》，上海人民出版社 1998 年版，第 64—67 页。

口,或冲透囤眼,……"①似"石囷"或又作"囤"。辛德勇点校本《长安志图》"立石囷以壅水","囷行东西,长八百五十尺","总用囷一千一百六十六个","囷"均作"囤"。校勘记:"石囤,原作'石囷',据四库本改。""用囤,原作'用囷',据四库本改。"②

①　〔宋〕宋敏求撰,李好文撰:熙宁《长安县志》,《长安志图》卷中,民国二十年铅印本,第592页。
②　〔元〕李好文撰,辛德勇、郎洁点校:《长安志图》,三秦出版社2013年版,第84、109页。

十二、"秦称西帝"与"秦地半天下"

秦向东方的扩张,导致出现了"秦地半天下"的局势。这一背景下的"秦地",包括了后来人们理解为"大关中"的地方。因此发生的文化区域分割理念影响久远。所谓"关西""关东","山西""山东",皆与此有关。其早期形成,或许可以追溯到秦统一战争中的秦昭襄王时段。

(一) 从"秦""山东"到"山西""山东"

战国时期,秦人因东进战略意识所决定,已经将"山东六国"视作敌国,而"山东之国"同样敌视秦人。《史记·楚世家》:"苏秦约从山东六国共攻秦,楚怀王为从长。"①《史记·商君列传》载商鞅语:"魏居领阨之西,都安邑,与秦界河而独擅山东之利。利则西侵秦,病则东收地。"②《史记·苏秦列传》载苏秦语:"六国从亲以宾秦,则秦甲必不敢出于函谷以害山东矣。"③《史记·张仪列传》载张仪语,可见秦与"山东"军力的比较:"山东之士被甲蒙胄以会战,秦人捐甲徒裼以趋敌,左挈人头,右挟生虏。夫秦卒与山东之卒,犹孟贲之与怯夫;以重力相压,犹乌获之与婴儿。夫战孟贲、乌获之士以攻不服之弱国,无异垂千钧之重于鸟卵之上,必无幸矣。"④《史记·刺客列传》:"秦日出兵山东以伐齐、楚、三晋,稍蚕食诸侯,且至于燕,燕君臣皆恐祸之至。"⑤

秦时已普遍习用"山东"这一地理概念,以指称秦本土以外地方。《史记·秦

---

① 《史记》,第 1722 页。
② 《史记》,第 2232 页。
③ 《史记》,第 2249 页。
④ 《史记》,第 2293 页。
⑤ 《史记》,第 2528 页。

始皇本纪》记载:"(秦二世元年)七月,戍卒陈胜等反故荆地,为'张楚'。胜自立为楚王,居陈,遣诸将徇地。山东郡县少年苦秦吏,皆杀其守尉令丞反,以应陈涉,相立为侯王,合从西乡,名为伐秦,不可胜数也。"①《史记·李斯列传》:"法令诛罚日益刻深,群臣人人自危,欲畔者众。又作阿房之宫,治直道、驰道,赋敛愈重,戍徭无已。于是楚戍卒陈胜、吴广等乃作乱,起于山东,杰俊相立,自置为侯王,叛秦,兵至鸿门而却。""赵高诈诏卫士,令士皆素服持兵内乡,入告二世曰:'山东群盗兵大至。'"②

司马迁的《史记·货殖列传》中划分天下为四个基本经济区,其中最重要的两个以农耕为主要经济形式的地方,即"山西"与"山东":

> 夫山西饶材、竹、谷、纑、旄、玉石;山东多鱼、盐、漆、丝、声色;江南出枏、梓、姜、桂、金、锡、连、丹沙、犀、瑇瑁、珠玑、齿革;龙门、碣石北多马、牛、羊、旃裘、筋角;铜、铁则千里往往山出棊置:此其大较也。皆中国人民所喜好,谣俗被服饮食奉生送死之具也。③

《史记·货殖列传》中另一处言"山西""山东"区分的言辞,直接说不同盐产资源的开发与利用:

> 夫天下物所鲜所多,人民谣俗,山东食海盐,山西食盐卤,领南、沙北固往往出盐,大体如此矣。④

食盐消费的差别,其实也分为四个区域,另有"领南、沙北",与基本经济区划分之"江南""龙门、碣石北"不同,但是"山东""山西"却是一致的。

这说明在司马迁的时代,"山西""山东"已经成为社会普遍接受的经济区域划分的定式。战国时期多见"山东"之称,而罕见"山西"区域代号,这是因为"秦"作为政治实体,占据着"山西"地方。于是与"山东"对应的区域标志,是"秦"。这

---

① 《史记》,第 269 页。

② 《史记》,第 2553、2662 页。

③ 《史记》,第 3253 页。

④ 《史记》,第 3269 页。

是秦扩张历史进程中的特殊的时代性特征。

在西汉后期,关于人才地理形势,有"山东出相""山西出将"的说法。《汉书·赵充国辛庆忌传》:"赞曰:秦汉已来,山东出相,山西出将。秦将军白起,郿人;王翦,频阳人。汉兴,郁郅王围、甘延寿,义渠公孙贺、傅介子,成纪李广、李蔡,杜陵苏建、苏武,上邽上官桀、赵充国,襄武廉褒,狄道辛武贤、庆忌,皆以勇武显闻。苏、辛父子着节,此其可称列者也,其余不可胜数。何则?山西天水、陇西、安定、北地处势迫近羌胡,民俗修习战备,高上勇力鞍马骑射。故《秦诗》曰:'王于兴师,修我甲兵,与子皆行。'其风声气俗自古而然,今之歌谣慷慨,风流犹存耳。"①

(二)"关东""关西"文化区域理念发生缘起

与"山东出相""山西出将"类同的说法,东汉则"山东"作"关东","山西"作"关西"。《后汉书·虞诩传》载虞诩说李修语:"窃闻公卿定策当弃凉州,求之愚心,未见其便。先帝开拓土宇,劬劳后定,而今惮小费,举而弃之。凉州既弃,即以三辅为塞;三辅为塞,则园陵单外。此不可之甚者也。谚曰:'关西出将,关东出相。'观其习兵壮勇,实过余州。今羌胡所以不敢入据三辅,为心腹之害者,以凉州在后故也。其土人所以推锋执锐,无反顾之心者,为臣属于汉故也。"

"谚曰:'关西出将,关东出相。'"李贤注:"《说文》曰:'谚,传言也。'《前书》曰:'秦、汉以来,山东出相,山西出将。'秦时郿白起,频阳王翦;汉兴,义渠公孙贺、傅介子,成纪李广、李蔡,上邽赵充国,狄道辛武贤:皆名将也。丞相,则萧、曹、魏、丙、韦、平、孔、翟之类也。"②又《后汉书·皇甫张段列传》:"初,(段)颎与皇甫威明、张然明,并知名显达,京师称为'凉州三明'云。赞曰:山西多猛,'三明'俪踪。戎骖纠结,尘斥河、潼。规、奂审策,亟遏嚣凶。文会志比,更相为容。段追两狄,束马县锋。纷纭腾突,谷静山空。"关于"山西多猛",李贤注:"《前书》班固曰:'秦汉以来,山东出相,山西出将。'若白起、王翦、李广、辛庆忌之流,皆山

---

① 《汉书》,第 2998 页。
② 《后汉书》,第 1866 页。

西人也。"①

战国时期已经有"关东"的说法,然而使用并不普遍。《史记·范雎蔡泽列传》:"……有顷,穰侯果至,劳王稽,因立车而语曰:'关东有何变?'"②《史记》记载战国时人言"关东",还有一例,与秦的扩张及统一谋求有直接关系。《史记·李斯列传》载录李斯说秦王语:"至秦,会庄襄王卒,李斯乃求为秦相文信侯吕不韦舍人;不韦贤之,任以为郎。李斯因以得说,说秦王曰:'胥人者,去其几也。成大功者,在因瑕衅而遂忍之。昔者秦穆公之霸,终不东并六国者,何也?诸侯尚众,周德未衰,故五伯迭兴,更尊周室。自秦孝公以来,周室卑微,诸侯相兼,关东为六国,秦之乘胜役诸侯,盖六世矣。今诸侯服秦,譬若郡县。夫以秦之强,大王之贤,由灶上骚除,足以灭诸侯,成帝业,为天下一统,此万世之一时也。'"③

秦统一后,似"关东"作为区域空间代号出现较多。《史记·秦始皇本纪》:"使者从关东夜过华阴平舒道……。""右丞相去疾、左丞相斯、将军冯劫进谏曰:'关东群盗并起,秦发兵诛击,所杀亡甚众,然犹不止。'""(赵)高前数言'关东盗毋能为也',……。"④

秦王朝政治地理符号中,与"关西""关东"语义接近的说法,是"关中""关外"。如《史记·秦始皇本纪》说秦宫殿建设:"关中计宫三百,关外四百余。"⑤"关中""关外"或者"关西""关东",空间界定标志是"关"。秦始皇三十五年(前212),"于是立石东海上朐界中,以为秦东门"。关于宫殿区建设,司马迁还记述:"自雍门以东至泾、渭,殿屋复道周阁相属。所得诸侯美人钟鼓,以充入之。"张守节《正义》:"《三辅旧事》云:'始皇表河以为秦东门,表汧以为秦西门,表中外殿观百四十五,后宫列女万余人,气上冲于天。'"⑥起先"表河以为秦东门",兼并天下之后,"立石东海上朐界中,以为秦东门"。在"表河以为秦东门"的时代,形成了"关中""关外","关西""关东"的概念。"门",也就是"关"。

《史记》关于战国语言记录中,未见"关西"之说。

---

① 《后汉书》,第 2154 页。
② 《史记》,第 2403 页。
③ 《史记》,第 2540 页。
④ 《史记》,第 259、271、273 页。
⑤ 《史记》,第 256 页。
⑥ 《史记》,第 256、239、241 页。

（三）"秦"与"山东"形势对比的变化

秦国与"山东六国"的军事对抗，力量对比发生过历史变化。

苏秦至赵，说赵肃侯："臣窃以天下之地图案之，诸侯之地五倍于秦，料度诸侯之卒十倍于秦，六国为一，并力西乡而攻秦，秦必破矣。今西面而事之，见臣于秦。夫破人之与破于人也，臣人之与臣于人也，岂可同日而论哉！"①且不说军力的对比，所谓"臣窃以天下之地图案之，诸侯之地五倍于秦……"，以国土比较，显现出秦的劣势。

秦国力的迅速增强，转折性的变化，在于对"三晋"地方的争夺。《战国策·赵策一》："三晋合而秦弱，三晋离而秦强，此天下之所明也。"②东方六国以"三晋"作为抗击秦国的前卫。"三晋合"，则成为阻挡秦人东进的主要力量。

《史记·六国年表》："论秦之德义不如鲁卫之暴戾者，量秦之兵不如三晋之强也，然卒并天下，非必险固便形势利也，盖若天所助焉。"③从"量秦之兵不如三晋之强也"到最终"卒并天下"，转变发生于征服"三晋"的战争。

"秦吞并三晋"，④是走向最终实现一统的进程中关键的步伐。

黄河历史上第一座常设的浮桥，是秦国修建，⑤即《史记·秦本纪》所载秦昭襄王五十年（前257）事：

> 五十年十月，武安君白起有罪，为士伍，迁阴密。张唐攻郑，拔之。十二月，益发卒军汾城旁。武安君白起有罪，死。龁攻邯郸，不拔，去，还奔汾军。二月余攻晋军，斩首六千，晋楚流死河二万人。攻汾城，即从唐拔宁新中，宁新中更名安阳。初作河桥。

当时，秦军事进攻的主要方向在三晋地方。"汾城"，张守节《正义》："《括地志》云：'临汾故城在绛州正平县东北二十五里，即古临汾县城也。'按：汾城即此城

---

① 《史记·苏秦列传》，第2248页。
② 〔西汉〕刘向集录：《战国策》，上海古籍出版社1985年版，第628页。
③ 《史记》，第685页。
④ 《史记·天官书》，第1347页。
⑤ 王子今：《"秦桥"考议：再论秦交通优势》，《史学月刊》2020年第5期。

是也。""晋楚流死河二万人",裴骃《集解》引徐广曰:"楚,一作'走'。"张守节《正义》:"按:此时无楚军,'走'字是也。""宁",裴骃《集解》引徐广曰:"一作'曼'。此赵邑也。""从唐拔宁新中",张守节《正义》:"唐,今晋州平阳,尧都也。《括地志》云:'宁新中,七国时魏邑,秦昭襄王拔魏宁新中,更名安阳城,即今相州外城是也。'""安阳",裴骃《集解》引徐广曰:"魏郡有安阳县。"张守节《正义》:"今相州外城古安阳城。"对于"初作河桥"。张守节《正义》:"此桥在同州临晋县东,渡河至蒲州,今蒲津桥也。"①位于"蒲津"方位"河桥"的修作,必然对秦攻击三晋的战争形成了强有力的支持。《通志·秦纪四》写道:

> 四十七年,秦攻韩上党,上党降赵。秦因攻赵。赵发兵击秦,相距。秦使武安君白起大破赵于长平,杀赵括,坑赵降卒四十余万人。四十八年十月,韩献垣雍。秦分三军,武安君归。王龁将,伐赵武安、皮牢,拔之。司马梗北定太原,尽有韩上党。又使五大夫陵功赵邯郸。四十九年,以王龁代陵将。五十年,武安君白起有罪,诛。龁围邯郸,不拔,走还。初作河桥。五十一年,将军摎攻赵,取二十余县,首虏九万。②

《春秋战国异辞》卷二五上综合《史记·秦本纪》有关秦昭襄王四十九年(前258)至五十年(前257)战事:

> 四十九年,益发卒佐陵,陵战不善,免。王陵代将。其十月,将军张唐攻魏,为蔡尉捐弗守还,斩之。五十年十月,秦武安君白起有罪,为士伍,迁阴密。张唐攻郑,拔之。十二月,益发卒军汾城旁。秦武安君白起有罪死。王龁攻邯郸,不拔,去还。奔汾军,二月余攻晋军,斩首六千。晋走流死河二万人。攻汾城,即从唐拔宁新中,更名安阳。初作河桥。③

"河桥"营造,是与对三晋地方猛烈的军事攻击大致同时的工程。虽然白起"有罪,诛",或说"有罪死",即"赐死杜邮",④但是这一工程很可能在白起主持对"三晋"方向战争指挥时即已设计规划并进行了施工准备。与所谓"秦初作河桥"直

①　《史记》,第214、217、218页。
②　〔宋〕郑樵撰:《通志》,中华书局1987年版,第60页。
③　〔清〕陈厚耀撰:《春秋战国异辞》,文渊阁四库全书本,第364页。
④　《史记·太史公自序》,第3286页。

接对应的战争形势,是"三晋距秦"。"三晋距秦"之说,出自《史记·周本纪》:

> 五十八年,三晋距秦。周令其相国之秦,以秦之轻也,还其行。客谓相国曰:"秦之轻重未可知也。秦欲知三国之情。公不如急见秦王曰:请为王听东方之变,秦王必重公。重公,是秦重周,周以取秦也;齐重,则固有周聚以收齐:是周常不失重国之交也。"秦信周,发兵攻三晋。①

据《周本纪》,"三晋距秦"在先,秦"发兵攻三晋"在后。

(四)"山东""山西"与"天下之脊"

理解"山东""山西"区域划分的早期形式,可以注意《史记·张仪列传》载张仪说楚王,言秦国之强语:

> 秦地半天下,兵敌四国,被险带河,四塞以为固。虎贲之士百余万,车千乘,骑万匹,积粟如丘山。法令既明,士卒安难乐死,主明以严,将智以武,虽无出甲,席卷常山之险,必折天下之脊,天下有后服者先亡。且夫为从者,无以异于驱群羊而攻猛虎,虎之与羊不格明矣。今王不与猛虎而与群羊,臣窃以为大王之计过也。

所谓"席卷常山之险,必折天下之脊",司马贞《索隐》:"按:常山于天下在北,有若人之背脊也。"张守节《正义》:"古之帝王多都河北、河东故也。"②《新唐书·杜牧传》:"至秦萃锐三晋,经六世乃能得韩,遂折天下脊。"③《宋史·汪若海传》言"天下之脊",也说到"常山"。可以参考。④ 常山,在历史上曾经有所变化。

---

① 《史记》,第168页。

② 《史记》,第2289—2290页。

③ 《新唐书》,中华书局1975年版,第5091页。

④ 《宋史·汪若海传》:"若海曰:'天下者,常山蛇势也,秦、蜀为首,东南为尾,中原为脊。今以东南为首,安能起天下之脊哉? 将图恢复,必在川、陕。'"中华书局1977年版,第12218页。《清史稿·地理志二七》"西藏·定日"条:"康熙五十六年,遣喇嘛楚儿沁藏布兰木占巴、理藩院主事胜住等,绘画西海、西藏舆图,测量地形,以此地为天下之脊,众山之脉,皆由此起云。"中华书局,1977年,第2477页。此"天下之脊"义近今人语"世界屋脊",与古说不同。

后来因避汉文帝刘恒讳而改称"常山"的"恒山"，秦汉时期曾经是重要祀所。中原人山川神崇拜系统中的"北岳"，很可能随着文化圈的向北扩展，于是有由近及远的变化。① 战国晚期至于秦汉时期的"北岳"，应当受到赵人神秘主义信仰体系的影响。张仪说楚王，还言及"天下之匈"："秦下甲攻卫阳晋，必大关天下之匈。"注家的解释，涉及"天下脊"。裴骃《集解》引徐广曰："关，一作'开'。"司马贞《索隐》："攻卫阳晋，大关天下胷。夫以常山为天下脊，则此卫及阳晋当天下胷，盖其地是秦、晋、齐、楚之交道也。以言秦兵据阳晋，是大关天下胷，则他国不得动也。"②

或许理解"天下之脊"，应当考虑到太行山。对于"山西""山东"的区分，通常以为以"崤山或华山"为界。史为乐主编《中国地名大词典》"山西"条："① 战国、秦、汉时称崤山或华山以西为山西，与当时所谓'关中'同义。楚、汉相争，萧何镇守关中，《史记·太史公自序》谓'萧何镇抚山西'。《正义》曰：'谓华山以西也。'《汉书·赵充国传》：'秦汉以来，山东出相，山西出将。'其后则称太行山以西为山西。……"又"山东"条："古地区名。（1）战国、秦、汉时代，通称华山或崤山以东为山东，与汉代'关东'含义相同。战国时泛指秦以外的六国领土。《史记·秦本纪》：孝公元年（前361），'河山以东强国六'。《汉书·赵充国传》：'秦汉以来，山东出相，山西出将。'（2）春秋时晋国和建都平城时的北魏及五代时的晋国，因居太行山西，故称太行山以东为山东。《史记·晋世家》：文公四年（前623），'晋兵先下山东'。……"③

《史记·晋世家》："（文公四年）冬十二月，晋兵先下山东，而以原封赵衰。"④《史记志疑》疑其年代有误。然而也说"下兵山东"。⑤ 但是并未质疑"山东"之

① 清人蒋廷锡《尚书地理今释》"北岳"条写道："《禹贡》作'恒山'。汉避文帝讳改'常山'，在今山西大同府浑源州南二十里，接直隶真定府界。按'恒山'自班固《汉志》载于上曲阳（今真定府曲阳县），郦道元《水经注》以下咸宗之。然今曲阳县治去山趾一百四十里，不若浑源之近。"清皇清经解本，第2页。所谓"今真定府曲阳县"，即今河北曲阳。
② 《史记》，第2292页。
③ 史为乐主编：《中国历史地名大辞典》，中国社会科学出版社2005年版，第206、205页。
④ 裴骃《集解》："杜预曰：'河内沁水县西北有原城。'"《史记》，第1664页。
⑤ 《史记志疑·晋世家》："案：原乃王所赐，事在文公二年，岂此时下兵山东而得之乎？赵衰为原大夫亦在二年，此叙于四年十二月，与《年表》书于元年，一前一后，其误同也。"〔清〕梁玉绳撰：《史记志疑》，中华书局1981年版，第987页。

说。"晋兵""下山东","下兵山东",此"山东"都不会是"华山或崤山以东",而确实应是"太行山以东"。

与所谓"秦地半天下"文字稍有异,又有"秦地遍天下"的说法。《战国策·燕策三》:

> 燕太子丹质于秦,亡归。见秦且灭六国,兵以临易水,恐其祸至。太子丹患之,谓其太傅鞠武曰:"燕、秦不两立,愿太傅幸而图之。"武对曰:"秦地遍天下,威胁韩、魏、赵氏,则易水以北,未有所定也。奈何以见陵之怨,欲排其逆鳞哉?"①

虽然用"遍"字,言"秦地遍天下",然而随后说"威胁韩、魏、赵氏",则其实际形势,依然是"秦地半天下"。

(五) 齐秦东西"帝"

司马迁在《史记·太史公自序》中归纳《史记·秦本纪》的叙说主题,有"昭襄业帝"的说法。② 秦昭襄王曾经称"西帝",而以齐为"东帝"。《史记·秦本纪》:"(秦昭襄王)十九年,王为西帝,齐为东帝,皆复去之。"③关于这一齐、秦使用帝号的事件,《史记》如下各篇也有记述:

> 《六国年表》:"(齐湣王三十六年)为东帝二月,复为王。"④
> 《楚世家》:"十一年,齐秦各自称为帝。"⑤
> 《赵世家》:"及(赵惠文王)十年,秦自置为西帝。"⑥
> 《魏世家》:"(魏昭王)八年,秦昭王为西帝,齐湣王为东帝,月余,皆复称王归帝。"⑦

---

① 〔西汉〕刘向集录:《战国策》,上海古籍出版社 1985 年版,第 1128 页。
② 《史记》,第 2302 页。
③ 《史记》,第 212 页。
④ 《史记》,第 739 页。
⑤ 《史记》,第 1729 页。
⑥ 《史记》,第 1816 页。
⑦ 《史记》,第 1853 页。

　　《田敬仲完世家》："（齐湣王）三十六年，王为东帝，秦昭王为西帝。"①

　　《穰侯列传》："（秦）昭王十九年，秦称西帝，齐称东帝。"②

　　《乐毅列传》："与秦昭王争重为帝，已而复归之。"③

《史记·田敬仲完世家》可见苏代与齐湣王论"称帝"的论说：

　　三十六年，王为东帝，秦昭王为西帝。苏代自燕来，入齐，见于章华东门。齐王曰："嘻，善，子来！秦使魏冄致帝，子以为何如？"对曰："王之问臣也卒，而患之所从来微，愿王受之而勿备称也。秦称之，天下安之，王乃称之，无后也。且让争帝名，无伤也。秦称之，天下恶之，王因勿称，以收天下，此大资也。且天下立两帝，王以天下为尊齐乎？尊秦乎？"王曰："尊秦。"曰："释帝，天下爱齐乎？爱秦乎？"王曰："爱齐而憎秦。"曰："两帝立约伐赵，孰与伐桀宋之利？"王曰："伐桀宋利。"对曰："夫约钧，然与秦为帝而天下独尊秦而轻齐，释帝则天下爱齐而憎秦，伐赵不如伐桀宋之利，故愿王明释帝以收天下，倍约宾秦，无争重，而王以其间举宋。夫有宋，卫之阳地危；有济西，赵之阿东国危；有淮北，楚之东国危；有陶、平陆，梁门不开。释帝而贷之以伐桀宋之事，国重而名尊，燕楚所以形服，天下莫敢不听，此汤武之举也。敬秦以为名，而后使天下憎之，此所谓以卑为尊者也。愿王孰虑之。"于是齐去帝复为王，秦亦去帝位。④

可知"秦昭王为西帝"在先，而使魏冄"致帝"于齐湣王在后。而"释帝""去帝"，则齐王在先，而"秦亦去帝位"。

　　《史记·苏秦列传》又有秦、燕、赵为"西帝""北帝""中帝"，共称"三帝"的说法："秦为西帝，燕为北帝，赵为中帝，立三帝以令于天下。韩、魏不听则秦伐之，齐不听则燕、赵伐之，天下孰敢不听？"⑤此"立三帝"者，是说士的设想，并非确定的史实。但是，"秦为西帝"，是短暂出现的政治名号。

　　"秦昭王为西帝，齐湣王为东帝"，是政治权威并立，政治实力显示，政治区域

---

①　《史记》，第 1898 页。

②　《史记》，第 2325 页。

③　《史记》，第 2428 页。

④　《史记》，第 1898—1899 页。

⑤　《史记》，第 2270 页。

分割的一种象征性名号。

(六)"唯秦雄天下"与"秦地半天下"

鲁仲连拒绝"帝秦"之议,宣言:"彼秦者,弃礼义而上首功之国也,权使其士,
虏使其民。彼即肆然而为帝,过而为政于天下,则连有蹈东海而死耳,吾不忍为
之民也。"于是得"天下之士"赞誉。"帝秦""蹈海"事的前因,是秦军围邯郸,各国
不能救,新垣衍提出赵国"发使尊秦昭王为帝":

> 赵孝成王时,而秦王使白起破赵长平之军前后四十余万,秦兵遂东围邯郸。赵王
> 恐,诸侯之救兵莫敢击秦军。魏安釐王使将军晋鄙救赵,畏秦,止于荡阴不进。魏王使
> 客将军新垣衍间入邯郸,因平原君谓赵王曰:"秦所为急围赵者,前与齐湣王争强为帝,
> 已而复归帝;今齐已益弱,方今唯秦雄天下,此非必贪邯郸,其意欲复求为帝。赵诚发使
> 尊秦昭王为帝,秦必喜,罢兵去。"平原君犹预未有所决。①

所谓"诸侯之救兵莫敢击秦军",因各有所虑。"天下之士"鲁仲连与新垣衍论"秦
称帝之害"是客观的分析,而新垣衍"因平原君谓赵王"言形势,所谓"方今唯秦雄
天下",也是客观的分析。而所谓"前与齐湣王争强为帝,已而复归帝;今齐已益
弱",是对秦益强势之国际关系变化的准确评论。

鲁仲连对新垣衍说:"今秦万乘之国也,梁亦万乘之国也。俱据万乘之国,各
有称王之名,睹其一战而胜,欲从而帝之,是使三晋之大臣不如邹、鲁之仆妾
也。"②以此言激励新垣衍固然有效,但是以所谓"俱据万乘之国,各有称王之名"
论秦国与魏国实力相当,却是说士言辞,并不符合实际。

当然,新垣衍"此非必贪邯郸,其意欲复求为帝"的推想,可能也并非秦军"东
围邯郸"的主要目的。

如果国土规模是体现国力的重要条件,则张仪"秦地半天下"的说法值得我
们在分析战国各国国情时予以重视。前引《史记·张仪列传》记载"张仪既出,未

---

① 《史记·鲁仲连邹阳列传》,第2461—2465、2459—2460页。
② 《史记·鲁仲连邹阳列传》,第2463页。

去,闻苏秦死,乃说楚王":

> 秦地半天下,兵敌四国,被险带河,四塞以为固。虎贲之士百余万,车千乘,骑万匹,积粟如丘山。法令既明,士卒安难乐死,主明以严,将智以武,虽无出甲,席卷常山之险,必折天下之脊,天下有后服者先亡。且夫为从者,无以异于驱群羊而攻猛虎,虎之与羊不格明矣。今王不与猛虎而与群羊,臣窃以为大王之计过也。

"闻苏秦死"句下,司马贞《索隐》:"按:此时当秦惠王之后元十四年。"①今按:秦惠文王更元十四年(前 311),次年即秦武王元年。苏秦、张仪事迹,可能难以详究其辩说的具体年代。而"秦地半天下"的判断,是大致符合秦昭襄王时代秦国土规模方面显现的优越,以及秦与东方六国国力对比的基本态势的。

---

① 《史记》,第 2289—2290 页。

十三、"大关中"格局的形成

"关中",作为区域地理范畴的概念,出现的年代似乎并不十分清晰。我们看到较早的资料,有《战国策·秦策四》"顷襄王二十年"条所载楚国使者黄歇对秦昭襄王的说辞。黄歇说道:"天下莫强于秦、楚","臣为王虑,莫若善楚。秦、楚合而为一,临以韩,韩必授首。王襟以山东之险,带以河曲之利,韩必为关中之候。""而魏,亦关内候矣。"对于"韩必为关中之候"一语,姚宏注:"为秦察诸侯动静也。"鲍彪注:"比之候吏。"① 这里所谓"关中",可以理解为"秦"的替代语。"关中"一称,最早应是秦人用语。

应当说,司马迁的《史记》,是最早频繁使用"关中"这一概念的文献。其中所见"关中"凡 92 次。②

(一)"关中"地域界定

"关中"的区域地理定义,在西汉史学文献中已经有所不同。有学者指出:"西汉时的关中或泛指战国末秦国的故地,如《史记·货殖列传》:'关中之地,于天下三分之一。'或仅指今陕西关中盆地,如《史记·货殖列传》所述'关中,自汧、雍东至河、华'的范围。"③ 而所谓"今陕西关中"地方,则是说后来通行的"关中"

---

① 对于"而魏,亦关内候矣",姚宏注:"魏为秦察诸侯动静也。"〔西汉〕刘向集录:《战国策》,上海古籍出版社 1985 年版,第 242、256、257 页。

② 嵇超、郑宝恒、祝培坤、钱林书编《史记地名索引》"关中(秦中)"62 见,中华书局 1990 年版,第 188—189 页。多有遗漏。李晓光、李波主编《史记索引》"关中"90 见。中国广播电视出版社 1989 年版,第 2054—2055 页。郭声波编著《〈史记〉地名族名词典》"长平"条:"1 城邑名。战国时属赵国,在今山西省高平市北。昭襄王四十七年(前 260)取之,以属上党郡泫氏县。"举列 27 例。中华书局 2020 年版,第 114—115 页。

③ 葛剑雄:《西汉人口地理》,人民出版社 1986 年版,第 131 页。

一语所代表的方域。关中，"有人说它是在四关之中，有人却说它是在两关之间。所谓四关是指的东函谷、南武关、西散关、北萧关。① 所谓两关之间也有两种不同的说法，一种是函谷关和散关，②一种是函谷关和陇关③"。其实与"四关之中"不同，后来也有五关之中"谓之关中"的说法，如《资治通鉴·秦纪三》："初，楚怀王与诸将约：'先入定关中者王之。'"胡三省注："秦地西有陇关，东有函谷关，南有武关，北有临晋关，西南有散关：秦地居其中，故谓之关中。"④正如史念海所说："本来关中的名称只是表示函谷关以西的地方。"⑤不过，"就关立论的说法虽说是后来才有的，却相当符合当时的情况"。⑥

我们看到，《史记》中所见"关中"，涵义确有狭义之"关中"和广义之"关中"的区别。

秦末战争中，刘邦先入关受降，然而因兵势弱小，不能不承认项羽的军事霸权。在项羽分定十八诸侯之后，被迫以汉王身分率部众前往汉中。刘邦当时统辖的地域，包括巴、蜀、汉中，以南郑（今陕西汉中）为都城。项羽又特意分封秦降将章邯、司马欣、董翳为雍王、塞王、翟王，以防备刘邦的势力扩张。这一情形，《史记·项羽本纪》记述：

> 三分关中，王秦降将以距塞汉王。项王乃立章邯为雍王，王咸阳以西，都废丘。长史欣者，故为栎阳狱掾，尝有德于项梁；都尉董翳者，本劝章邯降楚。故立司马欣为塞王，王咸阳以东至河，都栎阳；立董翳为翟王，王上郡，都高奴。⑦

《史记·高祖本纪》也写道：

---

① 《史记·项羽本纪》裴骃《集解》引徐广曰："东函谷，南武关，西散关，北萧关。"第315页。

② 《读史方舆纪要·陕西一》引《三辅旧事》："西以散关为限，东以函谷为界。"〔清〕顾祖禹撰：《读史方舆纪要》，上海书店出版社1998年版，第362页。

③ 《读史方舆纪要·陕西》引潘岳《关中记》："东自函关，西至陇关，两关之间，谓之'关中'，东西千余里。"第362页。

④ 〔宋〕司马光编著，〔元〕胡三省音注，"标点资治通鉴小组"校点：《资治通鉴》，中华书局1956年版，第282页。

⑤ 史念海：《古代的关中》，《河山集》，三联书店1963年版，第26页。

⑥ 史念海：《关中的历史军事地理》，《河山集四集》，陕西师范大学出版社1991年版，第145—146页。

⑦ 《史记》，第316页。

> 三分关中，立秦三将：章邯为雍王，都废丘；司马欣为塞王，都栎阳；董翳为翟王，都高奴。①

然而《史记·秦楚之际月表》则记述：

> 羽倍约，分关中为四国。

又分述："分关中为汉"，"分关中为雍"，"分关中为塞"，"分关中为翟"。② 可见，巴、蜀、汉中，也曾经明确包容于"关中"的地域概念之内。《史记·项羽本纪》记载："项王、范增疑沛公之有天下，业已讲解，又恶负约，恐诸侯叛之，乃阴谋曰：'巴、蜀道险，秦之迁人皆居蜀。'乃曰：'巴、蜀亦关中地也。'故立沛公为汉王，王巴、蜀、汉中，都南郑。"③其实，所谓"巴、蜀亦关中地也"，并不完全是强辩之辞。

《史记》"三分关中"的说法，是取"小关中"之义；而"分关中为四国"的说法，则是取"大关中"之义。

司马迁明确使用"小关中"概念的例证，除了"三分关中"之说以及上文提到的《史记·货殖列传》所谓"关中，自汧、雍东至河、华"之外，还有《史记·高祖功臣侯者年表》关于萧何事迹的记载：

> 以客初起，从入汉，为丞相，备守蜀及关中，给军食，佐上定诸侯，为法令，立宗庙，侯，八千户。④

"备守蜀及关中"一句，也表明"蜀"是在"关中"以外的。

而《史记·留侯世家》：

> 夫关中左殽函，右陇蜀，沃野千里，南有巴蜀之饶，北有胡苑之利，阻三面而守，独以一面东制诸侯。诸侯安定，河渭漕輓天下，西给京师；诸侯有变，顺流而下，足以委输。

---

① 《史记》，第 365 页。
② "分关中为四国"，司马贞《索隐》："汉、雍、塞、翟。"《史记》，第 775 页。
③ 《史记》，第 316 页。
④ 《史记》，第 892 页。

此所谓金城千里,天府之国也。

似乎"陇蜀"或"巴蜀之饶""胡苑之利",都在"关中"之外。《史记·货殖列传》又可见"天水、陇西、北地、上郡与关中同俗"的说法,①则与"三分关中,王秦降将","三分关中,立秦三将"也有所不同。因为由"立董翳为翟王,王上郡,都高奴"可知,在所谓"三分关中"的"关中"概念中,是包括"上郡"的。

这样,我们在司马迁笔下,就可以看到多种关于"关中"的地域界定:

　　1. "关中"指渭河平原,即后世所谓"秦川"("关中,自汧、雍东至河、华","左殽函,右陇蜀","南有巴蜀之饶,北有胡苑之利")。

　　2. "关中"指秦岭以北的秦地,包括今天的陕北地区("三分关中,王秦降将","三分关中,立秦三将","分关中为翟")。

　　3. "关中"指包括巴蜀在内的"殽函"以西的西部地区("分关中为四国","分关中为汉","巴、蜀亦关中地也")。

最后一种界定,可以称作"大关中"说。

(二)《史记·货殖列传》的"大关中"观

《史记·货殖列传》中关于基本经济区划分的论说中,可以看到使用"大关中"概念的典型实例。

司马迁综述各地物产,写道:

　　夫山西饶材、竹、谷、纑、旄、玉石;山东多鱼、盐、漆、丝、声色;江南出枏、梓、姜、桂、金、锡、连、丹沙、犀、玳瑁、珠玑、齿革;龙门、碣石北多马、牛、羊、旃裘、筋角;铜、铁则千里往往山出棋置:此其大较也。②

---

① 《史记》,第 3262 页。
② 《史记》,第 3254 页。

于是,将全国划分为"山西""山东""江南""龙门、碣石北"四个基本经济区。在司马迁所处的时代,这种划分方式是大致符合当时的历史实际的。

"山西",通常理解为崤山或华山以西的地区,与所谓"大关中"的涵义相近。《史记·太史公自序》"萧何填抚山西",张守节《正义》:"谓华山之西也。"①顾炎武《日知录》卷三一又有"河东山西"条则提出另外的理解:"古之所谓山西即今关中。《史记·太史公自序》:'萧何填抚山西。'《方言》:'自山而东,五国之交。'郭璞解曰:'六国惟秦在山西。'王伯厚《地理通释》曰:'秦、汉之间,称山北、山南、山东、山西者,皆指太行,以其在天下之中,故指此山以表地势。《正义》以为华山之西,非也。'"②按照《史记·货殖列传》中"山东食海盐,山西食盐卤"的说法,③"山东、山西者,皆指太行"之说似亦可成立。④ 然而,司马迁在这段文字之后又说道:"三河在天下之中,若鼎足,王者所更居也。"⑤则显然已将河东归入"山东"地区。山指"太行"之说似未可从。所谓"山西",应当大致是指以关中为主体的当时的西部地区。

巴蜀地区与关中交通已久,⑥又有秦人曾以关中模式进行开发的历史背景,⑦因而有时亦划归同一经济区。⑧

在进行宏观经济地理分析时,司马迁《史记·货殖列传》将巴、蜀和天水、陇西、北地、上郡与一般狭义的"关中"合而为一,于是形成包容较广的"关中"的概念,并且如此论述这一基本经济区的重要地位:

---

① 《史记》,第3311页。

② 〔清〕顾炎武著,黄汝成集释,栾保群、吕宗力校点:《日知录集释(全校本)》,上海古籍出版社2006年版,第1722页。

③ 《史记》,第3269页。

④ 张守节《正义》:盐卤,"谓西方咸地也。坚且咸,即出石盐及池盐"。第3269页。当然,对于所谓"山东食海盐,山西食盐卤",亦不宜作简单的绝对化的理解,史籍中即可见南阳地区亦食用河东池盐的实例,如《后汉书·贾复传》记述南阳冠军人贾复事迹:"王莽末,为县掾,迎盐河东,会遇盗贼,等比十余人皆放散其盐,复独完以还县,县中称其信。"第664页。

⑤ 《史记》,第3262页。

⑥ 王子今:《秦兼并蜀地的意义与蜀人对秦文化的认同》,《四川师范大学学报(社会科学版)》1998年第2期。

⑦ 《华阳国志·蜀志》说秦惠王时张仪、张若营建成都城,"与咸阳同制"。〔晋〕常璩撰,任乃强校注:《华阳国志校补图注》,上海古籍出版社1987年版,第128页。四川青川郝家坪出秦武王时"更修《为田律》"木牍,也证实蜀地推行秦田制。

⑧ 王子今:《秦汉区域文化研究》,四川人民出版社1998年版,第13—14页。

关中自汧、雍以东至河、华,膏壤沃野千里,自虞夏之贡以为上田,而公刘適邠,大王、王季在岐,文王作丰,武王治镐,故其民犹有先王之遗风,好稼穑,殖五谷,地重,重为邪。及秦文、德、缪居雍,隙陇蜀之货物而多贾。献公徙栎邑,栎邑北却戎翟,东通三晋,亦多大贾。孝、昭治咸阳,因以汉都,长安诸陵,四方辐凑并至而会,地小人众,故其民益玩巧而事末也。南则巴蜀。巴蜀亦沃野,地饶卮、姜、丹沙、石、铜、铁、竹、木之器。南御滇僰,僰僮。西近邛笮,笮马、旄牛。然四塞,栈道千里,无所不通,唯褒斜绾毂其口,以所多易所鲜。天水、陇西、北地、上郡与关中同俗,然西有羌中之利,北有戎翟之畜,畜牧为天下饶。然地亦穷险,唯京师要其道。故关中之地,于天下三分之一,而人众不过什三,然量其富,什居其六。①

文中出现了两个"关中"。所谓"关中自汧、雍以东至河、华,膏壤沃野千里"的"关中",和所谓"关中之地,于天下三分之一,而人众不过什三,然量其富,什居其六"的"关中",前者为狭义的"关中",后者为广义的"关中"。

现在看来,在司马迁著作《史记》的时代,广义的"关中"即"大关中"的概念,可能是得到社会一定层面共同认可的。②

(三)《二年律令》所见五关

湖北江陵张家山汉简的出土,为秦汉史研究特别是汉初历史的研究提供了新的资料。例如,《二年律令》中《津关令》的有关内容,就有助于对当时"关中"概念的理解。

《津关令》严格规定了关津控制人员和物资出入的制度。③ 其中有涉及具体关名的内容,当有益于我们的讨论。如:

例1

二、制诏御史,其令扞〈扞〉关、郧关、武关、函谷【关】、临晋关,及诸其塞之河津,禁毋出黄金、诸奠黄金器及铜,有犯令☐(492)

① 《史记》,第3261—3262页。
② 参看林甘泉主编:《中国经济通史·秦汉经济卷》,经济日报出版社1999年版,第40—46页。
③ 李均明:《汉简所反映的关津制度》,《历史研究》2002年第3期。

例2

九、相国下〈上〉内史书言,函谷关上女子痌传,从子虽不封二千石官,内史奏,诏曰:入,令吏以县次送至徙所县。县问:审有引书,毋怪,(502)·相国、御史复请,制曰:可。(503)

例3

☑议,禁民毋得私买马以出扞〈扞〉关、郧关、函谷【关】、武关及诸河塞津关。其买骑、轻车马、吏乘、置传马者,县各以所买(506)名匹数告买所内史、郡守,内史、郡守各以马所补名为久久马,为致告津关,津关谨以藉(籍)、久案阅,出。(507)

例4

☑、相国上南郡守书言,云梦附宝园一所在胸忍界中,任徒治园者出人(入)扞〈扞〉关,故巫为传,今不得,请以园印为传,扞〈扞〉关听。(518)

简文所见"扞〈扞〉关、郧关、武关、函谷【关】、临晋关"等,值得我们在讨论"关中"区域界定时予以注意。

例1、例3、例4所见"扞〈扞〉关",整理小组注释:"扞关,即江关,《汉书·地理志》巴郡鱼复县有江关都尉,在今四川奉节东。"①其实,"扞关"《史记》三见。《楚世家》:"肃王四年,蜀伐楚,取兹方。于是楚为扞关以距。"②两例见于《张仪列传》:"秦西有巴蜀,大船积粟,起于汶山,浮江已下,至楚三千余里。舫船载卒,一舫载五十人与三月之食,下水而浮,一日行三百余里,里数虽多,然而不费牛马之力,不至十日而距扞关。扞关惊,则从境以东尽城守矣,黔中、巫郡非王之有。秦举甲出武关,南面而伐,则北地绝。秦兵之攻楚也,危难在三月之内,而楚待诸侯之救,在半岁之外,此其势不相及也。"③可见,扞关是楚地的西界,也是巴蜀的东界。《后汉书·公孙述传》:"东守巴郡,拒扞关之口。"④"将军任满从阆中下江州,东据扞关,于是尽有益州之地。"⑤也说"扞关"是巴蜀的东部关防。《续

---

① 张家山二四七号汉墓竹简整理小组:《张家山汉墓竹简〔二四七号墓〕》,文物出版社 2001 年版,第 206 页。

② 《史记》,第 1720 页。

③ 《史记》,第 2290 页。

④ 李贤注:"《史记》曰:楚肃王为扞关以拒蜀。故基在今硖州巴山县。"

⑤ 《后汉书》,第 635、636 页。

汉书·郡国志五》也写道:"(巴郡)鱼复,扞水有扞关。"①

例1及例3所见"郧关",整理小组注释:"郧关,《汉书·地理志》汉中郡长利县有郧关,在今湖北郧县东北。"②《史记·货殖列传》:"南阳西通武关、郧关。"张守节《正义》:"《地理志》云宛西通武关,而无郧关。盖'郧'当为'洵'。洵水上有关,在金州洵阳县。徐案汉中,是也。洵,亦作'郇',与郧相似也。"③认为"郧关"是"洵关"之误,其说未可信从。即使"洵水上有关,在金州洵阳县",就交通形势而言,当时应未有为《货殖列传》所提示的可以与"武关"并列的战略意义。郧关,是项羽等以"巴、蜀亦关中地也",于是"立沛公为汉王,王巴、蜀、汉中"的"汉中"地方的东界。

例1及例3所见"武关",整理小组注释:"武关,《汉书·地理志》弘农郡商县有武关。商县在今陕西商州东,关在其东南。"④武关是秦、楚之界。战国时期秦楚外交、军事许多故事均涉及武关。刘邦正是由武关"破关中"⑤"定关中"⑥的。汉景帝时,周亚夫出击吴楚七国叛军,也经武关东进。⑦

例1、例2、例3所见"函谷【关】",整理小组注释:"据文意'谷'字下脱'关'字。函谷关,《汉书·地理志》弘农郡弘农县有'故秦函谷关',在今河南灵宝西南。"⑧关名一例写作"函谷关",两例则写作"函谷",或许未必"'谷'字下脱'关'字","函谷"也许是当时曾经通行的简称。

例1所见"临晋关",整理小组注释:"临晋关,属左冯翊临晋县,在今陕西大荔东朝邑镇东北。"⑨例3未出现"临晋关",可能是已经包括在"诸河塞津关"之

①　刘昭注补:"《史记》曰:楚肃王为扞关以拒蜀。"《后汉书》,第2506页。

②　张家山二四七号汉墓竹简整理小组:《张家山汉墓竹简〔二四七号墓〕》,文物出版社2001年版,第206页。

③　《史记》,第3269页。

④　张家山二四七号汉墓竹简整理小组:《张家山汉墓竹简〔二四七号墓〕》,文物出版社2001年版,第206页。

⑤　《史记·项羽本纪》,第312页。

⑥　《史记·高祖本纪》,第356、364、376页。

⑦　参看王子今、焦南峰:《古武关道栈道遗迹调查简报》,《考古与文物》1986年第2期。

⑧　张家山二四七号汉墓竹简整理小组:《张家山汉墓竹简〔二四七号墓〕》,文物出版社2001年版,第206页。

⑨　张家山二四七号汉墓竹简整理小组:《张家山汉墓竹简〔二四七号墓〕》,文物出版社2001年版,第206页。

内的缘故。①

很可能张家山汉简《二年律令·津关令》的法律条文所体现的区域地理观,是使用了"大关中"的概念的。也就是说,以"扞〈扜〉关、郧关、武关、函谷【关】、临晋关"划定界限的"关中",是包括了"天水、陇西、北地、上郡"地方,也包括了"巴、蜀、汉中"地方的。

值得注意的是,"扞〈扜〉关、郧关、武关、函谷【关】、临晋关",由北向南,恰好构成一条大致端正的南北直线,这 5 座关的位置,竟然都在东经 110°与 111°之间。②

有学者在陕西三原嵯峨乡天井岸村发现西汉天齐祠遗址,据研究,发现相关几组西汉大型建筑群的轴线竟与汉长安城南北轴线相合。"调查结果证实,西汉时期曾经存在一条超长距离的南北向建筑基线。这条基线通过西汉都城长安中轴线延伸,向北至三原县北塬阶上一处西汉大型礼制建筑遗址;南至秦岭山麓的子午谷口,总长度达 74 公里,跨纬度 47′07″。""该基线设立的时代为西汉初期。"他们还指出:"这条基线不仅长度超过一般建筑基线,而且具有极高的直度与精确的方向性,与真子午线的夹角仅 0.33°。"这条基线最南端为子午谷,向北依次为汉长安城、汉长陵、清河大回转段、天井岸礼制建筑遗址。自子午口至天井岸礼制建筑中心连线上最大水平偏离点为汉长安城南面中央的安门,东偏约 160米,偏距与总长度的比例为万分之 22。研究者还提请人们注意,经过武库的这条建筑基线"恰巧将陕西关中盆地中分为左右比较匀称的两部分,而且基线穿越的地点又是关中盆地最宽阔处"。研究者还试将这条建筑基线南北延长,发现西汉汉中郡治和朔方郡治也在其延长线上。如果这两座汉城选址时确实是与这条基线有关,则基线长度实际上长达 870 余公里,更加宏伟可观。《史记·秦始皇本纪》说,秦始皇曾经"立石东海上朐界中,以为秦东门"。将这一记载与经过天齐祠与长安城的建筑基线相联系,"似乎可以绘出一幅秦汉时期地理坐标图,这

① 参看王子今:《秦汉黄河津渡考》,《中国历史地理论丛》1989 年第 3 期;《秦汉交通史稿》,中共中央党校出版社 1994 年版,第 71—72 页。

② 一说扞关关址即汉江关都尉所在,据谭其骧主编《中国历史地图集》标注位置,则偏西。然而《玉海》卷一〇引《括地志》:"扞关,今硖州巴山县界故扞关是。"《史记·张仪列传》张守节《正义》:"(扞关)在硖州巴山县界。"第 2290 页。《后汉书·公孙述传》李贤注也说:"故基在今硖州巴山县。"第 535 页。《华阳国志·巴志》《七国考》卷三均同此说。唐代硖州州治在今湖北宜昌,巴山县治在今湖北长阳西。

幅图的坐标点为长安城(或咸阳),其纵轴上方指向朔方郡,下方指向汉中郡,其横轴东方指向上胸秦东门。这个坐标系与今经纬坐标相较,轴北端偏西约 1°,轴东端偏北约 1°,轴南端偏东约 30′。其纵轴较直,与横轴又相垂直,与今日子午卯酉坐标系有 1°左右的逆时针偏转。这一现象很难仅以巧合揣度"。于是研究者以为,大致可以推定,秦汉时期在掌握长距离方位测量技术的基础之上,可能已初步具备了建立大面积地理坐标的能力。[1] 从这一思路出发,联想"扞〈扜〉关、郧关、武关、函谷【关】、临晋关"5 关大致同样形成南北轴线的位置关系,[2]不免产生可能内含某种更深层意义的猜测。

有关较广阔空间中地理位置测定与交通线路规划的宏观认识,还可以通过直道与子午岭及子午道与直河的关系有所理解。[3]

对于《二年律令·津关令》中文字表述所体现的"扞〈扜〉关、郧关、武关、函谷【关】、临晋关"5 关的相互关系,似乎也不应理解为法令起草者随意的列述,至少由南而北的顺序,就恰恰是与汉初地图的方向相符合的。例如长沙马王堆 3 号汉墓出土地图,就取上南下北的方向。[4]

如果以张家山汉简所见"扞〈扜〉关、郧关、武关、函谷【关】、临晋关"划定"关中"与"关外",其"关中"地域,则与今天所说的"西部"大略相当。

(四)"关中"区域概念的发生与变化

《史记·货殖列传》所谓"关中之地,于天下三分之一,而人众不过什三,然量其富,什居其六。"[5]《汉书·地理志下》写作"故秦地天下三分之一,而人众不过什三,然量其富居什六"。[6]《史记·高祖本纪》也记载:"或说沛公曰:'秦富十倍天下,地形强。今闻章邯降项羽,项羽乃号为雍王,王关中。今则来,沛公恐不得

① 秦建明、张在明、杨政:《陕西发现以汉长安城为中心的西汉南北向超长建筑基线》,《文物》1995年第 3 期。
② 这一纵轴的角度偏差,也呈示微弱的逆时针偏转。
③ 王子今:《秦直道的历史文化观照》,《人文杂志》2005 年第 5 期。
④ 马王堆汉墓帛书整理小组:《长沙马王堆三号汉墓出土地图的整理》,《文物》1975 年第 2 期。
⑤ 《史记》,第 3262 页。
⑥ 《汉书》,第 1646 页。

有此。'"①同样说明在当时的区域地理概念中,"关中"和"秦地"是大体一致的。又《史记·项羽本纪》写道:"项羽乃召黥布、蒲将军计曰:'秦吏卒尚众,其心不服,至关中不听,事必危,不如击杀之,而独与章邯、长史欣、都尉翳入秦。'于是楚军夜击坑秦卒二十余万人新安城南。"②其中"至关中"和"入秦"的涵义也是基本相同的。

"关中"的对应概念是"关外"。如《史记·秦始皇本纪》:"隐宫徒刑者七十余万人,乃分作阿房宫,或作丽山。发北山石椁,乃写蜀、荆地材皆至。关中计宫三百,关外四百余。"③"关中"与"关外"的对应关系,又见于张家山汉简《二年律令·津关令》。例如简 500—501 就有关于"关外人宦为吏若徭使,有事关中,不幸死"情形的文字。又如简 504:"请中大夫谒者、郎中、执盾、执戟家在关外者,得私置马关中。"简 513:"请郎骑家在关外,骑马节(即)死,得买马关中人一匹以补。"简 519:"请汤沐邑在诸侯,属长信詹事者,得买骑、轻车、吏乘、置传马,关中比关外县。"④也是同样的例证。

"关中"和"关外",从用词的语气分析,应是秦人立场的体现。前引《战国策·秦策四》所谓"关中之候""关内候"之"关中""关内",明显是说秦国。看来,"关中",很可能是秦占据函谷关之后形成的区域地理概念。

与"关中"形成对应关系的另一说法是"关东"。如《史记·秦始皇本纪》:"盗贼益多,而关中卒发东击盗者毋已。右丞相去疾、左丞相斯、将军冯劫进谏曰:'关东群盗并起,秦发兵诛击,所杀亡甚众,然犹不止。盗多,皆以戍漕转作事苦,赋税大也。请且止阿房宫作者,减省四边戍转。'"⑤"关中卒"的作战对象,是"关东群盗"。

"关中"的区界之所以在《史记》这样的史学名著中也未能明确不移,是由"秦地"在统一战争中迅速扩张的历史原因造成的。不同规模的"关中"地域,是与秦国疆土逐渐扩大的历史过程相关的。

---

① 《史记》,第 364 页。
② 《史记》,第 310 页。
③ 《史记》,第 256 页。
④ 张家山二四七号汉墓竹简整理小组:《张家山汉墓竹简〔二四七号墓〕》,文物出版社 2001 年版,第 207—209 页。
⑤ 《史记》,第 271 页。

司马迁《史记·货殖列传》使用"大关中"概念指代的地域,大体是与秦昭襄王后期秦国的版图相一致的。秦王政即位时的政治地理形势,则是秦国已经越过宛(今河南南阳)且占有楚国国都郢(今湖北江陵北),而设置了南郡;北方则兼并了上郡(郡治在今陕西榆林南)以东地方,设置了河东郡(郡治在今山西夏县)、太原郡(郡治在今山西太原西南)、上党郡(郡治在今山西长子);东方又将国境推进到荥阳(今河南荥阳),灭掉了西周和东周两个政权,置三川郡(郡治在今河南洛阳)。也就是说,如果以太行山、白河、汉江下游一线贯通南北,这条线以西的辽阔地域,都已经成为秦国的疆土。

这种"大关中"概念之所以没有能够完全取代此前多种"关中"的概念,或许与秦祚之短暂有关。而理解后来刘邦和项羽"中分天下,割鸿沟以西者为汉,鸿沟而东者为楚"①的分治格局,以及汉初中央政府直接控制的汉郡与诸侯王国相互并立的形势,②也应当考虑到以秦政治文化地图为基点的"大关中"概念的历史文化影响。

(五)"大关中"说的法律认定

张家山汉简《二年律令·津关令》数见"关中"字样。如:"制诏相国、御史,诸不幸死家在关外者,关发索之,不宜,其令勿索,具为令。相国、御史请关外人宦为吏若徭使,有事关中, 不幸死 ,县道各(?)属所官谨视收敛,毋禁物,以令若丞印封椟槽,以印章告关,关完封出,勿索。"(500—501)"□,相国上中大夫书,请中大夫谒者、郎中、执盾、执戟家在关外者,得私置马关中。"(504)"相国、御史请郎骑家在关外,骑马节(即)死,得买马关中人一匹以补。"(513)"其不得□及马老病不可用,自言郎中,郎中案视,为致告关中县道官,卖更买。"(514—515)"丞相上长信詹事书,请汤沐邑在诸侯,属长信詹事者,得买骑、轻车、吏乘、置传马,关中比关外县。"(519)"丞相上鲁御史书言,鲁侯居长安,请得买马关中。"(520)"·丞相上鲁御史书,请鲁中大夫谒者得私买马关中,鲁御史为书告津关,它如令。"

---

① 《史记·项羽本纪》,第 331 页;《史记·高祖本纪》,第 377 页。
② 参看周振鹤:《西汉政区地理》,人民出版社 1987 年版,第 7—12 页。

(521)"·丞相上鲁御史书,请鲁郎中自给马骑,得买马关中,鲁御史为传,它如令。"(522)①理解这里所说的"关中",应当考虑到同一篇律文中"扞关、郧关、武关、函谷、临晋关"的地位和作用。

很可能张家山汉简《二年律令·津关令》的法律条文所体现的区域地理观,是使用了"大关中"的概念的。也就是说,以"扞关、郧关、武关、函谷、临晋关"划定界限的"关中",是包括了"天水、陇西、北地、上郡"地方,也包括了"巴、蜀、汉中"地方的。②

据现有历史迹象分析,在司马迁写作《史记》的时代,广义的"关中"即"大关中"的概念,可能得到社会较普遍层面的共同认可。

而张家山汉简《二年律令·津关令》中列说五关的文字,则说明汉初这种"大关中"观已经得到较权威层次的承认。

《二年律令·津关令》简文,可以理解为以正式法律文书形式公开宣示了这种肯定和确认。③

① 张家山二四七号汉墓竹简整理小组:《张家山汉墓竹简〔二四七号墓〕》,文物出版社2001年版,第207—210页。
② 王子今:《秦汉区域地理学的"大关中"概念》,《人文杂志》2003年第1期,《秦汉史论丛》第9辑,三秦出版社2004年版,《日常秩序中的汉唐政治与社会》,社会科学文献出版社2012年版;王子今、刘华祝:《说张家山汉简〈二年律令·津关令〉所见五关》,《中国历史文物》2003年第1期,《张家山汉简〈二年律令〉研究文集》,广西师范大学出版社2007年版,《崤函古道研究》,三秦出版社2009年版。
③ 王子今、刘华祝:《说张家山汉简〈二年律令·津关令〉所见五关》,《中国历史文物》2003年第1期;王子今:《秦汉区域地理学的"大关中"概念》,《人文杂志》2003年第1期。

十四、长平之战对于"秦吞并三晋"的意义

《史记·天官书》说秦统一进程中军事攻伐的步骤,包括"秦并吞三晋、燕、代,自河山以南者中国"。① "三晋",是秦军东进首先要克服的障碍。晋之强,曾经威震中原。如《淮南子·人间》所说:"南伐楚,东伐齐,西伐秦,北伐燕,兵横行天下无所绻,威服四方而无所诎。"②《战国策·秦策二》于是可见"夫三晋相结,秦之深雠也"的说法。③《战国策·赵策一》:"三晋合而秦弱,三晋离而秦强,此天下之所明也。"④又《战国策·赵策四》写道:"求利于三晋,是秦之一举也。"⑤长平之战,是发生于战国晚期秦国与赵国之间的规模空前的历史性决战。秦军于长平(今山西高平西北)歼灭赵军主力,标志着"秦并吞三晋"战略任务基本完成,确定了在兼并战争中的胜局。历史记载所见长平之战中秦国决策集团与秦军将士的表现以及这一战役长久的历史文化影响,对于我们认识秦文化的若干特质以及秦文化在当时黄河流域时代文化主流中的地位和影响,有重要的意义。

(一) 秦军"追亡逐北","宰割天下"

秦昭襄王时代,被看作中国历史上的英雄时代。这里所谓英雄时代,是指社会竞争比较激烈,生活节奏比较急迅,杰出人才比较集中,文化风格比较豪放,从

---

① 《史记》,第 1347 页。

② 何宁撰:《淮南子集释》,中华书局 1998 年版,第 1245 页。

③ 〔西汉〕刘向集录:《战国策》,上海古籍出版社 1985 年版,第 165 页。又如《战国策·赵策一》:"三晋合而秦弱,三晋离而秦强,此天下之所明也。"第 628 页。又《战国策·赵策四》:"三晋皆有秦患。"第 729 页。

④ 〔西汉〕刘向集录:《战国策》,上海古籍出版社 1985 年版,第 628 页。

⑤ 〔西汉〕刘向集录:《战国策》,上海古籍出版社 1985 年版,第 742 页。

而历史进步比较显著,文明创获也比较丰富的历史时期。在历史上的英雄时代,民族精神的特质一般都表现出积极奋进的风格。

对于秦昭襄王时代的历史特征以及当时秦人的历史表现,历史学家曾经用这样有力的笔调予以记述:"海内争于战功","务在彊兵并敌",①"追亡逐北","宰割天下","分裂河山"。② 司马迁所谓"昭襄业帝"的评价,③也说明了这一时期秦人的历史成就对于实现"大一统"的意义。

当时时代精神的风格,明显地表现出推崇勇力、比竞智思、奋发有为、积极进取的特征,历史在当时为焕发人们的才智,为催化社会的演进,为激活文化的生机,提供了优越的条件。

据司马迁《史记·六国年表》的记载,从公元前 475 年,至公元前 221 年秦并天下,这 255 年间,前后计有 92 位君主在政治舞台上进行表演,其中享国 40 年以上者有 8 人,享国 50 年以上的,有赵简子 60 年,楚惠王章 57 年,齐宣公就匝 51 年,周赧王延 59 年,秦昭襄王 56 年。

战国晚期在位的 2 位老年君主,就是周赧王姬延和秦昭襄王嬴稷。

前者所统治的是当时最弱小的政权,后者所统治的,则是当时最强大的政权。

前者的政权,恰恰又是败亡在后者的政权手中。

在公元前 256 年,周赧王去世,第二年,秦昭襄王就正式出兵灭掉了西周。7 年之后,秦又灭东周,周王朝于是灭亡。

秦昭襄王又是秦国历史上在位年代最长的君主。

在他所处的时代,秦国成为实力压倒列强的,任何人都不能忽视的大国。

也正是在秦昭襄王时代,秦国表现出了能够实现统一的国力。当时,只有秦国有充备的实力能够实现统一,已经成为比较明显的历史趋向。

秦昭襄王时代,是秦人东向扩张的全盛时代。不过,按照秦昭襄王既定的东征战略,可能秦军本来是并不急于和在军事上相当强大的赵人直接交锋的,而是应当先征服魏国和韩国,控制中原地区的大部。

① 《史记·六国年表》,第 685 页。

② 贾谊:《过秦论》,《史记·秦始皇本纪》,《史记·陈涉世家》,第 279、1963 页。

③ 《史记·太史公自序》,第 3302 页。

　　根据民间广泛流传的远古时代的传说,秦人和赵人其实原本同出一源。而赵国在赵武灵王实行历史上称作"胡服骑射"的大规模的社会文化改革之后,成为雄镇北方的军事强国,赵国又多山地,出产贫薄,因而秦国东征军之兵锋所向,起初并没有以赵国为主要目标。《战国策·中山策》记述,长平之战后,秦昭襄王举兵攻邯郸,令白起为统帅,白起拒绝,并且说道:"惟愿大王览臣愚计,释赵养民,以诸侯之变。抚其恐惧,伐其骄慢,诛灭无道,以令诸侯,天下可定,何必以赵为先乎? 此所谓为一臣屈而胜天下也。大王若不察臣愚计,必欲快心于赵,以致臣罪,此亦所谓胜一臣而为天下屈者也。"①所谓"何必以赵为先乎?"可能体现了秦高层决策集团军事方略的一种考虑。当时确实有"当今之世,山东之建国,莫如赵强"以及"秦之所畏害于天下者,莫如赵"的说法。②

　　秦国和赵国的这次大规模的直接的军事交锋,是由于韩国上党郡的归属而偶然引发的。

　　秦昭襄王四十五年(前 262),秦军猛攻韩国的野王(今河南沁阳)。野王被迫投降,于是韩国上党郡与国都郑(今河南新郑)之间的联系被切断,成为事实上的飞地。

　　上党郡太守冯亭于是与百姓商议:"郑道已绝,韩必不可得为民。秦兵日进,韩不能应,不如以上党归赵。赵若受我,秦怒,必攻赵。赵被兵,必亲韩。韩赵为一,则可以当秦。"因使人报赵。赵孝成王与平阳君、平原君计之。平阳君曰:"不如勿受。受之,祸大于所得。"平原君曰:"无故得一郡,受之便。"赵受之,因封冯亭为华阳君。③

　　秦昭襄王四十六年(前 261),秦军连续攻克韩国的缑氏(今河南登封西北)、蔺(今山西离石西)两县。第二年,秦国派左庶长王龁进一步加紧对韩国的攻势,秦军夺取了上党(今山西屯留南)。上党的民众纷纷流亡,逃奔到赵国。赵国在长平(今山西高平西北)屯据重兵,以护卫上党流民。

　　秦昭襄王四十七年(前 260)四月,王龁所部秦军进攻长平。秦赵长平之战爆发了。

---

① 〔西汉〕刘向集录:《战国策》,上海古籍出版社 1985 年版,第 1191 页。

② 《战国策·赵策二》,〔西汉〕刘向集录:《战国策》,上海古籍出版社 1985 年版,第 638 页。

③ 《史记·白起王翦列传》,第 2333 页。

（二）上 将 军 白 起

在最初的交战中，秦军斩杀赵一都尉。赵孝成王与平阳君赵豹商议与秦人媾和，派贵族郑朱作为使者入秦。秦昭襄王接待了郑朱，却"终不肯媾"。[1]

秦军初获小胜，据《史记·白起王翦列传》，"秦斥兵斩赵裨将茄；六月，陷赵军，取二鄣四尉；七月，赵军筑垒壁而守之，秦又攻其垒，取二尉，败其阵，夺西垒壁。"[2]秦虽"数败赵军"，但是不久就因赵军名将廉颇"固壁不战"，避其锐气的战术而受到阻滞。"秦数挑战，廉颇不肯"。[3]廉颇准备以这样的方式首先挫杀秦军的锐势，然后等待有利时机出击。而两军长期相持，对于远征千里的秦军来说，实际上意味着走向失败。秦军历来善于突进急击，只有速胜才能成就大功，而攻势一旦受挫，往往就会导致士气的凋败和进攻实力的摧折。秦军主将王龁长期求战不得，秦军所面临的高山夜寒、粮草不继、士卒病伤等不利条件，都使他为久困长平而深深忧虑。

为了战胜赵国名将廉颇，秦昭襄王决意派战功累累的将军白起出任长平秦军的统帅。

白起，眉县人，行伍出身，勇于拼战，善于用兵。秦昭襄王十三年（前294），他已经以军功累进，升到秦国20级军功爵制的第10级"左庶长"，统率大军进攻韩国的新城（今河南伊川西南）。第二年，白起军功爵升至第12级"左更"，在伊阙（今河南洛阳南）与韩魏联军会战，斩首24万，俘虏其主将公孙喜，攻克5城。于是白起升任秦国国君之下的最高军事长官"国尉"。白起又率军渡过黄河，攻占了韩国安邑（今山西夏县西北）以东的大片土地，一举将秦国的疆域扩展到河汾平原。秦昭襄王十五年（前292），白起军功爵已经升到第16级"大良造"，与当年商鞅地位最高时相当。同年，白起又率军进攻魏国，占领了大小61城。第二年，白起的部队又攻占了王屋山下的战略要地垣城（今山西垣曲东南）。

白起作为主将第一次和赵军直接作战，是秦昭襄王二十七年（前280），他率

---

[1]　《史记·平原君虞卿列传》，第2371页。

[2]　《史记》，第2333页。

[3]　《史记·廉颇蔺相如列传》，第2446页。

军攻赵,占领了太行山区的光狼城(今山西高平西)。

白起将军最为显赫的战功,是秦昭襄王二十八年至二十九年(前279至前278)进攻楚国时所取得的。当时,秦军兵锋凌厉,起初即一举攻克楚国鄢(今湖北宜城)、邓(今湖北襄樊北)等5城,第二年又出其不意,以神奇的跃进速度,插入楚国腹地,竟然攻陷了楚国国都郢城(今湖北江陵),火烧夷陵(今湖北宜昌)。秦军的前锋甚至一直推进到临近汉江和长江交汇处的竟陵(今湖北潜江西)。楚顷襄王被迫出逃,后来不得不把国都迁移到陈地。秦国在郢城设立了南郡。于是,秦的疆土第一次扩张到江汉平原的富庶地区。将军白起因此再次得以升迁,被封为"武安君"。武安君白起又继续挥师渡江南下,控制了巫郡和黔中郡的广大地区。

秦昭襄王三十四年(前273),武安君白起又率军进攻魏国,攻克华阳城(今河南郑州南),威胁韩国国都郑(今河南新郑),歼灭三晋联军13万,又击败赵将贾偃部,沉杀其部卒2万人于黄河中。

秦昭襄王四十三年(前264),白起以进攻韩国陉城(今山西曲沃西北)为起点,连续拔5城,斩首5万。第二年,他率领的秦军又完成了切断南阳太行交通道路的战略任务。光狼城争夺战和这两次军事行动,都是在太行山地进行的。

白起被任命为"上将军"。[①]"上将军",是秦国自此首次设置的最显赫的军职。

(三) 长 平 决 战

秦军和赵军都集聚了全力,准备在这里作拼死的一搏。两军的将领内心都非常清楚,此战对于秦、赵两国,不仅关系到军势之盛衰,关系到国运之兴亡,关系到民气之生死。白起和廉颇作为一代名将,想来都切望在战场上能够直接交手,一试高低。不过,他们虽然在长平曾经亲率两军对垒,历史却终究没有给他们面对面直接进行较量的机会。

---

① 《史记·白起王翦列传》:"秦闻马服子将,乃阴使武安君白起为上将军。"第2334页。战国时期"上将军"军职,又见于《史记·魏公子列传》:"魏王见公子,相与泣,而以上将军印授公子,公子遂将。"第2383页。《史记·乐毅列传》:"乐毅还报,燕昭王悉起兵,使乐毅为上将军,赵惠文王以相国印授乐毅。"第2428页。

长平战区廉颇积粮之处,后来称作"米山"。明末人李雪山曾经作《咏米山》诗,由米山胜迹追念名将廉颇,其中写道:"积雪如山夜唱筹,廉颇为赵破秦谋。将军老去三军散,一夜青山尽白头。"①可惜将军之胜谋,却最终没有条件能够得以实践,名将廉颇无故被赵王解职,使战局急转。

赵孝成王命令由赵括取代廉颇,任长平赵军的最高统帅。赵括是曾经于阏与(今山西和顺)之战战胜秦军的马服君赵奢的儿子,自幼熟读兵书,勤习弓马,成年后,更是仪表雍容,言谈不凡,被看作"将门出将"的典范。赵括的母亲,马服君夫人上书反对任命赵括为长平军主将,仍然没有改变赵孝成王的决定。

赵括开始在长平前线行使指挥权之后,两军相持的形势果然发生了明显的变化。

秦昭襄王四十七年(前260),即赵孝成王六年九月,在长平山地,秦军与赵军的决战开始了。经过激战,上将军白起指挥的秦军完成了对赵括属下40余万赵军的分割包围。被围困的长平赵军,军粮补给已经完全断绝。

出于对长平之战特殊的战略意义的重视,秦昭襄王风尘仆仆,亲自前往河内。这是秦国的国君巡幸秦国的国土,所至于最东端的空前的历史纪录。《史记·白起王翦列传》:"秦王闻赵食道绝,王自之河内,赐民爵各一级,发年十五以上悉诣长平,遮绝赵救及粮食。"②秦昭襄王的河内之行,对于动员兵员,督察粮运,全力加强长平前线的作战能力,无疑有积极的意义。对长平赵军之兵员与军粮的远方来援的堵截,也因此具备了成功的条件。

在长平被秦军牢牢围定的赵军士卒,绝粮长达46天。数十万人经历了空前严峻的生存能力的考验。

在赵军主力被秦军分割,并且陷入秦军包围之后,赵括将军只能把摆脱困境,反败为胜的全部希望,寄托在围外来援上。但是他没有想到秦昭襄王竟然会亲临河内,亲自督察长平战事,阻断各国援赵的通路;也没有想到秦军主将白起竟然会有全歼数十万赵军的魄力。

按照兵法的常规,白起如果确实试图全歼长平赵军主力,那么,在比较双方军势时,应当看到,秦军并不占据优胜于赵军的地位。第一,赵军先至长平,而秦

---

① 〔清〕范绳祖修:顺治《高平县志·艺文志》,清顺治十五年刻本,第516页。
② 《史记》,第2334页。

军则后至。《孙子·虚实》说:"孙子曰:凡先处战地而待敌者佚,后处战地而趋敌者劳。故善战者,致人而不致于人。"第二,秦军数量并不远远超过赵军。《孙子·谋攻》说:"用兵之法,十则围之,五则攻之,倍则分之,敌则能战之,……。"①秦军绝对没有十倍于赵军的兵力,却竟然要实行包围赵军的战略。

在选择基本战术时,白起似乎也违背了兵法的基本原则:比如,秦军严密包围赵军而不留出路。而《孙子·军争》说:"围师必阙。"②另外,秦军围定赵军后,尽管掌握着战争的主动权,然而却迟迟不发动进攻。而《孙子·九地》说:"兵之情主速。"主张用兵利于速胜,不利于持久。《孙子·作战》还说:"凡用兵之法,驰车千驷,革车千乘,带甲十万,千里馈粮。则内外之费,宾客之用,胶漆之材,车甲之奉,日费千金,然后十万之师举矣。其用战也,胜久则钝兵挫锐,攻城则力屈,久暴师则国用不足。夫钝兵、挫锐、屈力、殚货,则诸侯乘其弊而起,虽有智者不能善其后矣。故兵闻拙速,未睹巧之久也。夫兵久而国利者,未之有也。"③白起显然也违背了兵法的这一原则。

白起看起来处处违背兵法的原则,然而在战役中,秦军实际上却并没有因此遭受到什么挫败,而且从战局的总趋势看,恰恰相反,秦军越来越占有优势,而赵军的劣势也越来越明显。

在已经找寻不到出路的情况下,心傲而志高的赵括发起了拼死的最后一搏。据《史记·白起王翦列传》:"至九月,赵卒不得食四十六日,皆内阴相杀食。来攻秦垒,欲出。为四队,四五复之,不能出。其将军赵括出锐卒自搏战,秦军射杀赵括。括军败,卒四十万人降武安君。"④

(四)"长平之坑"

如何妥善地处置这些赵军降卒,成为上将军白起面临的难题。他再三考虑,

---

① 曹操等注,郭化若译:《十一家注孙子》,中华书局 1962 年版,第 82—83、41—43 页。
② 曹操注:"《司马法》曰:'围其三面,阙其一面,所以示生路也。'"曹操等注,郭化若译:《十一家注孙子》,中华书局 1962 年版,第 129 页。
③ 曹操等注,郭化若译:《十一家注孙子》,中华书局 1962 年版,第 192、21—23 页。
④ 《史记》,第 2335 页。

确定了一种彻底解决的方式。长平,于是在历史上留下了永远不能磨灭的悲苦记忆。《史记·白起王翦列传》记载:

> 武安君计曰:"前秦已拔上党,上党民不乐为秦而归赵。赵卒反覆。非尽杀之,恐为乱。"乃挟诈而尽坑杀之,遗其小者二百四十人归赵。前后斩首虏四十五万人。赵人大震。①

白起曾经有杀降的记录,而屠戮的对象也是赵国军人。秦昭襄王三十四年(前273),"白起攻魏,拔华阳,走芒卯,而虏三晋将,斩首十三万。与赵将贾偃战,沈其卒二万人于河中"。②

应当承认,武安君白起虽然以残厉闻名于世,但是秦军在他所主持的战事中,又确实都能够以极高的效率克敌制胜。他在历次战争中所表现出的高超的军事艺术和杰出的指挥才能,也是为世人所公认的。白起作战的风格,其实代表着秦国军事体制的典型的特征。

对长平大规模杀降事件如果作客观的分析,应当说,历史悲剧之发生,除了秦文化的传统风格与东方列国有明显差异之外,③另一主要的因素可能还在于体制的弊端。在秦国的新占领区,军事长官实际上集军政大权于一身。他们在承担军事指挥任务的同时,也要负责地方的行政管理事务。就长平地区的局势而言,在受降之后,上将军白起要负责组织调运近30万降卒的冬衣和口粮,要负责安排他们的集中整训和安置,此外,还要负责筹划下一步的军事部署和战役准备。以白起将军的资质,要全面地承当这一切,又要做到完满而稳妥,实在是非常艰难的。④

---

① 《史记》,第2335页。
② 《史记》,第2331页。
③ 《荀子·议兵》:"秦人,其生民也狭厄,其使民也酷烈。"郝懿行《荀子补注》:"狭厄,犹狭隘也。"〔清〕王先谦撰,沈啸寰、王星贤点校:《荀子集解》,中华书局1988年版,第273页。"酷烈"体现政治文化的风格,可以与《史记·商君列传》所谓"商君,其天资刻薄人也"对照读。第2237页。《商君书·垦令》又说到"惵急之民""很刚之民"。张觉撰:《商君书校疏》,知识产权出版社2012年版,第26页。秦以国势之强盛、军威之勇进以及民气之急烈,于东方得"虎狼之国"的恶名。《史记·苏秦列传》,第2254、2261页。《史记·樗里子甘茂列传》,第2308页。《史记·孟尝君列传》,第2354页。《史记·屈原贾生列传》,第2484页。
④ 王子今:《"长平之坑"与"新安之坑"》,《秦始皇帝陵博物院2017》,三秦出版社2017年版。

回顾历史,秦国在扩张领土的过程中所施行的对新区的统治政策,有得有失。[①] 而秦对于巴蜀的政策,应当说是比较成功的。[②]

秦惠文王更元九年(前 316),张仪、司马错和都尉墨等率军攻伐蜀国,很快就在蜀地建立了成功的统治。秦昭襄王时期和巴人订立了盟约,宣布对当地原有的经济形式和风俗习惯都不以强力进行干涉和变革,致使"夷人安之"。[③] 后来,巴人和蜀人都参加了秦军征服楚地的战役,并且有效地承担了伐楚主要的军需供应。张仪是文职官员,当时任秦国丞相,他显然在占领巴蜀之地的努力中发挥了突出的作用。

可以推想,如果蜀地行政只是由名将司马错来主持,秦蜀关系的历史可能将会是另外一种局面。

(五) 长平之战的历史反响

长平之战,成为战争史上最著名的战役之一,而所以能够深深地留印在人们的记忆中,不仅是因为这次战役的规模空前,秦国和赵国双方投入的兵力和民力都创当时的历史最高纪录,还在于这一战役的结局,使人们极其突出地、极其深刻地感受到战争的严酷。

这是中国古代军事史册上具有最鲜明色彩的一页。秦军以空前野蛮的屠杀,结束了规模空前的长平之战。于是,秦国和东方列国军事力量的对比,占有了前所未有的新的优势。

赵军以空前悲怆的流血,结束了规模空前的长平之战。于是,东方诸国对于战争性质和战争形势的认识,得到了进一步的升华。

这又是中国古代军事史册上具有最灰黯色彩的一页。

秦军以最残酷的暴行,通过战争,把人性凶悍歹毒的一面展露了出来。

赵军以最猥劣的失败,通过战争,把人性轻浮愚懦的一面展露了出来。

---

①　王子今:《秦王朝关东政策的失败与秦的覆亡》,《史林》1986 年第 2 期。

②　王子今:《秦兼并蜀地的意义与蜀人对秦文化的认同》,《四川师范大学学报(社会科学版)》1998年第 2 期。

③　《后汉书》,第 2842 页。

关于长平之战发生的时间，有学者发表过不同的意见。一说长平之战爆发于公元前 262 年，赵取上党与秦攻长平在同时，上党之战和长平之战是紧密相连的，秦赵为争夺上党而聚兵长平，于是发生了长平之战。[①] 一说长平之战爆发和结束均在公元前 260 年，战事自四月开始，九月结束，历时 6 个月。秦赵两军在长平正式交战，是长平之战爆发的标志，应当把上党之战和长平之战区别开来。[②]

其实，这两种意见的区别，只是在于是否将长平决战的先声，即上党争夺理解为长平战役的第一阶段。而我们如果以长平决战作为讨论对象，其实可以避开这一争论。

关于长平之战白起坑杀赵军降卒的人数，有的学者对于"四十万"这样的惊人数额表示怀疑。多有学者著文指出，赵国男子充其量 40 多万，全国兵力最多不过 20 万人左右，长平之战是一场普通战争，赵军已经接近全军覆灭，被坑的赵卒不会很多。[③]

可是我们阅读有关长平之战的历史文献，却可以反复看到秦破赵 40 万众的记载。例如司马迁在《史记》中记述：

《秦本纪》："（秦昭襄王）四十七年，秦攻韩上党，上党降赵，秦因攻赵，赵发兵击秦，相距。秦使武安君白起击，大破赵于长平，四十余万尽杀之。"

《六国年表》："白起破赵长平，杀卒四十五万。"

《六国年表》："白起破（赵）括四十五万。"

《燕召公世家》："秦败赵于长平四十余万。"

《燕召公世家》："秦人围赵括，赵括以军降，卒四十余万皆坑之。"

《赵世家》："赵氏壮者皆死长平。"

《韩世家》："秦拔赵上党，杀马服子四十余万于长平。"

---

① 杨宽：《关于长平之战的时间》，《历史教学》1983 年第 3 期；同作者：《再谈长平之战的时间》，《历史教学》1983 年第 11 期。

② 张景贤：《长平之战时间考辨》，《历史教学》1982 年第 9 期；同作者：《长平之战时间再辨》，《历史教学》1983 年第 11 期。

③ 宋裕：《白起坑赵卒有"四十万"吗？》，《晋阳学刊》1983 年第 3 期；《长平之战的真象》，《河北学刊》1990 年第 6 期。邵服民：《秦赵长平之战赵国兵力质疑》，邯郸市河北省历史学会编：《赵国历史文化论丛》。舒咏梧：《"长平之战活埋赵卒四十万"质疑》，《文史杂志》1990 年第 3 期。

《田敬仲完世家》:"秦破赵于长平四十余万。"

《白起王翦列传》:"(白起)乃挟诈而尽坑杀之,遗其小者二百四十人归赵,前后斩首虏四十五万人。"

《白起王翦列传》:"长平之战,赵卒降者数十万人我诈而尽坑之。"

《平原君虞卿列传》:"赵陷长平兵四十余万众。"

《春申君列传》:"秦破赵之长平军四十余万。"

《范雎蔡泽列传》:"(白起)又越韩、魏而攻强赵,北坑马服,诛屠四十余万之众,尽之于长平之下,流血成河,沸声若雷,遂入围邯郸,使秦有帝业。"

《廉颇蔺相如列传》:"(赵)括军败,数十万之众遂降秦,秦悉坑之。赵前后所亡凡四十五万。"

《廉颇蔺相如列传》:"赵壮者尽于长平。"

《鲁仲连邹阳列传》:"王使白起破赵长平之军前后四十余万。"①

分析这些历史记载,大致可以得到这样的认识:长平之战,秦国破赵国之军,"前后"共四十余万,赵军投降后被坑杀的计有"数十万"之多。司马迁著《史记》时多直接引用秦国史书《秦记》,②其中基本的史实,应当是大体可信的。我们从《白起王翦列传》所谓秦昭襄王"发年十五以上悉诣长平",可知秦国是倾全国之力面对决战的,以此推想,对赵国所投入的军力,也不应当作过于保守的估计。

当然,司马迁有关秦军军功的记载,可能有若干夸大之处。

军功统计的失实,不是不可能的,而这一情形反映于《秦记》一类史书中,也不是不可能的。

不过,还应当看到,秦国长期以斩首计功而被称为"上首功之国"(《史记·鲁仲连邹阳列传》),其以统计杀敌人数为基点的军功制度应当是较为严密的。长平之战秦军歼灭赵军人数如所谓"白起破赵长平之军前后四十余万"等,如果与实际出入太大,也是难以想象的。

《战国策》中有对长平之战的记述,例如:

---

① 《史记》,第 213、747、1559、1826、1828、1877、1902、2335、2337、2376、2395、2423、2447、2459 页。

② 王子今:《〈秦记〉考识》,《史学史研究》1997 年第 1 期;同作者:《〈秦记〉及其历史文化价值》,《秦文化论丛》第 5 辑,西北大学出版社 1997 年版。

《秦策一》："（赵）悉其士民，军于长平之下，以争韩之上党，大王以诈破之，拔武安。"

《秦策三》："白起率数万之师，……越韩、魏攻强赵，北坑马服，诛屠四十余万之众，流血成川，沸声若雷，使秦业帝。"

《齐策二》："秦攻赵长平。"

《赵策一》："韩告秦曰：'赵起兵取上党。'秦王怒，令公孙起、王齮以兵遇赵于长平。"

《赵策三》："夫以秦将武安君公孙起乘七胜之威，而与马服之子战于长平之下，大败赵师，因以其余兵，围邯郸之城。赵以亡败之余众，收破军之敝守，而秦罢于邯郸之下。"

《赵策三》："秦攻赵于长平，大破之，引兵而归。"

《赵策三》："秦赵战于长平，赵不胜，……（赵王）与平阳君为媾，发郑朱入秦，秦内之。……赵卒不得媾，军果大败。"

《魏策四》："秦、赵久相持于长平之下而无决。"

《燕策三》："赵民其壮者皆死于长平。"

《中山策》："武安君曰：'长平之事，秦军大尅，赵军大破；秦人欢喜，赵人畏惧。……赵自长平已来，君臣忧惧，早朝晏退，卑辞重币，四面出嫁，结秦燕、魏，连好齐、楚，积虑并心，备秦为务。'"

《中山策》："今赵卒之死于长平者已十七、八，其国虚弱。"

《中山策》："今秦破赵军于长平。"①

现在看来，以上片断记述仍嫌简略，因而我们还是应当以司马迁的记述作为认识和评价长平之战的主要历史依据。

还应该看到，司马迁出于对白起悲剧结局的同情，也可能在偏护其人时，于其事也不免偏惠。②

（六）杜邮反省："是足以死"

长平之战后，白起的人生道路走向转折。长平取胜后，武安君白起的部将王龁率军攻克汾水与少水之间的皮牢，司马梗则率军占领太原。上将军白起本人

---

① 〔西汉〕刘向集录：《战国策》，上海古籍出版社 1985 年版，第 105、216、360、620、690、692、701—702、900、1121、1186、1187、1189 页。

② 王子今：《长平之战的历史记录与历史评价》，《秦文化论丛》第 7 辑，西北大学出版社 1999 年版。

亲率主力直下太行,进逼赵都邯郸。苏代以白起地位的上升警告范雎,并且说明了秦军此时灭赵并不能得到实利。范雎面见秦昭襄王,建议批准韩国和赵国割地议和的条件。考虑到各种复杂的因素,秦昭襄王终于颁布了致上将军白起的命令,指示邯郸前线的秦军立即撤围。白起上书告病请求回关中休养。在秦军主力得到了9个月的休整之后,秦昭襄王以为时机已经成熟,决意再次发起围攻邯郸的战役。他没有料到,白起竟然托病拒绝了邯郸战役秦军统帅的任命。王陵受命集结部队,完成了对邯郸的包围。王陵军进攻邯郸,遭到了有力的抵抗。秦昭襄王命令调集军队增援邯郸失利的秦军,并且让上将军白起主持邯郸前线军务。白起直言陈述了"邯郸实未易攻也"的意见。

　　秦昭襄王又派范雎见白起,强请他出任邯郸秦军统帅,白起称病,予以拒绝。秦昭襄王为白起拒绝往邯郸就任而恼怒。他命令将军王龁前往邯郸取代王陵,又增调大军,加强了邯郸前线的兵力。秦军急攻邯郸,在赵国危急的情况下,信陵君率领的魏国援军和春申君率领的楚国援军抵达邯郸前线,迫使秦军退却。在赵军、魏军和楚军的联合进攻下,秦军郑安平将军所部2万人陷于重围,不得不向赵军投降。王龁将军率领的秦军主力,于是被迫解除了邯郸之围。

　　因白起不能遵从王命,前往邯郸扭转败局,秦昭襄王发布了免武安君为士伍的命令,又决定,判处白起迁徙之刑,发配到西北极其边远穷僻的阴密地方(今甘肃灵台西)。白起因病留居咸阳达3个月之久。邯郸败局的影响越来越明显,白起又接到了必须马上离开咸阳,前往阴密的命令。听说白起心有怨意,秦昭襄王命令使者赐以宝剑,令其自裁。白起行至杜邮自杀。司马迁在《史记·白起王翦列传》中写道:

　　　　秦王使王龁代陵将,八九月围邯郸,不能拔。楚使春申君及魏公子将兵数十万攻秦军,秦军多失亡。武安君言曰:"秦不听臣计,今如何矣!"秦王闻之,怒,强起武安君,武安君遂称病笃。应侯请之,不起。于是免武安君为士伍,迁之阴密。武安君病,未能行。居三月,诸侯攻秦军急,秦军数却,使者日至。秦王乃使人遣白起,不得留咸阳中。武安君既行,出咸阳西门十里,至杜邮。秦昭王与应侯群臣议曰:"白起之迁,其意尚怏怏不服,有余言。"秦王乃使使者赐之剑,自裁。

白起自杀前有对于坑杀"赵军降者数十万人"的反省:

> 武安君引剑将自刭,曰:"我何罪于天而至此哉?"良久,曰:"我固当死。长平之战,赵卒降者数十万人,我诈而尽坑之,是足以死。"遂自杀。

白起之死,得到秦国民间广泛的同情。"武安君之死也,以秦昭王五十年十一月。死而非其罪,秦人怜之,乡邑皆祭祀焉。"①

（七）"赵氏壮者皆死长平":长平惨剧
对赵国人口的摧杀

关于长平之战赵军牺牲人数,有不同的说法。如前引《史记》中的记述,可见"数十万人""四十余万人""四十五万人"诸说:

（1）数十万

> 《白起王翦列传》:"长平之战,赵卒降者数十万人我诈而尽坑之。"

（2）四十余万

> 《秦本纪》:"秦使武安君白起击,大破赵于长平,四十余万尽杀之。"
>
> 《燕召公世家》:"秦败赵于长平四十余万。"
>
> 《赵世家》:"秦人围赵括,赵括以军降,卒四十余万皆坑之。"
>
> 《韩世家》:"(桓惠王)十四年,秦拔赵上党,杀马服子卒四十余万于长平。"
>
> 《田敬仲完世家》:"秦破赵于长平四十余万,遂围邯郸。"
>
> 《平原君虞卿列传》:"平原君贪冯亭邪说,使赵陷长平兵四十余万众,邯郸几亡。"
>
> 《春申君列传》:"秦破赵之长平军四十余万。"
>
> 《范雎蔡泽列传》:"(白起)又越韩、魏而攻强赵,北坑马服,诛屠四十余万之众,尽之于长平之下,流血成河,沸声若雷,遂入围邯郸,使秦有帝业。"

---

① 《史记》,第 2337 页。

《鲁仲连邹阳列传》:"秦王使白起破赵长平之军前后四十余万,秦兵遂东围邯郸。"①

(3) 四十五万

《六国年表》:"白起破赵长平,杀卒四十五万。"

《六国年表》:"白起破(赵)括四十五万。"

《白起王翦列传》:"(白起)乃挟诈而尽坑杀之,遗其小者二百四十人归赵,前后斩首虏四十五万人。"

《廉颇蔺相如列传》:"(赵)括军败,数十万之众遂降秦,秦悉坑之。赵前后所亡凡四十五万。"②

看来,"四十余万人"和"四十五万人"的说法,应当是大致可信的。前引《史记·白起王翦列传》:"遗其小者二百四十人归赵……。"可知被坑杀者皆为青壮年。据史家分析,赵国可以作为社会主要劳动力的适龄人口大都死于长平。

例如,《史记》有三处记载,都说到长平之战,赵国的"壮者皆死",导致了兵源的匮乏:

《燕召公世家》:"今王喜四年,秦昭王卒。燕王命相栗腹约欢赵,以五百金为赵王酒。还报燕王曰:'赵王壮者皆死长平,其孤未壮,可伐也。'王召昌国君乐间问之。对曰:'赵四战之国,其民习兵,不可伐。'王曰:'吾以五而伐一。'对曰:'不可。'燕王怒,群臣皆以为可。卒起二军,车二千乘,栗腹将而攻鄗,卿秦攻代。……"

《赵世家》:"十五年,以尉文封相国廉颇为信平君。燕王令丞相栗腹约驩,以五百金为赵王酒,还归,报燕王曰:'赵氏壮者皆死长平,其孤未壮,可伐也。'王召昌国君乐间而问之。对曰:'赵,四战之国也,其民习兵,伐之不可。'王曰:'吾以众伐寡,二而伐一,可乎?'对曰:'不可。'王曰:'吾即以五而伐一,可乎?'对曰:'不可。'燕王大怒。群臣皆以为可。燕卒起二军,车二千乘,栗腹将而攻鄗,卿秦将而攻代。"

① 《史记》,第 2337、213、1559、1826、1877、1902、2376、2395、2423、2459 页。
② 《史记》,第 747、2335、2447 页。

　　《廉颇蔺相如列传》:"自邯郸围解五年,而燕用栗腹之谋,曰'赵壮者尽于长平,其孤未壮',举兵击赵。"①

虽然有"赵王壮者皆死长平,其孤未壮""赵氏壮者皆死长平,其孤未壮""赵壮者尽于长平,其孤未壮"的不同说法,信息来源有可能基于一种史籍记录。其史实的可靠性,太史公是相信的。

　　《战国策》中也有大致相同的记述。《战国策·燕策三》:

　　燕王喜使栗腹以百金为赵孝成王寿,酒三日,反报曰:"赵民其壮者皆死于长平,其孤未壮,可伐也。"王乃召昌国君乐间而问曰:"何如?"对曰:"赵,四达之国也,其民皆习于兵,不可与战。"王曰:"吾以倍攻之,可乎?"曰:"不可。"曰:"以三,可乎?"曰:"不可。"王大怒。左右皆以为赵可伐,遽起六十万以攻赵。令栗腹以四十万攻鄗,使庆秦以二十万攻代。赵使廉颇以八万遇栗腹于鄗,使乐乘以五万遇庆秦于代。燕人大败。②

又《战国策·中山策》:"今赵卒之死于长平者已十七、八,其国虚弱。"姚本注:"言十分死其七、八分也。"③

(八)"今秦虽破长平军,而秦卒死者过半"

　　在"赵王壮者皆死长平""赵氏壮者皆死长平""赵壮者尽于长平""赵民其壮者皆死于长平""赵卒之死于长平者已十七、八"的另一面,秦军也多有伤亡。长平战后,范雎说"秦兵劳",白起说:"今秦虽破长平军,而秦卒死者过半,国内空。"④应当都是实际情况。

　　通过对关中地区规模较大的一处秦人墓葬遗存西安高陵坡底秦墓群的发掘,得到154例人骨标本。"在154例个体中,性别明确者91例,鉴定率为59.09％,年龄段明确者127例,鉴定率为82.47％;坡底居民的平均死亡年龄为

　　① 《史记》,第1559、1828、2447页。
　　② 〔西汉〕刘向集录:《战国策》,上海古籍出版社1985年版,第1121页。
　　③ 〔西汉〕刘向集录:《战国策》,上海古籍出版社1985年版,第1187、1188页。
　　④ 《史记·白起王翦列传》,第2336、2337页。

28.67 岁,其中男性平均死亡年龄为 30.29 岁,女性平均死亡年龄为 29.73 岁;死亡高峰为壮年期(51.18%),其次为青年期(24.41%)和中年期(18.90%),不见老年个体。秦国长期征战导致关中大量男丁入伍应该是坡底居民性别比例失调(性别比 0.596∶1)的主要原因。"研究认为:"通过对我国北方地区古代居民年龄组数据的分析,坡底居民的死亡高峰提前到了青年期和壮年期,这或许是战国晚期秦人生存压力较大,寿命普遍较低的一个缩影。"研究者比较"黄河流域仰韶时代—宋代各年龄阶段死亡率分布表"老年期所占百分比,仰韶时代仰韶组 7.91,龙山时代龙山组 13.09,商代刘家庄北地组 1.44,西周西村周祖 7.14,西周上马组 12.01,战国坡底组 0.00,战国湾里组 6.94,汉代郑州汉代组 8.78,唐代紫薇组 24.00,宋代郑州宋代组 25.40。[1] 战国坡底组 0.00% 的数据令人吃惊。

而战死在长平战场的秦国军人,即所谓"秦卒死者过半"者,其实是不可能回葬故土的。也就是说,并不能列入统计数据之中。

就西安高陵坡底秦墓群进行考察的学者注意到长平之战史例,"坡底居民性别比失衡的原因可能与秦国当时的对外政策有关。战国晚期随着秦国的疆域扩张,为获取更多土地和人口,秦与周边诸侯国频繁发生战争。"而所举史例,首先就是长平之战:"《史记》载'秦大破赵于长平,四十余万尽杀之',……","长平之战赵'悉其士民,军于长平之下',而秦则'发年十五以上悉诣长平',秦为了打赢与赵国的战争,征发国内所有 15 岁以上的壮丁去攻赵,可见秦国在此战争中所投兵力"。"秦在长平战役就征集 15 岁以上的男丁去打仗,这就导致了当地青壮年数量的减少,性别比失衡"。[2]

同样属于秦墓的考古工作收获,宝鸡建河墓地人骨研究,也发表了有关男女比例失调的成果。性别比为 0.56。[3] 分析其原因,应当也与战争导致的"秦卒死

---

① 据作者注:"仰韶组包括半坡墓地、北首岭墓地、姜寨墓地、龙岗寺墓地、横阵墓地、福临堡墓地,史家墓地、何家湾墓地吕家崖墓地、下王岗(一期、二期)墓地、王湾一期墓葬、大河村四期墓地、洪山庙 M1 等人骨标本。龙山组包括三里河墓地、尹家城墓地、呈子墓地、大河村墓地、王湾二期墓地等人骨标本。"周亚威、张翔宇、高博:《西安高陵坡底秦墓的人口学特征》,《北方文物》2018 年第 3 期。

② 周亚威、张翔宇、高博:《西安高陵坡底秦墓的人口学特征》,《北方文物》2018 年第 3 期。

③ 陈靓:《宝鸡建河村墓地人骨的鉴定报告》,陕西省考古研究所编著:《宝鸡建河墓地》,陕西科学技术出版社 2006 年版,第 194—223 页。

者过半，国内空"的情形有关。

（九）秦攻伐"三晋"的生命史考察

《史记·白起王翦列传》说，白起自杀，"死而非其罪，秦人怜之，乡邑皆祭祀焉"。裴骃《集解》引何晏曰：

> 白起之降赵卒，诈而坑其四十万，岂徒酷暴之谓乎！后亦难以重得志矣。向使众人皆豫知降之必死，则张虚卷犹可畏也，况于四十万被坚执锐哉！天下见降秦之将头颅似山，归秦之众骸积成丘，则后日之战，死当死耳，何众肯服，何城肯下乎？是为虽能裁四十万之命而适足以强天下之战，欲以要一朝之功而乃更坚诸侯之守，故兵进而自伐其势，军胜而还丧其计。何者？设使赵众复合，马服更生，则后日之战必非前日之对也，况今皆使天下为后日乎！其所以终不敢复加兵于邯郸者，非但忧平原君之补祖，患诸侯之捄至也，徒讳之而不言耳。若不悟而不讳，则毋所以远智也，可谓善战而拙胜。长平之事，秦民之十五以上者皆荷戟而向赵矣，秦王又亲自赐民爵于河内。夫以秦之强，而十五以上死伤过半者，此为破赵之功小，伤秦之败大，又何以称奇哉！若后之役成不豫其论者，则秦众多矣，降者可致也；必不可致者，本自当战杀，不当受降诈也。战杀虽难，降杀虽易，然降杀之为害，祸大于剧战也。①

何晏就长平之战的军事史评价指责杀降之"害""祸"，同时也指出这场大战对于秦军也造成严重伤亡的残酷史实："以秦之强，而十五以上死伤过半"。所依据应当即白起的话："今秦虽破长平军，而秦卒死者过半，国内空。"②

上文说到白起杜邮感慨："我固当死。长平之战，赵卒降者数十万人，我诈而尽坑之，是足以死。"这是否可以看作对杀降这种严重的反人类罪行的某种反省，看作生命意识的一种虽表现微弱，但仍有意义的觉醒呢？何晏说："其所以终不敢复加兵于邯郸者，非但忧平原君之补祖，患诸侯之捄至也，徒讳之而不言耳。若不悟而不讳，则毋所以远智也，可谓善战而拙胜。"对于白起不领受率军进一步

---

① 《史记》，第 2337—2338 页。
② 《史记·白起王翦列传》，第 2336 页。

强兵攻赵的指令的原因有所推测。秦昭襄王和白起军事策略的分歧,《史记·白起王翦列传》有所记述:

> 其九月,秦复发兵,使五大夫王陵攻赵邯郸。是时武安君病,不任行。四十九年正月,陵攻邯郸,少利,秦益发兵佐陵。陵兵亡五校。武安君病愈,秦王欲使武安君代陵将。武安君言曰:"邯郸实未易攻也。且诸侯救日至,彼诸侯怨秦之日久矣。今秦虽破长平军,而秦卒死者过半,国内空。远绝河山而争人国都,赵应其内,诸侯攻其外,破秦军必矣。不可。"秦王自命,不行;乃使应侯请之,武安君终辞不肯行,遂称病。①

白起论"攻赵邯郸""不可",说到"彼诸侯怨秦之日久矣",也许有所深思。

关于秦昭襄王"自命,不行","乃使应侯请之,武安君终辞不肯行,遂称病"情形,《战国策·中山策》有一段记述:

> 王曰:"寡人既以兴师矣。"乃使五校大夫王陵将而伐赵。陵战失利,亡五校。王欲使武安君,武安君称疾不行。王乃使应侯往见武安君,责之曰:"楚,地方五千里,持戟百万。君前率数万之众入楚,拔鄢、郢,焚其庙,东至竟陵,楚人震恐,东徙而不敢西向。韩、魏相率,兴兵甚众,君所将之不能半之,而与战之于伊阙,大破二国之军,流血漂卤,斩首二十四万。韩、魏以故至今称东藩。此君之功,天下莫不闻。今赵卒之死于长平者已十七、八,其国虚弱,是以寡人大发军,人数倍于赵国之众,愿使君将,必欲灭之矣。君尝以寡击众,取胜如神,况以强击弱,以众击寡乎?"

所谓"今赵卒之死于长平者已十七、八,其国虚弱,是以寡人大发军,人数倍于赵国之众",回顾了长平之战对赵国国力的损伤。"十七、八"的比例判断,应当有一定的道理。而"寡人大发军,人数倍于赵国之众"的说法,类似前引燕王所谓"二而伐一"以及"吾以五而伐一"。白起的回答,说明了进军楚地及征伐韩魏所以"能有功""能立功"的具体情形,又指出长平战后攻赵的困难:

> 今秦破赵军于长平,不遂以时乘其振惧而灭之,畏而释之,使得耕稼以益蓄积,养孤

长幼以益其众,缮治兵甲以益其强,增城浚池以益其固。主折节以下其臣,臣推体以下死士。至于平原君之属,皆令妻妾补缝于行伍之间。臣人一心,上下同力,犹勾践困于会稽之时也。以合伐之,赵必固守。挑其军战,必不肯出。围其国都,必不可克。攻其列城,必未可拔。掠其郊野,必无所得。兵出无功,诸侯生心,外救必至。臣见其害,未睹其利。又病,未能行。①

其中说到赵国"养孤长幼以益其众",是对于可以从军的国之"壮者"数量的绝对弱势的补救。白起说到"犹勾践困于会稽之时也",而勾践当时是充分重视了人口和兵力的积极增殖的。《国语·越语上》记述勾践复兴政策体现了对生命的尊重:"句践说于国人曰:'寡人不知其力之不足也,而又与大国执雠,以暴露百姓之骨于中原,此则寡人之罪也。寡人请更。'于是葬死者,问伤者,养生者,吊有忧,贺有喜,送往者,迎来者,去民之所恶,补民之不足。"具体措施有注重人口之"蕃"的方式:

> ……乃致其父母昆弟而誓之曰:"寡人闻,古之贤君,四方之民归之,若水之归下也。今寡人不能,将帅二三子夫妇以蕃。"令壮者无取老妇,令老者无取壮妻。女子十七不嫁,其父母有罪;丈夫二十不娶,其父母有罪。将免者以告,公令医守之。生丈夫,二壶酒,一犬;生女子,二壶酒,一豚。生三人,公与之母;生二人,公与之饩。

对于所谓"蕃",韦昭注:"蕃,息也。"又解释对"女子十七不嫁""丈夫二十不娶"的惩罚:"礼,三十而娶,二十而嫁。今不待礼者,务育民也。"②

秦国对"三晋"的军事攻击,造成民众生命的严重牺牲。《战国策·燕策二》:"秦之所杀三晋之民数百万。今其生者,皆死秦之孤也。"于是有"秦祸如此之大",以及"秦取天下,非行义也,暴也"的感叹。③ 除赵国外,韩国和魏国遭受的战争破坏亦异常惨重。《史记·春申君列传》载黄歇"上书说秦昭王",三次重复说"仇雠之韩、魏",又写道:

---

① 〔西汉〕刘向集录:《战国策》,上海古籍出版社 1985 年版,第 1187—1189 页。
② 上海师范学院古籍整理组校点:《国语》,上海古籍出版社 1978 年版,第 635—636 页。
③ 〔西汉〕刘向集录:《战国策》,上海古籍出版社 1985 年版,第 1082、1077 页。

　　王无重世之德于韩、魏,而有累世之怨焉。夫韩、魏父子兄弟接踵而死于秦者将十世矣。本国残,社稷坏,宗庙毁。刳腹绝肠,折颈折颐,首身分离,暴骸骨于草泽,头颅僵仆,相望于境,……

至于残存的民人,则多流离海内,沦为奴隶:

　　父子老弱系脰束手为群虏者相及于路。鬼神孤伤,无所血食。人民不聊生,族类离散,流亡为仆妾者,盈满海内矣。①

　　国家版图与民众的控制,曾经称"土地""人民"或"土地""民人"。或者直接说"地"与"人"。

　　《史记·平准书》:"《禹贡》九州,各因其土地所宜,人民所多少而纳职焉。"②《史记·三王世家》:"各因子才力智能,及土地之刚柔,人民之轻重,为作策以申戒之。"③《史记·货殖列传》:"夫三河在天下之中,若鼎足,王者所更居也,建国各数百千岁,土地小狭,民人众,都国诸侯所聚会,故其俗纤俭习事。"④又《汉书·食货志上》:"今海内为一,土地人民之众不避汤、禹,加以亡天灾数年之水旱,而畜积未及者,何也?"⑤也说国家行政的主题就是"土地人民"。《后汉书·袁绍传》:"今孤以土地之广,士人之众,欲徼福于齐桓,拟迹于高祖,可乎?"⑥也遵循着同样的思路,即"土地之广,士人之众"是体现国力的基本要素。以"土地民人"指代国家权力,又见于《三国志·吴书·吴主传》载录孙权语。⑦秦人击破"三晋",兼并其"土地"之后,"人民"或说"民人"的命运,其实是占领者应当予以充分重视的。

---

　　①　《史记》,第2391页。
　　②　《史记》,第1442页。
　　③　《史记》,第2114页。
　　④　《史记》,第3262页。
　　⑤　《汉书》,第1130页。
　　⑥　《后汉书》,第2440页。
　　⑦　《三国志·吴书·吴主传》:"时扬、越蛮夷多未平集,内难未弭,故权卑辞上书,求自改厉,'若罪在难除,必不见置,当奉还土地民人,乞寄命交州,以终余年。'"第1125页。《三国志·吴书·吴主五子传·孙奋》:"近袁绍、刘表各有国土,土地非狭,人众非弱,以适庶不分,遂灭其宗祀。"第1373页。也表达了同样的理念。

在战国时期,对于"地"与"人"的争夺,其实曾经有不同的政策倾向。《战国策·秦策三》载录范雎对于秦昭襄王的建议,强调不能"独攻其地",而应当重视"攻其人":

> 秦攻韩,围陉。范雎谓秦昭王曰:"有攻人者,有攻地者。穰侯十攻魏而不得伤者,非秦弱而魏强也,其所攻者,地也。地者,人主所甚爱也。人主者,人臣之所乐为死也。攻人主之所爱,与乐死者斗,故十攻而弗能胜也。今王将攻韩围陉,臣愿王之毋独攻其地,而攻其人也。"①

正是在与"三晋"的军事竞争中,秦的政策有所调整。

---

① 〔西汉〕刘向集录:《战国策》,上海古籍出版社1985年版,第200页。

十五、秦兼并战争中的"出其人"政策

《汉书·地理志下》写道:"古有分土,亡分民。"颜师古注:"有分土者,谓立封疆也。无分民者,谓通往来不常厥居也。"①说人口的"通往来"是历史常态。然而人口管理政策相关现象的分析,则体现出复杂的现象。

秦在"兵革为起","残国灭庙",②"战国横骛","龙战而虎争",③"海内争于战功","务在彊兵并敌"④的形势下,凭借强劲的军事实力逐步东进。于"追亡逐北""宰割天下"⑤的战争进程中,曾经发生对新占领地区"出其人"或说"归其人",而仅仅"取其城,地入秦",即只是占有其土地的政策。

有的记载表明,又有"募徙""赐爵","赦罪人迁之"予以充实的情形。这种特殊的移民方式,可能体现新占领区居民与秦人极端敌对的情绪,以及因此导致的秦军政长官对新占领区居民的不信任心态。特殊心理条件的深刻影响,其实表现出了文化风格的尖锐矛盾。

而秦史中确实可以看到这种敌对心理引致沉痛行政教训的实例。秦"徕民"追求导致的新占领区政策的调整,有积极的历史意义。而通过所谓"募徙""赐爵","赦罪人迁之"以充实新占领区的方式,在后来的移民史记录中依然可以看到继续沿承的例证。

(一) 秦扩张进程中的"出其人""归其人"史例

秦在兼并战争中新占领城邑之后"出其人""归其人"的记载,可以看到以下数例:

---

① 《汉书》,第1660页。《后汉书·窦融传》:"王者有分土,无分民,自适己事而已。"第799页。
② 《史记·龟策列传》,第3235页。
③ 《汉书·叙传上》,第4227页。
④ 《史记·六国年表》,第685页。
⑤ 《史记·秦始皇本纪》引贾谊《过秦论》,第279页。

序号	公元	战国纪年	史　事	出　处
1	前 330	秦惠王八年	爵樗里子右更,使将而伐曲沃,①尽出其人,取其城,地入秦。②	《史记·樗里子甘茂列传》
2	前 325	秦惠文王十三年	使张仪伐取陕,出其人与魏。③	《史记·秦本纪》
3	前 314	魏哀王五年	秦拔我曲沃,归其人。④	《史记·六国年表》
4	前 286	秦昭襄王二十一年	(司马)错攻魏河内。魏献安邑,秦出其人,募徙河东赐爵,赦罪人迁之。⑤	《史记·秦本纪》

对于 1"伐曲沃",司马贞《索隐》:"按:《年表》云十一年拔魏曲沃,归其人。又《秦本纪》惠文王后元八年,五国共围秦,使庶长疾与战脩鱼,斩首八万。十一年,樗里疾攻魏焦,降之。则焦与曲沃同在十一年明矣。而《传》云'八年拔之',不同。王劭按:《本纪》《年表》及此《传》,三处记秦伐国并不同,又与《纪年》不合,今亦殆不可考。"

　　其实,焦与曲沃,在秦魏之间数次易手。据《史记·六国年表》,魏襄王五年(前 330),⑥"秦围我焦、曲沃"。秦惠文王九年(前 329),"围焦,降之"。秦惠文王十一年(前 327),"归魏焦、曲沃"。魏襄王八年(前 327)"秦归我焦、曲沃"。魏哀王五年(前 314),⑦"秦拔我曲沃,归其人"。在魏襄王五年(前 330)"秦围我焦、曲沃"与秦惠文王十一年(前 327)"归魏焦、曲沃"之间,只有秦惠文王九年(前 329)"围焦,降之"的记录,却没有关于秦占有"曲沃"的记录。可知《六国年表》中,有些信息是缺失的。所谓"今亦殆不可考"者,是很自然的事情。

----

① 张守节《正义》:"故城在陕州陕县西南三十二里也。"
② 《史记》,第 2307 页。
③ 《史记》,第 206 页。林剑鸣《秦史稿》:"公元前三二四年(秦惠王更元元年),惠文王命张仪为相,率兵攻魏国的陕,并将魏人赶走,……"上海人民出版社 1981 年版,第 238 页。
④ 《史记》,第 732 页。
⑤ 《史记》,第 206 页。
⑥ 方诗铭《中国历史年表》作魏惠王后元五年。上海辞书出版社 1980 年版,第 28 页。
⑦ 即秦惠文王初更十一年。

而《史记·六国年表》记载魏襄王五年(前 330)"秦围我焦、曲沃",次年"围焦,降之",而《史记·樗里子甘茂列传》的记载是秦惠王八年(前 330)"将而伐曲沃,尽出其人,取其城,地入秦"。关于"焦、曲沃"此一回合争夺的时间表是:

> 秦惠文王八年、魏襄王五年(前 330),秦围焦、曲沃,取曲沃,尽出其人。
>
> 秦惠文王九年、魏襄王六年(前 329),秦围焦,降之。
>
> 秦惠文王十一年、魏襄王八年(前 327)秦归魏焦、曲沃。

我们还注意到,有关秦在兼并战争中"出其人""归其人"的史例,均见于秦国与魏国的战争。这是不是有什么特殊的原因呢?

我们又看到魏国的战争史中,也有占领某地区后"出其民"的记录,与前引秦史"出其人""归其人"的记录颇为相似。例如:

> 5.《史记·魏世家》:"(魏文侯)十三年,使子击围繁、庞,出其民。"①
>
> 6.《史记·六国年表》:"(魏文侯十三年)公子击围繁庞,出其民。"②

《史记》中虽两处分述,说的却是一次事件。史事集中发生在魏国,是值得注意的。地名标点有"繁、庞"和"繁庞"的不同。谭其骧主编《中国历史地图集》作"繁庞",空间位置标定在今陕西韩城。③ 现在看来,"繁庞"是正确的。史为乐主编《中国历史地名大辞典》"繁庞城"条:"繁庞城,在今陕西韩城市东南。《史记·魏世家》:文侯十三年(前 433),'使子击围繁庞,出其民'。《清一统志·同州府二》引《县志》:'繁庞城在县东南。'"④嵇超、郑宝恒、祝培坤、钱林书编《史记地名索引》也作"繁庞"。⑤ 而中华书局 2013 年出版的点校本二十四史修订本《史记·

---

① 《史记》,第 1838 页。

② 《史记》,第 707 页。

③ 谭其骧主编:《中国历史地图集》,中国地图出版社 1982 年版,第 1 册第 35—36 页。

④ 史为乐主编:《中国历史地名大辞典》,中国社会科学出版社 2005 年版,第 2941 页。

⑤ 嵇超、郑宝恒、祝培坤、钱林书编:《史记地名索引》,中华书局 1990 年版,第 200 页。

魏世家》一仍其误,《六国年表》则将"繁庞"错改为"繁、庞"。①

宋人吕祖谦《大事记》卷一:"晋魏斯使其子击围繁庞。"《大事记解题》卷一:"击,文侯之子武侯也。繁庞,史失其国。"原注:"《史记正义》曰:盖在同州。"②虽说"史失其国",但似乎仍以为"繁庞"为一地。

历史文献中"庞戏城"与"庞城"的出现,也许是"繁庞"分断的因素之一。《册府元龟·列国君部·御备》:"秦厉公十六年堑阿旁,补庞戏城。"原注:"《纪》作'河旁'。"③不过,由"庞戏城""庞城"见于史籍即以为"繁庞"为两地的理解,因"繁"的地名指向不明,显然存在疑问。雍正《陕西通志·建置·周》是将"庞城"置于"繁庞"条下的:

> 魏文侯十二年,公子击围繁庞。秦厉公十六年,补庞城。《史记·六国表》。庞城,在韩城县东南。《韩城县旧志》。

又雍正《陕西通志·纪事·周》:

> (周威烈王)十四年,晋人围秦繁庞。
>
> 魏文侯十三年,公子击围繁庞,出其民人。《史记·年表》:按,繁庞城在韩城县。④

也许《嘉庆重修一统志·同州府二·古迹》的判断也有参考价值:

> 繁庞城。在韩城县东南。《史记》:魏文侯十三年,使子击围繁庞,出其民。《县志》:繁庞城在县东南。⑤

---

① 《史记》,中华书局 2013 年版,第 6 册第 2210 页,第 2 册第 851 页。《史记·六国年表》校勘记有值得重视的内容:"公子击围繁庞出其民。景佑本、绍兴本、耿本、黄本、彭本、柯本、凌本、殿本'民'下有'人'字,疑是。按:《史记》多'民人'连文之例。"第 2 册第 905 页。

② 〔宋〕吕祖谦撰:《大事记》,文渊阁四库全书本,第 9 页。

③ 《册府元龟》,中华书局 1960 年影印版,第 3012 页。

④ 〔清〕沈青峰撰:雍正《陕西通志》,文渊阁四库全书本,第 35、4557 页。

⑤ 《嘉庆重修一统志》,中华书局 1986 年版,第 12131 页。

以"繁庞"为一城的认识,得到较多历史学者的赞同如前引史为乐主编《中国历史地名大辞典》有"繁庞城"条。在未能提出明确无疑的"繁""庞"二地说的证据之前,"繁庞城"的理解,应当看作符合历史真实的意见。①

(二)《资治通鉴》的写述方式

《资治通鉴》对前说相关史事的对应记录,见于下表:

序号	公元	周纪年	史　事	出　处
1	前330	显王三十九年	秦伐魏,围焦、曲沃。魏人少梁、河西地于秦。②	卷二"周显王三十九年"
2	前325	显王四十四年		卷二"周显王四十四年"
3	前314	赧王元年	魏人叛秦。秦人伐魏,取曲沃而归其人。③	卷三"周赧王元年"
4	前286	赧王二十九年	秦司马错击魏河内。魏献安邑以和,秦出其人归之魏。④	卷四"周赧王二十九年"

我们看到《资治通鉴》执笔者对《史记》提供历史记录的取舍。1言"焦、曲沃"战事,不取"尽出其人,取其城,地入秦"说。2完全不记"使张仪伐取陕,出其人与魏"事。只有3、4取用《史记》"出其人""归其人"说。而4"募徙河东赐爵,赦罪人迁之"事亦予以忽略。

对于1,清陈逢衡《竹书纪年集证·慎靓王元年》有所讨论:

①　王子今:《关于〈史记〉秦地名"繁庞""西雍"》,《文献》2017年第4期。

②　〔宋〕司马光编著,〔元〕胡三省音注,"标点资治通鉴小组"校点:《资治通鉴》,中华书局1956年版,第73页。

③　〔宋〕司马光编著,〔元〕胡三省音注,"标点资治通鉴小组"校点:《资治通鉴》,中华书局1956年版,第88页。

④　〔宋〕司马光编著,〔元〕胡三省音注,"标点资治通鉴小组"校点:《资治通鉴》,中华书局1956年版,第123页。

颐煊曰:《史记·樗里子列传》:"秦惠王八年,使将而伐曲沃,尽出其人,取其城,地入秦。"《索隐》云"王劭按:《本纪》《年表》及此《传》,三处记秦伐国并不同,又与《纪年》不合",当即此事。衡案:《魏世家》:"襄王十三年,秦取我曲沃、平周。"《六国年表》:"显王四十七,魏襄王十三,秦取曲沃、平周。"当秦惠王后元之十四年,较《竹书》先二年。又《樗里子列传》:"秦惠王八年,使将而伐曲沃,出其人,取其城,地入秦。"事在《纪年》显王三十九,与汾阴、皮氏并取者也。《纪年》不书取曲沃,疑脱。故显王四十一年"秦归我焦、曲沃"。颐煊引《樗里子传》谓即此事误。然案《樗里子传》所谓出人取城之事,又与《秦本纪》惠文王十三年"使张仪伐取陕,出其人与魏"同。何一以为八年,一以为十三年也? 孙之骒谓陕州亦有曲沃城。岂同时有两曲沃欤? 然其年俱与《纪年》不合。盖慎靓王元年,当魏惠成王后元之十六年,秦惠文王后元之五年也。①

有关年代的疑议,或忽略了"所谓出人取城之事"可能重复发生的情形。清林春溥《战国纪年》卷二:"辛卯,三十九年,秦伐魏,围焦、曲沃。《秦本纪》围焦在明年。《樗里传》:秦惠王八年,爵樗里子右更,使将而伐曲沃,尽出其人,取其城地。是已'取曲沃',故后云'归'也。"②史文确有反复攻取而个别缺载的情形。

对于4,宋朱熹《通鉴纲目》卷一下写道:"二十九年,秦击魏。魏献安邑以和,秦出其人,募民徙之。"《考异》:"《提要》无'秦出其人,募民徙之'八字。"③以为"秦出其人,募民徙之"均应重视。明张自勋《纲目续麟》卷一:

乙亥,二十九年,秦击魏。魏献安邑以和,秦出其人,募民徙之。《考异》:《提要》无"秦出其人,募民徙之"八字。当作"秦击魏,获安邑,募民徙之。"按:魏献安邑,不得不献者,获而已矣。书"募民徙之",而秦"出其人"之恶,自见此书法也。《提要》不书徙民,则无以著秦之恶。《纲目》并书出人,则又近于分注,而非大书。皆非也。④

以为应当强调"募民徙之",而不必言"出其人"。

葛剑雄等《简明中国移民史》重视上述2、4两史例:"在战国后期秦国取得别

① 〔清〕陈逢衡撰:《竹书纪年集证》,清嘉庆裛露轩刻本,第597页。
② 〔清〕林春溥撰:《战国纪年》,清道光十八年竹柏山房刻本,第68页。
③ 〔宋〕朱熹撰:《通鉴纲目》,文渊阁四库全书本,第73页。
④ 〔明〕张自勋撰:《纲目续麟》,文渊阁四库全书本,第14页。

国的领土后,有时还将原来居民驱逐,而代之以本国移民。如惠文王十三年(前325年)攻下魏国的陕后,'出其人与魏';昭襄王二十一年(前286年)获得魏国所献的安邑后,也'出其人',另外'募徙河东赐爵,赦罪人迁之'。"亦强调"当时已经开始实行奖励,招募移民的政策以及罪犯可以迁移边区抵罪的制度"有创新的意义。①

从《资治通鉴》的处理方式及一些研究者的议论看,对于《史记》"出其人""归其人"以及"募徙""赐爵,赦罪人迁之"等记录,或取或舍,或信或疑,关注程度不够,研究也是有欠深入的。

(三)"上党民走赵"史事

所谓"出其人""归其人"的政策的推行,"其人"的态度和立场,应当也是重要因素之一。秦史的记录中,可以看到秦军占领新地,而当地民众不愿意归附的史例。有时甚至导致严重的后续事件。例如秦昭襄王时代对上党郡的攻夺和占有。

《史记·白起王翦列传》记载:

> 四十五年,伐韩之野王。野王降秦,上党道绝。其守冯亭与民谋曰:"郑道已绝,韩必不可得为民。秦兵日进,韩不能应,不如以上党归赵。赵若受我,秦怒,必攻赵。赵被兵,必亲韩。韩赵为一,则可以当秦。"因使人报赵。赵孝成王与平阳君、平原君计之。平阳君曰:"不如勿受。受之,祸大于所得。"平原君曰:"无故得一郡,受之便。"赵受之,因封冯亭为华阳君。

赵国接受了上党,并没有阻挡秦军攻取上党的军事动作:"四十七年,秦使左庶长王龁攻韩,取上党"。而上党民众归附赵国:"上党民走赵。赵军长平,以按据上党民。四月,龁因攻赵。"秦军得其土地,不得其民人。而赵军对"上党民"予以保护。长平之战于是爆发。赵"使赵括代廉颇将以击秦",秦"乃阴使武安君白起为

---

① 葛剑雄、曹树基、吴松弟著:《简明中国移民史》,福建人民出版社1993年版,第48页。

上将军"。白起大败赵军,随即引发坑杀赵降卒的惨痛事件。"括军败,卒四十万人降武安君。武安君计曰:'前秦已拔上党,上党民不乐为秦而归赵。赵卒反覆。非尽杀之,恐为乱。'乃挟诈而尽坑杀之,遗其小者二百四十人归赵。前后斩首虏四十五万人。赵人大震"。[①]

白起对上党教训的回顾,即所谓"前秦已拔上党,上党民不乐为秦而归赵",[②]有"赵卒反覆"以及"非尽杀之,恐为乱"的判断。这应当是长平杀降四十万人的重要的心理动因。

与"秦已拔上党,上党民不乐为秦而归赵"情形相近的史例,还有《史记·周本纪》:"周君、王赧卒,周民遂东亡。秦取九鼎宝器,而迁西周公于𢠖狐。后七岁,秦庄襄王灭东周。东西周皆入于秦,周既不祀。"[③]"周民"因君王去世在预想的秦人军事占领尚未实施之前,即"东亡"。

其实,秦史中胜战之后出现新占领区"民不乐为秦","反覆""为乱"的类似教训确实见于此前的记录。《史记·秦本纪》:"(秦昭襄王)三十年,蜀守若伐楚,取巫郡,及江南为黔中郡。[④] 三十一年,……楚人反我江南。"张守节《正义》:"黔中郡反归楚。"[⑤]此后又有类似情形。《史记》卷六《秦始皇本纪》:"(秦始皇二十一年)新郑反。昌平君徙于郢。""(二十三年)荆将项燕立昌平君为荆王,反秦于淮南。"[⑥]

(四)"虎狼之秦"名号与东方六国的文化敌对倾向

白起以"杀降"著名。在长平之战坑杀四十余万降卒之前,他还有其他很可

---

① 《史记》,第 2332 页。

② 《史记·秦本纪》:"(秦昭襄王)四十七年,秦攻韩上党,上党降赵,秦因攻赵,赵发兵击秦,相距。秦使武安君白起击,大破赵于长平,四十余万尽杀之。"第 213 页。又据《史记·白起王翦列传》,苏代说秦相应侯:"秦尝攻韩,围邢丘,困上党,上党之民皆反为赵,天下不乐为秦民之日久矣。"第 2335—2336 页。

③ 《史记》,第 169 页。

④ 张守节《正义》:"《括地志》云:'黔中故城在辰州沅陵县西二十里。江南,今黔府亦其地也。'"

⑤ 《史记》,第 213、216 页。

⑥ 《史记》,第 233—234 页。云梦睡虎地秦简《编年记》:"(今)廿一年,韩王死,昌平君居其处。"整理小组注释:"昌平君,楚公子,曾任秦相国,参预攻嫪毐,见《史记·秦始皇本纪》及《索隐》。《秦始皇本纪》记此年'新郑反,昌平君徙于郢'。秦始皇二十三年,楚将项燕立昌平君为王,反秦于淮南,被秦军击灭。"睡虎地秦墓竹简整理小组:《睡虎地秦墓竹简》,文物出版社 1978 年版,第 7、13 页。

能类似"杀降"的恶迹。如《史记·白起王翦列传》记载,秦昭襄王三十四年(前273):"白起攻魏,拔华阳,走芒卯,而虏三晋将,斩首十三万。与赵将贾偃战,沈其卒二万人于河中。"①《资治通鉴》卷四"周赧王四十二年":"武安君又与赵将贾偃战,沈其卒二万人于河。"胡三省注:"人皆贪生而畏死,二万人与战,乌得尽沈诸河? 以计沈之也。"②所谓"以计沈之"或与长平"挟诈而尽坑杀之"类似。

不过,长平赵军"卒四十万人降",白起决意"挟诈而尽坑杀之"时有关"上党民不乐为秦而归赵"的说法,也许是带有一定普遍意义的现象。所谓"不乐为秦"的态度,意识背景是东方六国人对秦的鄙视和敌视。

《史记·秦本纪》说:"周室微,诸侯力政,争相并。秦僻在雍州,不与中国诸侯之会盟,夷翟遇之。"③"中国"视"秦",是看作"夷翟"的。《史记·六国年表》:"秦杂戎翟之俗,先暴戾,后仁义。"④《史记·天官书》:秦,"夷狄也,为强伯"。⑤《史记·魏世家》:"秦与戎翟同俗,有虎狼之心,贪戾好利无信,不识礼义德行。"⑥以及《史记·商君列传》:"秦戎翟之教。"⑦都反映了六国人视"秦"为文明进程落后的部族或者部族联盟的心理,以及在面对秦人和秦文化时内心的自我优越意识。

《史记·赵世家》言"秦暴"。⑧ 又《史记·苏秦列传》所谓"秦之行暴",⑨《史记·刺客列传》所谓"秦王之暴",⑩《史记·六国年表》"秦取天下多暴",⑪都体现了东方人政治文化意识中对于"秦暴"的敌意。⑫ 秦时东方人对"暴秦"的仇恨,⑬

① 《史记》,第2331页。

② 〔宋〕司马光编著,〔元〕胡三省音注,"标点资治通鉴小组"校点:《资治通鉴》,中华书局1956年版,第148页。

③ 《史记》,第202页。

④ 《史记》,第685页。

⑤ 张守节《正义》:"地在西戎。……皆夷狄之地,故言夷狄也。"《史记》,第1344、1345页。

⑥ 《史记》,第1857页。

⑦ 《史记》,第2234页。

⑧ 《史记》,第1820页。

⑨ 《史记》,第2271页。

⑩ 《史记》,第2529页。

⑪ 《史记》,第686页。

⑫ 参看王子今:《"秦德"考鉴》,《秦文化论丛》第9辑,西北大学出版社2002年版。

⑬ 《史记·陈涉世家》,第1952页;《史记·张耳陈余列传》,第2573页;《史记·郦生陆贾列传》,第2699页。

或许也可以作为分析历史沿承的因素。

秦人以凌厉兵锋体现出来的进取精神,被指责为"贪""贪鄙""贪戾"。① 又有"虎狼之秦"的说法,如《史记·苏秦列传》载苏秦说魏襄王语及苏秦说楚威王语。《史记》记录的"秦,虎狼之国"的政治批判,见于如下内容:《苏秦列传》楚威王语,《樗里子甘茂列传》游腾说楚王语,《孟尝君列传》苏代谓孟尝君语,《屈原贾生列传》屈平谏楚怀王语。②

据《史记·楚世家》:昭睢曰:"秦虎狼,不可信。"③战国时期又有"虎狼之秦"④等说法。《史记·魏世家》记载,信陵君谓魏王曰:"秦与戎翟同俗,有虎狼之心,贪戾好利无信,不识礼义德行。苟有利焉,不顾亲戚兄弟,若禽兽耳,……"⑤信陵君的激烈言论体现的文化成见,对于我们讨论秦人占领魏地"出其人""归其人"现象,有重要的参考价值。而对于前引5、6魏军"击围繁庞,出其民"事件的理解,这一情绪的文字记录,也是有意义的。繁庞,正位于秦魏多年反复争夺的地方。此魏人占领秦地"出其民"早于上文讨论的1《史记·樗里子甘茂列传》"伐曲沃,尽出其人,取其城,地入秦"103年,也是值得注意的。

有关"虎狼之秦"的认识,《史记·项羽本纪》记载樊哙曰"秦王有虎狼之心",⑥是秦末汉初人语,就秦兼并战争中的表现来说,已经是稍晚的历史记忆。而汉代人秦政批判之所谓"暴虐"⑦"残贼"⑧"深酷"⑨"怨毒"⑩等,也都对长久的

---

① 《史记·刺客列传》:"秦王贪"。第2531页。《史记·秦始皇本纪》:"秦王怀贪鄙之心。"第83页。《史记·穰侯列传》:"秦,贪戾之国也。"第2328页。《史记·魏世家》:"秦……贪戾……。"第1957页。《史记·廉颇蔺相如列传》:"秦贪,……"第2440页。

② 《史记》,第2261、2308、2354、2484页。

③ 《史记》,第1728页。

④ 《史记·苏秦列传》,第2254、2261页。

⑤ 《史记》,第1857页。

⑥ 《史记》,第313页。

⑦ 《史记·秦始皇本纪》引贾谊《过秦论》:"秦王怀贪鄙之心,……以暴虐为天下始。"第283页。《史记·太史公自序》:"秦既贪鄙,……"第3303页。

⑧ 《史记·张耳陈余列传》:"秦为乱政虐刑以残贼天下,数十年矣。"第2573页。《史记·淮南衡山列传》载伍被语:"往者秦为无道,残贼天下。"第3090页。

⑨ 《汉书·谷永传》载谷永语:"秦居平土,一夫大呼而海内崩析者,刑罚深酷,吏行残贼也。"第3449页。

⑩ 《汉书·贾谊传》:"秦王置天下于法令刑罚,德泽亡一有,而怨毒盈于世,下憎恶之如仇雠,㦪几及身,子孙诛绝,……"第2253页。

历史记忆表现了近似的情绪。

（五）"徕民"：从兵战强势到执政能力

回顾历史，秦国在扩张领土的过程中所施行的对新区的统治政策，有得有失。[①] 而秦对于巴蜀的政策，应当说是比较成功的。秦惠文王更元九年（前316），张仪、司马错和都尉墨等率军攻伐蜀国，很快就在蜀地建立了成功的统治。秦昭襄王时期和巴人订立了盟约，宣布对当地原有的经济形式和风俗习惯都不以强力进行干涉和变革，致使"夷人安之"。[②] 后来，巴人和蜀人都参加了秦军征服楚地的战役，并且有效地承担了伐楚的部分军需供应。[③]

面对兼并战争中遇到的"民不乐为秦"，"天下不乐为秦民"等问题，开明的政治设计者提出了"徕民"的主张。相关建议首先针对三晋地区。《商君书·徕民》："今三晋不胜秦，四世矣。自魏襄以来，野战不胜，守城必拔，小大之战，三晋之所亡于秦者，不可胜数也。若此而不服，秦能取其地，而不能夺其民也。"论者分析：

> 今秦之地，方千里者五，而谷土不能处二，田数不满百万，其薮泽、溪谷、名山、大川之材物、货宝，又不尽为用，此人不称土也。秦之所与邻者三晋也，所欲用兵者韩魏也。彼土狭而民众，其宅参居而并处；其寡宾萌贾息民，上无通名，下无田宅，而恃奸务末作以处；人之复阴阳泽水者过半。此其土之不足以生其民也，似有过秦民之不足以实其土也。意民之情，其所欲者田宅也，而晋之无有也信，秦之有余也必。如此而民不西者，秦士戚而民苦也。

随即建议：

> 今利其田宅，而复之三世。此必与其所欲，而不使行其所恶也。然则山东之民无不

---

①　参看王子今：《秦王朝关东政策的失败与秦的覆亡》，《史林》1986 年第 2 期。

②　《后汉书·南蛮传》，第 2842 页。

③　参看王子今：《秦兼并蜀地的意义与蜀人对秦文化的认同》，《四川师范大学学报（社会科学版）》1998 年第 2 期；同作者：《战国秦汉"賨民"的文化表现与巴山交通》，《周秦汉唐文化研究》第 10 辑，三秦出版社 2018 年版。

西者矣。①

《商君书·徕民》所谓"四世战胜,而天下不服",②正是不得不"出其人""归其人"的原因。高亨考论《徕民》篇"所述及的史实",包括"自魏襄以来,……","周军之胜",③"华军之胜",④"长平之胜",因此"很明确是作于商鞅死后"。"自是作者献给秦王的书奏,不是为著书传世而写的"。"也可能""献给其他国君","所举史实""均在商鞅死后","但决不是商鞅所作"。又指出,"篇中提到魏襄王及周军、华军、长平三次战争"。⑤ 可见"徕民"政策是在秦统一战争中提出并得以实施,又取得成效的。前引"出其人""归其人"史例后来不再出现,或许体现了"徕民"政策的逐步成功。长平之战时,秦昭襄王亲自前往河内,"王自之河内,赐民爵各一级,发年十五以上悉诣长平,遮绝赵救及粮食"。⑥ 可以看作谋求"战胜"同时避免"天下不服"的努力。史称"昭襄业帝",⑦大致在秦昭襄王时代,秦帝业的基础已经奠立。以往"秦能取其地,而不能夺其民"的情形已经有所改变。

(六)"募徙""赐爵""赦罪人迁之"政策

前引明张自勋《纲目续麟》卷一"不书徙民,则无以著秦之恶",体现有的史家对这种移民方式取极端否定的态度。

上文说到的秦占领新区曾"出其人",自当"徙民"以充实之。马非百《秦集史》论秦惠文王八年"伐曲沃,尽出其人",指出:"出其人,则必移秦民实之可知。下取陕,出其人,拔曲沃,归其人,皆与此同。"⑧

《史记·秦本纪》记载"(秦昭襄王二十一年)魏献安邑,秦出其人,募徙河东

① 高亨注译:《商君书注译》,中华书局 1974 年版,第 117—118、120 页。
② 高亨注译:《商君书注译》,中华书局 1974 年版,第 121 页。
③ 高亨写道:"指秦灭周"。
④ 高亨写道:"指华阳之战"。
⑤ 高亨:《商君书作者考》,高亨注译:《商君书注译》,中华书局 1974 年版,第 7—9、116 页。
⑥ 《史记·白起王翦列传》,第 2334 页。
⑦ 《史记·太史公自序》,第 3302 页。
⑧ 马非百:《秦集史》,中华书局 1982 年版,第 919 页。

赐爵,赦罪人迁之"事件说到的"募徙""赐爵","赦罪人迁之"的移民方式,其实可能是有积极作用的,典型的例证有"(秦昭襄王)二十六年,赦罪人迁之穰","二十七年,错攻楚,赦罪人迁之南阳","二十八年,大良造白起攻楚,取鄢、邓,赦罪人迁之"。① 特别是对于人口有限的经济落后地区,这种方式或许更为有效。如"(秦昭襄王)三十四年,秦与魏、韩上庸地为一郡,南阳免臣迁居之"。②

这一移民方式在秦史中曾经长期沿袭。有学者指出:"随着疆域的扩展,秦国不断吸收或强制迁入其他国家的人口,同时也将本国的人口大量迁入新占领地区,以巩固自己的统治地位。""当时已经开始实行奖励,招募移民的政策以及罪犯可以迁移边区抵罪的制度,是中国移民史上值得注意的新事物。"③

例如,对南海和北河的战争,都调用了社会底层人士从军,又取"徙谪,实之初县"的移民政策。《史记·秦始皇本纪》:

> 三十三年,发诸尝逋亡人、赘壻、贾人略取陆梁地,为桂林、象郡、南海,以适遣戍。西北斥逐匈奴。自榆中并河以东,属之阴山,以为四十四县,城河上为塞。又使蒙恬渡河取高阙、阳山、北假中,筑亭障以逐戎人。徙谪,实之初县。……三十四年,适治狱吏不直者,筑长城及南越地。④

有学者称之为"强制性的移民"。⑤ 秦"迁""徙"之刑,或与传说中先古"流"的形式有渊源关系,⑥而迁徙作为社会不安定因素的人口予以强化区域行政、区域开发和区域防卫的意义,是行政史的创造。其最初记录,见于《史记·商君列传》:"秦民初言令不便者有来言令便者,卫鞅曰'此皆乱化之民也',尽迁之于边城。

---

① 《史记》,第212、213页。

② 《史记》,第213页。

③ 葛剑雄、曹树基、吴松弟著:《简明中国移民史》,福建人民出版社1993年版,第48页。

④ 《史记》,第253页。

⑤ 葛剑雄主编:《中国人口史》,复旦大学出版社2002年版,第1卷第307页。

⑥ 沈家本《历代刑法考》考论"流":"《书·舜典》:流宥五刑。传:'宥,宽也。以流放之法宽五刑。'《正义》曰:'流谓徙之远方,放使生活,以流放之法宽纵五刑也。郑玄云,其轻者,或流放之,四罪是也。王肃云,谓君不忍刑杀,宥之以远方,然则知此是据状合刑,而情差可恕,全赦则太轻,致刑则太重,不忍依例刑杀,故完全其体,宥之远方。应刑不刑,是宽纵之也。'"中华书局1985年版,第267页。

其后民莫敢议令。"①

　　对于所谓"徙谪,实之初县",司马贞《索隐》:"徙有罪而谪之,以实初县,即上'自榆中属阴山,以为三十四县'是也。故汉七科谪亦因于秦。"②指出"汉七科谪亦因于秦"是正确的。这种移民方式,可以看作秦的一项重要的政治发明,又为汉代执政者在疆土扩张和新区开发时所继承。而追溯相关行政智慧之最初萌发,似乎离不开战国时期历史教训的激励。

---

　　① 《史记》,第2231页。马非百说:"此次移民,其事当在孝公六年。"《秦集史》,中华书局1982年版,第919页。
　　② 《史记》,第253页。

十六、秦"北河"战略与"逐北"攻势

秦始皇实现统一,其功业并不限于"禽灭六王","六王咸伏其辜",①除兼并六国之外,亦包括向北河和南海的军事拓进。而秦帝国版图的规模,于是也远远超越了秦本土与"六王"故地。②秦对于"北边"的关注,在统一进程中亦有显现。秦昭襄王时代"伐灭义渠",据有上郡,对于"秦地半天下"以及"昭襄业帝"历史变化的形成有重要意义。而秦始皇时代蒙恬经营"北边"对于东方史乃至世界史的影响,也有学者予以重视。

(一) 秦人的"北河"关注

秦二世说:"先帝起诸侯,兼天下,天下已定,外攘四夷以安边竟⋯⋯"③其实,秦"兼天下"进程中,亦体现对"四夷"和"边竟"的重视。

秦较早关注"北河"。关于秦先祖早期交通行为传说的流布,应当与秦部族对于北方草原环境的真切体验有关。

(二) 纵与横:秦进军趋势的战略方向择定

秦统一进程中的外交与军事政策,史称"连衡",又作"连横"。贾谊《过秦论》:"秦孝公据殽函之固,拥雍州之地,君臣固守而窥周室,有席卷天下,包举宇内,囊括四海之意,并吞八荒之心。当是时,商君佐之,内立法度,务耕织,修守战之备,外连衡而斗诸侯,于是秦人拱手而取西河之外。"关于"连衡",司马贞《索

---

① 《史记·秦始皇本纪》,第250、236页。
② 王子今:《秦统一局面的再认识》,《辽宁大学学报(哲学社会科学版)》2013年第1期。
③ 《史记·秦始皇本纪》,第271页。

隐》:"《战国策》曰:'苏秦亦为秦连衡。'"又引高诱曰:"合关东从通之秦,故曰'连衡'也。"①东方国家抗秦的形式,史称"合纵",又作"合从"。亦见《过秦论》:"孝公既没,惠王、武王蒙故业,因遗册,南兼汉中,西举巴、蜀,东割膏腴之地,收要害之郡。诸侯恐惧,会盟而谋弱秦,不爱珍器重宝肥美之地,以致天下之士,合从缔交,相与为一。当是时,齐有孟尝,赵有平原,楚有春申,魏有信陵。此四君者,皆明知而忠信,宽厚而爱人,尊贤重士,约从离衡,并韩、魏、燕、楚、齐、赵、宋、卫、中山之众。""合从"即"合纵"。关于"约从离衡",司马贞《索隐》:"言孟尝等四君皆为其国共相约结为'从',以离散秦之'横'。"②

秦的军事扩张,就空间态势来说,也有"纵"与"横"的选择,即首先向南北方向发展,还是首先向东西方向发展。

据《史记·秦本纪》记载,秦孝公"下令国中",回顾秦史,言"昔我缪公自岐雍之间,修德行武,东平晋乱,以河为界,西霸戎翟,广地千里,天子致伯,诸侯毕贺,为后世开业,甚光美",言及西方与东方两个方向的成功,其视角注重横向。又说到近世秦的挫败,"三晋攻夺我先君河西地,诸侯卑秦、丑莫大焉"。赞颂秦献公"徙治栎阳,且欲东伐,复缪公之故地,修缪公之政令"的志向,随即"乃出兵东围陕城,西斩戎之獂王",于"东"与"西"两个方向进击。当时秦军的基本进取方向是东方。在秦孝公全力支持下商鞅变法,"法大用,秦人治",于是"十九年,天子致伯;二十年,诸侯毕贺",③秦人的崛起得到了东方政治权威的承认。

"惠文君元年,……蜀人来朝",或许可以理解为导致秦战略方向调整的重要信号。"(更元)九年,司马错伐蜀,灭之"。④ 秦占有蜀地并促成蜀人对秦文化的认同,形成了显著的战略优势。⑤ 然而在"伐蜀"之前,秦惠文王曾经心存犹疑。"苴蜀相攻击,各来告急于秦。秦惠王欲发兵以伐蜀,以为道险狭难至,而韩又来侵秦,秦惠王欲先伐韩,后伐蜀,恐不利,欲先伐蜀,恐韩袭秦之敝。犹豫未能决。"国中重臣也有不同意见:"司马错与张仪争论于惠王之前,司马错欲伐蜀,张

---

① 《史记·秦始皇本纪》,第278—279页。

② 《史记·秦始皇本纪》,第279—280页。

③ 《史记》,第202—203页。

④ 《史记·秦本纪》,第205,207页。

⑤ 《史记·张仪列传》:"蜀既属秦,秦以益强,富厚,轻诸侯。"第2284页。参看王子今:《秦兼并蜀地的意义与蜀人对秦文化的认同》,《四川师范大学学报(社会科学版)》1998年第2期。

仪曰:'不如伐韩。'"①

我们应当注意到,通过外交因素影响秦政治方向的意见,有建议秦取单纯向东横向发展的意见。如《史记·春申君列传》记载,春申君曾上书秦昭襄王,主张停止对楚国的进击而急攻齐国:"王壹善楚,而关内两万乘之主注地于齐,齐右壤可拱手而取也。王之地一经两海,要约天下,是燕、赵无齐,楚,齐、楚无燕、赵也。然后危动燕、赵,直摇齐、楚,此四国者不待痛而服矣。"②他建议秦国向东发展,取"齐右壤"而实现东西的贯通,"一经两海,要约天下",即控制西海和东海,对"天下"横腰约束,隔绝燕、赵和齐、楚。《史记》说秦昭襄王虽然采纳春申君的建议,当时停止了对楚的攻击,但仍然坚持原有战略计划,实际上齐国是秦统一进程中最后灭掉的国家。③

(三) 秦惠文王"游至北河"与秦昭襄王"伐灭义渠"

《史记·秦本纪》记载,在伐蜀之前,秦惠文王更元五年(前320),"王游至北河"。裴骃《集解》:"徐广曰:'戎地,在河上。'"张守节《正义》:"按:王游观北河,至灵、夏州之黄河也。"④秦惠文王是通过北方义渠之地前往"北河"的。义渠长期威胁秦的北方。在秦惠文王时代则为秦削弱。秦惠文王十一年(前327),"县义渠","义渠君为臣"。更元十年(前315),又"伐取义渠二十五城"。秦武王元年(前310)也曾经"伐义渠"。⑤据《史记·匈奴列传》记载,秦昭襄王时,彻底解决了义渠问题:"秦昭王时,义渠戎王与宣太后乱,有二子。宣太后诈而杀义渠戎王于甘泉,遂起兵伐残义渠。于是秦有陇西、北地、上郡,筑长城以拒胡。"⑥《汉书·匈奴传上》:"秦昭王时,义渠戎王与宣太后乱,有二子。宣太后诈而杀义渠

①　《史记·张仪列传》,第2281页。

②　《史记》,第2393页。

③　《史记·秦始皇本纪》:"二十六年,齐王建与其相后胜发兵守其西界,不通秦。秦使将军王贲从燕南攻齐,得齐王建。"司马贞《索隐》:"六国皆灭也。十七年得韩王安,十九年得赵王迁,二十二年魏王假降,二十三年房荆王负刍,二十五年燕王喜,二十六年得齐王建。"第235页。

④　《史记》,第207—208页。

⑤　《史记》,第206—207、209页。

⑥　《史记》,第2885页。

戎王于甘泉,遂起兵伐灭义渠。于是秦有陇西、北地、上郡,筑长城以距胡。"①
《后汉书·西羌传》:"及昭王立,义渠王朝秦,遂与昭王母宣太后通,生二子。至
王赧四十三年,宣太后诱杀义渠王于甘泉宫,因起兵灭之,始置陇西、北地、上郡
焉。"②于是,秦与北方草原"胡"族得以直接交通。

　　对于宣太后"杀义渠戎王"又"起兵伐残义渠",马非百曾经有如下评论:"宣
太后以母后之尊,为国家歼除顽寇,不惜牺牲色相,与义渠戎王私通生子。谋之
达三十余年之久,始将此二百年来为秦人腹心大患之敌国巨魁手刃于宫廷之中,
衽席之上。然后乘势出兵,一举灭之,收其地为郡县,使秦人得以一意东向,无复
后顾之忧。此其功岂在张仪、司马错收取巴蜀下哉! 吾观范睢入秦,待命岁余。
昭王谓睢云:'寡人宜以身受命久矣。会义渠之事急,寡人早暮自请太后。今义
渠之事已,寡人乃得受命。'日夜请事太后,至于岁余,接见宾客,亦无暇晷。当日
秦廷君臣同仇敌忾情绪之高,可以想见。"③

　　《史记·匈奴列传》写道:"赵有代、句注之北,魏有河西、上郡,以与戎界边。
其后义渠之戎筑城郭以自守,而秦稍蚕食,至于惠王,遂拔义渠二十五城。"④义
渠"筑城",秦"拔"义渠"城",都体现土地的争夺。后来秦昭襄王与宣太后合作,
"杀死义渠王,群龙无首的义渠国在秦大军压境下随即土崩瓦解,秦国与义渠国
几百年的恩怨,以秦的胜利告终。公元前271年,秦在原义渠国境内正式设置北
地郡,以义渠县为郡治。"⑤灭义渠,控制陇西、北地、上郡,是秦战略进攻的关键。
"秦有陇西、北地、上郡,筑长城以拒胡",北方和西北方向的成功扩张,使得秦疆
土的南北纵向幅度从北纬39°直到北纬29°。当时东方六国都绝没有如此的规
模。"秦地半天下"⑥的局面得以形成。秦执政集团开始积累管理生态条件与经
济形式复杂的包括内蒙古高原草原荒漠畜牧区、黄土高原和渭河谷地粟麦作区、
汉江上游和四川盆地稻作区的行政经验。《史记·太史公自序》所谓"昭襄业

①　《汉书》,第3747页。
②　《后汉书》,第2874页。
③　马非百:《秦集史》,中华书局1982年版,第108页。
④　《史记》,第2885页。
⑤　汪受宽:《义渠戎历史钩沉》,《甘肃社会科学》2017年第1期。
⑥　《史记·张仪列传》,第2289页。

帝",①指出了秦昭襄王时代为后来统一帝国的管理,已经进行了早期演练。②

(四)"伐赵""攻燕":秦的"逐北"攻势

对于战国时期的历史特征以及当时秦人的历史表现,历史学家曾经用这样有力的笔调予以记述:"海内争于战功","务在强兵并敌",③"追亡逐北","宰割天下"④。据司马迁《史记·六国年表》的记载,从公元前475年,至公元前221年秦并天下,这255年间,前后计有92位君主在政治舞台上进行表演,其中享国40年以上者有8人,享国50年以上的,有赵简子60年,楚惠王章57年,齐宣公就匝51年,周赧王延59年,秦昭襄王56年。在位最长久者,是赵国领袖。予历史影响最深刻者,则是秦国君主。根据民间广泛流传的远古时代的传说,秦人和赵人其实原本同出一源。而赵国在赵武灵王实行历史上称作"胡服骑射"的大规模的社会文化改革之后,成为雄镇北方的军事强国,赵国和秦国也曾经有过友好交往的历史纪录。赵武灵王十九年(前307),秦武王去世,第二年,赵武灵王派当时任代相的赵国贵族赵固从燕国迎秦公子嬴稷,将其护送回秦国,立为秦王。秦昭襄王其实是在赵国支持下取得秦国最高执政权的。

秦昭襄王初年,也正是赵国"胡服骑射"取得积极成效的时期。⑤ 当时赵国致力于向北方发展,而秦国兵锋主要指向东南的楚国,赵国和秦国两国之间在这一时期没有发生直接的军事冲突。秦昭襄王十年,也就是赵惠文王二年(前297),被拘禁于秦国的楚怀王出逃,来到赵国,赵国出于对秦、赵之间友好关系的考虑,竟然拒绝接纳。

---

① 《史记》,第3302页。

② 参看王子今:《秦史的宣太后时代》,《光明日报》2016年1月20日14版。

③ 《史记·六国年表》,第685页。

④ 贾谊:《过秦论》,《史记·秦始皇本纪》,第279页;《史记·陈涉世家》,第1963页。

⑤ 赵武灵王以"胡服骑射"为标志的变革,动议起于胡、林胡、楼烦以及秦的军事压迫。《史记·赵世家》:"王北略中山之地,至于房子,遂之代,北至无穷,西至河,登黄华之上。召楼缓谋曰:'我先王因世之变,以长南藩之地,属阻漳、滏之险,立长城,又取蔺、郭狼,败林人于荏,而功未遂。今中山在我腹心,北有燕,东有胡,西有林胡、楼烦、秦、韩之边,而无强兵之救,是亡社稷,奈何?……吾欲胡服。'""王曰:'简、襄主之烈,计胡、翟之利。……今欲继襄主之迹,开于胡、翟之乡,而卒世不见也。……今吾将胡服骑射以教百姓,……。'"第1805—1807页。

据说赵武灵王立王子何为王,自称"主父",曾经有让王子何主持内政,而自己着胡服率领士大夫向西北攻略胡地,然后从云中、九原南下袭击秦国的计划。《史记·赵世家》记述:

> 二十七年五月戊申,大朝于东宫,传国,立王子何以为王。王庙见礼毕,出临朝。大夫悉为臣,肥义为相国,并傅王。是为惠文王。惠文王,惠后吴娃子也。武灵王自号为主父。主父欲令子主治国,而身胡服将士大夫西北略胡地,而欲从云中、九原直南袭秦,于是诈自为使者入秦。秦昭王不知,已而怪其状甚伟,非人臣之度,使人逐之,而主父驰已脱关矣。审问之,乃主父也。秦人大惊。主父所以入秦者,欲自略地形,因观秦王之为人也。

随后,"惠文王二年,主父行新地,遂出代,西遇楼烦王于西河而致其兵。三年,灭中山,迁其王于肤施。起灵寿,北地方从,代道大通。还归,行赏,大赦,置酒酺五日。"裴骃《集解》:"徐广曰:'在上郡。'"张守节《正义》:"今延州肤施县也。"[1]其地在今陕西延安。[2] 可知赵国势力的扩张,确实曾一度实现了"北地方从"的局面。赵主父"行赏,大赦,置酒酺五日",表现出对秦战略优胜的欣喜。而秦国控制上郡,是在宣太后和秦昭襄王解决了义渠问题之后。赵主父"欲从云中、九原直南袭秦",所谓"直南"的"直",使人联想到后来秦直道的名号。

上将军白起指挥的长平之战,是秦赵争夺北方战略优势地位的关键。"上将军",是秦国自此首次设置的最显赫的军职。出于对长平之战特殊的战略意义的重视,秦昭襄王亲自前往河内。这是秦国的国君巡幸秦国的国土,所至于最东端的空前的历史纪录。秦昭襄王自咸阳东行,战略目标却在北面。《史记·白起王翦列传》:"秦王闻赵食道绝,王自之河内,赐民爵各一级,发年十五以上悉诣长平,遮绝赵救及粮食。"[3]秦昭襄王的河内之行,并非庆贺和嘉奖"赵食道绝"的成功,对于组织兵员,策动粮运,强化长平前线的作战能力,无疑有积极的意义。对长平赵军之兵员与军粮远方来援的截击,也因此创造了更好的条件。赵军战败,

---

① 《史记》,第1812—1813页。
② 谭其骧主编:《中国历史地图集》,中国地图出版社1982年版,第1册第37—38页。
③ 《史记》,第2334页。

"卒四十万人降武安君",而白起"乃挟诈而尽坑杀之,遗其小者二百四十人归赵。前后斩首房四十五万人。赵人大震"。① 长平之战后,秦昭襄王随即发起邯郸之战。所谓"秦赵构难",②"秦赵相毙",③应与广义的"北地"的争夺有关。

"(秦王政)十八年,大兴兵攻赵",主力部队"王翦将上地,下井陉"。张守节《正义》解释"上地":"上郡上县,今绥州等是也。"按照这一理解,其地在今陕西绥德。④ 次年,"得赵王","秦王至邯郸",这是统一战争期间秦王政行程最远的一次出行。"秦王还,从太原、上郡归"。⑤ 这一行程的主要路段,竟然与18年之后秦始皇三十七年(前210)载运这位中国历史第一个统一帝国缔造者尸身的车队经行直道返回咸阳的轨迹重合,是值得注意的。

秦王政二十年(前227),发生"荆轲刺秦王"事件。⑥《史记·秦始皇本纪》:

> 二十年,燕太子丹患秦兵至国,恐,使荆轲刺秦王。秦王觉之,体解轲以徇,而使王翦、辛胜攻燕。燕、代发兵击秦军,秦军破燕易水之西。二十一年,王贲攻荆。乃益发卒诣王翦军,遂破燕太子军,取燕蓟城,得太子丹之首。燕王东收辽东而王之。⑦

战事涉及"北边"东端。《史记·燕召公世家》:

> 燕见秦且灭六国,秦兵临易水,祸且至燕。太子丹阴养壮士二十人,使荆轲献督亢地图于秦,因袭刺秦王。秦王觉,杀轲,使将军王翦击燕。二十九年,秦攻拔我蓟,燕王亡,徙居辽东,斩丹以献秦。⑧

---

① 《史记》,第 2335 页。

② 《史记·平原君虞卿列传》,第 2374 页。

③ 《史记·苏秦列传》,第 2244 页。

④ 谭其骧主编:《中国历史地图集》,中国地图出版社 1982 年版,第 5 册第 40—41 页。

⑤ 《史记·秦始皇本纪》,第 233 页。

⑥ 《史记·秦始皇本纪》:"二十年,燕太子丹患秦兵至国,恐,使荆轲刺秦王。"第 233 页。《史记·六国年表》:"太子丹使荆轲刺秦王,秦伐我。"第 755 页。《史记·楚世家》:"王负刍元年,燕太子丹使荆轲刺秦王。"第 1736 页。《史记·魏世家》:"王假元年,燕太子丹使荆轲刺秦王,秦王觉之。"第 1864 页。《史记·田敬仲完世家》:"三十八年,燕使荆轲刺秦王,秦王觉,杀轲。"第 1902 页。可知秦、燕直接敌对关系的形成,是牵动全局的事件。

⑦ 《史记》,第 233 页。

⑧ 《史记》,第 1561 页。

据《史记·秦始皇本纪》："二十五年,大兴兵,使王贲将,攻燕辽东,得燕王喜。"①
在灭齐即实现统一的前一年,秦全面控制了"北边"。

(五) 蒙恬"北击胡"

认识秦统一局面的形成,应当理解其规模并不限于"禽灭六王",②亦包括向
北河和南海的军事拓进。而秦帝国版图的规模,于是也远远超越了秦本土与"六
王"故地。《史记·匈奴列传》:

> 秦灭六国,而始皇帝使蒙恬将十万之众北击胡,悉收河南地。因河为塞,筑四十四
> 县城临河,徙適戍以充之。而通直道,自九原至云阳,因边山险堑溪谷可缮者治之,起临
> 洮至辽东万余里。又度河据阳山北假中。③

蒙恬的"北边"经营以长城和直道一横一纵的两大工程体系为基点,对于秦王朝
的国家安全和文化扩张有非常重要的意义。

《史记·秦始皇本纪》所谓"西北斥逐匈奴",④《史记·蒙恬列传》所谓"北逐
戎狄",⑤贾谊《过秦论》所谓"(秦始皇)乃使蒙恬北筑长城而守藩篱,却匈奴七百
余里,胡人不敢南下而牧马,士不敢弯弓而报怨",⑥或言"逐",或言"却",均突出
强调了主动进取的战略趋向。

《史记·秦始皇本纪》记载:秦始皇三十二年(前 215),"始皇巡北边,从上郡
入。燕人卢生使入海还,以鬼神事,因奏录图书,曰'亡秦者胡也'。始皇乃使将
军蒙恬发兵三十万人北击胡,略取河南地"。⑦ 说蒙恬"北击胡"在秦实现统一的

---

① 《史记》,第 1561 页。《史记·田敬仲完世家》:"秦破燕,燕王亡走辽东。……四十二年,秦灭楚。
明年,虏代王嘉,灭燕王喜。"第 1902 页。

② 《史记·秦始皇本纪》,第 250 页。

③ 《史记》,第 2886 页。

④ 《史记》,第 253 页。

⑤ 《史记》,第 2565 页。

⑥ 《史记·秦始皇本纪》,第 280 页。

⑦ 《史记》,第 252 页。

六年之后。然而《史记·蒙恬列传》又明确写道："始皇二十六年,蒙恬因家世得为秦将,攻齐,大破之,拜为内史。秦已并天下,乃使蒙恬将三十万众北逐戎狄,收河南。筑长城,因地形,用制险塞,起临洮,至辽东,延袤万余里。于是渡河,据阳山,逶蛇而北。暴师于外十余年,居上郡。是时蒙恬威振匈奴。"①由"暴师于外十余年"可以推知,蒙恬"北逐匈奴"是灭齐之后随即发生的战争行为。也可以说,蒙恬经营北边,是秦统一战略的军事主题之一。"暴师于外十余年"是值得重视的时间记录。而作为重要的空间信息,前引贾谊"却匈奴七百余里"应予注意。而《汉书·韩安国传》载王恢语:"蒙恬为秦侵胡,辟数千里,以河为竟,累石为城,树榆为塞,匈奴不敢饮马于河,置烽燧然后敢牧马。"②"辟数千里"之说或有夸张,但也可以在认识"北边"形势时参考。

(六) 秦人"北边"经营的世界史意义

中国古史最早出现"北边"这一政治地理、军事地理与民族地理的概念,见于《史记·廉颇蔺相如列传》:"李牧者,赵之北边良将也。常居代雁门,备匈奴。"③又有前引《史记·秦始皇本纪》"始皇巡北边,从上郡入",以及《史记·蒙恬列传》:"太史公曰:吾适北边,自直道归,行观蒙恬所为秦筑长城亭障,堑山堙谷,通直道,固轻百姓力矣"④等。"北边"为社会全面关注,是重要的历史文化现象。而"堑山堙谷,通直道"的工程,因司马迁的提示,始为史家所关注。

秦实现统一之于东方史和世界史的意义,或许可以通过秦人对于"北边"的重视以及随后发生的历史变局予以理解。蒙恬经营"北边"取得成功。草原强势军事力量因秦王朝比较积极的战略布局,南下侵扰的行为受到遏制。数十年之后,汉武帝对匈奴的有力抗击改变了汉帝国西北形势。陈序经在考察公元前3世纪中原民族与匈奴的关系时写道:"欧洲有些学者曾经指出,中国的修筑长城是罗马帝国衰亡的一个主要原因。他们以为中国修筑长城,使匈奴不能向南方

---

① 《史记》,第 2565—2566 页。
② 《汉书》,第 2401 页。
③ 《史记》,第 2449 页。
④ 《史记》,第 2570 页。

发展,后来乃向西方发展。在公元四五世纪的时候,匈奴有一部分人到了欧洲,攻击哥特人,攻击罗马帝国,使罗马帝国趋于衰亡。"陈序经认为:"长城的作用,主要用于防御匈奴入侵。匈奴之西徙欧洲是匈奴经不起汉武帝和汉和帝的猛烈攻击,但是中国劳动人民所修筑的长城,象征了秦王朝的强盛和阻止匈奴南下掠夺的决心。长城的主要作用是防守,当然,做好了防守同时也为进攻做好准备。长城不一定是罗马帝国衰亡的一个主因,然长城之于罗马帝国的衰亡,也不能说是完全没有关系的。"① 匈奴向欧洲迁徙的历史动向,有的学者认为自秦始皇令蒙恬经营"北边"起始,世界民族文化格局因此有所变化。② 有的学者更突出强调秦始皇直道对于这一历史变化的作用。③ 这样的认识是有一定的学术依据的。当然相关论点的学术支撑,还需要进一步的更充备更详尽的论证。

---

① 据南开大学陈序经先生《匈奴史稿》遗稿整理小组"整理说明",《匈奴史稿》撰写于"1954—1956年"。陈序经遗著,南开大学陈序经先生《匈奴史稿》遗稿整理小组编:《匈奴史稿》,天津古籍出版社 1989年版,第 1、163—164 页;陈序经:《匈奴史稿》,中国人民大学出版社 2007 年版,第 184—185 页。

② 比新:《长城、匈奴与罗马帝国之覆灭》,《历史大观园》1985 年第 3 期。

③ 徐君峰:《秦直道考察行纪》,陕西师范大学出版总社 2018 年版,第 21—22 页;同作者:《秦直道道路走向与文化影响》,陕西师范大学出版总社 2018 年版,第 158—226 页。

十七、"之河南""之邯郸""游至郢陈"：秦王政出行

秦历代国君多有远行的记录。出行动机，或会盟，或视察，或主持军事指挥。[1] 秦统一战争期间，秦王政也有出行经历。就此进行考察，可以丰富我们对于秦统一战争进程的认识。

关于秦王政十三年(前 234)至二十三年(前 224)秦国最高执政者个人的活动，《史记·秦始皇本纪》记载，"十三年，……王之河南。""十九年，……秦王之邯郸。""二十三年，……秦王游至郢陈。"这是秦统一战争期间秦王政三次出巡的记录。"王之河南"有清除吕不韦势力影响的意义，"秦王之邯郸"有回归故地的意义，"秦王游至郢陈"有威慑反秦势力最强劲地方的意义。但总体而言，这三次出巡应看作秦王政出行视察新占领地方的军事交通行为。"之河南""之邯郸""游至郢陈"的主题，包括慰问劳军与前敌指挥。作为交通史现象，秦王政这三次出巡，继承了秦国君乐于远行的传统，也是统一帝国建立之后秦始皇帝五次长途出巡，"览省远方"，[2]"周览远方"[3]的历史先声。[4] 总结秦统一战争的进程，回顾秦交通史，都不宜忽视秦王政此三次行程及相关历史文化现象。

(一)"王之河南"

秦王政十三年(前 234)，秦军攻赵，取得胜利。《史记·秦始皇本纪》记述秦军东进形势，涉及秦王政"之河南"的行迹：

---

① 王子今：《秦国君远行史迹考述》，《秦文化论丛》第 8 辑，陕西人民出版社 2001 年版。
② 秦始皇之罘刻石，《史记·秦始皇本纪》，第 250 页。
③ 秦始皇会稽刻石，《史记·秦始皇本纪》，第 261 页。
④ 王子今：《论〈赵正书〉言"秦王""出游天下"》，《鲁东大学学报(哲学社会科学版)》2016 年第 2 期。

> 十三年,桓齮攻赵平阳,杀赵将扈辄,斩首十万。王之河南。正月,彗星见东方。十
> 月,桓齮攻赵。①

"桓齮攻赵平阳,杀赵将扈辄,斩首十万",从战役规模和歼敌人数来说,这是秦王
政即位后最重要的军事胜利,也是秦王政九年(前238)四月"己酉,王冠,带剑",
继而平定嫪毐蕲年宫之变,②真正亲政后最重要的军事胜利。

《史记·六国年表》"秦王政十三年"条大致与《秦始皇本纪》相同,又有"因东
击赵"的记载:

> 桓齮击平阳,杀赵扈辄,斩首十万,因东击赵。王之河南。彗星见。

"桓齮击平阳,杀赵扈辄,斩首十万,因东击赵。王之河南。"中华书局1959年标
点本作:"桓齮击平阳,杀赵扈辄,斩首十万,因东击。赵王之河南。"③所谓"因东
击。赵王之河南"是明显的错误。中华书局"点校本二十四史修订本"《史记》
2014年版已予改正。④

秦王政"之河南",有军事成功之后慰问前方军人的意义,如秦始皇二十八年
(前219)琅邪刻石所谓"东抚东土,以省卒士"。⑤ 也有前敌指挥的意义,类同秦
昭襄王四十七年(前260)长平之战时的表现:"秦王闻赵食道绝,王自之河内,赐
民爵各一级,发年十五以上悉诣长平,遮绝赵救及粮食。"⑥

---

① 《史记》,第232页。
② 《史记·秦始皇本纪》:"嫪毐封为长信侯。予之山阳地,令毐居之。宫室车马衣服苑囿驰猎恣毐。
事无小大皆决于毐。又以河西太原郡更为毐国。九年,彗星见,或竟天。攻魏垣、蒲阳。四月,上宿雍。
己酉,王冠,带剑。长信侯毐作乱而觉,矫王御玺及太后玺以发县卒及卫卒、官骑、戎翟君公、舍人,将欲攻
蕲年宫为乱。王知之,令相国昌平君、昌文君发卒攻毐。战咸阳,斩首数百,皆拜爵,及宦者皆在战中,亦
拜爵一级。毐等败走。即令国中:有生得毐,赐钱百万;杀之,五十万。尽得毐等。卫尉竭、内史肆、佐弋
竭、中大夫令齐等二十人皆枭首。车裂以徇,灭其宗。及其舍人,轻者为鬼薪。及夺爵迁蜀四千余家,家
房陵。"第227—228页。
③ 《史记》,第753页。
④ 《史记》,点校本二十四史修订本,中华书局2014年版,第903页。
⑤ 《史记·秦始皇本纪》,第245页。
⑥ 《史记·白起王翦列传》,第2334页。

（二）桓齮军的战功与吕不韦的死葬

《史记》纪事"桓齮击平阳，杀赵扈辄，斩首十万，因东击赵"在先，"王之河南"在后，两事的关系十分重要。赵平阳，张守节《正义》写道："《括地志》云：'平阳故城在相州临漳县西二十五里。'又曰：'平阳，战国时属韩，后属赵。'"其地在今河北磁县东南。① 秦王政亲至"河南"即今洛阳，与秦军"平阳"大胜之后"因东击赵"应当有直接的关系。

当然人们也会注意到，蕲年宫之变后，"（秦王政）十年，相国吕不韦坐嫪毐免。桓齮为将军"。② 桓齮应是秦王政解除吕不韦相权后亲自任命的新的军事将领。《史记·秦始皇本纪》还记载："十一年，王翦、桓齮、杨端和攻邺，取九城。王翦攻阏与、橑杨，皆并为一军。翦将十八日，军归斗食以下，什推二人从军取邺安阳，桓齮将。"③看来，桓齮的战功确实不辜负秦王政的信用。于是，"十三年，桓齮击平阳，杀赵扈辄，斩首十万，因东击赵"之战事发展形势使秦王政心怀欣慰，受到鼓舞，于是亲自有所举措，应当是很自然的。

另一历史迹象也值得关注。"（秦王政）十年，相国吕不韦坐嫪毐免"，而"桓齮为将军"的记述告知我们，与桓齮任将大致同时，吕不韦免相。秦国最高权力职掌发生变化与秦王政"之河南"在某种意义上似有因果关联。《史记·吕不韦列传》，秦王政"年少"时，尊为"相国"，"号称'仲父'"的吕不韦因嫪毐事，执政地位被颠覆：

始皇九年，有告嫪毐实非宦者，常与太后私乱，生子二人，皆匿之。与太后谋曰"王即薨，以子为后"。于是秦王下吏治，具得情实，事连相国吕不韦。九月，夷嫪毐三族，杀太后所生两子，而遂迁太后于雍。诸嫪毐舍人皆没其家而迁之蜀。王欲诛相国，为其奉先王功大，及宾客辩士为游说者众，王不忍致法。

秦王十年十月，免相国吕不韦。及齐人茅焦说秦王，秦王乃迎太后于雍，归复咸阳，

① 谭其骧主编：《中国历史地图集》，中国地图出版社1982年版，第1册第35—36页。
② 《史记》，第227页。
③ 《史记》，第231页。

而出文信侯就国河南。①

所谓"迎太后于雍,归复咸阳,而出文信侯就国河南",一"迎"一"出",似乎体现出秦王政对于"太后"与"文信侯"可能再次联手的防范意识。这对于当时把握权势、稳定政局,是必要的。

据《史记·秦始皇本纪》记载,秦王政即位初,"年十三岁",尚是未成年人。"当是之时,秦地已并巴、蜀、汉中,越宛有郢,置南郡矣;北收上郡以东,有河东、太原、上党郡;东至荥阳,灭二周,置三川郡。吕不韦为相,封十万户,号曰文信侯。招致宾客游士,欲以并天下。"②吕不韦封地就在所兼并"二周"之地,新置三川郡,③亦东进"欲以并天下"的战略前沿。《史记·吕不韦列传》写道:"庄襄王元年,以吕不韦为丞相,封为文信侯,食河南雒阳十万户。"④而据《史记·春申君列传》记述,"秦庄襄王立,以吕不韦为相,封为文信侯。取东周。"⑤强调"东周"之地的占领,就是吕不韦策划指挥。《史记·秦本纪》记载:"东周君与诸侯谋秦,秦使相国吕不韦诛之,尽入其国。秦不绝其祀,以阳人地赐周君,奉其祭祀。"⑥吕不韦对于"东周"地方,有曾经"诛""取""尽入其国"的战功。因此形成的军事威权,有可能使秦王政心怀不安。

吕不韦免相"就国河南"后,又有新的政治动向引起秦王政进一步的疑虑与警觉。《史记·吕不韦列传》:

> 岁余,诸侯宾客使者相望于道,请文信侯。

① 《史记》,第 2509、2512—2513 页。司马迁还写道:"太史公曰:不韦及嫪毒贵,封号文信侯。人之告嫪毒,毒闻之。秦王验左右,未发。上之雍郊,毒恐祸起,乃与党谋,矫太后玺发卒以反蕲年宫。发吏攻毒,毒败亡走,追斩之好畤,遂灭其宗。而吕不韦由此绌矣。孔子之所谓'闻'者,其吕子乎?"第 2513—2514 页。

② 《史记》,第 223 页。

③ 秦置三川郡时间,《史记·燕召公世家》言燕王喜六年(前 249),《史记·秦本纪》《史记·六国年表》及《史记·蒙恬列传》言秦庄襄王元年(前 249)。第 1560、219、749—750、2565 页。

④ 《史记》,第 2509 页。

⑤ 《史记》,第 2396 页。

⑥ 《史记》,第 290 页。

因吕不韦的政治影响力和追随者的活跃，秦王政产生可能引发政治变故的担心，于是令其离开被称为"天下之中"的"河南"地，①"徙处"偏远的"蜀"地：

> 秦王恐其为变，乃赐文信侯书曰："君何功于秦？秦封君河南，食十万户。君何亲于秦？号称仲父。其与家属徙处蜀！"吕不韦自度稍侵，恐诛，乃饮酖而死。②

秦王政更严厉的处置使得"吕不韦自度稍侵，恐诛"，于是自杀。

> 十二年，文信侯不韦死，窃葬。其舍人临者，晋人也逐出之；秦人六百石以上夺爵，迁；五百石以下不临，迁，勿夺爵。自今以来，操国事不道如嫪毐、不韦者籍其门，视此。秋，复嫪毐舍人迁蜀者。当是之时，天下大旱，六月至八月乃雨。

关于所谓"窃葬"，司马贞《索隐》："按：不韦饮鸩死，其宾客数千人窃共葬于洛阳北芒山。"③

秦王政对于吕不韦所谓"秦封君河南，食十万户"的疑忌，可能还有吕不韦原本阳翟富商，而洛阳地方商人势力特别集中的因素。《史记·货殖列传》说，"三河"地方除"好农而重民"外，"加以商贾"。"洛阳东贾齐、鲁，南贾梁、楚。"俨然是联系地域相当宽远的经济中心。当地取得特殊成功的富商如白圭、师史等，其行为风格其实也表现出河洛地区的区域文化特征。师史"转毂以百数，贾郡国，无所不至"，"能致七千万。"④而按照《盐铁论·力耕》的说法，周地"商遍天下"，"商贾之富，或累万金"。⑤《盐铁论·通有》又说，"三川之二周，富冠海内"，"为天下名都"。⑥

---

①　《逸周书·作雒》说，河洛地区"为天下之大凑"。黄怀信：《逸周书校补注释》，西北大学出版社1996年版，第255页。《史记·货殖列传》："洛阳街居在齐秦楚赵之中。"第3279页。《史记·刘敬叔孙通列传》："成王即位，周公之属傅相焉，乃营成周洛邑，以此为天下之中也，诸侯四方纳贡职，道里均矣。"第2716页。

②　《史记》，第2513页。

③　《史记》，第231页。参看王子今：《论吕不韦及其封君河南事》，《洛阳工学院学报（社会科学版）》2002年第1期。

④　《史记》，第3270、3265、3258、3279页。

⑤　王利器校注：《盐铁论校注（定本）》，中华书局1992年版，第29页。

⑥　王利器校注：《盐铁论校注（定本）》，中华书局1992年版，第41页。

洛阳地方的经济影响力确实十分重要。① 不过,在当时统一战争激烈进行的情势下,秦王政"之河南"最重要最直接的动机,可能还是出于军事的考虑。

(三)"秦王之邯郸"

秦王政十九年(前228),在"攻赵"战争取得决定性胜利,秦军主力开始"攻燕"的背景下,秦王政亲自前往邯郸,回到幼年经历艰难生活的地方:

> 十八年,大兴兵攻赵,王翦将上地,下井陉,端和将河内,羌瘣伐赵,端和围邯郸城。十九年,王翦、羌瘣尽定取赵地东阳,得赵王。引兵欲攻燕,屯中山。秦王之邯郸,诸尝与王生赵时母家有仇怨,皆坑之。②

东阳在今河北元氏、邢台地方。中山在今河北定县、灵寿地方。③《史记》关于"皆坑之"的记载凡6见,两例为秦始皇事迹,两例为项羽事迹。除此"秦王之邯郸,诸尝与王生赵时母家有仇怨,皆坑之"外,又有《史记·秦始皇本纪》:"(侯生卢生)亡去。始皇闻亡,乃大怒曰:'吾前收天下书不中用者尽去之。悉召文学方术士甚众,欲以兴太平,方士欲练以求奇药。今闻韩众去不报,徐市等费以巨万计,终不得药,徒奸利相告日闻。卢生等吾尊赐之甚厚,今乃诽谤我,以重吾不德也。诸生在咸阳者,吾使人廉问,或为訞言以乱黔首。'于是使御史悉案问诸生,

---

① 汉武帝时代的理财名臣桑弘羊,就是洛阳商人之子。桑弘羊曾经推行"均输"制度,以改善运输业的管理。据《后汉书·刘盆子传》,两汉之际河南郡荥阳仍然存留"均输官"设置。第486页。由此也可以看到河洛地区经济地位的特殊。《汉书·地理志下》在分析河洛地区的区域文化特征时指出,"周地"风习,有"巧伪趋利,贵财贱义,高富下贫,憙为商贾,不好仕宦"的特点。班固说,这是"周人之失"。第1651页。然而,如果承认商业对于增益经济活力的积极作用,则"周人"对于经济流通的贡献,其实是值得肯定的。《汉书·食货志下》记载,王莽"于长安及五都立五均官"。"五都",即洛阳、邯郸、临菑、宛、成都,而"洛阳称中"。第1180页。也说明随着关东地区经济文化的发展,洛阳的地位愈益重要。东汉洛阳及其附近地区在全国经济格局中居于领导地位,商业活动尤其繁荣,以致如《后汉书·王符传》所说:"牛马车舆,填塞道路,游手为巧,充盈都邑,务本者少,浮食者众。"第1633页。亦如《后汉书·仲长统传》所谓"船车贾贩,周于四方,废居积贮,满于都城"。第1648页。洛阳成为全国"利之所聚"的最重要的商业大都市。当时,据"其民异方杂居","商贾胡貊,天下四会"。《三国志·魏书·傅嘏传》注引《傅子》,第624页。参看王子今:《河洛地区——秦汉时期的"天下之中"》,《河洛史志》2006年第1期。

② 《史记·秦始皇本纪》,第233页。

③ 谭其骧主编:《中国历史地图集》,中国地图出版社1982年版,第1册第37—38页。

诸生传相告引，乃自除。犯禁者四百六十余人，皆坑之咸阳，使天下知之，以惩后。"①此即著名的"坑儒"事件。《史记·项羽本纪》："项羽别攻襄城，襄城坚守不下。已拔，皆坑之。"②"外黄不下。数日，已降，项王怒，悉令男子年十五已上诣城东，欲坑之。外黄令舍人儿年十三，说项王曰：'彭越彊劫外黄，外黄恐，故且降，待大王。大王至，又皆坑之，百姓岂有归心？从此以东，梁地十余城皆恐，莫肯下矣。'项王然其言，乃赦外黄当坑者。"③此外，又有《史记·赵世家》："（孝成王四年）七月，廉颇免而赵括代将。秦人围赵括，赵括以军降，卒四十余万皆坑之。"④长平杀降悲剧，是战争史上的惨痛记录。《史记·白起王翦列传》说到白起自悔之意："武安君引剑将自刭，曰：'我何罪于天而至此哉？'良久，曰：'我固当死。长平之战，赵卒降者数十万人，我诈而尽坑之，是足以死。'遂自杀。"⑤作"尽坑之"。又《史记·廉颇蔺相如列传》："括军败，数十万之众遂降秦，秦悉坑之。"⑥作"悉坑之"。所谓"尽坑之""悉坑之"，与"皆坑之"近义。

"秦王之邯郸，诸尝与王生赵时母家有仇怨，皆坑之"，也许是透露秦王政品性的一个使人印象深刻的历史镜头。但是考察"秦王之邯郸"事，应当更多关注此前"王翦、羌瘣尽定取赵地东阳，得赵王"的军事进展，以及前一年秦"大兴兵攻赵，王翦将上地，下井陉，端和将河内，羌瘣伐赵，端和围邯郸城"的战略态势。秦军将领"引兵欲攻燕，屯中山"的动向亦值得注意。军事前沿已经推进至"中山"以北。此时"秦王之邯郸"，与前说秦赵决战长平时"（秦昭襄）王自之河内"的情形十分相似。

（四）"从太原、上郡归"

在我们讨论的秦统一战争期间秦王政三次出行中，此次"之邯郸"，与另外两

---

①　《史记》，第 258 页。

②　《史记》，第 299 页。《史记·高祖本纪》："怀王诸老将皆曰：'项羽为人僄悍猾贼。项羽尝攻襄城，襄城无遗类，皆坑之，诸所过无不残灭。……'"第 356 页。

③　《史记》，第 329 页。

④　《史记》，第 1826 页。

⑤　《史记》，第 2337 页。

⑥　《史记》，第 2447 页。

次不同,回程路线明确见诸史籍。《史记·秦始皇本纪》记载:

秦王还,从太原、上郡归。①

太原对于秦王政执政权的真正把握,有重要的意义。前说嫪毐曾封太原,"以河西太原郡更为毐国","河西"应作"汾西"。②《汉书·五行志中之下》:"秦始皇帝即位尚幼,委政太后,太后淫于吕不韦及嫪毐,封毐为长信侯,以太原郡为毐国,宫室苑囿自恣,政事断焉。故天冬雷,以见阳不禁闭,以涉危害,舒奥迫近之变也。"③

　　"秦王还,从太原、上郡归。"行程相当辽远,然而秦王政此行对秦此后经营北边的决策,有重要的意义。与此前秦惠文王"(更元)五年,王游至北河",④以及秦昭襄王二十年"又之上郡、北河"⑤相联系,可以发现秦国执政者对于北方的重视。同类史实,又可以与秦统一后秦始皇行历北边的交通实践联系起来理解。关于"从上郡归",《秦始皇本纪》记载了统一实现之后行走同一路径的另一次出巡:"三十二年,始皇之碣石,使燕人卢生求羡门、高誓。刻碣石门。坏城郭,决通堤防。""因使韩终、侯公、石生求仙人不死之药。始皇巡北边,从上郡入。燕人卢生使入海还,以鬼神事,因奏录图书,曰'亡秦者胡也'。始皇乃使将军蒙恬发兵三十万人北击胡,略取河南地。"《史记·封禅书》则写作"从上郡归":"游碣石,考入海方士,从上郡归。"⑥

　　还应当注意,"秦王还,从太原、上郡归"与秦始皇三十七年(前210)去世后"秘不发丧",车队"自直道归"咸阳的路线,⑦有某种程度的契合。

　　① 《史记》,第233页。
　　② "以河西太原郡更为毐国",裴骃《集解》引徐广曰:"'河',一作'汾'。"《史记·秦始皇本纪》,第227—228页。参看王子今:《公元前3世纪至公元前2世纪晋阳城市史料考议》,《晋阳学刊》2010年第1期。
　　③ 《汉书》,第1422页。
　　④ 张守节《正义》:"王游观北河,至灵、夏州之黄河也。"《史记·秦本纪》,第207页。
　　⑤ 《史记·秦本纪》,第212页。
　　⑥ 《史记》,第1370页。
　　⑦ 《史记·秦始皇本纪》:"(秦始皇三十七年)七月丙寅,始皇崩于沙丘平台。丞相斯为上崩在外,恐诸公子及天下有变,乃秘之,不发丧。棺载辒凉车中,故幸宦者参乘,所至上食。百官奏事如故,宦者辄从辒凉车中可其奏事。独子胡亥、赵高及所幸宦者五六人知上死。""行,遂从井陉抵九原。会暑,上辒车臭,乃诏从官令车载一石鲍鱼,以乱其臭。""行从直道至咸阳,发丧。太子胡亥袭位,为二世皇帝。九月,葬始皇郦山。"第264—265页。特意绕行北边,很可能由于此次出行的既定路线是巡行北边之后回归咸阳。参看王子今:《秦汉长城与北边交通》,《历史研究》1988年第6期。

由"太原"而"上郡"路线的规划，应与秦人对北边的特殊注意有关。从秦惠文王"游至北河"到秦昭襄王控制上郡，秦灭义渠，有上郡，是秦战略进攻的关键。"秦有陇西、北地、上郡，筑长城以拒胡"，北方和西北方向的成功扩张，使得秦疆土的南北纵向幅度从北纬 39°直到北纬 29°。当时东方六国都绝没有如此的规模。"秦地半天下"①的局面得以形成。秦执政集团开始积累管理生态条件与经济形式复杂的包括内蒙古高原草原荒漠畜牧区、黄土高原和渭河谷地粟麦作区、汉江上游和四川盆地稻作区的行政经验。《史记·太史公自序》所谓"昭襄业帝"，②指出了秦昭襄王时代为后来统一帝国的管理，已经进行了早期演练。③ 秦"伐赵""攻燕"的"逐北"攻势，④对于统一的实现意义重大。新成立的大一统帝国的执政者对北河的经营，《史记·蒙恬列传》所谓"北逐戎狄"，⑤《史记·秦始皇本纪》所谓"西北斥逐匈奴"，⑥贾谊《过秦论》所谓"（秦始皇）乃使蒙恬北筑长城而守藩篱，却匈奴七百余里，胡人不敢南下而牧马，士不敢弯弓而报怨"，⑦或言"逐""斥逐"，或言"却"，均显著强调了主动进击的战略趋向。⑧

（五）"秦王游至郢陈"

秦王政在统一战争期间的另一次出行，在进攻楚国的战役中至于楚地。此前"二十一年"，"攻荆"战事出现反复：

> 二十一年，王贲攻荆。……王翦谢病老归。新郑反。昌平君徙于郢。大雨雪，深二尺五寸。

---

① 《史记·张仪列传》，第 2289 页。

② 《史记》，第 3302 页。

③ 参看王子今：《秦史的宣太后时代》，《光明日报》2016 年 1 月 20 日 14 版。

④ 秦"追亡逐北"，"宰割天下"体现的军事优势，见于贾谊：《过秦论》，《史记·秦始皇本纪》，第 279 页；《史记·陈涉世家》，第 1963 页。

⑤ 《史记》，第 2565 页。

⑥ 《史记》，第 253 页。

⑦ 《史记·秦始皇本纪》，第 280 页。

⑧ 参看王子今：《秦"北边"战略与统一进程》，《西安财经学院学报》2016 年第 4 期。

"二十二年,王贲攻魏,引河沟灌大梁,大梁城坏,其王请降,尽取其地。"中原已定,于是再度攻楚。《史记·秦始皇本纪》记载:

> 二十三年,秦王复召王翦,强起之,使将击荆。取陈以南至平舆,虏荆王。秦王游至郢陈。荆将项燕立昌平君为荆王,反秦于淮南。二十四年,王翦、蒙武攻荆,破荆军,昌平君死,项燕遂自杀。①

陈在今河南淮阳,平舆在今河南平舆北。"秦王游至郢陈",即行抵今河南淮阳地方。一说郢陈即陈,②一说郢在今安徽寿春。③ 此次出行,成为秦王政行临距离统一战争前线最近地方的记录。

"二十三年,秦王复召王翦,强起之,使将击荆。取陈以南至平舆,虏荆王"事,《史记·白起王翦列传》记载:"秦始皇既灭三晋,走燕王,而数破荆师。秦将李信者,年少壮勇,尝以兵数千逐燕太子丹至于衍水中,卒破得丹,始皇以为贤勇。于是始皇问李信:'吾欲攻取荆,于将军度用几何人而足?'李信曰:'不过用二十万人。'始皇问王翦,王翦曰:'非六十万人不可。'始皇曰:'王将军老矣,何怯也!李将军果势壮勇,其言是也。'遂使李信及蒙恬将二十万南伐荆。王翦言不用,因谢病,归老于频阳。"李信军败,秦王政复请王翦。"王翦果代李信击荆。荆闻王翦益军而来,乃悉国中兵以拒秦。王翦至,坚壁而守之,不肯战。荆兵数出挑战,终不出。王翦日休士洗沐,而善饮食抚循之,亲与士卒同食。久之,王翦使人问军中戏乎?对曰:'方投石超距。'于是王翦曰:'士卒可用矣。'荆数挑战而秦不出,乃引而东。翦因举兵追之,令壮士击,大破荆军。至蕲南,杀其将军项燕,荆兵遂败走。秦因乘胜略定荆地城邑。岁余,虏荆王负刍,竟平荆地为郡县。因南征百越之君。"④

---

① 《史记》,第233—234页。
② 谭其骧主编:《中国历史地图集》,中国地图出版社1982年版,第1册第45—46页。
③ 马非百《秦集史》在"郢陈"之"郢"字下注曰:"按指楚新都寿春。"中华书局1982年版,上册第90页。
④ 《史记》,第2339—2341页。关于王翦受命代李信击楚,《史记·白起王翦列传》有较详尽的记述:"李信攻平与,蒙恬攻寝,大破荆军。信又攻鄢郢,破之,于是引兵而西,与蒙恬会城父。荆人因随之,三日三夜不顿舍,大破李信军,入两壁,杀七都尉,秦军走。始皇闻之,大怒,自驰如频阳,见谢王翦曰:'寡人以不用将军计,李信果辱秦军。今闻荆兵日进而西,将军虽病,独忍弃寡人乎!'王翦谢曰:'老臣罢(转下页)

秦军"平荆地为郡县"之后即"南征百越之君"，体现南海置郡也是秦统一战争的主题之一。[①]

睡虎地秦简《编年记》记载"今""廿三年"即秦王政"廿三年"事，可以与《秦始皇本纪》相关内容对照理解：

> 廿三年，兴，攻荆，□□守阳□死。四月，昌文君死。

整理小组注释："兴，指军兴，征发军队。""荆，即楚。《吕氏春秋·音初》注：'荆，楚也，秦庄王讳楚，避之曰荆。'""昌文君，据《史记·秦始皇本纪》曾与昌平君同时为秦臣，参预攻嫪毐。"[②]

（六）"抚东土""省卒士"

秦有重视交通的传统。秦的交通发展方面的优势，成为秦统一大业实现的重要条件。[③] 秦王政在统一战争中"之河南""之邯郸""游至郢陈"这三次出行，在秦交通史进程中，具有重要的意义。

秦国君主有乐于远行的历史表现。[④] 而秦王政"之河南"，是在全面控制河洛地区，即"灭二周，置三川郡"的新形势下。至于"之邯郸""游至郢陈"，于击灭东方两个军事强国赵国和楚国之后，意义尤其重要。

（接上页）病悖乱，唯大王更择贤将。'始皇谢曰：'已矣，将军勿复言！'王翦曰：'大王必不得已用臣，非六十万人不可。'始皇曰：'为听将军计耳。'于是王翦将兵六十万人，始皇自送至灞上。王翦行，请美田宅园池甚众。始皇曰：'将军行矣，何忧贫乎？'王翦曰：'为大王将，有功终不得封侯，故及大王之向臣，臣亦及时以请园池为子孙业耳。'始皇大笑。王翦既至关，使使还请善田者五辈。或曰：'将军之乞贷，亦已甚矣。'王翦曰：'不然。夫秦王怚而不信人。今空秦国甲士而专委于我，我不多请田宅为子孙业以自坚，顾令秦王坐而疑我邪？'"第2339—2340页。

①　参看王子今：《秦统一局面的再认识》，《辽宁大学学报（哲学社会科学版）》2013年第1期；同作者：《论秦始皇南海置郡》，《陕西师范大学学报（哲学社会科学版）》2017年第1期。

②　睡虎地秦墓竹简整理小组：《睡虎地秦墓竹简》，文物出版社1978年版，第7、11页。

③　参看王子今：《秦国交通的发展与秦的统一》，《史林》1989年第4期；《秦统一原因的技术层面考察》，同作者：《社会科学战线》2009年第9期。

④　参看王子今：《秦国君远行史迹考述》，《秦文化论丛》第8辑，陕西人民出版社2001年版。

秦王政实现统一之后,确定始皇帝称号的这位最高执政者启动了更为远程的出巡。秦始皇成为历代出巡频率和出巡里程均十分显赫的君主。在位 12 年期间,他出巡 5 次,其中 4 次行至海滨,曾与随行群臣"与议于海上",①甚至有"梦与海神战"故事,"自以连弩候大鱼出射之,自琅邪北至荣成山",又"至之罘,见巨鱼,射杀一鱼"。② 所谓"南游勒石,东瞰浮梁",③踏遍战国时东方六国故地,而多次"并海"行进的经历,④不仅超越千古,后世可能只有秦二世、汉武帝曾经仿拟,或在出行次数和出行里程方面有所突破。观察更为宏观的历史视野,秦始皇表现出"不懈于治""勤劳本事"⑤之行政风格的交通实践,可以说在一定意义上实现了先古圣王"巡狩"的政治目标。⑥ 秦始皇出巡,自称"皇帝东游","览省远方","亲巡天下,周览远方","乃抚东土""东抚东土,以省卒士"。⑦ 按照秦二世的说法,是"先帝巡行郡县,以示强,威服海内"。⑧ 而统一战争期间"之河南""之邯郸""游至郢陈",可以看作秦始皇时代交通史壮举的历史先声。⑨ 但是其直接目的,应有不同。

后人言"始皇巡狩遍天下",⑩秦始皇自称"亲巡远方"⑪"经理宇内"⑫的交通实践,其实既是行政方式,也是宣传方式。沿途刻石文字,往往都在一定意义上具有大一统国家政治宣言的性质。而统一战争期间"之河南""之邯郸""游至郢陈",可能也有"抚东土""省卒士"的意义,但很可能首先出自军事动机,具有前敌指挥和前线劳军的作用,可以看作特殊的战争行为。

---

① 张守节《正义》:"王离以下十人从始皇,咸与始皇议功德于海上。"《史记》,第 246—247 页。
② 《史记·秦始皇本纪》,第 263 页。
③ 《史记·秦始皇本纪》司马贞《索隐述赞》,第 294 页。
④ 参看王子今:《秦汉时代的并海道》,《中国历史地理论丛》1988 年第 2 期。
⑤ 秦始皇琅邪刻石,《史记·秦始皇本纪》,第 243、245 页。
⑥ 参看王子今:《"巡狩":文明初期的交通史记忆》,《中原文化研究》2016 年第 6 期。
⑦ 《史记·秦始皇本纪》,第 249、250、261、245 页。
⑧ 《史记·秦始皇本纪》,第 267 页。
⑨ 王子今:《论秦王政"之河南""之邯郸""游至郢陈"》,《咸阳师范学院学报》2017 年第 5 期。
⑩ 〔明〕张萱:《疑耀》卷一"洞庭湘妃墓辩"条,明万历三十六年刻本,第 105 页。
⑪ 秦始皇琅玡刻石,《史记·秦始皇本纪》,第 243 页。
⑫ 秦始皇之罘刻石,《史记·秦始皇本纪》,第 250 页。

　　当然，这样的出行实践，在一定意义上应当也具有提升行政操作效率和树立政治威权，即之罘刻石所谓"威燀旁达"①及秦二世后来语赵高所谓创造"臣畜天下"②之条件的意义。

　　①　《史记·秦始皇本纪》，第249页。
　　②　《史记·秦始皇本纪》："二世与赵高谋曰：'朕年少，初即位，黔首未集附。先帝巡行郡县，以示强，威服海内。今晏然不巡行，即见弱，毋以臣畜天下。'春，二世东行郡县……"第267页。

十八、战国与秦代的武关和武关道

武关道在战国秦汉交通格局中有重要的地位。许多历史表演曾经以武关道为舞台。陕西丹凤武关镇曾经出土有"武"字瓦文的板瓦以及"武候"文字瓦当，成为有助于明确战国秦汉武关位置和武关道走向的文物资料。地湾出土简文"武关候"，可以帮助我们理解"武候"文意。"武候""武关候"即负责武关管理守卫的职能设置。地湾"武关候"简文作为有益于深化交通史研究的重要的文物实证，应当受到重视。

（一）"武关道"的历史作用

清华简《楚居》记录楚人先祖早期活动的区域包括丹江川道。[①] 从关中越秦岭沿丹江可以直抵南阳。联系秦楚地方丹江通道，史称"武关道"。[②] 有迹象表明，秦人对这条道路早有经营。[③] 秦汉直至中古时期，"武关道"都表现出重要的历史作用。考察武关的位置和武关道的走向，是秦汉交通史和秦汉交通考古研究的重要课题。"武关道"因"武关"得名。《左传·哀公四年》："……将通于少习

---

① 参看王子今：《丹江通道与早期楚文化——清华简〈楚居〉札记》，《简帛·经典·古史》，上海古籍出版社 2013 年版。

② 《后汉书·王允传》："（王）允见卓祸毒方深，篡逆已兆，密与司隶校尉黄琬、尚书郑公业等谋共诛之。乃上护羌校尉杨瓒行左将军事，执金吾士孙瑞为南阳太守，并将兵出武关道，以讨袁术为名，实欲分路征卓。"第 2175 页。《三国志·魏书·张鲁传》裴松之注引《魏略》曰："刘雄鸣者，蓝田人也。少以采药射猎为事，常居覆车山下，每晨夜，出行云雾中，以识道不迷，而时人因谓之能为云雾。郭、李之乱，人多就之。建安中，附属州郡，州郡表荐为小将。马超等反，不肯从，超破之。后诣太祖，太祖执其手谓之曰：'孤方入关，梦得一神人，即卿邪！'乃厚礼之，表拜为将军，遣令迎其部党。部党不欲降，遂劫以反，诸亡命皆往依之，有众数千人，据武关道口。"第 266 页。

③ 参看王子今、焦南峰：《古武关道栈道遗迹调查简报》，《考古与文物》1986 年第 2 期；王子今：《武关道蓝桥河栈道形制及设计通行能力的推想》，汉中市博物馆等编：《栈道历史研究与 3S 技术应用国际学术研讨会论文集》，陕西人民教育出版社 2008 年版。

以听命。"晋人杜预注:"少习,商县武关也。将大开武关道以伐晋。"《史记》已多
见涉及"武关"的交通史记录。《史记·楚世家》记载,齐湣王遗楚怀王书说到"武
关":"王率诸侯并伐,破秦必矣。王取武关、蜀、汉之地,私吴、越之富而擅江海之
利,韩、魏割上党,西薄函谷,则楚之强百万也。"又"秦昭王遗楚王书"也说到"秦
楚"边境的"武关":"寡人与楚接境壤界,故为婚姻,所从相亲久矣。而今秦楚不
驩,则无以令诸侯。寡人愿与君王会武关,面相约,结盟而去,寡人之愿也。敢以
闻下执事。""楚怀王见秦王书,……于是往会秦昭王。昭王诈令一将军伏兵武
关,号为秦王。楚王至,则闭武关,遂与西至咸阳,朝章台,如蕃臣,不与亢礼。"
"秦要怀王不可得地,楚立王以应秦,秦昭王怒,发兵出武关攻楚,大败楚军,斩首
五万,取析十五城而去。"①

《史记·秦始皇本纪》记述秦始皇出巡路线:"(二十八年)上自南郡由武关
归。""三十七年十月癸丑,始皇出游。……十一月,行至云梦,望祀虞舜于九疑
山。"很可能也经行武关道。史念海言武关道路时说,此即"秦始皇二十八年北归
及三十七年南游之途也"。② 秦始皇二十八年(前219)之行,得到睡虎地秦简《编
年记》"【廿八年】,今过安陆"(三五贰)的证实。③ 其实,在实现统一之前,秦王政
二十三年(前224),"秦王游至郢陈",④很可能也经由此道。也就是说,这条道路
秦始皇或许曾三次经行。里耶秦简可见"武关内史"(8-206)简文。⑤ 这是有关
"武关"的明确的简牍资料。

秦末,刘邦由这条道路先项羽入关,结束了秦王朝的统治。《史记·高
祖本纪》:

> 乃以宛守为殷侯,……引兵西,无不下者。至丹水,高武侯鳃、襄侯王陵降西陵。还
> 攻胡阳,遇番君别将梅鋗,与皆,降析、郦。……及赵高已杀二世,使人来,欲约分王关
> 中。沛公以为诈,乃用张良计,使郦生、陆贾往说秦将,啖以利,因袭攻武关,破之。又与

① 《史记》,第1725、1727—1729页。

② 史念海:《秦汉时代国内之交通路线》,《文史杂志》第3卷第1、2期,收入《河山集四集》,陕西师
范大学出版社1991年版,第547—548页。

③ 睡虎地秦墓竹简整理小组:《睡虎地秦墓竹简》,文物出版社1990年版,释文第7页。

④ 《史记·秦始皇本纪》,第234页。

⑤ 陈伟主编:《里耶秦简校释(第一卷)》,武汉大学出版社2012年版,第113页。

秦军战于蓝田南,益张疑兵旗帜,诸所过毋得掠卤,秦人憙,秦军解,因大破之。又战其北,大破之。乘胜,遂破之。汉元年十月,沛公兵遂先诸侯至霸上。秦王子婴素车白马,系颈以组,封皇帝玺符节,降轵道旁。①

汉初,因武关地位之重要,②武关道的战略意义亦显得突出。周亚夫平定吴楚七国之乱,即由武关道出其不意,直抵洛阳,奠定了胜局的基础。《汉书·周亚夫传》:

亚夫既发,至霸上,赵涉遮说亚夫曰:"将军东诛吴楚,胜则宗庙安,不胜则天下危,能用臣之言乎?"亚夫下车,礼而问之。涉曰:"吴王素富,怀辑死士久矣。此知将军且行,必间人于殽黾阨陕之间。且兵事上神密,将军何不从此右去,走蓝田,出武关,抵雒阳,间不过差一二日,直入武库,击鸣鼓。诸侯闻之,以为将军从天而下也。"太尉如其计。至雒阳,使吏搜殽黾间,果得吴伏兵。乃请涉为护军。③

由《史记·货殖列传》"南阳西通武关"④可知,因南阳地方"成为当时联络南北地区的最大商业城市和经济重心",这条道路形成"交通盛况"。⑤

"武关道"是战国秦汉时期联系关中平原和江汉平原的重要道路,曾经在军事史和经济史上发挥过重要的作用。对于中国古代交通史研究来说,"武关道"是重要的学术主题。

(二)"武关道"考古发现

丹江川道考古收获十分丰富。从交通史考察的视角取得的新认识,也值得

---

① 《史记》,第360—362页。
② 张家山汉简《二年律令·津关令》:"制诏御史其令扞关郧关武关函谷临晋关及诸其塞之河津禁毋出黄金诸奠黄金器及铜有犯令"(四九二)。"武关"是区分"关中""关外"的"五关"中居中的一关。参看王子今、刘华祝:《说张家山汉简〈二年律令·津关令〉所见五关》,《中国历史文物》2003年第1期。
③ 《汉书》,第2059页。
④ 《史记》,第3269页。
⑤ 王文楚:《历史时期南阳盆地与中原地区间的交通发展》,《史学月刊》1964年第10期,收入《古代交通地理丛考》,中华书局1996年版。王开主编《陕西古代道路交通史》也有关于武关道的考论。人民交通出版社1989年版。

学界重视。

1984 年我们在对"武关道"的考察中发现了蓝桥河栈道遗迹。① 这是"武关道"穿越秦岭的重要路段。对于中国古栈道建设,蓝桥河栈道遗迹可以提供工程史的重要资料。武关道蓝桥河段发现的栈道遗迹,形制与子午道、傥骆道、褒斜道等秦岭古道路不同。蓝桥河栈道以其提供了可以满足车辆通行的必要宽度的特点,显现出形制的优越。战国时期,秦军战车队列可能曾经由此向东南进发,这条栈道很可能曾经实现过大规模的兵运和粮运。而秦始皇出巡记录中所谓"上自南郡由武关归"等,也说明这段栈道曾经具备通行皇帝乘舆的条件。通过对武关道蓝桥河栈道遗迹形制及设计通行能力的研究,我们对于涉及秦岭古代交通条件的若干历史文化现象,可以有更深入的理解。

2001 年 5 月,笔者与焦南峰、张在明又考察了蓝桥河栈道以及唐代诗人多有记述的七盘岭—蓝关道路。蓝桥河中的 Ⅲ 段栈道遗迹,因为 G312 国道的修筑,已经难以寻觅。然而考察者又发现了一段栈道遗迹。②

与"武关道"交通结构有关,商鞅封地商邑的考古发现值得重视。1984 年的"武关道"考察将丹凤故城镇遗址的调查列入工作对象。所取得的收获有助于商邑位置的确定。③ 李学勤《东周与秦代文明》写道:"1984 年,在陕西丹凤西 3 公里的古城村进行调查,证实是战国至汉代的遗址。这里发现的鹿纹半瓦当,花纹类似雍城的圆瓦当,几种云纹圆瓦当则近于咸阳的出土品。有花纹的空心砖、铺地方砖,也同咸阳的相似。一件残瓦当有篆书'商'字,说明当地就是商鞅所封商邑。这是一个有历史价值的发现。"④ 商鞅封于商,有在秦楚争夺丹江流域的背景下强化秦国政治军事优势的意义。而商鞅最后的活动,其交通行为值得关注。《史记·商君列传》:"秦孝公卒,太子立。公子虔之徒告商君欲反,发吏捕商君。商君亡至关下,欲舍客舍。客人不知其是商君也,曰:'商君之法,舍人无验者坐之。'商君喟然叹曰:'嗟乎,为法之敝一至此哉!'去之魏。魏人怨其欺公子卬而

---

① 王子今、焦南峰:《古武关道栈道遗迹调查简报》,《考古与文物》1986 年第 2 期。

② 王子今:《武关道蓝桥河栈道形制及设计通行能力的推想》,汉中市博物馆等编:《栈道历史研究与 3S 技术应用国际学术研讨会论文集》,陕西人民教育出版社 2008 年版。

③ 王子今、周苏平、焦南峰:《陕西丹凤商邑遗址》,《考古》1989 年第 7 期。

④ 李学勤:《东周与秦代文明》,上海人民出版社 2007 年版,第 308 页。

破魏师,弗受。商君欲之他国。魏人曰:'商君,秦之贼。秦强而贼入魏,弗归,不可。'遂内秦。商君既复入秦,走商邑,与其徒属发邑兵北出击郑。秦发兵攻商君,杀之于郑黾池。"①所谓"商君亡至关下,欲舍客舍"的位置,以及后来"去之魏",而"魏人""归"之"内秦"的路线,我们均不得而知。"商君既复入秦,走商邑",则行经我们讨论的"武关道"。至于"与其徒属发邑兵北出击郑",而后"秦发兵攻商君,杀之于郑黾池",可知自商邑有北上"郑"(今陕西华县)、"黾池"(今河南渑池西)的交通路线。② 由商邑往"郑",应行经"上雒"地方。这样的路线,应看作"武关道"交通体系的构成内容。

(三)"武关"的空间定位

关于"武关"的空间位置,以往有不同的判断。史念海认为,武关道"为当时之通衢,必由之道路也","秦汉时武关在今陕西和河南两省交界处丹江之北"。③所说不很明确。

谭其骧主编《中国历史地图集》在战国时期地图中标志"武关"位置即"在今陕西和河南两省交界处丹江之北",在今陕西商南东南。④ 秦代地图则标示在商南正南丹江北岸,较战国时期位置似稍有西移。⑤ 西汉地图向西略微偏移。⑥ 东汉时期则更向西移动,然而仍南临丹江。⑦ 三国西晋至东晋南北朝以及隋代都没有明显的变化。

然而到了唐代,武关的位置被标记在今丹凤与商南之间的武关河上。⑧ 也就是现今丹凤武关镇,亦曾称武关街、武关村所在。

严耕望《唐代交通图考·蓝田武关驿道》曾考论"武关"位置:"由商洛又东南

---

① 《史记》,第2236—2237页。
② 谭其骧主编:《中国历史地图集》,中国地图出版社1982年版,第1册第43—44、35—36页。
③ 史念海:《秦汉时代国内之交通路线》,《河山集四集》,陕西师范大学出版社1991年版,第543页。
④ 谭其骧主编:《中国历史地图集》,中国地图出版社1982年版,第1册第43—44页。
⑤ 谭其骧主编:《中国历史地图集》,中国地图出版社1982年版,第2册第5—16、7—8页。
⑥ 谭其骧主编:《中国历史地图集》,中国地图出版社1982年版,第2册第15—16、22—23页。
⑦ 谭其骧主编:《中国历史地图集》,中国地图出版社1982年版,第2册第42—43、49—50页。
⑧ 谭其骧主编:《中国历史地图集》,中国地图出版社1982年版,第5册第52—53页。

经桃花驿,层峰驿,亦九十里至武关(今关),有武关驿。此关'北接高山,南临绝涧',为春秋以来秦楚交通主道上之著名关隘,西去商州一百八九十里,去长安约近五百里。或置武关防御使,以商州刺史兼充。"①谭其骧主编《中国历史地图集》唐代武关标示的位置,就大致在这里。

　　然而谭其骧主编《中国历史地图集》以为战国至秦汉的武关始终在丹江北岸,并不偏离丹江水道。严耕望则以为唐代武关"为春秋以来"历代承继,位置应无变化。两种认识的分歧是明显的。

　　1984 年进行的"武关道"考察,据谭其骧主编《中国历史地图集》所标示的地点,曾经在竹林关一带寻找"武关"遗存,但没有收获。然而丹凤武关镇附近却有值得重视的秦汉遗存。

(四) 武关镇的战国秦汉遗存与"武候"文字瓦当

　　丹凤武关镇曾经发现重要的秦汉遗存。张在明主编《中国文物地图集·陕西分册》有所记录。②《中国文物地图集·陕西分册》的执笔者已经认定战国以来的"武关"遗址就在这里:"据史载,战国时秦国于秦楚界地置武关。公元前299 年秦昭襄王诱楚怀王会于此,执以入秦。公元前 209 年刘邦入秦,唐末黄巢军自长安撤往河南,均经此地。""武关城遗址"还有其他的发现。③

　　1984 年春季,笔者进行战国秦汉武关道考察时,在谭其骧主编《中国历史地

---

　　① 严耕望:《唐代交通图考·秦岭仇池区》,中研院历史语言研究所专刊之 83,1985 年版,第 651 页。

　　② 如:"16 - A₁₆ 武关城遗址〔武关乡武关村内外·战国～清·省文物保护单位〕:位于长坪公路之南,东、南、西三面临武关河。关城平面呈长方形,面积约 4 万平方米。墙体夯筑,尚存部分东、西墙,残高6.5 米,宽 2.5 米,夯层 10 厘米。……城内发现汉代云纹瓦当、文字瓦当、五角形陶水管道、绳纹瓦等。关城内外还多次暴露汉代墓葬、窑址。"

　　③ 如:"A₁₆₋₁ 西河塬墓群〔武关乡武关村·汉代〕:位于武关河北岸台地上,南临长坪公路,面积约7 000 平方米。历代多次暴露墓葬,出土铜鼎、铜盆、灰陶弦纹罐等。""A₁₆₋₂ 武关墓群〔武关乡武关村·西汉〕:面积不详。1977 年前后多次暴露土坑墓及砖室墓,出土铜钫等 6 件〔青铜器〕,同出有陶器等。""A₁₆₋₃ 武关窑址〔武关乡武关村南 300 米·汉代〕:位于武关河南岸二级台地上。在东西 400 米内发现窑址 3 座。东窑以坍塌,四周分布有红烧土。暴露烟道 3 处,烟道长 3 米,间距 0.5 米,其内壁呈青灰色。中窑及西窑均已破坏,仅存残迹。西窑周围散布粗绳纹板瓦、筒瓦残片。"张在明主编《中国文物地图集·陕西分册》,西安地图出版社 1998 年版,下册第 1187—1188 页。

图集》标示"武关"位置的地点注意到当地出土"武"字瓦文板瓦,调查了发现汉代窑址的地点,也得知有关"武候"瓦当出土的信息。当时介绍者称瓦当文字是"武候"。承李学勤先生教示,"武候"应即"武候",是"关候"所在的标志。如果确实,可以证明这里就是汉代武关遗址。笔者在一篇小文中曾经介绍,这件"武候"瓦当丹凤县博物馆和商洛博物馆均未陈列,两个博物馆的文物工作者甚至都说库房中也没有这件文物。笔者探寻多年,始终未能看到实物或拓片。2013 年 7 月,承田爵勋先生惠送,得到他的大著《守望武关》。其中写道:"1956 年在武关小学西墙取土,发现五角形汉代陶质下水管道。历年多次出土铜鼎、铜钫、铜剑、铜矢及大量陶器及碎片。""1980 年商洛文物普查,武关城址发现篆刻'武候'、'千秋万岁'瓦当及篆书'武'字瓦当。"①并有"武关出土的千秋万岁瓦当、武候瓦当"图版。②

我们看到,瓦当文字所谓"武候"者,应是误读。原文应当读作"武候"。对照汉印文字和简帛文字,也可以确认此瓦当文字应当读作"武候"。③

"武候"瓦当的发现,可以证实丹凤武关镇历代看作武关城的遗址,就是汉代武关的确定位置。这里也很可能是战国至秦代设置武关以来长期沿用的伺望守备的地点。④

(五) 地湾出土"武关候"简文的参照意义

河西汉代遗址地湾出土汉简可见"定阳令□"与"武关候杨□"并列的简文,值得我们特别注意:

定阳令张□

武关候杨□(86EDT8:44)⑤

　① 田爵勋:《守望武关》,中国文联出版社 2011 年版,第 15 页。
　② 田爵勋:《守望武关》,中国文联出版社 2011 年版,图版第 6 页。
　③ 罗福颐编:《汉印文字征》,文物出版社 1978 年版,八·五;陈建贡、徐敏编:《简牍帛书字典》,上海书画出版社 1991 年版,第 58—61 页。
　④ 王子今:《"武候"瓦当与战国秦汉武关道交通》,《文博》2013 年第 6 期。
　⑤ 甘肃简牍博物馆、甘肃省文物考古研究所、出土文献与中国古代文明研究协同创新中心中国人民大学中心编:《地湾汉简》,中西书局 2017 年版,第 22 页。

"定阳"为上郡属县。《汉书·地理志下》"上郡"条下写道：

> 上郡，秦置，高帝元年更为翟国，七月复故。匈归都尉治塞外匈归障。属并州。户十万三千六百八十三，口六十万六千六百五十八。县二十三：肤施，有五龙山、帝、原水、黄帝祠四所。独乐，有盐官。阳周，桥山在南，有黄帝冢。莽曰上陵畤。木禾，平都，浅水，莽曰广信。京室，莽曰积粟。洛都，莽曰卑顺。白土，圜水出西，东入河。莽曰黄土。襄洛，莽曰上党亭。原都，漆垣，莽曰漆墙。奢延，莽曰奢节。雕阴，推邪，莽曰排邪。桢林，莽曰桢干。高望，北部都尉治。莽曰坚宁。雕阴道，龟兹，属国都尉治。有盐官。定阳，高奴，有洧水，可䵮。莽曰利平。望松，北部都尉治。宜都。莽曰坚宁小邑。

上郡直南对应长安执政中枢，战略地位十分重要。[①] 上郡所辖"定阳"，颜师古注："应劭曰：'在定水之阳。'"[②]"定阳"见于张家山汉简《二年律令》中的《秩律》，列于"秩各六百石"诸县之中（简四五二）。[③]"定阳"县名又见于《续汉书·郡国志五》：

> 上郡秦置。十城，户五千一百六十九，口二万八千五百九十九。　肤施　白土　漆垣　奢延　雕阴　桢林　定阳　高奴　龟兹属国　候官[④]

"定阳"地名未见于《史记》。作为县名，仅出现于《汉书·地理志下》和《续汉书·郡国志五》。相关历史信息"前四史"再无记录。地湾简出现有关"定阳令"的简文，是汉简资料充实对汉代县级行政单位认识的重要一例。

　　就这条简文中的内容，我们更为注意的是"武关候杨□"透露的信息。"武关候"简文为我们考察"武关"和"武关道"提供了非常重要的文物资料。

---

① 参看王子今：《西汉上郡武库与秦始皇直道交通》，《秦汉研究》第 10 辑，陕西人民出版社 2016 年版；同作者：《上郡"龟兹"考论——以直道史研究为视角》，《咸阳师范学院学报》2017 年第 3 期。

② 《汉书》，第 1617 页。

③ 参看王子今：《说"上郡地恶"——张家山汉简〈二年律令〉研读札记》，《陕西历史博物馆馆刊》第 10 辑，三秦出版社 2003 年版。

④ 《后汉书》，第 3523 页。

（六）关于"武候""武关候"

瓦当文字"武候"，应当就是"武关候"。

我们提出这样的认识，①考虑到"玉门关候"的历史存在。《汉书·扬雄传下》可见"西北一候"语。颜师古注："孟康曰：'敦煌玉门关候也。'"②《后汉书·文苑列传上·杜笃》载录"立候隅北，建护西羌"文字。对于"立候隅北"的解释，李贤注："杨雄《解嘲》曰：'西北一候。'孟康注云：'敦煌玉门关候也。'"③或说"西北一候"秦代已置。《水经注·浪水》写道："秦并天下，略定扬、越，置东南一尉，西北一候。"④《后汉书·西域传》明确可见"玉门关候"："（永建）四年春，北匈奴呼衍王率兵侵后部，帝以车师六国接近北虏，为西域蔽扞，乃令敦煌太守发诸国兵，及玉门关候、伊吾司马，合六千三百骑救之，掩击北虏于勒山。"⑤《隶续·刘宽碑阴门生名》也可见"玉门关候"："玉门关候□□□段琰元经。"⑥

《三国志·蜀书·陈震传》记载了蜀汉与孙吴政权重归和好时，蜀汉卫尉陈震使吴"贺权践阼"的情形：

> （建兴）七年，孙权称尊号，以震为卫尉，贺权践阼，诸葛亮与兄瑾书曰："孝起忠纯之性，老而益笃，及其赞述东西，欢乐和合，有可贵者。"震入吴界，移关候曰："东之与西，驿使往来，冠盖相望，申盟初好，日新其事。东尊应保圣祚，告燎受符，剖判土宇，天下响应，各有所归。于此时也，以同心讨贼，则何寇不灭哉。西朝君臣，引领欣赖。震以不才，得充下使，奉聘叙好，践界踊跃，入则如归。献子适鲁，犯其山讳，《春秋》讥之。望必启告，使行人睦焉。即日张旃诰众，各自约誓。顺流漂疾，国典异制，惧或有违，幸必斟

---

① 王子今：《"武候"瓦当与战国秦汉武关道交通》，《文博》2013 年第 6 期。

② 《汉书》，第 3568 页。

③ 《后汉书》，第 2600 页。后世也有"西北一候"未必"玉门关候"的理解，如《文选》卷四五扬雄《解嘲》"西北一候"，李善注："如淳曰：《地理志》曰：龙勒玉门、阳关有候也。"〔梁〕萧统编，〔唐〕李善等：《六臣注文选》，中华书局 1987 年版，第 843 页。以为"西北一候"也有可能是"阳关候"。《艺文类聚》卷五九引周庾信《庆平邺表》曰："东南一尉，立于北景之南。西北一候，置于交河之北。"〔唐〕欧阳询撰，汪绍楹校，上海古籍出版社 1965 年版，第 1074 页。"交河之北"者，也不是"玉门关候"。

④ 〔北魏〕郦道元著，陈桥驿校证：《水经注校证》，中华书局 2007 年版，第 872—873 页。

⑤ 《后汉书》，第 2930 页。

⑥ 〔宋〕洪适撰：《隶释 隶续》中华书局据洪氏晦木斋刻本影印，1985 年版，第 402 页。

海,示其所宜。"震到武昌,孙权与震升坛歃盟,交分天下:以徐、豫、幽、青属吴,并、凉、冀、兖属蜀,其司州之土,以函谷关为界。震还,封城阳亭侯。①

陈震"践界"方"入",担心礼俗不同,"惧或有违","移关候曰":"幸必斟海,示其所宜",表现出充分的谨慎客气。陈震故事体现的外交史信息,应反映秦汉制度的承续。"驿使往来,冠盖相望"的边关,其长官"关候"是最初接待邻国来使的国家代表,地位相当重要。如张铣解释"西北一候"时所说:"候所以伺候远国来朝之宾也。候亦官也。"②

肩水金关汉简可见或许类似"移关候"的文字,如:"建平元年十二月己未朔,辛酉橐他塞尉立移肩水金关候长宋敞,自言与葆之觻得名县里年姓如牒书到出入如律令"(73EJT37:1061A)。③ 然而与陈震事未必情形相同。河西汉简迄今尚未见"玉门关候""阳关候"字样。这也是我们以为应当特别珍视"武关候"简文的原因之一。

承故宫博物院熊长云博士见示,在函谷关附近采集到"中候"瓦当。④ 瓦当文字所见"中候"名号或可作为我们理解"武候"意义的参考。

"中候"可能是函谷关"关候"职名之一。《汉书·五行志中之下》:"成帝元延元年正月,长安章城门门牡自亡,函谷关次门牡亦自亡。京房《易传》曰:'饥而不损兹谓泰,厥灾水,厥咎牡亡。'《妖辞》曰:'关动牡飞,辟为亡道臣为非,厥咎乱臣谋篡。'故谷永对曰:'章城门通路寝之路,函谷关距山东之险,城门关守国之固,固将去焉,故牡飞也。'"关于"函谷关次门",颜师古注:"韦昭曰:'函谷关边小门也。'师古曰:'非行人出入所由,盖关司曹府所在之门也。'"⑤韦昭和颜师古的说法或有推测成分,但以为函谷关门设置比较复杂的认识是可取的。函谷关"关

---

① 《三国志》,第985页。
② 〔梁〕萧统编,〔唐〕李善等注:《六臣注文选》,中华书局1987年版,第843页。
③ 甘肃简牍博物馆、甘肃省文物考古研究所、甘肃省博物馆、中国文化遗产研究院古文献研究室、中国社会科学院简帛研究中心编:《肩水金关汉简(肆)》,中西书局2015年版,下册第87页。
④ 许雄志、谷松章:《新见汉弘农郡封泥初论》,《青少年书法》,2012年第10期。
⑤ 《汉书》,第1401—1402页。

法"严峻,①管理苛厉,②程序紊烦,③关门设置不会十分简单。由"函谷关次门"的有关记载推想,"中候"或许是函谷关中门的管理者。

函谷关在秦汉关防中等级最高,有"函谷关都尉"设置。④ 也有可能因函谷关地位的特殊性,"关候"在"函谷关都尉"属下有各有分职的数位,"中候"应是函谷关的"关候"之一。当然,就此进行确切的说明,还有待于新的资料的发现。

---

① 《史记·孟尝君列传》:"昭王释孟尝君。孟尝君得出,即驰去,更封传,变名姓以出关。夜半至函谷关。秦昭王后悔出孟尝君,求之已去,即使人驰传逐之。孟尝君至关,关法鸡鸣而出客,孟尝君恐追至,客之居下坐者有能为鸡鸣,而鸡齐鸣,遂发传出。"关于"更封传,变名姓以出关",司马贞《索隐》:"更者,改也。改前封传而易姓名,不言是孟尝之名。封传犹今之驿券。"第2355页。

② 《史记·酷吏列传》:"上乃拜(宁)成为关都尉。岁余,关东吏隶郡国出入关者,号曰'宁见乳虎,无值宁成之怒'。"第3145页。《汉书·武帝纪》:"(天汉二年)冬十一月,诏关都尉曰:'今豪杰多远交,依东方群盗。其谨察出入者。'"第204页。《三国志·魏书·武帝纪》裴松之注引司马彪《续汉书》:"蜀郡太守因计吏修敬于(曹)腾,益州刺史种暠于函谷关搜得其笺,上太守,并奏腾内臣外交,所不当为,请免官治罪。"第2页。

③ 《汉书·终军传》:"初,军从济南当诣博士,步入关,关吏予军繻。军问:'以此何为?'吏曰:'为复传,还当以合符。'军曰:'大丈夫西游,终不复传还。'弃繻而去。"第2820页。《后汉书·郭丹传》:"买符入函谷关。"第940页。

④ 《汉书·百官公卿表上》:"关都尉,秦官。"第742页。由前引《汉书·武帝纪》:"(天汉二年)冬十一月,诏关都尉曰:'今豪杰多远交,依东方群盗。其谨察出入者。'"以及《汉书·魏相传》:"武库令西至长安,大将军霍光果以责过相曰:'幼主新立,以为函谷京师之固,武库精兵所聚,故以丞相弟为关都尉,子为武库令。'"第3133—3134页。可知"关都尉"即"函谷关都尉"。《后汉书·光武帝纪下》:"(建武九年)省关都尉","(建武十九年)复置函谷关都尉"。李贤注:"九年省,今复置。"第55、72页。说明东汉依然如此。《后汉书·阴识传》:"帝甚美之,以为关都尉,镇函谷。"第1130页。也是同样的例证。《后汉书·灵帝纪》:"置八关都尉官。"第348页。是中平元年黄巾起义爆发的特殊情势下的特殊情形。任"关都尉"者,还有尹齐(《汉书·百官公卿表下》,第778页)、钟恢(《汉书·何并传》,第3268页)、翟宣(《汉书·翟宣传》,第3424页)、黄赏(《汉书·循吏传·黄霸》,第3634页)、文忠(《汉书·西域传上·罽宾国》,第3885页)。任"函谷关都尉"者,有杜钦(《汉书·杜钦传》,第2678页)、辛遵(《汉书·辛庆忌传》,第2997页)、张敞(《汉书·张敞传》,第3216—3217页)等。

十九、龙川秦城的军事交通地位

秦军南下珠江流域,是秦统一战略的重要主题之一。[①] 秦在岭南建设的军事据点,以龙川保留有较多的文化遗存。龙川令赵佗后来成为南越王。龙川作为中原文化南下通道上的枢纽之一,其军事交通地位也值得重视。

(一) 赵佗乘龙川而跨南越

对于南越政权在秦末特殊的政治背景下生成的过程,司马迁在《史记·南越列传》中有这样的记述:

> (赵)佗,秦时用为南海龙川令。
>
> 至二世时,南海尉任嚣病且死,召龙川令赵佗语曰:"闻陈胜等作乱,秦为无道,天下苦之,项羽、刘季、陈胜、吴广等州郡各共兴军聚众,虎争天下,中国扰乱,未知所安,豪杰畔秦相立。南海僻远,吾恐盗兵侵地至此,吾欲兴兵绝新道,自备,待诸侯变,会病甚。且番禺负山险,阻南海,东西数千里,颇有中国人相辅,此亦一州之主也,可以立国。郡中长吏无足与言者,故召公告之。"即被佗书,行南海尉事。
>
> 嚣死,佗即移檄告横浦、阳山、湟溪关曰:"盗兵且至,急绝道聚兵自守!"因稍以法诛秦所置长吏,以其党为假守。
>
> 秦已破灭,佗即击并桂林、象郡,自立为南越武王。[②]

任嚣和赵佗,原先都是秦王朝委任的地方官。任嚣在秦末社会大动乱中的立场,一方面承认"秦为无道,天下苦之",对于反抗秦政的斗争有所赞同,一方面则又

---

① 王子今:《论秦始皇南海置郡》,《陕西师范大学学报(哲学社会科学版)》2017 年第 1 期。

② 《史记》,第 2967 页。

"恐盗兵侵地至此",于是"兴兵"而"自备",足见其政治识见之敏锐而成熟;赵佗则一方面"以法诛秦所置长吏",一方面则又"以其党为假守",也表现出政治风格的果断与干练。不过,我们还是会想到这样一个问题,任嚣选择赵佗"行南海尉事",是不是真正是因为"郡中长吏无足与言者",是不是主要是因为"郡中长吏无足与言者"呢?

分析任嚣择定赵佗作为其继承人,负责南海郡军事的原因,似乎不能排除这样的可能:

1. 龙川令赵佗控制着较强的军事力量。①
2. 龙川占据着较重要的军事战略地位。

考察当时的军事交通条件,龙川确实是扼守南北通路的军事要地。赵佗在实际掌握南海郡军权之后,"即移檄告横浦、阳山、湟溪关曰:'盗兵且至,急绝道聚兵自守'",要求"急绝道",只说到横浦、阳山、湟溪 3 关,似乎没有提到龙川,很可能是因为龙川早在赵佗控制之中,已经早有部署的缘故。据《嘉庆重修一统志·惠州府》,龙川县北有"铙钹山隘",县西北有"猴岭隘",县东北有"铁龙隘"。② 虽然此三处未必是最重要的关隘,但是由此也可以大略认识龙川的军事地理形势和军事交通地位。当然,对于所谓"湟溪关"存在的不同的认识,我们下文还将进行讨论。

《史记·南越列传》:"佗,秦时用为南海龙川令。"张守节《正义》:"颜师古云:'龙川南海县也,即今之循州也。'裴氏《广州记》云:'本博罗县之东乡,有龙穿地而出,即穴流泉,因以为号也。'"③《汉书·地理志下》南海郡龙川条下,颜师古注:"裴氏《广州记》云本博罗县之东乡也,有龙穿地而出,即穴流泉,因以为

---

① 《史记·淮南衡山列传》:"(秦皇帝)又使尉佗逾五岭攻百越。"第 3086 页。《史记·平津侯主父列传》:"秦乃使尉佗将卒以戍越。"第 2958 页。都以赵佗为岭南秦军最高军事领袖,或许也可以从一个侧面作为助证。

② 《嘉庆重修一统志》,中华书局 1986 年版,第 22643 页。

③ 《史记》,第 2967、2968 页。

号。"①可知《史记》标点有误。"裴氏《广州记》云"是颜师古注文。② 这一龙穴传说得以流行，可能和赵佗后来曾经称帝的历史事实有关。

《水经》："其余水又东至龙川，为涅水，屈北入员水。"《水经注·浪水》："又迳博罗县西界龙川。左思所谓目龙川而带坰者也。赵佗乘此县而跨据南越矣。"③所谓"赵佗乘此县而跨据南越矣"，说明郦道元显然注意到了龙川的地位与赵佗终成大业的关系。

《水经注》言"博罗县西界龙川"，与《汉书·地理志下》颜师古注引裴氏《广州记》所谓"本博罗县之东乡"，一"西"一"东"，空间方位有所不同。

博罗即今广东博罗，与龙川因东江航道而成上下。所谓"目龙川而带坰"，出自左思《吴都赋》，全句曰："拓土画疆，卓荦兼并。包括干越，跨蹑蛮荆。婺女寄其曜，翼轸寓其精。指衡岳以镇野，目龙川而带坰。"吕延济注："龙川，水名。目，望也。言望此水控带其郊坰。"④东吴经略东南，成就帝业，是"包括干越，跨蹑蛮荆"，即以岭南的富足为依托的。而"目龙川而带坰"语，似乎说明越过五岭，当以经由龙川的通路为要道。在晋人以"吴"为基点的认识中，龙川的交通地位，无疑应当引起我们重视。

（二）龙川：吴人南下通路

曾昭璇《番禺族源与南越国都》一文引述先秦时期吴国曾经在岭南建城的传说："按后汉赵晔《吴越春秋》云：'阖闾子孙避越岭外，筑南武城。'即说明当日番禺是吴国避难的后方根据地，远离浙江的越国。可见吴国盛时是占有南海的。今粤北仁化有夫溪（今曰扶溪），相传即为吴国征兵南越妇女送夫、兵丁扶妻送别的地点，南越船舶最北的航运终点之一（锦江上游是清代以前航运的起点）。反映春秋末年有一段时期南越亦曾属吴，楚国势力未到粤北地方。因楚吴起南平

---

① 《汉书》，第 1628 页。
② 中华书局"点校本二十四史修订本"一仍其误。《史记》，中华书局 2014 年版，第 3594 页。
③ 〔北魏〕郦道元著，陈桥驿校证：《水经注校证》，中华书局 2007 年版，第 874 页。
④ 《文选》卷五左思《吴都赋》，〔梁〕萧统编，〔唐〕李善等注：《六臣注文选》，中华书局 1987 年版，第 101 页。

百越是在战国初期之事(前 401—前 380 年)……"①说到有关扶溪的动人传说，人们还会注意到，龙川以北，其实也同样是"南越船舶最北的航运终点之一"。

不过，南武城地望，又有位于会稽郡娄县(今江苏昆山东北)之说。《汉书·地理志上》："(会稽郡)娄，有南武城，阖闾所起以候越。"②谭其骧主编《中国历史地图集》即标注南武城在今江苏常熟与昆山之间。③ 然而，一说"候越"，一说"避越"，显然不同。可能清人"吴既灭，其子孙南徙，遂移'南武'之名于岭外"④的说法，是比较接近历史真实的。《广东新语·宫语》"楚庭"条写道：

> 越宫室始于楚庭。初，周惠王赐楚子熊恽胙，命之曰：镇尔南方夷越之乱。于是南海臣服于楚，作楚庭焉。越本扬越，至是又为荆越。本蛮扬，至是又为蛮荆矣。地为楚有，故筑庭以朝楚。尉佗仿之，亦为台以朝汉。而城则以南武为始云。初叔王时，越人公孙隗为越相，度南海。时越王无疆为楚所败，其子孙遁处江南海上，相争为王。隗以无疆初避楚居东武，有怪石浮来镇压其地，名东武山。因于南海依山筑南武城以拟之。而越王不果迁。其时三晋，魏最强。越王与魏通好，使隗复往南海，求犀象珠玑以修献。隗久在峤外，得诸琛异，并吴江楼船、会稽竹箭献之。魏乃起师送越王至荆，栖之沅湘，于是南武疆上为越贡奉邑。或曰：《吴地志》称吴中有南武城在海渚，阖闾所筑，以御见伐之师。或曰：初吴王子孙，避越岭外，亦筑南武城。及越灭吴，遂有南海。其后为楚所灭。越王子孙自皋乡入始兴。有鼻天子城。令公师隗修吴故南武城，既不果往，而赵佗遂都之。故佗自称南武王，而宫亦号南武宫。或曰：阖闾所筑南武城，在丹阳皋乡。吴既灭，其子孙南徙，遂移南武之名于岭外。亦犹越徙琅玡，初筑东武，既归会稽，亦名其地曰东武也。吴王子孙不能有其南武，而越王子孙有之。越王子孙复不能有之，而佗实有之。遂以南武名其国，与汉争大。此劲越之所由称也。嗟乎，佗本邯郸胄族，以自王之故，裂冠毁冕，甘自委于诸蛮，与西瓯半嬴之王为伍，其心岂诚欲自绝于中国耶？诚自知非汉之敌，故诡示鄙陋以相绐，而息高帝兼并之心耳。其后自言老臣妄窃帝号，聊以自娱，岂敢与闻于天下。其词逊而屈，可谓滑稽之雄。盖犹是为虬结之意也。考楚之先熊渠曰：我蛮夷也，不与中国之号谥。乃立其三子皆为王。论者谓其王三子也。姑顺蛮

① 曾昭璇：《岭南史地与民俗》，广东人民出版社 1994 年版，第 31 页。
② 《汉书》，第 1591 页。
③ 谭其骧主编：《中国历史地图集》，中国地图出版社 1982 年版，第 2 册第 24—25 页。
④ 仇池石：《羊城古钞》。

夷之俗，不自为王，犹存寅畏之心。其后十世熊通，求周室加位，不得。始自尊为武王。武者生谥也。佗都南武，亦自称为武，盖师其意。①

其说以为赵佗"都南武"，而且"自称为武"，有继承楚文化的意义。这样的判断未足为据。但是"南武"地名沿用为"移南武之名于岭外"的分析，是有道理的。"佗自称南武王，而宫亦号南武宫"，也表露出迁徙致使文化信息移动的意义，是合理的推定。

古有赣南地区春秋时曾经为吴地的说法。《太平御览》卷一七〇引《十道志》："虔州南康郡，春秋时吴地，秦属九江郡，汉为赣县地，属豫章郡。"②如果吴人的军事力量曾经进入岭南的说法能够成立，则由今江西寻乌县寻乌水南下经龙川至东江的通路，显然最为便捷。

谭其骧在讨论反映楚国重要交通史迹的鄂君启节铭文时，曾经写道："与湖南的情况相反，铭文里所有舟车各路都没有接触到今江西省境的任何一部分。这一情况跟史籍记载正相符合。"谭其骧又指出说："铭文之所以不及江西省境，盖由于节铸于怀王初年，其时江西犹为越地。但从春秋直到汉初有关越国和越族的历史记载看来，越的西界最远似不可能超越鄱阳湖东岸。因此，自鄱阳湖迤西迤北之地，在怀王初年若不在楚国版图之内，便当系越、楚两国间的瓯脱之地，其未经开发更可想见。"③

谭其骧没有特别说到鄱阳湖迤南之地，大约情形也有类似之处。就是说，吴人如果在败于越后由楚国和越国的间隙之中南下岭外，正是和"避越"的说法相符合的。

关于粤东初民，谭其骧早年曾经撰专文论说。他指出："越灭后句践子孙之散处江南海上者，仅限于今浙、闽两省，其苗裔至秦末汉初有闽越王无诸、越东海王摇，而粤东无闻焉。""秦汉时人即或以'越'指称粤东种族者，亦不得便以粤东初民为'越族'也。蜑族最初见于巴中，常璩《华阳国志》述之，六朝以来，始辗转移入粤东。瑶族于汉晋时称盘瓠种，《后汉书》及南朝诸史《南蛮传》言之綦详，唐

①　〔清〕屈大均撰：《广东新语》，中华书局 1985 年版，第 460—461 页。
②　〔宋〕李昉等撰：《太平御览》，中华书局用上海涵芬楼影印宋本 1960 年复制重印版，第 830 页。
③　谭其骧：《鄂君启节铭文释地》，《长水集》，人民出版社 1987 年版，下册第 210—211 页。

宋之际，始度岭而南。二者并属迁来客族，亦非粤东土著。""汉人之移殖粤东，唐宋以来始盛。"①

但是，谭其骧这里是就较大规模的种族移民而言，由今江西至粤东的个别零星乃至较小规模的移民，当然不便完全否定。赵佗由龙川起事，而"颇有中国人相辅"，就是当地已经"颇有"北人的例证。

（三）龙川秦城规划的意义

张荣芳、黄淼章著《南越国史》写道：秦王朝自平岭南直到前207年秦亡止，"虽仅七八年时间，但秦对岭南的开发和经营，对岭南地区社会经济的发展却有着重大的意义"。②

龙川秦城的规划和筑作，就是秦王朝对岭南短暂统治的值得重视的遗存。

按照一般的常规，对新区的占领，往往首先控制的是交通要道。《汉书·百官公卿表上》："（县）有蛮夷曰'道'。"③就是说，"道"，一般设置在少数民族地区。拙著《秦汉交通史稿》中写道："人们自然会注意到，'道'之所在，大都处于交通条件恶劣的山区。很可能'道'之得名，正在于强调交通道路对于在这种特殊地理条件和特殊民族条件下实施政治管理的重要作用。也可能在这种交通条件较为落后的少数族聚居地区，政府当时所能够控制的，仅仅限于联系主要政治据点的交通道路。即中央政府在这些地区实际只控制着若干点与线，尚无能力实施全面的统治。"④后来笔者不能不因孤陋寡闻而深自惭愧，近年读台湾友人寄赠严耕望《唐代交通图考》，方知严耕望早已发表了这样的论说："汉制，县有蛮夷者曰道，正以边疆少数民族地区，主要行政措施惟道路之维持与控制，以利政令之推行，物资之集散，祈渐达成民族文化之融和耳。"⑤

秦汉设"道"的地区以秦地四围数量最为集中，"（县）有蛮夷曰'道'"，起初很

---

① 谭其骧：《粤东初民考》，《长水集》，人民出版社1987年版，上册第258—259页。
② 张荣芳、黄淼章：《南越国史》，广东人民出版社1995年版，第31页。
③ 《汉书》，第742页。《史记·司马相如列传》裴骃《集解》："《汉书·百官表》曰：'县有蛮夷曰道。'"第3046页。
④ 王子今：《秦汉交通史稿》，中共中央党校出版社1994年版，第520—521页。
⑤ 严耕望：《唐代交通图考》，中研院历史语言研究所专刊之83，1985年版，第1册第1页。

可能是战国秦制。秦王朝新地,有蛮夷则似乎不再一一称"道"。南海郡地名就是例证。然而,南海新县的设置,其实和所谓"道"的作用可能是相近的。龙川置县,最初就有不宜忽视的交通意义。

任嚣所谓"南海僻远,吾恐盗兵侵地至此,吾欲兴兵绝新道,自备,待诸侯变",这里所说的"新道",司马贞《索隐》引苏林曰:"秦所通越道。"①赵佗"移檄告横浦、阳山、湟溪关曰:'盗兵且至,急绝道聚兵自守'",所绝之"道",当然也是"秦所通越道"。张荣芳、黄淼章对于"秦所通越道",有如下的考论:

秦所修筑的通越新道,其尚可考者有以下四条:

第一条,从江西南安(今江西南康),经过大庾岭,出横浦关(今广东南雄县小梅关),复沿浈水西行,取北江顺江可抵番禺。这条道经过横浦关。横浦关故址在今广东南雄县西北的庾岭上,以后赵佗划岭而治时,即绝了包括横浦关在内的秦关及通过的新道,这从侧面反映出经过横浦关的新道十分重要。

第二条,从湖南郴州,跨骑田岭,出阳山关(今广东阳山县西北),沿湟水(今连江)东南行,经湟溪关、洭口,取北江南下可抵番禺。这条道路经过阳山关、湟溪关、洭口关,此三关,皆"秦关,名曰三关",②这条道路也是赵佗所绝的秦道之一;或从湖南道州跨桂岭,顺贺江而汇至西江,东去番禺。

第三条,从湖南湘江南下,再西南行,经过广西全州,再过秦城、严关,走湖桂走廊而至桂林,再由桂林南行到达郡治布山及象郡。此道见于史志,如"湖广永州府零陵县有驰道,阔五丈余,类大河道。《史记》秦始皇命天下修驰道,以备游幸,此其遗迹也",③此外,《大清一统志》也有载,说零陵县外八十里处有秦驰道。

第四条,从福建进入广东揭阳一路。这一路经过揭阳岭。揭阳岭就是今之莲花山脉,该山脉从福建戴云山脉而来,西南至大鹏湾处入海,呈东北一西南走向。这条新道,有较充分的考古资料可资取证。如1940年时,揭阳岭曾出土了铸有篆文"秦"字的铜刀,1960年时又出土了许多秦代文物,如铜剑等,说明秦军曾经过此路,④法国汉学家鄂卢梭也是这样认为,他说,秦取闽中郡后的军队"从福州出发,应该沿着海边的通道往南

---

① 《史记》,第2967页。

② 原注:邓淳:《岭南丛述》卷三《舆地》。

③ 原注:《读史方舆纪要》卷81。

④ 原注:蔡英文:《揭阳县旧城考证》,《汕头文物》1984年第4期。

走,到今日广东潮安一带,由是抵揭阳岭。这就是福建通广东直达的要道"。①

张荣芳、黄淼章又总结道:

> 以上四条道路,皆秦平岭南后所新筑的通越道路,为了保障新道的畅通无阻,在新道的要隘等地形险要之处,秦又修筑了城池关防。②

对于"秦所通越道",张荣芳、黄淼章的分析堪称详密,只是似乎应当补述通过龙川的道路。

另外,关于所谓"湟浦关","湟"或又写作"涅"。《史记·南越列传》"湟溪关",司马贞《索隐》:"涅溪。邹氏、刘氏本并作'涅',音年结反。《汉书》作'湟溪',音皇。""而姚察云《史记》作'涅',今本作'湟','涅'及'湟'不同,良由随闻则辄改故也。《水经》云含汇县南有汇浦关,未知孰是。然邹诞作'涅',《汉书》作'湟',盖近于古。"③今按"含汇县"当作含洭县,地在今广东英德西北;"汇浦关"当作洭浦关,地在今广东英德西南。而"涅溪关"之说,则使人联想到前引《水经注·浪水》所谓"其余水又东至龙川,为涅水"。④

龙川和"涅水"的关系,自然会使人们产生"涅溪关"或许与龙川有某种关联的推想。

赵佗在龙川筑城,遗迹后世犹存。《元和郡县图志·岭南道一》:"龙川故城,在(河源)县东北,水路一百七十五里。秦龙川县也。秦南海尉任嚣疾,召龙川令赵佗,授之以政,即此处也。"⑤《嘉庆重修一统志·惠州府》"古迹"类"龙川故城"条下写道:"裴氏《广州记》云:本博罗县之东乡。有龙穿地而出,即穴流泉,因以

---

① 原注:冯承钧:《西域南海史地考证译丛九编》。
② 张荣芳、黄淼章:《南越国史》,广东人民出版社 1995 年版,第 36—37、45—46 页。
③ 《史记》,第 2967 页。
④ 陈桥驿点校《水经注》以为此 11 字及下文"屈北人员水"5 字合计 16 字为《水经》原文:"原本及近刻并讹入注内,连接上下注文。"〔北魏〕郦道元撰,陈桥驿点校:《水经注》,上海古籍出版社 1990 年版,第 709 页。〔北魏〕郦道元著,陈桥驿校证:《水经注校证》,中华书局 2007 年版,第 874 页。
⑤ 〔唐〕李吉甫撰,贺次君点校:《元和郡县图志》,中华书局 1983 年版,第 894 页。同卷又写道:"任嚣故城,在(乐昌)县南五里。秦、楚之际,南海都尉任嚣,因中国方乱,欲据岭南,故筑此城,以图进取。嚣死,此城尉佗因之,遂有南越。"第 903 页。

为号。'"《寰宇记》：旧雷乡县。刘龑乾亨元年改曰龙川，仍移循州就县古赵佗城。西接嶅山，南临浰水。《舆地纪胜》引《循阳志》云：绍兴十五年，知州韩京迁于城东，即尉佗之故基。又曰：龙川故城，在循州治西三十步。"①

唐人韦昌明《越井记》写道："南越王赵佗氏昔令龙川时，建池于嶅湖之东，阻山带河，四面平阔，登山景望，惟此为中。厥土沃壤，草木渐包，垦辟定规制。北距嶅十里，东距五马峰五里，南距河里许，相对即海珠山也。凿井于治之东偏，曰'越井'。'"井周围为二丈许，深五丈，虽当亢旱，万人汲之不竭。其源出嶅山泉，极清冽，味甘而香。"韦昌明又写道："稽《史记列传》称汉既平中国，而佗能集扬越以保南藩称职贡，则佗之绩良足为多。又秦徙中县之民于南方三郡，使与百越杂处，而龙有中县之民四家，昌明祖以陕中人来此，已几三十五代矣，实与越井相终始。"②

赵佗当时经营龙川，有统领中县移民，"垦辟定规制"的事迹，但是龙川筑城，作为军事设施，意义主要还在于控制南北交通，在所谓"负山险"的地理形势下，利用这一条件控制南越地区，又防止南越人借这一条件对抗中央政府的管理。

当然，龙川秦城的军事规划，从总体上看，显然也应当归入所谓"秦所通越道"的交通体系之中。

不过，还应当看到，龙川秦城和其他军事交通据点不同，这一古城的营造，不仅用以针对南越地方势力对南北交通畅通的威胁，而且有对东北方向所谓"东越狭多阻，闽越悍，数反复"③的诸地方势力遥相监控的作用。

(四) 赣江—东江：南北交通的枢纽

自秦代以后，有关于龙川北上水道交通条件的相关记录。《汉书·地理志上》"豫章郡"条下写道：

---

① 《嘉庆重修一统志》，中华书局1986年版，第22637页。
② 《全唐文》卷八一六，〔清〕董诰等编：《全唐文》，上海古籍出版社1990年版，第3809页。
③ 《史记·东越列传》，第2984页。

> 雩都,湖汉水东至彭泽入江,行千九百八十里。①

里程如此精确,说明这条水道是水上航运的通路。王先谦《汉书补注》引《明统志》说所谓"湖汉水"水系状况:

> ……又迳(会昌)县北七里,折而西北流,与安远水合。安远水出安远县东南八十里欣山,其地有三百坑水源出焉,亦名三百坑水。南流百里,至定南厅界,为九洲河,始通舟楫。
>
> 又二百五十里,至广东龙川县界,为东江。谚曰:"赣州九十九条河,却有一条通博罗。"谓此水也。②

可见赣江通道与东江通道古来可以沟通,而龙川在这一交通系统中占据着重要的地位。在江西安远,北流的所谓安远水(今称濂江)与南流的寻乌水和定南水上游之间,直线距离不过 20 公里左右。

而龙川向南,则是可以直接通达番禺(今广州)的深阔的水道。《太平御览》卷一七二引《南越志》说:

> 郡东水道一千里,赵佗昔为龙川尉,所莅于此。③

显而易见,赵佗曾经管理过的龙川,当时成为以水路交通形式为主的联系南北交通的重要枢纽。

《史记·淮南衡山列传》载伍被语,说道:"(秦皇帝)又使尉佗逾五岭攻百越。尉佗知中国劳极,止王不来。"④这当然是辩士之言,然而从这一思路分析,似龙川有可能是秦军"逾五岭"之初设立的军事据点。对于秦时"逾五岭攻百越"之役,《淮南子·人间》有这样的记述:

---

① 《汉书》,第 1593 页。
② 王先谦撰:《汉书补注》,中华书局据清光绪二十六年虚受堂刊本影印,1983 年版,第 764 页。
③ 〔宋〕李昉等撰:《太平御览》,中华书局用上海涵芬楼影印宋本 1960 年复制重印版,第 837 页。
④ 《史记》,第 3086 页。

　　(秦皇)乃使尉屠睢发卒五十万，为五军，一军塞镡城之岭，一军守九疑之塞，一军处番禺之都，一军守南野之界，一军结余干之水，三年不解甲弛弩，使监禄无以转饷，又以卒凿渠而通粮道，以与越人战，杀西呕君译吁宋。而越人皆入丛薄中，与禽兽处，莫肯为秦虏。相置桀骏以为将，而夜攻秦人，大破之，杀尉屠睢，伏尸流血数十万。乃发適戍以备之。①

对于秦"五军"的部署，东汉学者高诱有这样的解释：

　　镡城，在武陵西南，接郁林。

　　九疑，在零陵。

　　番禺，南海。

　　南野，在豫章。

　　余干，在豫章。②

"在豫章"的二处，"南野"，明确可知地在今江西南康南；"余干之水"，则明指水路，所谓"干"，很可能与"赣"有关，而"余"，若理解为与大庾岭(今江西大余南)之"庾"有关，则与"余干之'水'"文义相悖，且余干之军亦与南野之军的作用相重叠，那么，这里所谓"余"，是否与"雩都"(今江西于都)之"雩"有关呢？

　　如果这一推想成立，则可以说明贡水和寻乌水乃至龙江早期联航的实现，而龙川秦城的军事交通意义也可以得到进一步的证实。③

　　不过，公元前 112 年汉武帝出兵平南越，分军五路，行军路线似乎未取龙川一线，《史记·南越列传》记载：

---

　　①　《史记·平津侯主父列传》载严安语："(秦王)又使尉屠睢将楼船之士南攻北越，使监禄凿渠运粮，深入越，越人遁逃。旷日持久，粮食绝乏，越人击之，秦兵大败。秦乃使尉佗将卒以戍越。"第 2958 页。

　　②　何宁撰：《淮南子集释》，中华书局 1998 年版，第 1289—1290 页。

　　③　《汉书·地理志上》"豫章郡""雩都"条下，王先谦《汉书补注》："《寰宇记》：本南海揭阳县地，汉高六年灌婴所立。雩水出县北雩山入湖汉。先谦案：陈婴所立也，灌婴不闻至此。"王先谦撰《汉书补注》，中华书局据清光绪二十六年虚受堂刊本影印，1983 年版，第 764 页。雩都原属南海郡，无疑与东江水系以及龙川地区有较密切的交通联系。又，拙文《秦汉时期的内河航运》在分析《淮南子·人间》记述"南攻百越"秦军各部队的集结地点时曾经写道："护卫番禺秦军的四军，分别据沅江、湘江、赣江、信江水道。"《历史研究》1990 年第 2 期。现在看来，显然"信江"之说不确，应予更正。

> （天子）乃下赦曰："天子微,诸侯力政,讥臣不讨贼。今吕嘉、建德等反,自立晏如,令罪人及江淮以南楼船十万师往讨之。"
>
> 元鼎五年秋,卫尉路博德为伏波将军,出桂阳,下汇水;主爵都尉杨仆为楼船将军,出豫章,下横浦;故归义越侯二人为戈船、下厉将军,出零陵,或下离水,或柢苍梧;使驰义侯因巴蜀罪人,发夜郎兵,下牂柯江:咸会番禺。①

汉武帝时代的此次南下远征,大约没有利用东江航道,龙川的军事交通作用看来没有得到直接的发挥。

（五）龙川军事交通地位的其他史证

对于《汉书·地理志上》所谓"（豫章郡）雩都,湖汉水东至彭泽入江,行千九百八十里",王先谦《汉书补注》又写道:

> 《一统志》又云:汉世豫章之水,湖汉为大,故《志》此下独云东北入江,其彭、牵、盱、蜀,诸水皆云入湖汉,豫章水虽亦言北出大江,然不言诸水所入,亦不详其里数。疑当时尚未知二水之源异流同,姑并著之,而专以湖汉为经流也。自郦注以豫章水为正,而湖汉之名遂隐。②

秦及西汉,豫章方在早期开发,"当时尚未知二水之源异流同",是很可能的。"而专以湖汉为经流",正体现这一水道较早被利用以发展航运。

特别是所谓"汉世豫章之水,湖汉为大"的意见,恰与秦及西汉气候条件较现今温暖湿润,生态环境亦较优越,一些江河水量较今充沛的事实相符合。③

其实在"汉世"以后,我们所讨论的龙川南北通道依然服务于交通事业。以人们比较熟悉的历史事件为例,唐代黄巢起义,据有广州,镇海节度使高骈曾建议自"将万人自大庾岭趣广州击黄巢",而北拒岭上以堵截黄巢的部署,除使人

---

① 《史记》,第 2974、2985 页。
② 王先谦撰:《汉书补注》,中华书局据清光绪二十六年虚受堂刊本影印,1983 年版,第 764 页。
③ 参看王子今:《秦汉时期气候变迁的历史学考察》,《历史研究》1995 年第 2 期。

"将兵五千于郴州守险"外,特别令人"将兵八千于循、潮二州邀遮",①而循州治所,就在龙川。宋末文天祥抗元,在赣南失利之后,即"收残兵奔循州,驻南岭",他最后的抗击南下蒙古军的军事实践,都是在这一带进行的。②

《元丰九域志·广南路》之"东路",关于"循州",有这样的内容:

> 下,循州,海丰郡,军事。治龙川县。

其所属县三,第一就是龙川县:

> 望,龙川。二乡。驿步一镇,大有一铅厂。有嶅山、龙川江、鳄湖。③

其中有"驿步一镇"及"龙川江"的记载,说明当时龙川的水陆交通条件都受到重视。

《嘉庆重修一统志·惠州府》说,龙川县交通条件优越,又曾经因此设置交通防卫机构:

> 田心屯　在龙川县东南兴乐都通衢之西南。明洪武二十三年立。宏治十七年贼劫通衢司,因于此筑城。其北有岭西屯,在县东一百里。又东北三十五里有兴隆屯。又东北八十里有上莒屯。
>
> 老龙埠　在龙川县东二十里。为水陆舟车之会,闽粤商贾辐辏。明洪武九年建递运所于此。嘉靖九年裁。④

龙川能够千百年来长期保持重要的军事交通地位,令人惊异。然而同样引起我们注意的,又有龙川多年来所谓"为水陆舟车之会,闽粤商贾辐辏"表现于商业交通方面的重要作用。

---

①　《资治通鉴》卷二五三"唐僖宗乾符六年",〔宋〕司马光编著,〔元〕胡三省音注,"标点资治通鉴小组"校点:《资治通鉴》,中华书局1956年版,第8216页。

②　《宋史·文天祥传》,中华书局1977年版,第12538页。

③　〔宋〕王存撰,王文楚、魏嵩山点校:《元丰九域志》,中华书局1984年版,第410页。

④　《嘉庆重修一统志》,中华书局1986年版,第22649—22650页。

二十、秦代"五岭"交通与
"南边"行政

秦始皇对五岭以南用兵,实现了中土对岭南地区的武装控制与文化沟通。南海置郡对于中原帝国大一统的规模和效能有非常重要的意义。① 秦王朝政区这一局势的形成,五岭交通是必不可少的条件。

秦时五岭"新道"与"灵渠"的开通在中国古代交通史上有特殊的地位。② 而逐步向南扩展的汉代称作"南边"地方③的行政效率,也因交通建设的努力得到保证。

(一) 秦始皇五岭"新道"

兼并六国,是秦始皇时代意义重大的历史变化,后人或称之为"六王毕,四海一",④"六王失国四海归"。⑤ 其实,秦始皇实现的统一,并不仅仅限于对黄河流域和长江流域的控制,亦包括向北河的军事拓进以及征服岭南之后南海等郡的设置。而秦帝国版图的规模,于是也远远超越了秦本土与"六王"故地。《史记·

---

① 王子今:《论秦始皇南海置郡》,《陕西师范大学学报(哲学社会科学版)》2017 年第 1 期。

② 《史记·南越列传》:"南海尉任嚣病且死,召龙川令赵佗语曰:'闻陈胜等作乱,秦为无道,天下苦之,项羽、刘季、陈胜、吴广等州郡各共兴军聚众,虎争天下,中国扰乱,未知所安,豪杰畔秦相立。南海僻远,吾恐盗兵侵地至此,吾欲兴兵绝新道,……'"第 2967 页。《汉书·严助传》:"秦之时尝使尉屠睢击越,又使监禄凿渠通道。越人逃入深山林丛,不可得攻。"第 2783 页。《汉书·严安传》:"又使尉屠睢将楼船之士攻越,使监禄凿渠运粮,深入越地,越人遁逃。"第 2811 页。

③ 《史记·汉兴以来诸侯王年表》:"……是以燕、代无北边郡,吴、淮南、长沙无南边郡,……"第 803 页。《史记·南越列传》:"汉十一年,遣陆贾因立佗为南越王,与剖符通使,和集百越,毋为南边患害,……"第 2968 页。

④ 〔唐〕杜牧:《阿房宫赋》,《樊川集》卷一,四部丛刊景明翻宋本,第 1 页。

⑤ 〔宋〕莫济:《次韵梁尉秦碑》,〔清〕厉鹗撰:《宋诗纪事》卷四七,文渊阁四库全书本,第 768 页。

秦始皇本纪》记"西北斥逐匈奴"与"略取陆梁地"事，系于秦始皇三十三年（前214）。① 然而据《史记·蒙恬列传》"秦已并天下，乃使蒙恬将三十万众北逐戎狄，收河南"及《秦始皇本纪》在二十六年（前221）记述中已言"南至北向户"，二十八年（前219）琅邪刻石有"皇帝之土，……南尽北户"语，②可知这两个方向的拓进在兼并六国后随即开始。秦军远征南越的军事行动较早开始，可以引为助证的又有《史记·白起王翦列传》的记载："（王翦）大破荆军，至蕲南，杀其将军项燕。荆兵遂败走。秦因乘胜略定荆地城邑。岁余，虏荆王负刍，竟平荆地为郡县。因南征百越之君，而王翦子王贲与李信破定燕齐地。秦始皇二十六年，尽并天下。"此说以为在"秦始皇二十六年"之前，秦军在灭楚即"平荆地为郡"之后，随即已经开始"南征百越之君"。王云度、张文立主编《秦帝国史》说："始皇统一六国的次年，即始皇二十七年（前220年），秦王朝开始大规模平定百越的战略行动。"论者依据《史记·南越列传》"与越杂处十三岁"上推十三年，确定"伐越年代在始皇二十七年"。又说："林剑鸣《秦汉史》第二章中，依据后世《乐昌县志》的资料，将秦伐岭南年代定在始皇二十八年（前219年），可备一说。"③二十八年之说，可能由自二十八年琅邪刻石"皇帝之土，……南尽北户"文句。据贾谊《过秦论》："及至秦王，续六世之余烈，振长策而御宇内，吞二周而亡诸侯，履至尊而制六合，执棰拊以鞭笞天下，威振四海。南取百越之地，以为桂林、象郡，百越之君俛首系颈，委命下吏。乃使蒙恬北筑长城而守藩篱，却匈奴七百余里，胡人不敢南下而牧马，士不敢弯弓而报怨。于是废先王之道，焚百家之言，以愚黔首。堕名城，杀豪俊，收天下之兵聚之咸阳，销锋铸鐻，以为金人十二，以弱黔首之民。"④则"南取百越"和"北筑长城"，在秦始皇二十六年（前221）"收天下兵，聚之咸阳，销以为钟鐻，金人十二，重各千石，置廷宫中"⑤之前。而灭楚的战争历程，据《史记·秦始皇本纪》："二十三年，秦王复召王翦，强起之，使将击荆。取陈以南至平舆，虏荆王。秦王游至郢陈。荆将项燕立昌平君为荆王，反秦于淮南。二

① 《史记》，第253页。

② 《史记》，第239、245页。

③ 王云度、张文立主编：《秦帝国史》，陕西人民教育出版社1997年版，第55、74页。《史记·秦始皇本纪》。

④ 《史记·秦始皇本纪》，第281页。

⑤ 《史记·秦始皇本纪》，第239页。

十四年,王翦、蒙武攻荆,破荆军,昌平君死,项燕遂自杀。""(二十五年)王翦遂定荆江南地;降越君,置会稽郡。"①

中原帝国开始面对南海,是东亚史乃至世界史上的一件大事。② 这一历史进步,是在"五岭"道路开通的条件下实现的。《史记·淮南衡山列传》称之为"(秦皇帝)使尉佗逾五岭攻百越"。③ "逾五岭",是秦交通史册辉煌的一页。《史记·秦始皇本纪》:"三十三年,发诸尝逋亡人、赘婿、贾人略取陆梁地,为桂林、象郡、南海,以適遣戍。"裴骃《集解》:"徐广曰:'五十万人守五岭。'"张守节《正义》:"《广州记》云:'五岭者,大庾、始安、临贺、揭杨、桂阳。'《舆地志》云:'一曰台岭,亦名塞上,今名大庾;二曰骑田;三曰都庞;四曰萌诸;五曰越岭。'"④据《史记·南越列传》,秦二世时,中原动荡,南海尉任嚣召龙川令赵佗语曰:"南海僻远,吾恐盗兵侵地至此,吾欲兴兵绝新道,自备,待诸侯变。"这里所说的"新道",就是南岭新开通的道路。赵佗在实际掌握南海郡军权之后,"即移檄告横浦、阳山、湟溪关曰:'盗兵且至,急绝道聚兵自守!'"⑤要求"急绝道"。也说到南岭道路对于联系中原与"南海"的意义。⑥

(二)灵渠:秦代水利奇迹

我们今天习用的"水利"这一语汇最初的出现,见于秦地成书的《吕氏春秋》中。⑦ 著名农史学者石声汉总结战国水利成就,曾经列举当时"空前宏伟的水利工程",说到"史起的邺渠、郑国的郑国渠、李冰的都江堰等",以及"广西的灵渠",⑧可知中国早期水利史上秦人的贡献尤为突出。《史记·河渠书》记述郑国

　　① 《史记》,第 234 页。

　　② 王子今:《秦统一局面的再认识》,《辽宁大学学报(哲学社会科学版)》2013 年第 1 期。

　　③ 《史记》,第 3086 页。

　　④ 《史记》,第 253 页。

　　⑤ 《史记》,第 2967 页。

　　⑥ 王子今:《秦汉时期南岭道路开通的历史意义》,《中国社会科学报》2012 年 12 月 28 日。

　　⑦ 《吕氏春秋·慎人》:"掘地财,取水利。"高诱注:"地财,五谷。水利,濯灌。"许维遹撰,梁运华整理:《吕氏春秋集释》,中华书局 2009 年版,第 336—337 页。

　　⑧ 石声汉:《中国农业遗产要略》,《中国古代农业科技》编纂组:《中国古代农业科技》,农业出版社1980 年版,第 8 页。

渠的开凿,导致"关中为沃野,无凶年",于是"秦以富强,卒并诸侯"。① 体现战国时期秦国水利事业的成功,是秦实现统一的重要因素之一。

通常所说"水利",指防止水害灾难和利用水力资源的事业。后者包括灌溉和航运。对于"秦以富强,卒并诸侯"意义至为鲜明的郑国渠工程,其功用主要在于灌溉。翦伯赞《秦汉史》称之为"运河",②是错误的。成都平原的都江堰工程,今天依然发挥着灌溉作用,但是工程总指挥李冰同时也注意开通水上航路,于所谓"触山胁溷崖,水脉漂疾,破害舟船"之处,"发卒凿平溷崖,通正水道"。据说"穿郫江、检江,别支流双过郡下,以行舟船"。所通"其渠皆可行舟"。于是岷山林产"梓、柏、大竹,颓随水流,坐致材木,功省用饶"。③ 赵国上层讨论与秦的外交,赵豹警告赵王应避免与秦军事对抗。他强调:"秦以牛田,水通粮……,不可与战。王自图之!"④所谓"以牛田,水通粮",都是体现动力革命的表现。"水通粮"有效开发水资源以为运输动力,是形成"不可与战"之优越国力的重要因素。

张仪曾经以秦长江航运的优势威胁楚王:"秦西有巴蜀,方船积粟,起于汶山,循江而下,至郢三千余里",又说:"舫船载卒. 一舫载五十人,与三月之粮,下水而浮,一日行三百余里;里数虽多,不费汗马之劳,不至十日而距扞关;……"⑤如果这种语言恐吓只是一种宣传方式,那么灵渠遗存,则明确提供了秦人在统一战争期间开发水利用于军运的确定的实例。

秦始皇时代南海方向的经营。《淮南子·人间》记述,"使尉屠睢发卒五十万,为五军"南下,"三年不解甲弛弩,使监禄无以转饷,又以卒凿渠而通粮道,以与越人战"。⑥ 所谓"以卒凿渠而通粮道",即灵渠工程的开通。《水经注·漓水》说,湘水、漓水之间,陆上的间隔,称作"始安峤",宽度只有"百余步"。"峤,即越城峤也",峤的北面是湘水上源。峤的南面,是南流注漓的始安水。秦人正是巧妙地利用了"漓水与湘水,出一山而分源也",亦即"庾仲初之赋扬都云:判五岭

① 《史记》,第 1408 页。
② 翦伯赞:《秦汉史》,北京大学出版社 1983 年版,第 30 页。
③ 《华阳国志·蜀志》,〔晋〕常璩撰,任乃强校注:《华阳国志校补图注》,上海古籍出版社 1987 年版,第 133 页。
④ 《战国策·赵策一》,〔西汉〕刘向集录:《战国策》,上海古籍出版社 1985 年版,第 618 页。
⑤ 《战国策·楚策一》,〔西汉〕刘向集录:《战国策》,上海古籍出版社 1985 年版,第 506 页。
⑥ 何宁撰:《淮南子集释》,中华书局 1998 年版,第 1289—1290 页。

而分流者也"，①其"分流"处距离仅"百余步"的地理形势，"以卒凿渠"，沟通"湘、漓之间"，形成了畅通的"粮道"，为远征军成功运送军需物资的。

灵渠遗存，提供了秦人在征服岭南的战争期间开发水利资源以水力用于军运的确定的实例，可以看作在交通和水利方面均曾在技术上占据历史制高点的伟大工程。据严安上书："使尉屠睢将楼船之士南攻百越，使监禄凿渠运粮，深入越，越人遁逃。"②这一工程沟通了长江水系和珠江水系，体现了水利史上具有世界历史意义的伟大发明。有学者推断，灵渠宽度5—7米，水深1—2米，当时可以航行宽5米，装载500—600斛粮食的运船。"用这样的船只运粮，无疑比人力、畜力的运输能力提高了许多倍。这对保证秦军岭南战争的胜利，无疑起着不可估量的作用。"③有学者分析说，灵渠工程成功，"水路的畅通使得秦军增援的楼船之士乘水路而至，军粮的供给也得以解决"。④ 可能灵渠水路对于兵员运输实际意义并不突出，主要作用在于军粮运输。⑤

"灵渠"又称"零渠"。《太平御览》卷六五引《临桂图经》采用了"零渠"名号，似乎以为和"零陵"地名有关："昔秦命御史监史禄自零陵凿渠，出零陵下漓水是也。"⑥"灵渠"又直接称作"秦凿渠"。《太平寰宇记·岭南道六·桂州·兴安县》记载："秦凿渠，在县南二十里。本漓水自柘山之阴西北流，至县西南合灵渠五里，始分为二水。昔秦命御史监史禄，自零陵凿渠至桂林。"⑦当然同时也说到"灵渠"。我们思考"灵渠"定名缘由，或许应当重视"自零陵凿渠"的说法。

灵渠工程沟通湘江水道和漓江水道，成为连贯湘桂的人工运河。明人解缙《兴安渠》诗写道："石渠南北引湘漓，分水塘深不作堤。若是秦人多二纪，锦帆直

---

① 〔北魏〕郦道元著，陈桥驿校证：《水经注校证》，中华书局2007年版，第899页。

② 《史记·平津侯主父列传》，第2958页。

③ 《广西航运史》编委会编：《广西航运史》，人民交通出版社1991年版，第4—7页；蔡万进：《秦国粮食经济研究》，内蒙古人民出版社1996年版，第89页。

④ 张卫星：《秦战争述略》，三秦出版社2001年版，第130页。

⑤ 参看王子今：《秦军事运输略论》，《秦始皇帝陵博物院》2013年总第3辑，三秦出版社2013年版。

⑥ 〔宋〕李昉等撰：《太平御览》，中华书局用上海涵芬楼影印宋本1960年复制重印版，第311页。

⑦ 校勘记："御史监禄，后一'史'，底本脱，据万本、《库》本、《嘉庆重修一统志》桂林府引本书及《太平御览》卷六五引《临桂图经》补。"〔宋〕乐史撰，王文楚等点校：《太平寰宇记》，中华书局2007年版，第3103、3111页。

是到天涯。"①又鲁铎《分水岭》也有这样的诗句:"一道原泉却两支,右为湘水左为漓。谁知万里分流去,到海还应有会时。"②灵渠"南北引湘漓",将原本"万里分流"的"两支"水流汇为"一道"。

在最合理的地方,以最便捷的方式,用最经济的成本,连接长江和珠江南北两大水系,实现了通航条件的完备。这真是天才的设计和天才的施工。灵渠规划奇妙,而服务于军运的特点,也需要保证工程效率。特别是高程测量精确度的水准令人叹为观止。于是千百年来彪炳于世界水利史册。

灵渠堪称水利设计的奇迹,测量技术的奇迹,工程实施的奇迹。另一方面,灵渠工程对于秦统一这一重大历史进程也表现出特殊的意义。

秦始皇实现统一,是中国史上的大事变,也是影响东方历史和世界历史的大事变。李学勤指出:"秦的兼并列国,建立统一的新王朝,使秦文化成为后来辉煌的汉代文化的基础。"③秦统一,改变了历史的走向,如瞿兑之所言,"中国成为一统国,自秦启之,而汉承之,虽遇乱世,终犹心焉一统,人人皆拭目翘足以为庶几复见太平。二千年来如一日,此又秦汉之所赐也"。④ 后人言秦始皇统一事业,曾经有"六王毕,四海一"之说。⑤ 秦始皇亦曾自称"武威旁畅,振动四极,禽灭六王","六王咸伏其辜,天下大定"。⑥ 然而,击灭"六王",不能准确体现秦统一的规模。秦始皇实现的统一,亦包括北河拓进以及南海置郡。而秦帝国控制的版图,于是也远远超越了秦本土与"六王"故地。岭南形势,于是如《后汉书·南蛮传》所说:"秦并天下,威服蛮夷,始开领外,置南海、桂林、象郡。"⑦当时政治格局,已远非"楚子称霸,朝贡百越"时代可比,实现了中央对这一地方直接的行政领导。就岭南地方的占有而言,《史记·秦始皇本纪》在二十六年(前221)记述中已言"南至北向户",二十八年(前219)琅邪刻石有"皇帝之土,……南尽北户"语,可知岭南拓进在兼并六国同时即进行。南海经营,也是秦统一战争的主题之

---

① 〔清〕汪森编:《粤西诗文载·诗载》卷二三,文渊阁四库全书本,第337页。

② 〔明〕鲁铎撰:《鲁文恪公文集·使交稿》,明隆庆元年方梁刻本,第63页。

③ 李学勤:《东周与秦代文明》,上海人民出版社2007年版,第11页。

④ 瞿兑之:《秦汉史纂》,(台北)鼎文书局1979年版,第327页。

⑤ 〔唐〕杜牧:《阿房宫赋》,《樊川集》卷一,四部丛刊景明翻宋本,第1页。

⑥ 《史记·秦始皇本纪》,第250、236页。

⑦ 《后汉书》,第2835页。

一。《史记·白起王翦列传》记载:"竟平荆地为郡县。因南征百越之君。"据太史公记述,秦统一战争的这一进程,在"王翦子王贲,与李信破定燕、齐地"以及"秦始皇二十六年,尽并天下"之前。[①] 而《史记·南越列传》又说,秦远征军"与越杂处十三岁",[②]也明确指出秦进军岭南并非在正式置郡"桂林、象郡、南海"的秦始皇三十三年(前 214)。很可能,灵渠是秦统一进程中为保障军事委输而完成的工程。于是,政治史、军事史中的伟大创举,与水利史、工程史中的伟大创举可以结合起来认识与理解,而灵渠,可以看作秦推进历史、创建新局的光辉的时代性标志。

战国秦汉时期,水利工程师,或者说水利工程设想的提出者、水利工程规划的制订者、水利工程施工的领导者,通常称作"水工"。上文说到的郑国,就是主持郑国渠的"水工"。这处水利工程的命名,成为以人名作为纪念性地名的较早先例。秦汉历史记忆中还有其他的"水工"。比如经营漕渠工程的"齐人水工徐伯",[③]汉军击大宛,曾经"遣水工徙其城下水空"。[④] 汉武帝时,齐人延年上书提出改变黄河河道的建议:"河出昆仑,经中国,注勃海,是其地势西北高而东南下也。可案图书,观地形,令水工准高下,开大河上领,出之胡中,东注之海。"[⑤]然而负责灵渠这一重要水利工程的"水工"却并没有在历史上留下姓名,甚至连"水工"活动的片言只字也未见保存。这不能不说是历史的遗憾。

灵渠工程的设计,很可能继承了秦"水工"以及中原"水工"的技术。但是越人在水运方面的显著优长也不能忽略。就运输动力的开发来说,北人擅长服牛乘马,而南人擅长驾驶舟船。《淮南子·原道》写道:"陆处宜牛马,舟行宜多水。""九疑之南,陆事寡而水事众,于是民人被发文身,以像鳞虫,短绻不绔,以便涉游,短袂攘卷,以便刺舟,因之也。"[⑥]我们有理由推想,很可能生活于"九疑之南"

---

① 《史记》,第 2341 页。

② 《史记》,第 2927 页。

③ 《史记·河渠书》:"天子以为然,令齐人水工徐伯表⋯⋯"。司马贞《索隐》:"旧说,徐伯表水工姓名也。"第 1410 页。

④ 《史记·大宛列传》:"宛王城中无井,皆汲城外流水,于是乃遣水工徙其城下水空以空其城。"第 3176 页。

⑤ 《汉书·沟洫志》,第 1686 页。

⑥ 何宁撰:《淮南子集释》,中华书局 1998 年版,第 37—38 页。

的越人,在"舟行宜多水"的环境条件下,由于"水事众","便刺舟",积累了丰富的水利学知识和航运学经验,以独异的智慧参与了灵渠的规划。我们甚至不能排除"九疑之南"长于"舟行""水事"的"民人"们在灵渠工程的设计与施工中占据主导地位的可能。

(三) 交通的发展和"南边"的移动

"(秦皇帝)使尉佗逾五岭攻百越"之后,即致力于"初郡"的行政。①《史记·秦始皇本纪》:"三十四年,適治狱吏不直者,筑长城及南越地。"张守节《正义》:"谓戍五岭,是南方越地。"②《史记·律书》:"二世宿军无用之地,连兵于边陲,力非弱也;结怨匈奴,絓祸于越,……"司马贞《索隐》:"谓常拥兵于郊野之外也。"张守节《正义》:"谓三十万备北边,五十万守五岭也。云连兵于边陲,即是宿军无用之地也。"③所谓"戍五岭""守五岭",其实是指以军事管制的方式推行对"南方越地"的控制。张荣芳、黄淼章著《南越国史》写道:虽时间短暂,"但秦对岭南的开发和经营,对岭南地区社会经济的发展却有着重大的意义。"④

《史记·汉兴以来诸侯年表》言削藩的历史作用:"齐分为七,赵分为六,梁分为五,淮南分三,及天子支庶子为王,王子支庶为侯,百有余焉。吴楚时,前后诸侯或以适削地,是以燕、代无北边郡,吴、淮南、长沙无南边郡,齐、赵、梁、楚支郡名山陂海咸纳于汉。"⑤可见"北边郡""南边郡"的政治地理概念汉初已经习用。就高层执政集团和社会各阶层的关注程度而言,"南边"仅次于"北边"。⑥《史记·南越列传》:"高帝已定天下,为中国劳苦,故释佗弗诛。汉十一年,遣陆贾因

①　"初郡"称谓见《史记·平准书》及《史记·大宛列传》。汉武帝重新控制岭南之后,这里仍是又一意义的"初郡"。王国维《太史公行年考》写道:"是史公足迹殆遍宇内,所未至者,朝鲜、河西、岭南诸初郡耳。"《王国维遗书》,上海古籍书店据商务印书馆 1940 年版影印,1983 年版,《观堂集林》卷一一《史林三》第 4 页。

②　《史记》,第 254 页。

③　《史记》,第 1242 页。

④　张荣芳、黄淼章:《南越国史》,广东人民出版社 1995 年版,第 31 页。

⑤　《史记》,第 803 页。

⑥　"南边"概念的使用,亦有历史传承关系。《史记·鲁周公世家》:"(鲁哀公)十年,伐齐南边。"第 1545 页。

立佗为南越王,与剖符通使,和集百越,毋为南边患害,与长沙接境。"①也说到"南边"。

(四) 历史比照之一:"南山"道路和"五岭"道路

在中国统一历程中,南下跨越山岭障碍,以交通行为实现军事征服和行政控制,秦史中自有先例。秦人克服秦岭阻障占有巴蜀地方,奠定了统一事业的早期基础。② 当时称作"南山"的秦岭是几大基本文化区之间相互联系的最大的天然阻障。可以说,穿越秦岭的早期道路,是我们民族文化显现出超凡创造精神和伟大智慧和勇力的历史纪念。③

秦岭古道路系统中,自东而西,主要有武关道、子午道、灙骆道、褒斜道和故道五条主线。秦始皇远征南越,有"为五军"的说法。《淮南子·人间》:

> (秦皇)乃使尉屠睢发卒五十万,为五军,一军塞镡城之岭,一军守九疑之塞,一军处番禺之都,一军守南野之界,一军结余干之水,三年不解甲弛弩,使监禄无以转饷,又以卒凿渠而通粮道,以与越人战,杀西呕君译吁宋。④

我们看到,汉武帝时代南越远征军穿越"五岭"时也是分五路进军,《史记·南越列传》记载:

---

① 《汉书·南粤传》:"十一年,遣陆贾立佗为南粤王,与剖符通使,使和辑百粤,毋为南边害,与长沙接境。"第 2968 页。

② 参看王子今:《秦兼并蜀地的意义与蜀人对秦文化的认同》,《四川师范大学学报(社会科学版)》1998 年第 2 期。

③ 参看王子今:《秦人的蜀道经营》,《咸阳师范学院学报》2012 年第 1 期。

④ 高诱注解释"五军":"镡城,在武陵西南,接郁林。九疑,在零陵。番禺,南海。南野,在豫章。余干,在豫章。"何宁撰:《淮南子集释》,中华书局 1998 年版,第 1289—1290 页。"在豫章"的两处,"南野",明确可知地在今江西南康南;"余干之水",则明指水路,所谓"干",很可能与"赣"有关,而"余",若理解为与大庾岭(今江西大余岭)之"庾"有关,则与"余干之'水'"文义相悖,且余干之军亦与南野之军的作用相重叠,那么,这里所谓"余",是否与"雩都"(今江西于都)之"雩"有关呢? 参看王子今:《龙川秦城的军事交通地位》,《佗城开基客家:客家先民首批南迁与赵佗建龙川 2212 年纪念学术研讨会论文集》,中国华侨出版社 1997 年版。

元鼎五年秋，卫尉路博德为伏波将军，出桂阳，下汇水；主爵都尉杨仆为楼船将军，出豫章，下横浦；故归义越侯二人为戈船、下厉将军，出零陵，或下离水，或抵苍梧；使驰义侯因巴蜀罪人，发夜郎兵，下牂柯江：咸会番禺。

战后，"戈船、下厉将军兵及驰义侯所发夜郎兵未下，南越已平矣。遂为九郡。伏波将军益封。楼船将军兵以陷坚为将梁侯。"[①]五路并进的战略规划，可能并不是偶然的。

《汉书·严助传》言越地"地深昧而多水险"。汉武帝命令，"令罪人及江淮以南楼船十万师往讨之"。[②]《史记·南越列传》裴骃《集解》引应劭曰："时欲击越，非水不至，故作大船。船上施楼，故号曰'楼船'也。"[③]所谓"多水险"，所谓"非水不至"，体现出南越战事与"水"路交通条件的特殊关系。"击越"军事交通要克服和利用"水险"，秦代南岭灵渠水利工程具有创始性的意义。汉武帝时代意在克服"南山"交通阻障的褒斜道漕运设计出自水运和陆运相结合的考虑，[④]尽管实施行为最终失败，起初的规划似乎不能排除受到"五岭"交通与灵渠工程启示的可能。

（五）历史比照之二：海陆并进的军事交通记录

如果我们以汉武帝"击越"战争形式比照此后其他几次沿海战事，可以发现战略设计的类同。

汉武帝元鼎五年（前112）远征南越之战，"令罪人及江淮以南楼船十万师往讨之"。师称"楼船"，体现出对南越"多水险""非水不至"交通条件的重视。据司

---

① 《史记》，第2977页。

② 《汉书》，第3857页。

③ 《史记》，第2974页。

④ 《史记·河渠书》："其后人有上书欲通褒斜道及漕，事下御史大夫张汤。汤问其事，因言：'抵蜀从故道，故道多阪，回远。今穿褒斜道，少阪，近四百里；而褒水通沔，斜水通渭，皆可以行船漕。漕从南阳上沔入褒，褒之绝水至斜，间百余里，以车转，从斜下下渭。如此，汉中之谷可致，山东从沔无限，便于砥柱之漕。且褒斜材木竹箭之饶，拟于巴蜀。'天子以为然，拜汤子卬为汉中守，发数万人作褒斜道五百余里。道果便近，而水湍石，不可漕。"第1411页。参看王子今：《两汉漕运经营与水资源形势》，《陕西历史博物馆馆刊》第13辑，三秦出版社2006年版。

马迁记载：

> 元鼎六年冬，楼船将军将精卒先陷寻陕，破石门，得越船粟，因推而前，挫越锋，以数万人待伏波。伏波将军将罪人，道远，会期后，与楼船会乃有千余人，遂俱进。楼船居前，至番禺。建德、嘉皆城守。楼船自择便处，居东南面；伏波居西北面。会暮，楼船攻败越人，纵火烧城。越素闻伏波名，日暮，不知其兵多少。伏波乃为营，遣使者招降者，赐印，复纵令相招。楼船力攻烧敌，反驱而入伏波营中。犁旦，城中皆降伏波。吕嘉、建德已夜与其属数百人亡入海，以船西去。伏波又因问所得降者贵人，以知吕嘉所之，遣人追之。以其故校尉司马苏弘得建德，封为海常侯；越郎都稽得嘉，封为临蔡侯。①

又据《史记·东越列传》记载：

> 至元鼎五年，南越反，东越王余善上书，请以卒八千人从楼船将军击吕嘉等。兵至揭阳，以海风波为解，不行，持两端，阴使南越。及汉破番禺，不至。②

可知楼船将军杨仆所部应当有一部分是从东越海面南下进攻南越的。伏波将军路博德的部队循北江南进，虽不由海路，然而吕嘉、建德等"亡入海，以船西去"，汉军"追之"得获，只能使用舰船入海逐捕。战后"伏波将军益封"，③说明其功绩受到肯定。

汉武帝元封元年（前119）征伐东越，同样采取海陆同时并进的攻击方式。

> 天子遣横海将军韩说出句章，浮海从东方往；楼船将军杨仆出武林；中尉王温舒出梅岭；越侯为戈船、下濑将军，出若邪、白沙。元封元年冬，咸入东越。东越素发兵距险，使徇北将军守武林，败楼船军数校尉，杀长吏。楼船将军率钱唐辕终古斩徇北将军，为御儿侯。自兵未往。

---

① 《史记·南越列传》，第 2975 页。
② 《史记》，第 2982 页。
③ 《史记·南越列传》，第 2977 页。

战事记录所谓"横海将军先至",①体现海上一路实现了较快的进军速度。

汉武帝元封三年(前108)征服朝鲜的军事计划也取海路和陆路并进的方式,一路"浮渤海",一路"出辽东"。《史记·朝鲜列传》中有如下记述:

> 天子募罪人击朝鲜。其秋,遣楼船将军杨仆从齐浮渤海;兵五万人,左将军荀彘出辽东:讨右渠。右渠发兵距险。左将军卒正多率辽东兵先纵,败散,多还走,坐法斩。楼船将军将齐兵七千人先至王险。右渠城守,窥知楼船军少,即出城击楼船,楼船军败散走。将军杨仆失其众,遁山中十余日,稍求收散卒,复聚。左将军击朝鲜浿水西军,未能破自前。②

楼船将军杨仆率军"从齐浮渤海",而由陆路进击的是"出辽东"的"左将军荀彘"的部队。杨仆军"先至王险",遭到"右渠"的攻击,"楼船军败散走",将军杨仆"遁山中十余日,稍求收散卒,复聚"。海陆两军进军速度不同,与灭南越时"伏波"军与"楼船"军情形类同,因抵达作战地点的时间差,导致不能圆满配合,使攻势受挫。③

汉光武帝刘秀"玺书拜援伏波将军,以扶乐侯刘隆为副,督楼船将军段志等南击交阯",④明确马援是主将,在段志意外死亡之后又"诏援并将其兵",应有避免诸军并进互不统属,又未能配合默契,如"楼船力攻烧敌,反驱而入伏波营中"等教训的用意。特别是击朝鲜时杨仆、荀彘"两将不相能",⑤荀彘"争功相嫉,乖计",借口疑心杨仆"有反计",竟与受命"往正之"的济南太守公孙遂合谋,"执捕

---

① 《史记·东越列传》,第2983页。

② 《史记》,第2987页。

③ 参看王子今:《论杨仆击朝鲜楼船军"从齐浮渤海"及相关问题》,《鲁东大学学报(哲学社会科学版)》2009年第1期。汉武帝时代三次海路征伐,成为大规模海上用兵的壮举。每间隔两年即一发军的战争节奏,也值得我们注意。

④ 《后汉书·马援传》,第838页。楼船将军段志进军,应当与"吕嘉、建德夜与其属数百人亡入海,以船西去"以及"伏波又因问所得降者贵人,以知吕嘉所之,遣人追之"航线大体一致。王子今:《马援楼船军击交阯九真与刘秀的南海经略》,《社会科学战线》2015年第5期;《伏波将军马援的南国民间形象》,《形象史学研究》(2014),人民出版社2015年版。

⑤ 《史记·朝鲜列传》,第2988页。王念孙《读书杂志·史记·朝鲜列传》"朝鲜不肯心附楼船"条:"此言楼船不会左将军,左将军亦不肯心附楼船,故曰'两将不相能'。"江苏古籍出版社1985年版,第155页。

楼船将军,并其军"。这一情形激怒汉武帝,[1]可能也使得规划马援击交趾、九真战略时,刘秀深心有所警惕。

马援远征军的陆路部队特意"缘海"行进,虽然符合秦及西汉重视"并海""傍海"交通的传统,[2]但是在千里赴戎机,"兵之情主速"[3]的情况下艰苦开辟新的通路,甚至不惜付出"随山刊道千余里"的交通建设成本,应当有特别的缘由。这一举措,或许有"交阯女子征侧及女弟征贰反","合浦蛮夷皆应之",合浦地区陆路一时未能畅通的因素。但是更重要的原因,很可能出于力求不再发生此前作战史海上进攻部队"先至",而陆路进攻部队"会期后""数期不会"诸失误的考虑。

回顾两汉水陆进军的军事策略,可以通过秦始皇南征时"一军结余干之水"以及灵渠建设等史迹看到历史先声。

(六) 岭南新区的交通与行政

汉武帝时代对于岭南"初郡"的控制,中央王朝曾经实行特殊的政策。《史记·平准书》记载:

---

① 关于杨仆和荀彘在前线不能较好配合的情形,《史记·朝鲜列传》写道:"左将军素侍中,幸,将燕代卒,悍,乘胜,军多骄。楼船将齐卒,入海,固已多败亡;其先与右渠战,因辱亡卒,卒皆恐,将心惭,其围右渠,常持和节。左将军急击之,朝鲜大臣乃阴间使人私约降楼船,往来言,尚未肯决。左将军数与楼船期战,楼船欲急就其约,不会;左将军亦使人求间郤降下朝鲜,朝鲜不肯,心附楼船:以故两将不相能。左将军心意楼船前有失军罪,今与朝鲜私善而又不降,疑其有反计,未敢发。天子曰将率不能,前乃使卫山谕降右渠,右渠遣太子,山使不能剸决,与左将军计相误,卒沮约。今两将围城,又乖异,以故久不决。使济南太守公孙遂往正之,有便宜得以从事。遂至,左将军曰:'朝鲜当下久矣,不下者有状。'言楼船数期不会,具以素所意告遂,曰:'今如此不取,恐为大害,非独楼船,又且与朝鲜共灭吾军。'遂亦以为然,而以节召楼船将军入左将军营计事,即命左将军麾下执捕楼船将军,并其军,以报天子。天子诛遂。"战后,"左将军征至,坐争功相嫉,乖计,弃市。楼船将军亦坐兵至洌口,当待左将军,擅先纵,失亡多,当诛,赎为庶人。"第2988—2990页。《资治通鉴》卷二一"汉武帝元封三年"记载"天子诛遂"事,胡三省注:"《考异》曰:《汉书》'许遂'。按左将军卒以'争功相嫉,乖计''弃市',则武帝必以遂执楼船为非。《汉书》作'许',盖字误。今从《史记》。"〔宋〕司马光编著,〔元〕胡三省音注,"标点资治通鉴小组"校点:《资治通鉴》,中华书局1956年版,第688—689页。"两将不相能"导致"两军俱辱",即"太史公曰"所谓:"右渠负固,国以绝祀。涉何诬功,为兵发首。楼船将狭,及难离咎。悔失番禺,乃反见疑。荀彘争劳,与遂皆诛。两军俱辱,将率莫侯矣。"《史记·朝鲜列传》,第2990页。

② 参看王子今:《秦汉时代的并海道》,《中国历史地理论丛》1988年第2期。

③ 《孙子·九地》,曹操等注,郭化若译:《十一家注孙子》,中华书局1962年版,第192页。

汉连兵三岁,诛羌,灭南越,番禺以西至蜀南者置初郡十七,且以其故俗治,毋赋税。……而初郡时时小反,杀吏,汉发南方吏卒往诛之,间岁万余人,费皆仰给大农。大农以均输调盐铁助赋,故能赡之。然兵所过县,为以訾给毋乏而已,不敢言擅赋法矣。①

这里又出现了"汉发南方吏卒往诛之"和"兵所过县"的说法,也就是说,这种军事控制,是要通过交通方式实现的。

《后汉书·循吏列传·卫飒》记载卫飒在"桂阳"任职时管理"越之故地"的行政表现:"迁桂阳太守。郡与交州接境,颇染其俗,不知礼则。飒下车,修庠序之教,设婚姻之礼。""先是含洭、浈阳、曲江三县,越之故地,武帝平之,内属桂阳。民居深山,滨溪谷,习其风土,不出田租。去郡远者,或且千里。吏事往来,辄发民乘船,名曰'传役'。每一吏出,徭及数家,百姓苦之。飒乃凿山通道五百余里,列亭传,置邮驿。于是役省劳息,奸吏杜绝。流民稍还,渐成聚邑,使输租赋,同之平民。"②

所谓"先是含洭、浈阳、曲江三县,越之故地,武帝平之,内属桂阳",可以明确含洭(今广东英德西)、浈阳(今广东英德)、曲江(今广东韶关)三县是南越旧地,为汉武帝"击越"后正式归入汉帝国版图。所谓"武帝平之,内属桂阳",说明跨五岭为治的行政史事实。这自然反映了五岭交通建设的进步。起先,"去郡远者,或且千里。吏事往来,辄发民乘船,名曰'传役'。每一吏出,徭及数家,百姓苦之"。卫飒为治,"乃凿山通道五百余里,列亭传,置邮驿",于是显著提升了行政效能,"役省劳息,奸吏杜绝",管理质量也随即得到改善,"流民稍还,渐成聚邑,使输租赋,同之平民"。

马援破交阯后,又南进击九真。"援将楼船大小二千余艘,战士二万余人,进击九真贼征侧余党都羊等,自无功至居风,③斩获五千余人,峤南悉平。援奏言西于县户有三万二千,远界去庭千余里,请分为封溪、望海二县,④许之。援所过辄为郡县治城郭,穿渠灌溉,以利其民。条奏越律与汉律驳者十余事,与越人申

---

① 《史记》,第 1440 页。
② 《后汉书》,第 2459 页。
③ 李贤注:"无功、居风,二县名,并属九真郡。居风,今爱州。"
④ 据谭其骧主编《中国历史地图集》,西于,在今越南民主共和国河内市东英西;封溪,在永富省福安;望海,在河北省北宁西北。中国地图出版社 1982 年版,第 2 册第 63—64 页。

明旧制以约束之,自后骆越奉行马将军故事。"①其地言"峤南",其行曰"所过",都涉及交通实践。而分析马援关于西于县"分为封溪、望海二县"建议的动机,除考虑到人口因素而外,②"远界去庭千余里"的交通条件,应当也是重要因素。③

秦汉时期,级别与规模与县相当的行政机构"道",其定名直接与交通有关。《汉书·百官公卿表上》:"(县)有蛮夷曰道。"④就是说,"道"一般设置于少数民族聚居地区。严耕望《唐代交通图考》在《序言》中指出:"汉制,县有蛮夷曰道,正以边疆少数民族地区,主要行政措施惟道路之维持与控制,以利政令之推行,物资之集散,祈渐达成民族文化之融合耳。"⑤我们注意到,"道"之所在,大都处于交通条件恶劣的山区。很可能"道"之得名,正在于强调交通道路对于在这种特殊地理条件和特殊民族条件下实施政治管理的重要作用。也可能在这种交通条件较为落后的少数族聚居地区,政府当时所能够控制的,仅仅限于联系主要政治据点的交通道路。即中央政府在这些地区实际只控制着若干点与线,尚无能力实施全面的统治。据《汉书·地理志下》,长沙国有"连道",⑥有学者推断又有"箭道"。⑦ 然而"五岭"以南"有蛮夷"的"初郡"确似乎并不设"道"。这也许可以说明管理"边疆少数民族地区"的"主要行政措施"已经逐渐成熟,"政令之推行,物资之集散"可以实现,"民族文化之融合"亦可以"达成"。作为最基本的条件,"道路之维持与控制",自然达到了更高的管理水准。

汉武帝时代及其以后的南方经略,体现出对秦始皇时代"南海"置郡的明确的历史继承关系。

---

① 《后汉书·马援传》,第839页。

② 《续汉书·郡国志五》列"交趾郡"所属"十二城":"龙编,羸陵,安定,苟漏,麊泠,曲阳,北带,稽徐,西于,朱鸢,封溪(建武十九年置),望海(建武十九年置)。"《后汉书》,第3631页。"西于县户有三万二千",与马援家乡右扶风相比悬殊。右扶风这一位列三辅,拥有15县的郡级行政单位,只有"户万七千三百五十二",仅仅只相当于"西于"一个县户数的54.22%。西于县户数,可以作为我们考察汉代岭南开发程度的重要信息。分析这一历史变化,当然不能忽略户口显著增长有当地土著部族归附汉王朝管理之因素的可能性,而这种归附,也是开发成功的重要标志。即使户口增长有可能部分由自当地人附籍,人口密度竟然超过中原富足地区的情形,依然值得研究者重视。参看王子今:《岭南移民与汉文化的扩张——考古资料与文献资料的综合考察》,《中山大学学报(社会科学版)》2010年第4期。

③ 王子今:《马援楼船军击交阯九真与刘秀的南海经略》,《社会科学战线》2015年第5期。

④ 《汉书》,第742页。

⑤ 严耕望:《唐代交通图考》,中研院历史语言研究所专刊之83,1985年版,第1册第1页。

⑥ 《汉书》,第1639页。《待时轩印存》"连道长印"可以为文物之证。

⑦ 邢义田《论马王堆汉墓"驻军图"应正名为"箭道封域图"》认为,"箭道是县一级单位"。《湖南大学学报(社会科学版)》2007年第5期。这一意见还可以讨论。

二十一、秦"灭齐为郡"与稷下学的历史命运

　　齐国在东方六国中最后灭亡。《史记·六国年表》:"秦灭齐。"①《史记·田敬仲完世家》:"(齐王建)四十四年,秦兵击齐。齐王听相后胜计,不战,以兵降秦。秦虏王建,迁之共。遂灭齐为郡。天下壹并于秦,秦王政立号为皇帝。"②齐亡国,标志秦实现了统一。

　　秦统一政治格局的实现,使得战国时期拥有辉煌创获和深远影响的稷下学面对新的历史形势。在方士与儒生身份混一的情况下,曾经以稷下学为醒目标志的齐学一度受到执政集团热诚然而有限度的尊重。当时滨海地方的学术主流与帝国政治曾经彼此有所妥协。以焚书坑儒为标志的极端文化专制的举措并没有宣布稷下学的终结。因"不中用"导致的冷落和迫害,并未能摧毁稷下学继承者的文化自信,他们仍顽强坚持自己的学术风格。汉初出现有利于多学派复苏的学术气候。被称为"稷下的主流学派"的"黄老之学"③一度为执政集团上层倾心崇尚。出身齐地的学者地位上升,但是齐地文化学术出现重新分化组合的趋势。然而到了汉武帝提升儒学地位的时代,稷下学风依然受到司马迁这样的学者的高度肯定。在儒学全面占据社会意识形态主导地位之后,《汉书·艺文志》设定的学术史框架,将稷下学论著拆分入"道""阴阳""名"等家。④ 这时得到主流学界认可的"杂家"名号,或许可以看作稷下学学术史乐章的终止符。就此进行讨论,应当有益于理解中国古代政治与学术、政治与文化的关系。

---

　　① 《史记》,第 757 页。
　　② 《史记》,第 1902 页。
　　③ 白奚:《稷下学研究:中国古代的思想自由与百家争鸣》,生活·读书·新知三联书店 1998 年版,第 92 页。
　　④ 《汉书》,第 1729—1734、1736 页。

（一）战国晚期文化地图中的稷下学

《史记·田敬仲完世家》写道："宣王喜文学游说之士，自如驺衍、淳于髡、田骈、接予、慎到、环渊之徒七十六人，皆赐列第，为上大夫，[①]不治而议论。是以齐稷下学士复盛，且数百千人。"[②]"稷下学士"又称"稷下先生"。[③] 这些"文学游说之士"，刘向《别录》谓"谈说之士"，《汉书·艺文志》言田骈"号'天口骈'"，[④]也称美其"游说""谈说"能力。齐宣王时代，这些"文学游说之士""谈说之士"得到国家特殊优遇，"皆赐列第，为上大夫，不治而议论"。"游说""谈说"和"议论"，应当是稷下学的典型特征。[⑤] 而淳于髡据说"其谏说，慕晏婴之为人也"，[⑥]可知其言语影响力的锤炼，以善于"张趣讥议"，[⑦]被称为"齐之习辞者""北方辩于辞"者[⑧]的晏婴为榜样。

据《史记·孟子荀卿列传》，"慎到，赵人。田骈、接子，齐人。环渊，楚人"。[⑨]看来，最著名的各有论作传世的稷下学者来自不同国度。关于"稷下"名义，《史记·田敬仲完世家》裴骃《集解》引刘向《别录》曰："齐有稷门，城门也。谈说之士期会于稷下也。"司马贞《索隐》："刘向《别录》曰：'齐有稷门，齐城门也。谈说之

---

① 《史记·孟子荀卿列传》："驺奭者，齐诸驺子，亦颇采驺衍之术以纪文。于是齐王嘉之，自如淳于髡以下，皆命曰列大夫，为开第康庄之衢，高门大屋，尊宠之。览天下诸侯宾客，……"第2347页。

② 《史记》，第1895页。《盐铁论·论儒》："盖齐稷下先生千有余人。"王利器校注：《盐铁论校注（定本）》，中华书局1992年版，第149页。

③ 关于"淳于髡"，《史记·孟子荀卿列传》："自驺衍与齐之稷下先生，如淳于髡、慎到、环渊、接子、田骈、驺奭之徒，各著书言治乱之事，以干世主，岂可胜道哉！"第2346页。《田敬仲完世家》张守节《正义》："赘聱，齐之稷下先生也。"第1895页。

④ 《汉书》，第1730页。

⑤ 《风俗通义·穷通》言有不同，谓稷下学士"咸作书刺世"。〔东汉〕应劭撰，吴树平校释：《风俗通义校释》，天津人民出版社1980年版，第262页。

⑥ 《史记·孟子荀卿列传》，第2346页。

⑦ 《通典·刑四·杂议上》，中华书局1984年版，第877页。

⑧ 《晏子春秋·内篇杂下》："晏子使吴，吴王谓行人曰：'吾闻晏婴，盖北方辩于辞，习于礼者也。'""晏子将楚，楚闻之，谓左右曰：'晏婴，齐之习辞者也。'"吴则虞撰：《晏子春秋集释》，中华书局1962年版，第388、392页。

⑨ 《史记》，第2347页。《史记·田敬仲完世家》张守节《正义》："《艺文志》云'田骈，齐人，游稷下，号天口骈，作《田子》二十五篇'也。"接予："齐人。《艺文志》云《接予》二篇，在道家流。"慎到："赵人，战国时处士。《艺文志》作《慎子》四十二篇也。"环渊："楚人。《孟子传》云环渊著书上下篇也。"第1895页。

士期会于其下.'《齐地记》曰:'齐城西门侧,系水左右有讲室,趾往往存焉.'盖因侧系水出,故曰'稷门',古'侧''稷'音相近耳.又虞喜曰:'齐有稷山,立馆其下以待游士',亦异说也.《春秋传》曰:'莒子如齐,盟于稷门.'"①齐都稷下,是"谈说之士"即所谓"游士"们畅放思想,激扬文字,交流学识,碰撞政见的绝好的空间."稷下"或说"棘下",被称作"齐田氏时善学者所会处也".②《史记·孟子荀卿列传》:"览天下诸侯宾客,言齐能致天下贤士也."③也指出了齐国在战国文化地图中具有突出亮点的地位.战国时期,所谓"天下大乱,道德不一",人称"异端之盛,莫甚于此时".④ 或明确指出"西山真氏曰:'……异端之盛,莫甚于此时'",而所举论证,言:"《史记·世家》:齐宣王喜文学游说之士,……是以齐稷下学士复盛,且数百千人."⑤"稷下学"可以看作百家争鸣时代思想自由,学术繁荣,文化进步的标志性符号.

宋人张九成《孟子传》卷一写道:"……是时秦惠文王正用张仪之谋以败从约,齐宣王正尊稷下先生以谋强国,楚又大国,吞五湖三江之利,据方城、汉水之险而有陈轸为之谋画."又有"智如张仪,谋如稷下,大如楚国"的说法.论者还指出,儒学提倡"圣人之道""先王之风","天下之心,无不在此,惟孟子识之.而苏、张、稷下诸人方在鬼蜮中行,又岂知此理也哉?""列国皆以兵革为事,而蕞尔梁国乃能举天下之心,行之于一国,其风声所传,气俗所尚,莫不尊之.如天帝爱之若父母,虽使苏秦之谋、稷下之辩其间,吾于颓垣坏堑中,独举先王之道而行之,使其如禽兽也."⑥所谓"稷下在齐",指出了齐国提供了形成这一文化胜地的空间,

---

① 《史记》,第 1895 页.

② 《水经注·淄水》:"《郑志》:张逸问《书赞》云:我先师棘下生,何时人? 郑玄答云:齐田氏时,善学者所会处也.齐人号之棘下生,无常人也.〔北魏〕郦道元著,陈桥驿校证:《水经注校证》,中华书局 2007 年版,第 623 页.宋人王应麟《困学纪闻》卷一《易》:"愚按康成有《易赞》,所谓《赞》云者,《易赞》也.棘下即稷下.刘向《别录》:'谈说之士会于稷门下.'"注:阎若璩按:"鲁亦有棘下,为城内地名.见《左传》定公八年.《水经注》竟任'亦儒者之所萃焉',恐误."〔宋〕王应麟著,〔清〕翁元圻辑注,孙通海校点:《困学纪闻注》,中华书局 2016 年版,第 139 页.大致多数学者认同"棘下"即"稷下"之说.对于所谓"无常人",清人朱彝尊《经义考》卷二八四说:"然则特泛言之耳,人无常人,安得有其书乎?"清文渊阁四库全书本,第 2437 页.

③ 《史记》,第 2348 页.

④ 〔宋〕真德秀:《西山读书记·吾道异端之辨上》,文渊阁四库全书本,第 929 页.

⑤ 〔宋〕王应麟撰,张三夕点校:《汉艺文志考证》卷六,中华书局 2011 年版,第 222—223 页.

⑥ 〔宋〕张九成撰:《孟子传》,四部丛刊三编景宋本,第 9 页.

也定位稷下之学是立足东方大国的齐人的"强国"之"谋"。从改造"列国""风声""气俗"的文化战略层面来说，"稷下诸人方在鬼蜮中行"，与儒学执意天下道德建设的理想有明显的区别。后世儒者以此判定高下，对于"稷下之辩"予以轻蔑的斥责。其说"稷下在齐"指出了稷下之学特殊的文化地理背景，其形成条件包括齐王"以谋强国"导致的"尊稷下先生"的政策方式。但是将"苏、张、稷下诸人"并说，其实大不妥当。只言其"谋"，而忽略稷下学者长于"游说""谈说""议论""谏说"，即所谓"稷下之辨"在中国古代思想史、文化史和学术史上的标范性意义，也是宋儒的偏见。

《史记·田敬仲完世家》还记述了"驺忌子"与"淳于髡"的一段对话：

> 驺忌子见三月而受相印。淳于髡见之曰："善说哉！髡有愚志，愿陈诸前。"驺忌子曰："谨受教。"淳于髡曰："得全全昌，失全全亡。"驺忌子曰："谨受令，请谨毋离前。"淳于髡曰："狶膏棘轴，所以为滑也，然而不能运方穿。"驺忌子曰："谨受令，请谨事左右。"淳于髡曰："弓胶昔干，所以为合也，然而不能傅合疏罅。"驺忌子曰："谨受令，请谨自附于万民。"淳于髡曰："狐裘虽敝，不可补以黄狗之皮。"驺忌子曰："谨受令，请谨择君子，毋杂小人其间。"淳于髡曰："大车不较，不能载其常任；琴瑟不较，不能成其五音。"驺忌子曰："谨受令，请谨修法律而督奸吏。"淳于髡说毕，趋出，至门，而面其仆曰："是人者，吾语之微言五，其应我若响之应声，是人必封不久矣。"居期年，封以下邳，号曰成侯。

裴骃《集解》引《新序》文字，则以为"驺忌"的辩论对手是一个群体，即所谓"稷下先生淳于髡之属七十二人""淳于髡之徒""淳于髡等"："齐稷下先生喜议政事。驺忌既为齐相，稷下先生淳于髡之属七十二人皆轻驺忌，以为设以微辞，驺忌必不能及，乃相与俱往见驺忌。淳于髡之徒礼倨，驺忌之礼卑。淳于髡等称辞，驺忌知之如应响，淳于髡等辞诎而去，驺忌之礼倨，淳于髡之礼卑。故所以尚干将、莫邪者，贵其立断也。所以尚骐骥者，为其立至也。必且历日旷久，则系缧能挈石，驽马亦能致远。是以聪明捷敏，人之美材也。"[1]

其中"齐稷下先生喜议政事"的评说值得重视。《史记·孟子荀卿列传》："自驺衍与齐之稷下先生，如淳于髡、慎到、环渊、接子、田骈、驺奭之徒，各著书言治

---

① 《史记》，第1891页。

乱之事,以干世主,岂可胜道哉!"①更强调了这一学术群体对"政事""治乱之事"的特别关注。然而,据《史记·田敬仲完世家》说,他们虽然享有"皆赐列第,为上大夫"的优厚待遇,却是"不治而议论"。《盐铁论·论儒》则言其"不任职而论国事"。②"不治""不任职"的身份,尤便于更直接、更深刻地议政,发表更清醒、更开明的政见。其中代表人物淳于髡,据说"终身不仕"。③

(二) 齐秦东西帝的文化背景

《史记·秦本纪》记载了公元前 288 年秦王称"东帝",齐王称"西帝"的史事:"(秦昭襄王)十九年,王为西帝,齐为东帝,皆复去之。"④《史记·赵世家》:"(赵惠文王)十年,秦自置为西帝。"⑤《史记·魏世家》:"(魏昭王)八年,秦昭王为西帝,齐湣王为东帝,月余,皆复称王归帝。"⑥《史记·穰侯列传》:"昭王十九年,秦称西帝,齐称东帝。月余,……而齐、秦各复归帝为王。"⑦齐王和秦王虽然很快就放弃帝号,这一事件依然值得治史者关注。

《史记·田敬仲完世家》关于"齐湣王为东帝,月余,皆复称王归帝"有更详尽的记载:

> 三十六年,王为东帝,秦昭王为西帝。苏代自燕来,入齐,见于章华东门。齐王曰:"嘻,善,子来! 秦使魏冉致帝,子以为何如?"对曰:"王之问臣也卒,而患之所从来微,愿王受之而勿备称也。秦称之,天下安之,王乃称之,无后也。且让争帝名,无伤也。秦称之,天下恶之,王因勿称,以收天下,此大资也。且天下立两帝,王以天下为尊齐乎? 尊秦乎? 王曰:"尊秦。"曰:"释帝,天下爱齐乎? 爱秦乎?"王曰:"爱齐而憎秦。"曰:"两帝立约伐赵,孰与伐桀宋之利?"王曰:"伐桀宋利。"对曰:"夫约钧,然与秦为帝而天下独尊

---

① 《史记》,第 2346 页。

② 王利器校注:《盐铁论校注(定本)》,中华书局 1992 年版,第 149 页。

③ 《史记·老子荀卿列传》,第 2347 页。

④ 《史记》,第 212 页。

⑤ 《史记》,第 1816 页。

⑥ 《史记》,第 1853 页。

⑦ 《史记》,第 2325 页。

秦而轻齐,释帝则天下爱齐而憎秦,伐赵不如伐桀宋之利,故愿王明释帝以收天下,倍约宾秦,无争重,而王以其间举宋。夫有宋,卫之阳地危;有济西,赵之阿东国危;有淮北,楚之东国危;有陶、平陆,梁门不开。释帝而贷之以伐桀宋之事,国重而名尊,燕楚所以形服,天下莫敢不听,此汤武之举也。敬秦以为名,而后使天下憎之,此所谓以卑为尊者也。愿王孰虑之。"于是齐去帝复为王,秦亦去帝位。①

苏代的意见,"与秦为帝而天下独尊秦而轻齐,释帝则天下爱齐而憎秦",从齐的战略利益考虑,主张齐湣王放弃帝号,"敬秦以为名,而后使天下憎之"。这一建议得到采纳,齐"去帝",而"秦亦去帝位"。

然而据《史记·苏秦列传》,我们看到,苏代又曾经建议燕王使辩士说秦王提出"并立三帝"的设想:

秦为西帝,燕为北帝,赵为中帝,立三帝以令于天下。韩、魏不听则秦伐之,齐不听则燕、赵伐之,天下孰敢不听? 天下服听,因驱韩、魏以伐齐,曰"必反宋地,归楚淮北"。反宋地,归楚淮北,燕、赵之所利也;并立三帝,燕、赵之所愿也。夫实得所利,尊得所愿,燕、赵弃齐如脱躧矣。今不收燕、赵,齐霸必成。②

苏代建议的出发点,是遏制所谓"齐霸"。试图造成魏国在军事竞争中期望的"齐秦不合,天下无变,伐齐之形成矣"的局面。

苏代以及齐当时的邻国所忧虑的"秦信齐,齐秦合",正是"秦昭王为西帝,齐湣王为东帝"的形势。

秦为西帝,齐为东帝,体现了两国军事政治实力的强大。③ "帝"号的谋求,首先体现了国势之强。承商鞅变法之后形成的国力优势,苏秦对秦惠文王说:

① 《史记》,第1898—1899页。
② 《史记》,第2270页。
③ 《史记·高祖本纪》载田肯语,言"齐得十二","此东西秦也":"夫齐,东有琅邪、即墨之饶,南有泰山之固,西有浊河之限,北有勃海之利。地方二千里,持戟百万,县隔千里之外,齐得十二焉。故此东西秦也。"裴骃《集解》:"应劭曰:'齐得十之二,故悼愍王称东帝。后复归之,卒为秦所灭者,利钝之势异也。'"又引吴斐曰:"齐得十中之二焉。""故言东西秦,其势亦敌也。"第383页。《史记·吴王濞列传》:"(晁)错衣朝衣斩东市。则遣袁盎奉宗庙,宗正辅亲戚,使告吴如益策。至吴,吴楚兵已攻梁壁矣。宗正以亲故,先入见,谕吴王使拜受诏。吴王闻袁盎来,亦知其欲说己,笑而应曰:'我已为东帝,尚何谁拜?'"第2831页。刘濞自称"东帝",也体现与汉王朝"其势亦敌也"。

"以秦士民之众,兵法之教,可以吞天下,称帝而治。"其说秦国版图言及"西有汉中,南有巴蜀",①时应在成功征服巴蜀,"蜀既属秦,秦以益强,富厚,轻诸侯"②之后。《史记·鲁仲连邹阳列传》记述魏人"欲令赵尊秦为帝"或说"令赵帝秦","因平原君谓赵王曰:'秦所为急围赵者,前与齐湣王争强为帝,已而复归帝。今齐湣王已益弱,方今唯秦雄天下。此非必贪邯郸,其意欲复求为帝。赵诚发使尊秦昭王为帝,秦必喜罢兵去。'"③即强调了在"诸侯争强,战国并起,甲兵不休",④"战国构兵,更相吞灭,专以争强攻取为务"⑤的时代背景下,"帝"是体现"强""雄"强势国力的政治符号。然而,也许除了从政治和军事视角考察之外,也应当注意齐的文化优势。稷下之学导致的文化进步与政治开明的关系,亦值得我们深思。

所谓"秦自置为西帝",齐王曰"秦使魏冉致帝",而齐王只能考虑是否"受之",可知"西帝""东帝"帝号的使用,原本由秦人倡起。通过秦始皇"其议帝号"指令及"采上古'帝'位号,号曰'皇帝'"的最终择定,⑥可知对"帝"字的倾心。《史记·田敬仲完世家》之《索隐述赞》所谓"秦假东帝"⑦,则反映了秦最高执政者对齐的国力以及齐文化优势的某种尊重。

(三) 秦王朝对齐文化的看重与秦博士 中稷下学者存在的可能

古代任何文化流派,大多有盛有衰,经历由生而灭的过程。稷下学也是一

---

① 《史记·苏秦列传》,第 2242 页。

② 《史记·张仪列传》,第 2284 页。《战国策·秦策一》:"蜀既属,秦益强富厚,轻诸侯。"〔西汉〕刘向集录:《战国策》,上海古籍出版社 1985 年版,第 119 页。

③ 《史记》,第 2459 页。

④ 《盐铁论·未通》,王利器校注:《盐铁论校注(定本)》,中华书局 1992 年版,第 191 页。

⑤ 《中论》卷下《历数》,徐湘霖校注:《中论校注》,巴蜀书社 2000 年版,第 195—196 页。

⑥ 《史记·秦始皇本纪》:"秦王初并天下,令丞相、御史曰:'……寡人以眇眇之身,兴兵诛暴乱,赖宗庙之灵,六王咸伏其辜,天下大定。今名号不更,无以称成功,传后世。其议帝号。'丞相王绾、御史大夫冯劫、廷尉李斯等皆以为:'昔者五帝地方千里,其外侯服夷服诸侯或朝或否,天子不能制。今陛下兴义兵,诛残贼,平定天下,海内为郡县,法令由一统,自上古以来未尝有,五帝所不及。'上报'臣等谨与博士议'的意见:'古有天皇,有地皇,有泰皇,泰皇最贵。'上尊号:'王为'泰皇'。命为'制',令为'诏',天子自称曰'朕'。"秦王政则并不舍弃王绾、冯劫、李斯等与博士们贬斥的"帝"号,宣布:"去'泰',着'皇',采上古'帝'位号,号曰'皇帝'。他如议。'"制曰:'可。'"第 236 页。参看王子今:《秦始皇议定"帝号"与执政合法性宣传》,《人文杂志》2016 年第 2 期。

⑦ 《史记》,第 1904 页。

样。有学者认为,"稷下学宫衰亡于齐王建时期"。稷下学宫"随齐之衰亡而终结"。① 有学者说,"稷下学宫终战国之世而亡"。② 然而秦汉时期依然可以看到稷下学者的表现,文化史进程中也显现稷下学风的遗存。

秦统一之后的一些历史迹象,可以体现新兴帝国的最高执政集团对齐这一六国中最后灭亡的国家的文化传统的某种尊重。

《史记·秦始皇本纪》记载秦始皇二十八年(前119)东巡:"始皇东行郡县,上邹峄山。立石,与鲁诸儒生议,刻石颂秦德,议封禅望祭山川之事。乃遂上泰山,立石,封,祠祀。"又在琅邪有重要表现:"南登琅邪,大乐之,留三月。乃徙黔首三万户琅邪台下,复十二岁。作琅邪台,立石刻,颂秦德,明得意。"③远程出巡途中留居三月,是极异常的举动。这也是秦始皇在咸阳以外地方居留最久的记录。而"徙黔首三万户",达到关中以外移民数量的极点。"复十二岁"的优遇,则是秦史仅见的一例。这种特殊的行政决策,应有特殊的动机,也体现出特殊的文化态度。

据《史记·封禅书》记载,秦始皇"东游海上,行礼祠名山大川及八神,求仙人羡门之属"。这里所说的"八神",即一曰"天主",祠天齐;二曰"地主",祠泰山梁父;三曰"兵主",祠蚩尤;四曰"阴主",祠三山;五曰"阳主",祠之罘;六曰"月主",祠之莱山;七曰"日主",祠成山;第八处,则祀所在"琅邪":"八曰'四时主',祠琅邪。琅邪在齐东方,盖岁之所始。"④对齐人原有祭祀体系和信仰世界的充分尊重,使得秦始皇对"八神"或谓"八主"——恭敬礼祀。有学者重视秦始皇"敬祀齐地神祇"的情形以及"对齐地文化的肯定",以为"齐地宗教在秦代大盛"。⑤ 提出这样的判断,应当是有一定历史依据的。也有学者指出:"秦始皇谋求建立一个崭新的帝国,在许多方面形成与周天子完全不同的统治方式。他亲自巡视全国,但西巡和东巡的政治寓意完全不同,出巡西北可以理解为向秦国旧地民众庆贺,特别是宇宙神灵宣告统一。相反东方巡狩完全带有威慑性,即向被征服地区民众、神灵宣示征服。""八主祠祭祀的地位显然在名山大川之上,秦始皇开始的皇

① 于孔宝:《稷下学宫与百家争鸣》,山东文艺出版社2004年版,第26—27页。
② 王志民:《稷下散思——齐鲁古代文学简论》,齐鲁书社2002年版,第40页。
③ 《史记》,第242、244页。
④ 《史记》,第1367页。
⑤ 李玥凝:《秦始皇的宗教倾向性与秦汉国家宗教中的齐楚传统》,《人文杂志》2017年第1期。

帝祭祀虽然表面上提升了八主祠的地位,但实际上却是由皇帝垄断与上天的交通渠道。"①然而,作为"皇帝祭祀"等级的神学活动最初在秦始皇二十七年(前220),"始皇巡陇西、北地,出鸡头山,过回中"。次年即"上邹峄山","议封禅望祭山川之事。乃遂上泰山,立石,封,祠祀"。又有"八主"之祠。西方和东方两个神学中心并立的形势,是值得重视的文化现象。

秦人长期被排斥于东方文化正统之外。孝公以前,"秦僻在雍州,不与中国诸侯之会盟,夷翟遇之",秦人以为"诸侯卑秦,丑莫大焉"。② 司马迁也说:"秦杂戎翟之俗,先暴戾,后仁义","秦之德义不如鲁卫之暴戾"。③ 所谓"秦虎狼"④"秦虎狼之国"⑤"虎狼之秦"⑥诸说固然体现了对秦英雄主义与进取精神的恐惧与敌视,但是也反映了相互文化隔阂甚深。有人说:"秦与戎翟同俗,有虎狼之心,贪戾好利无信,不识礼义德行。苟有利焉,不顾亲戚兄弟,若禽兽耳,此天下之所识也,非有所施厚积德也。"⑦这样的说法明确体现了秦与东方正统文化的距离。

对于东方文化特别是道德层面的立场,应当注意秦人其实并非取绝对的对立、敌视、排斥、否定的立场。秦对于东方文化传统的态度其实是发生过历史变化的。比如,体现商鞅变法以来秦执政方向的《商君书·农战》,对于东方文化推崇的主要对象发表了全面否定的意见。其中写道:"《诗》、《书》、礼、乐、善、修、仁、廉、辩、慧,国有十者,上无使守战。国以十者治,敌至必削,不至必贫。国去此十者,敌不敢至;虽至,必却;兴兵而伐,必取;按兵不伐,必富。"⑧《商君书·去彊》也有大致类似的表述:"国有礼有乐,有《诗》有《书》,有善有修,有孝有弟,有廉有辩——国有十者,上无使战,必削至亡;国无十者,上有使战,必兴至王。国

①　罗丰:《秦皇汉武的"八主"祭祀》,《文汇学人》2020年12月4日5—6版。

②　《史记·秦本纪》,第202页。

③　《史记·六国年表》,第685页。

④　《史记·楚世家》,第1728页。

⑤　《史记·屈原贾生列传》,第2484页。

⑥　《史记·苏秦列传》,第2254、2267页。

⑦　《史记·魏世家》,第1857页。

⑧　这段文字前一段写道:"善为国者,官法明,故不任知虑;上作壹,故民不偷淫,则国力搏。国力搏者强,国好言谈者削。故曰:农战之民千人,而有《诗》《书》辩慧者一人焉,千人者皆怠于农战矣。农战之民百人,而有技艺者一人焉,百人者皆怠于农战矣。国待农战而安,主待农战而尊。夫民之不农战也,上好言而官失常也。常官则国治,壹务则国富,国富而治,王之道也。故曰:王道作,外身作壹而已矣。"所论体现了"国力搏者"与"国好言谈者"的对立关系。高亨:《商君书注译》,中华书局1974年版,第35—36页。

以善民治奸民者，必乱至削；国以奸民治善民者，必治至彊。"此"十者"与《农战》篇的"十者"并不完全相同，增加了"孝""弟"，而缺"仁""慧"。《去彊》的作者又说："国用《诗》《书》、礼、乐、孝、弟、善、修治者，敌至必削国，不至必贫；国不用八者治，敌不敢至，虽至必却，兴兵而伐必取，取必能有之，按兵而不攻必富。"则列出"八者"。《商君书》对"善""修""仁""廉""辩""慧"以及"孝""弟"这些看来具有普世价值的道德修养和人生能力予以否定。但是到了秦始皇时代，虽然《史记·秦始皇本纪》有"刚毅戾深，事皆决于法，刻削毋仁恩和义"的指责，然而泰山刻石："贵贱分明，男女礼顺，慎遵职事"，出现了"礼"字。琅邪刻石："圣智仁义，显白道理"，出现了"仁"字。会稽刻石："妻为逃嫁，子不得母，咸化廉清"，出现了"廉"字。[①] 秦二世对赵高的表扬："絜行修善"，[②]出现了"修"字。睡虎地秦简《为吏之道》可见"为人子则孝"以及"父兹（慈）子孝，政之本殹（也）"，出现了"孝"字。同篇文字又强调"修身""精廉""仁能忍"。[③] 看来东方文化的若干基本主题，已经逐渐得到秦执政集团的认同。不过，秦人对东方文化原则的接受可能还是区别层次的。

宋儒张九成《孟子传》卷二说："帝王之学何学也？以民为心也。夫自致知、格物，以至平天下家国，曷尝不以民为心哉？""知不至，意不诚，心不正，身不修，出而为天下国家，则为商鞅、苏、张之徒，以血肉视人，而天下不得安其生矣。然则非帝王之道，颜、孟之说，学者安可留心？ 如商君之学，苏、张之学，稷下之学，皆先王以为左道不待教而诛者也。孟子深辟杨、墨，岂非出于此欤？ 至于纂组为工，骈俪为巧，以要富贵而取名声，而曰此吾学也，呜呼，亦何用乎！ 余以谓士大夫之学，当为有用之学，必祖圣王而宗颜、孟者以此。"[④]坚持"帝王之道，颜、孟之说"的东方儒学正统"以为左道不待教而诛者也"的"苏、张之学，稷下之学"与"商君之学"自有内在联系。继承"商君之学"的秦人，对也属于东方学术的"苏、张之学，稷下之学"应当有一定的亲近感。

---

① 《史记》，第238、243、245、262页。

② 《史记·李斯列传》，第2559页。

③ 睡虎地秦墓竹简整理小组：《睡虎地秦墓竹简》，文物出版社1978年版，第285、282—283、281页。

④ 〔宋〕张九成撰：《孟子传》，四部丛刊三编景宋本，第13页。

　　秦始皇在天下初定时,希望得到东方学者的支持,于是健全完善博士制度。①博士是行政参事。秦博士"备员弗用",②正与稷下学者"不治而议论"一致。从这一角度或许也可以说,秦博士制度在一定意义上借鉴了稷下学宫的历史先例。

　　从历史文献提供的信息看,秦代博士的主体可能是齐鲁学者。如《史记·封禅书》:"(秦始皇)即帝位三年,东巡郡县,祠驺峄山,颂秦功业。于是征从齐鲁之儒生博士七十人,至乎泰山下。"③所谓"齐鲁之儒生博士"对"齐鲁"的强调值得重视。从多方面的信息看,秦博士大致即"七十人"。④秦始皇东巡海上,"始皇梦与海神战,如人状。问占梦,博士曰:'水神不可见,以大鱼蛟龙为候。今上祷祠备谨,而有此恶神,当除去,而善神可致。'"⑤此承担"占梦"职任的"博士"很可能是对于海洋文化相对熟悉的齐人。《史记·秦始皇本纪》记载:"始皇三十四年,置酒咸阳宫,博士仆射周青臣等颂始皇威德。齐人淳于越进谏曰:'臣闻之,殷周之王千余岁,封子弟功臣自为支辅。今陛下有海内,而子弟为匹夫,卒有田常、六卿之患,臣无辅弼,何以相救哉?事不师古而能长久者,非所闻也。'"⑥"博士仆射周青臣"和"齐人淳于越"著名的廷前辩论,即所谓"淳于越之难周青臣",⑦有可能是"博士"群体中间不同政见的争议。《通志·列传·秦·李斯》作"齐人淳于越进谏曰",而同书卷四《秦纪》即写道:"博士齐人淳于越进

---

　　① 《史记·龟策列传》:"……(宋)元王惕然而悟,乃召博士卫平而问之。"第3229页。是先秦已有博士之例。《史记·封禅书》:"(秦始皇)即帝位三年,东巡郡县,祠驺峄山,颂秦功业。于是征从齐鲁之儒生博士七十人,至乎泰山下。"第1366页。王先谦《汉书补注》中《百官公卿表上》"博士,秦官"条:"齐召南曰:沈约《宋志》:案六国时往往有博士。案《宋志》此文所以纠正班《表》之失也。据《史记·循吏传》,公仪休,鲁博士也,以高第为鲁相。则鲁有博士官矣。先谦曰:官本连上不提行,博士属太常,不提行,是博士见战国,不能称古官。汉又承秦,故云秦官,未为失也。"王先谦撰:《汉书补注》,中华书局据清光绪二十六年虚受堂刊本影印,1983年版,第297页。

　　② 《史记·秦始皇本纪》载侯生卢生相与谋语。第258页。

　　③ 《史记》,第1366页。

　　④ 《史记·秦始皇本纪》:"始皇置酒咸阳宫,博士七十人前为寿。"又侯生卢生相与谋曰:"博士虽七十人,特备员弗用。"第254、258页。

　　⑤ 《史记·秦始皇本纪》,第263页。

　　⑥ 《史记》,第254页。

　　⑦ 《三国志·魏书·陈思王植传》:曹植"上疏陈审举之义":"……若扶苏之谏始皇,淳于越之难周青臣,可谓知时变矣。"第574页。

曰：……。"①明人黄淮、杨士奇编《历代名臣奏议·封建》记录此廷议,也写作"博士淳于越曰……"。②《急就篇》卷一"淳于登",颜师古注以为"淳于"来自"淳于之地,即北海淳于县是也"。指出:"后以国为姓。战国时齐有淳于髡,秦始皇时有淳于越,汉有淳于长。"③淳于髡是著名的稷下学者,是众所周知的。而已知姓名的秦博士有薛人叔孙通,④济南人伏胜,⑤齐人淳于越⑥等,又《史记·秦始皇本纪》:"三十六年,荧惑守心。有坠星下东郡,至地为石,黔首或刻其石曰'始皇帝死而地分'。始皇闻之,遣御史逐问,莫服,尽取石旁居人诛之,因燔销其石。始皇不乐,使博士为《仙真人诗》,及行所游天下,传令乐人謌弦之。"⑦"真人"追求来自方士宣传,⑧信仰背景与燕齐海上方士的学说有关,《仙真人诗》的作者应当是相信"真人"迷信,很可能有方术文化背景的博士。这位创作《仙真人诗》的博士,不排除有方术文化背景且出身齐地的可能。有学者指出:"根据司马迁的说法,方术士们的学问来自邹衍的阴阳学说,但这些人传邹衍之术不通,逐渐走向了怪迂阿谀苟合。这一方面是学术传承自身的问题,另一方面也是为了迎合齐威、宣,以及后来秦始皇求仙的需要。当秦始皇来到东部海滨的时候,方术士们

---

① 〔宋〕郑樵撰:《通志》,中华书局1987年版,第1270、63页。

② 〔明〕黄淮编、〔明〕杨士奇编:《历代名臣奏议》,文渊阁四库全书本,第2187页。

③ 管振邦译注,宙浩审校:《颜注急就篇译释》,南京大学出版社2009年版,第29页。

④ 《史记·刘敬叔孙通列传》:"叔孙通者,薛人也。秦时以文学征,待诏博士。数岁,陈胜起山东,使者以闻,二世召博士诸儒生问曰:'楚戍卒攻蕲入陈,于公如何?'博士诸生三十余人前曰:'人臣无将,将即反,罪死无赦。愿陛下急发兵击之。'二世怒,作色。叔孙通前曰:'诸生言皆非也。夫天下合为一家,毁郡县城,铄其兵,示天下不复用。且明主在其上,法令具于下,使人人奉职,四方辐辏,安敢有反者!此特群盗鼠窃狗盗耳,何足置之齿牙间。郡守尉今捕论,何足忧。'二世喜曰:'善。'尽问诸生,诸生或言反,或言盗。于是二世令御史案诸生言反者下吏,非所宜言。诸言盗者皆罢之。乃赐叔孙通帛二十匹,衣一袭,拜为博士。"第2720页。

⑤ 《史记·袁盎晁错列传》:"济南伏生故秦博士。"第2745页。《史记·儒林列传》:"伏生者,济南人也。故为秦博士。"裴骃《集解》:"张晏曰:'伏生名胜,《伏氏碑》云。'"第3124页。

⑥ 《史记·秦始皇本纪》:"博士齐人淳于越进曰:'臣闻殷周之王千余岁,封子弟功臣,自为枝辅。今陛下有海内,而子弟为匹夫,卒有田常、六卿之臣,无辅拂,何以相救哉?事不师古而能长久者,非所闻也。'"第254页。

⑦ 《史记》,第259页。

⑧ 《史记·秦始皇本纪》:"卢生说始皇曰:'臣等求芝奇药仙者常弗遇,类物有害之者。方中,人主时为微行以辟恶鬼,恶鬼辟,真人至。人主所居而人臣知之,则害于神。真人者,入水不濡,入火不蓺,陵云气,与天地久长。今上治天下,未能恬倓。愿上所居宫毋令人知,然后不死之药殆可得也。'"于是秦始皇宣布:"吾慕真人,自谓'真人',不称'朕'。"第257页。

纷纷向他描述海外仙境以及神仙和仙药,以取得他的支持出海求仙。"①

有人认为博士的成分基本是儒学学者,②此说未可确信。有四皓为"秦博士"之说。③四皓言行及其后来影响显示与早期道教的密切关系,④其身份似非"儒"。《太平御览》卷六一六引《洞冥记》曰:"李充者,冯翊人也。自言三百岁。从始皇登会稽山,以望江汉之流也。少而好学,为秦博士,⑤门徒万人。伏生时十岁,乃就充石壁山中受《尚书》,乃以口传受伏子四代之事,略无遗脱。伏子因而诵之,常以细绳十余寻以缚腰,诵一遍则结绳一结。十寻之绳,皆成结矣。计诵《尚书》可数万遍,但食谷损人精意,有遗失。伏子今所传百卷,得其一二耳。故《尧》《舜》二典阙漏尤多。"⑥此说未必反映史实,但是即使作为后世传说,也有一定参考价值。伏生齐人,身份为儒士无疑,但是其老师李充"自言三百岁"云云,完全是方士口气,所谓"食谷损人精意",也是方士宣传。所叙情节具有典型的神仙信仰色彩。或说徐市是"秦博士",⑦卢敖也是"秦博士",⑧这些方士进入秦博士编制的记录,出自形成较晚的文献,但是包括稷下学继承者和海上方士的齐地学者任秦博士的可能性是无法排除的。

这些博士其实并未受到充分的信用。正如《史记·秦始皇本纪》载录"侯生、

---

① 董涛:《〈仙真人诗〉考——兼说秦帝国的思想控制》,王子今主编:《秦统一的进程与意义》,中国社会科学出版社 2017 年版。今按:燕齐海上方士的学说与邹衍的思想有某种继承关系的认识,是有一定根据的。

② 《史记·儒林列传》张守节《正义》:"姚承云:'儒谓博士,为儒雅之林,综理古文,宣明旧艺,咸劝儒者,以成王化者也。'"第 3115 页。

③ 〔宋〕史绳祖撰《学斋占毕》卷二"汉《四皓歌》同异"条:"崔鸿曰:'四皓为秦博士,见焚书坑儒,退隐商山。"文渊阁四库全书本,第 21 页。《乐府诗集》卷五八四皓《采芝操》序文:"崔鸿曰:四皓为秦博士,遭世暗昧,坑黜儒术,于是退而作此歌,亦谓之《四皓歌》。"〔宋〕郭茂倩:《乐府诗集》,中华书局 1979 年版,第 850 页。

④ 王子今:《"四皓"故事与道家的关系》,《人文杂志》2012 年第 2 期。

⑤ 文渊阁四库全书本作"为嬴秦博士"。

⑥ 〔宋〕李昉等撰:《太平御览》,中华书局用上海涵芬楼影印宋本 1960 年复制重印版,第 2769 页。

⑦ 〔清〕顾炎武《日知录》卷二"丰熙伪《尚书》"条谈到"丰熙之古书《世本》,尤可怪焉":"曰:'箕子朝鲜者。箕子封于朝鲜,传《书》古文,自《帝典》至《微子》止,后附《洪范》一篇。'曰:'徐市倭国者,徐氏为秦博士,因李斯坑杀儒生,托言入海求仙,尽载古书至岛上,立倭国,即今日本是也。'"〔清〕顾炎武著,〔清〕黄汝成集释,秦克诚点校:《日知录集释》,岳麓书社 1994 年版,第 75 页。徐市出海寻求三神山,后来"东渡扶桑",有学者以为是受到"邹衍的大九州说"的影响。蔡德贵:《邹衍的思想和徐福东渡扶桑》,《管子学刊》1990 年第 3 期;蔡德贵:《稷下之风流》,中国评论学术出版社 2005 年版,第 116—117 页。

⑧ 〔元〕于钦撰《齐乘》卷一《山川》:"卢山,密州东南四十五里,东坡诗注:卢敖,秦博士,避难此山,遂得道。有卢敖洞……"清乾隆四十六年刻本,第 9 页。

卢生"所说,"博士虽七十人,特备员弗用"。这可能主要因为秦始皇和他身边的助手内心对齐文化仍有所疑忌,有所戒备。而秦文化与齐文化基本理念的差异,也是我们不能不重视的。

(四)"不中用":秦始皇的文化裁断

《商君书》对东方国家有长久文化传统的"善""修""仁""廉""辩""慧"以及"孝""弟"这些看来具有普世价值的道德修养和人生能力予以贬斥:"国好力,日以难攻;国好言,日以易攻。国以难攻者,起一得十;国以易攻者,出十亡百。"①秦人文化传统中"好力"、重实用的特点显现出来。② "好力"或说"尚力"以及讲究实用的另一面,即轻视"言",否定空谈。《史记·孟子荀卿列传》说到东方学术有这样的倾向:"驺衍之术迂大而闳辩;奭也文具难施;⋯⋯。故齐人颂曰:'谈天衍,雕龙奭,⋯⋯。'"裴骃《集解》引刘向《别录》曰:"驺衍之所言五德终始,天地广大,尽言天事,故曰'谈天'。驺奭修衍之文,饰若雕镂龙文,故曰'雕龙'。"③所谓"迂大而闳辩",所谓"文具难施",大致是说前者内容空疏,后者形式华美,这大概都是重视实用的秦人所不喜欢的。而"文具难施","难施"即"难施用",可以与《史记·封禅书》的这段记载对照理解:"即帝位三年,东巡郡县,祠驺峄山,颂秦功业。于是征从齐鲁之儒生博士七十人,至乎泰山下。诸儒生或议曰:'古者封禅为蒲车,恶伤山之土石草木;埽地而祭,席用菹秸,言其易遵也。'始皇闻此议各乖异,难施用,由此绌儒生。"④秦始皇对儒学风格"绌"的倾向,其实与《商君书》否定"辩、慧"的态度是一脉相承的。

秦始皇事后对于焚书事件有这样的言辞:"吾前收天下书不中用者尽去之。"⑤所谓六国史书以及"《诗》《书》、百家语",或说"文学、《诗》《书》、百家语"。

① 《商君书·去强》,高亨:《商君书注译》,中华书局1974年版,第45页。

② 参看王子今:《略说秦"力士"——兼及秦文化的"尚力"风格》,《秦汉研究》第7辑,陕西人民出版社2013年版;同作者:《秦文化的实用之风》,《光明日报》2013年7月15日15版;同作者:《秦"功用"追求的极端性及其文化影响》,《陕西历史博物馆馆刊》第20辑,三秦出版社2013年版。

③ 《史记》,第2348页。

④ 《史记》,第1366页。

⑤ 《史记·秦始皇本纪》,第258页。

所谓"不中用",后来成为民间俗语。① "不中用",也就是"无用"。②

与稷下学有深厚渊源的荀子就此也有自己的文化感觉。《荀子·儒效》:"秦昭王问孙卿子曰:'儒无益于人之国。'"③秦昭襄王对在东方已经形成强势学术地位的儒学提出现实意义的质疑,立足点在于"儒"对于国家"无益"。也就是说,儒学对于执政者"欲致富强"的目的是"无益"的,是"不中用"的。

可否"施用",是否"中用",看来是秦始皇文化判断和政策选择的重要标尺。曾经以博士身份服务于陈胜的孔子八世孙孔鲋说:"吾为无用之学","秦非吾友"。④ 也强调了文化态度的这种区别。秦执政者对于"无益"之学、"不中用"之学的抵触和否定由来已久。这种带有主导性意义的倾向,对于秦文化的风格形成了显著的影响。

《韩非子·八经》"听法"一节强调君主必须以"功""用"为原则审察各种"言""说""辩",判定其是否"邪""奸""诬":"言不督乎用则邪说当上。……有道之主,听言,督其用,课其功,功课而赏罚生焉,故无用之辩不留朝。任事者知不足以治职,则放官收。说大而夸则穷端,故奸得而怒。无故而不当为诬,诬而罪,臣言必有报,说必责用也,故朋党之言不上闻。"⑤"督其用,课其功",是"主"考察和管理臣下,行使其权力的行政要点。对所谓"无用之辩"的排斥,态度非常鲜明。

《韩非子·六反》认为执政者应当遵循这一原则否定"虚旧之学"和"矜诬之行",警惕"语曲牟知,伪诈之民"以及"今学者皆道书笑之颂语,不察当世之实事"的倾向:"明主听其言必责其用,观其行必求其功,然则虚旧之学不谈,矜诬之行

---

① 〔清〕沈自南撰《艺林汇考·称号篇》卷一〇引《希通录》:"俚谈以不可用为不中用,自晋时已有此语。《左传·成二年》郤子曰:'克于先大夫,无能为役。'杜预注:'不中为之役使。'"文渊阁四库全书本,第288页。所言"晋时",失之过晚。〔宋〕王应麟《困学纪闻》卷一九"俗语皆有所本"条则指出:"'不中用'出《史记·外戚世家》《王尊传》。按《秦始皇本纪》:'吾前收天下书不中用者。'"四部丛刊三编景元本,第270页。

② 《盐铁论·散不足》:"古者,衣服不中制,器械不中用,不粥于市。今民间雕琢不中之物,刻画玩好无用之器。玄黄杂青,五色绣衣,戏弄蒲人杂妇,百兽马戏斗虎,唐锑追人,奇虫胡妲。"王利器校注:《盐铁论校注(定本)》,中华书局1992年版,第349页。

③ 〔清〕王先谦撰,沈啸寰、王星贤点校:《荀子集解》,中华书局1988年版,第117页。

④ 《资治通鉴》卷七《秦纪二》"始皇帝三十四年",〔宋〕司马光编著,〔元〕胡三省音注,"标点资治通鉴小组"校点:《资治通鉴》,中华书局1956年版,第244页。

⑤ 陈奇猷校注:《韩非子集释》,上海人民出版社1974年版,第1029页。

不饰矣。"①所谓"必责其用","必求其功",可以与"督其用,课其功"联系起来理解。

对"华而不实"等十二种言谈表现形式,《韩非子·难言》予以指责,表示"非之所以难言而重患也"。其中两种,韩非斥其"无用":"多言繁称,连模拟物,则见以为虚而无用。""闳大广博,妙远不测,则见以为夸而无用。"②所谓"虚而无用"和"夸而无用"的"虚"和"夸",都指出了脱离实际的问题。所谓"闳大",使人联想到前引《史记·孟子荀卿列传》对于东方学派或"迂大而闳辩"的介绍。

排斥"文学者非所用"之"虚而无用"和"夸而无用"等倾向的主张,《韩非子·忠孝》是这样表述的:"恬淡,无用之教也;恍惚,无法之言也。……恍惚之言,恬淡之学,天下之惑术也。"③所以应当取缔禁绝,在于其"无用""无法"。

韩非所鄙弃的"虚旧之学""矜诬之行",应当是指形成传统的有充分自信的文化理念。他所责难的具体指向究竟是什么呢?《韩非子·八说》有这样一段表现出激烈批判精神的话:"今世主察无用之辩,尊远功之行,索国之富强,不可得也。博习辩智如孔、墨,孔、墨不耕耨,则国何得焉?修孝寡欲如曾、史,曾、史不战攻,则国何利焉?"④攻击的锋芒直指"孔、墨""曾、史",即非法家学说和东方传统道德。"孔、墨不耕耨",不能有益于"国"之"得";"曾、史不战攻",不能有益于"国"之"利"。这样的意见,正符合秦国执政集团"好利"的行政倾向。对"无用之辩"和"远功之行"予以容忍和肯定,则无从追求"国之富强"。这种主张,正是朱熹严厉批评的"欲致富强而已,无教化仁爱之本"。⑤ 理解所谓"好利",可以读《史记·魏世家》所见信陵君对秦的批评。他同时有"不识礼义德行","非有所施厚积德也"等言辞,⑥指出了秦文化和东方崇尚"礼义德行"传统的差异。《史记·郑世家》:"(郑桓)公曰:'吾欲居西方,何如?'(太史伯)对曰:'其民贪而好利,难久居。'"⑦所谓"西方""其民贪而好利"的文化地理学或说民俗地理学的信

① 陈奇猷校注:《韩非子集释》,上海人民出版社 1974 年版,第 948、952—953 页。
② 陈奇猷校注:《韩非子集释》,上海人民出版社 1974 年版,第 48—49 页。
③ 陈奇猷校注:《韩非子集释》,上海人民出版社 1974 年版,第 1109 页。
④ 陈奇猷校注:《韩非子集释》,上海人民出版社 1974 年版,第 974—975 页。
⑤ 〔宋〕黎靖德编,王星贤点校:《朱子语类·孟子六·离娄上》,中华书局 1986 年版,第 1331 页。
⑥ 《史记》,第 1857 页。
⑦ 《史记》,第 1757 页。

息,也值得秦文化研究者重视。

《韩非子·五蠹》说,"明主"用臣下之力行政,应当遵循"赏其功,必禁无用"的原则。①《韩非子·显学》又提出明确的主张:"明主举实事,去无用;不道仁义者故,不听学者之言。"②所谓"举实事,去无用",体现出后世称之为"实用"的文化特色。③ 而"禁无用""去无用"的"禁"与"去",后来在秦始皇的政治实践中是以表现为血与火的残暴手段予以推行的。

秦文化高度务实的倾向在特定历史条件下的积极作用得以突出显现。但是另一方面,推崇"实用"之学至于极端,自然不利于理论思考和思辨提升。对于文化建设和教育进步的轻视,也成为重要的根由。《史记·高祖本纪》说,"周秦之间,可谓文敝矣",继战乱导致的文化破坏之后,而"秦政不改",司马迁以"岂不缪乎"予以批评。他说,"汉兴,承敝易变",方使得文化的进程转而健康正常。④ 这样的评价,是符合秦汉历史转折时代的真实境况的。

(五) 大一统集权政治与稷下学的际遇

有学者认为,"齐继五国之后为秦所灭,稷下学宫也就随之终结,走完了它漫长而坎坷的道路"。⑤ 但是,稷下学风依然在学术生活和政治生活中发生着影响。不过,"稷下学宫的百家争鸣的精神",⑥以及"思想自由和学术独立"⑦的原则,不能够与崇尚专断和集权的秦政相协调。所谓"秦非吾友",可能代表了许多知识人对秦专制政治的态度。不过,李斯作为曾经是稷下学宫领袖的荀子的学

① 陈奇猷校注:《韩非子集释》,上海人民出版社 1974 年版,第 1067 页。
② 陈奇猷校注:《韩非子集释》,上海人民出版社 1974 年版,第 1102 页。
③ 王子今:《秦文化的实用之风》,《光明日报》2013 年 7 月 15 日;同作者:《秦"功用"追求的极端性及其文化影响》,《陕西历史博物馆馆刊》第 20 辑,三秦出版社 2013 年版。
④ 《史记》,第 394 页。
⑤ 白奚:《稷下学研究:中国古代的思想自由与百家争鸣》,生活·读书·新知三联书店 1998 年版,第 52—53 页。
⑥ 李慎之:《百家争鸣探源的力作——〈稷下学研究〉序》,白奚:《稷下学研究:中国古代的思想自由与百家争鸣》,生活·读书·新知三联书店 1998 年版,第 5 页。
⑦ 白奚:《稷下学研究:中国古代的思想自由与百家争鸣》,生活·读书·新知三联书店 1998 年版,第 296 页。

生，却也正是在当时的时代背景下成为秦专制体制的有力创制者和维护者。①

卢生对秦始皇说："今上治天下，未能恬倓。"随后：

> 侯生卢生相与谋曰："始皇为人，天性刚戾自用，起诸侯，并天下，意得欲从，以为自古莫及己。专任狱史，狱吏得亲幸。博士虽七十人，特备员弗用。丞相诸大臣皆受成事，倚辨于上。上乐以刑杀为威，天下畏罪持禄，莫敢尽忠。上不闻过而日骄，下慑伏谩欺以取容。秦法，不得兼方，不验，辄死。然候星气者至三百人，皆良士，畏忌讳谀，不敢端言其过。天下之事无小大皆决于上，上至以衡石量书，日夜有呈，不中呈不得休息。贪于权势至如此，未可为求仙药。"于是乃亡去。②

方士们对秦始皇"刚戾自用"，"意得欲从"，"不闻过而日骄"，"乐以刑杀为威"，"贪于权势"，"天下之事无小大皆决于上"的性格批评，其实也是政策批评。所批评的对象其实也直指秦帝国的政体与秦帝国的政治主导理念。

所谓"刚戾自用"，"意得欲从"，"不闻过而日骄"，"乐以刑杀为威"，"贪于权势"，"天下之事无小大皆决于上"等，指出了绝对专权的行政特点。这正是秦政最极端的表现。秦始皇"焚书坑儒"的举措，被看作文化史的浩劫。其出发点，就是文化专制。《史记·李斯列传》记述：

> 始皇三十四年，置酒咸阳宫，博士仆射周青臣等颂始皇威德。齐人淳于越进谏曰："臣闻之，殷周之王千余岁，封子弟功臣自为支辅。今陛下有海内，而子弟为匹夫，卒有田常、六卿之患，臣无辅弼，何以相救哉？事不师古而能长久者，非所闻也。今青臣等又面谀以重陛下过，非忠臣也。"始皇下其议丞相。丞相谬其说，绌其辞，乃上书曰："古者天下散乱，莫能相一，是以诸侯并作，语皆道古以害今，饰虚言以乱实，人善其所私学，以非上所建立。今陛下并有天下，别白黑而定一尊；而私学乃相与非法教之制，闻令下，即各以其私学议之，入则心非，出则巷议，非主以为名，异趣以为高，率群下以造谤。如此不禁，则主势降乎上，党与成乎下。禁之便。臣请诸有文学《诗》《书》百家语者，蠲除去

---

① 《史记·李斯列传》："二世二年七月，具斯五刑，论腰斩咸阳市。斯出狱，与其中子俱执，顾谓其中子曰：'吾欲与若复牵黄犬俱出上蔡东门逐狡兔，岂可得乎！'遂父子相哭，而夷三族。"第2562页。李斯的人生悲剧，因他所主张的"别白黑而定一尊"的体制落幕。他只是在生命的最后片段，怀念相对的自由。

② 《史记·秦始皇本纪》，第257—258页。

之。令到满三十日弗去，黥为城旦。所不去者，医药、卜筮、种树之书。若有欲学者，以吏为师。"始皇可其议，收去《诗》《书》百家之语以愚百姓，使天下无以古非今。明法度，定律令，皆以始皇起。①

所谓"谬其说，绌其辞"，再次体现法家学说实践者对东方学术包括稷下学的政论原则乃至有关"辩"的风格的否定。李斯指责"私学"所谓"语皆道古以害今，饰虚言以乱实"，"闻令下，即各以其私学议之，入则心非，出则巷议，非主以为名，异趣以为高，率群下以造谤"，对"语""议""虚言""造谤"等行为的严厉指责，都体现了对侧重"谈说""议论"学风的敌视。

史称"焚书"之劫，是由"天下散乱，莫能相一，是以诸侯并作"的时代至于"今陛下并有天下，别白黑而定一尊"的时代的剧烈的历史变化。明代思想家李贽在《史纲评要·后秦纪》中曾经这样评论李斯关于焚书的上书："大是英雄之言，然下手太毒矣。当战国横议之后，势必至此。自是儒生千古一劫，埋怨不得李丞相、秦始皇也。"②朱彝尊《秦始皇论》也说："于其际也，当周之衰，圣王不作，处士横议，孟氏以为邪说诬民，近于禽兽。更数十年历秦，必有甚于孟氏所见者。……特以为《诗》《书》不燔，则百家有所附会，而儒生之纷纶不止，势使法不能出于一。其忿然焚之不顾者，惧黔首之议其法也。彼始皇之初心，岂若是其忍哉！盖其所重者法，激而治之，甘为众恶之所归而不悔也。"③对于秦始皇"焚书"之背景、动机和直接出发点的探索，还可以继续进行深入的讨论。但是基本史实的认定，应当是研究的基点。④

仲长统诗："叛散《五经》，灭弃《风》、《雅》。百家杂碎，请用从火。"⑤清人全祖望诗也有"百家杂碎原应火"句。⑥ 陈恭尹《读〈秦纪〉》则有"百家杂碎，初未从火"的说法。⑦ 王充《论衡·书解》写道："秦虽无道，不燔诸子，诸子尺书，文篇具

---

①　《史记》，第 2546 页。《史记·秦始皇本纪》的记载大略相同。

②　〔明〕李贽评纂：《史纲评要》，中华书局 1974 年版，第 90 页。

③　〔清〕朱彝尊：《曝书亭集·论》，四部丛刊景清康熙本，第 567 页。

④　王子今：《"焚书坑儒"再议》，《光明日报》2013 年 8 月 14 日。

⑤　《后汉书·仲长统传》，第 1646 页。

⑥　〔清〕全祖望：《张二靓渊读予所续〈甬上耆旧诗〉而曰诸公原集虽付之一炬可矣予皇恐未敢当也》，〔清〕全祖望撰：《鲒埼亭诗集》卷四，四部丛刊景清钞本，第 42 页。

⑦　钱钟书著：《管锥编》第 1 册《史记会注考证五八则》"变法焚书"条，中华书局 1979 年版，第 263 页。

在，可观读以正说，可采掇以示后人。"黄晖校释："赵岐《孟子章句题辞》亦谓秦不焚诸子。""《文心雕龙·诸子篇》：'烟燎之毒，不及诸子。'"①也说秦不焚诸子。然而《秦始皇本纪》和《李斯列传》都明确说焚书对象是包括"百家语"的。也许"皆烧之"或说"蠲除去之"的严厉程度，"百家语"不及《诗》《书》。但是对于这一问题，显然还有进一步考察的必要。

稷下之学的文化成就很可能在此"烟燎之毒"中遭到严重毁坏。而事件发生的契机在于"齐人淳于越进谏"，也特别值得注意。

汉初黄老之学盛起。这一文化气象与稷下学存在渊源关系。《史记·孟子荀卿列传》写道：慎到、田骈、接子、环渊，"皆学黄老道德之术，因发明序其指意"。② 有学者曾指出，"稷下的主流学派是黄老之学"。③ 郭沫若曾著《稷下黄老学派的批判》，④明确以"黄老学派"标识稷下学术主流。有学者论述："稷下道家黄老学主要有各学派：《管子》黄老学，帛书《黄帝四经》黄老学，宋钘尹文学派，田骈慎到学派等。"⑤

正如有的学者所指出的，"黄老之学的成熟和礼法互补的治国理论模式的形成"，是"稷下百家争鸣"的"两个最重要的学术成就"。"虽然它们并没有来得及为当时的田齐政权所实践，但却相继主导了汉代以来两千年整个一部中国历史"。⑥ 汉初文景之治的成功，值得政治文化研究者深思。

汉武帝时代对国家文化方向有决定性的扭转，儒学成为社会意识形态的主导。所谓"罢黜百家，表章六经"，⑦"推明孔氏，抑黜百家"，⑧"推崇孔氏，抑绌百家"，⑨指出百家之学的发展受到抑制。或以为由此"'子学时代'逐渐转入了'经

① 黄晖撰：《论衡校释（附刘盼遂集解）》，中华书局 1990 年版，第 1159 页。
② 《史记》，第 2347 页。
③ 白奚：《稷下学研究：中国古代的思想自由与百家争鸣》，生活·读书·新知三联书店 1998 年版，第 92 页。
④ 《郭沫若全集》历史编第 2 卷，人民出版社 1982 年版。
⑤ 胡家聪：《稷下争鸣与黄老新学》，中国社会科学出版社 1998 年版，第 3 页。
⑥ 白奚：《稷下学研究：中国古代的思想自由与百家争鸣》，生活·读书·新知三联书店 1998 年版，第 296 页。
⑦ 《汉书·武帝纪》，第 212 页。
⑧ 《汉书·董仲舒传》，第 2525 页。
⑨ 《汉纪·孝成二》"汉成帝河平三年"，张烈点校：《两汉纪》，中华书局 2002 年版，第 438 页。

学时代'"。① 但是"霸王道杂之"的政治艺术，②以一"杂"字突出显示出高层次的智慧。其根源，其实依然与"稷下百家争鸣"有关。

（六）"杂家"名号：《汉志》措置与稷下学的尾声

自汉武帝时代起，出身齐地的学者地位上升。《汉书·地理志下》有"汉兴以来，鲁、东海多至卿相"的说法。③ 但是齐地文化学术出现重新分化组合的趋势。

稷下学者的代表人物淳于髡据说"学无所主"。④ 这种风格颇近似于所谓"杂家"。"杂家"名号较早出现于《史记·韩长孺列传》："御史大夫韩安国者，梁成安人也，后徙睢阳。尝受《韩子》、杂家说于驺田生所。"司马贞《索隐》："案：安国学《韩子》及杂家说于驺县田生之所。"⑤

《汉书·艺文志》列有"杂家"：

> 孔甲《盘盂》二十六篇。黄帝之史，或曰夏帝孔甲，似皆非。《大傎》三十七篇。传言禹所作，其文似后世语。《五子胥》八篇。名员，春秋时为吴将，忠直遇谗死。《子晚子》三十五篇。齐人，好议兵，与《司马法》相似。《由余》三篇。戎人，秦穆公聘以为大夫。《尉缭》二十九篇。六国时。《尸子》二十篇。名佼，鲁人，秦相商君师之。鞅死，佼逃入蜀。《吕氏春秋》二十六篇。秦相吕不韦辑智略士作。《淮南内》二十一篇。王安。《淮南外》三十三篇。《东方朔》二十篇。《伯象先生》一篇。《荆轲论》五篇。轲为燕刺秦王，不成而死，司马相如等论之。《吴子》一篇。《公孙尼》一篇。《博士臣贤对》一篇。汉世，难《韩子》、商君。《臣说》三篇。武帝时作赋。《解子簿书》三十五篇。《推杂书》八十七篇。《杂家言》一篇。王伯，不知作者。右杂二十家，四百三篇。入兵法。

---

① 李锐：《战国中晚期至秦汉的学术转型》，《战国秦汉时期的学派问题研究》，北京师范大学出版社2011年版，第262页。

② 《汉书·元帝纪》记载，汉元帝为太子时，"柔仁好儒。见宣帝所用多文法吏，以刑名绳下，大臣杨恽、盖宽饶等坐刺讥辞语为罪而诛，尝侍燕从容言：'陛下持刑太深，宜用儒生。'宣帝作色曰：'汉家自有制度，本以霸王道杂之，奈何纯任德教，用周政乎！且俗儒不达时宜，好是古非今，使人眩于名实，不知所守，何足委任！'乃叹曰：'乱我家者，太子也！'繇是疏太子而爱淮阳王，曰：'淮阳王明察好法，宜为吾子。'"第277页。

③ 《汉书》，第1663页。

④ 《史记·老子荀卿列传》，第2347页。

⑤ 《史记》，第2857页。

> 杂家者流,盖出于议官。兼儒、墨,合名、法,知国体之有此,见王治之无不贯,此其所长也。及荡者为之,则漫羡而无所归心。

关于"国体""王治",颜师古注:"治国之体,亦当有此杂家之说。""王者之治,于百家之道无不贯综。"①所谓"杂家者流,盖出于议官",②联系前引"齐稷下先生喜议政事",可知杂家学说确实有接近稷下学的地方。这就是《汉志》所谓"此其所长也"。然而其另一面,所谓"及荡者为之,则漫羡而无所归心",亦接近这一知识人群长于"谈天""天口","游说""谈说""议论",而"迂大而闳辩""文具难施"的特征。后世史学家或称其为"游谈放荡之士","各极其辩"是其言行共性。③

《史记·田敬仲完世家》说到"齐稷下学士"的代表人物"田骈"和"接予",张守节《正义》:"《艺文志》云'田骈,齐人,游稷下,号天口骈,作《田子》二十五篇'也。"关于"接予",张守节《正义》:"齐人。《艺文志》云《接予》二篇,在道家流。""田骈"在《汉志》中都被归入"道家"。《汉志》未见"接予",有"《捷子》二篇",注:"齐人,武帝时说。"④然而《盐铁论·论儒》言齐潜王执政后期人才的流失:"各分散,慎到、捷子亡去,田骈如薛,而孙卿适楚。"⑤也明确写作"捷子"。《汉书·古今人表》"捷子"列于"邹衍""田骈"之前,"九等之序"中皆为"中中",与"齐愍王"同时,⑥应即《田敬仲完世家》所谓"齐稷下学士""接予"。《宋书·乐志三》:"接予归草庐。"⑦与《盐铁论》"捷子亡去",正形成对应信息。

《晏子春秋》篇名出现"杂"字,有《内篇杂上》《内篇杂下》。有学者认为,"《晏子春秋》编著于稷下学宫,是学士们集体著作的产物"。⑧ 这种编纂方式,后来在某种程度上为《吕氏春秋》和《淮南子》所继承。《汉书·艺文志》"杂二十家,四百

---

① 《汉书》,第1740—1742页。

② 荀悦也取此说。《汉纪·孝成二》"汉成帝河平三年",张烈点校:《两汉纪》,中华书局2002年版,第437页。

③ 《新唐书·艺文志一》:"战国游谈放荡之士,田骈、慎到、列、庄之徒,各极其辩。"中华书局1975年版,第1417页。

④ 《汉书》,第1730—1731页。

⑤ 王利器校注:《盐铁论校注(定本)》,中华书局1992年版,第149页。

⑥ 《汉书》,第947、861、948页。

⑦ 《宋书》,中华书局1974年版,第618页。

⑧ 王志民:《稷下散思——齐鲁古代文学简论》,齐鲁书社2002年版,第40页。

三篇"中列有《吕氏春秋》和《淮南子》:"《吕氏春秋》二十六篇。秦相吕不韦辑智略士作。《淮南内》二十一篇。王安。《淮南外》三十三篇。"①《吕氏春秋》和《淮南子》,其成书方式与著作内容,应当说都与稷下学存在某种继承关系。正如有的学者所指出的:"稷下黄老学派有其来龙和去脉,来龙是老子学、列子学;去脉则是《吕氏春秋》及《淮南子》。"②《四库全书总目·子部·杂家类一》"《吕氏春秋》二十六卷"条:"旧本题秦吕不韦撰,考《史记·文信侯列传》,实其宾客之所集也。……不韦固小人,而是书较诸子之言独为醇正。大抵以儒为主,而参以道家、墨家。"③《吕氏春秋》于是被有的学者看作"思想大融合著作"。④ 所谓"大融合"大致符合"杂家"的定义,也与"稷下学"的学术品质有接近之处。关于《吕氏春秋》的作者,《汉书·楚元王传》载刘向语:"秦相吕不韦,集知略之士而造《春秋》。"⑤桓谭《新论》:"秦吕不韦请迎高妙作《吕氏春秋》。"⑥宋高似孙《子略》卷四"《吕氏春秋》"条说,吕不韦"徕英茂,聚畯杰,簪履充庭,至以千计","极简册,攻笔墨,采精录异,成一家言"。⑦ 这些学术立场并不十分明确的"高妙""知略之士"及"英茂""畯杰"们,或以为可以归为"杂家":"夫秦本无儒,异国之士,辐凑于秦,形成帝业,于是杂家之学大盛,《由余》、《尉缭》、《吕览》先后辉蹕,此亦一时之奇观也,今仅《吕览》尚存。"⑧有学者则明确以为《吕氏春秋》的著述与稷下学术领袖荀子的影响有某种关系。宋黄震《黄氏日抄·读诸子二·吕氏春秋》写道:"《吕氏春秋》者,秦相吕不韦耻以贵显而不及荀卿子之徒著书布天下,使其宾客共著《八览》《六论》《十二纪》,窃名《春秋》。"⑨宋王应麟《汉艺文志考证》卷七写道:"《吕氏春秋》二十六篇,《史记》,吕不韦招致辩士,厚遇之,主食客三千人。是时诸侯多辩士,如荀卿之徒,著书布天下。不韦乃使客人人著所闻,集论以为《八

---

① 颜师古注:"《内篇》论道,《外篇》杂说。"第 1741—1742 页。
② 胡家聪:《稷下争鸣与黄老新学》,中国社会科学出版社 1998 年版,第 3 页。
③ 〔清〕永瑢等撰:《四库全书总目》,中华书局 1965 年版,第 1008—1009 页。
④ 李锐:《战国中晚期至秦汉的学术转型》,《战国秦汉时期的学派问题研究》,北京师范大学出版社 2011 年版,第 242 页。
⑤ 《汉书》,第 1953 页。
⑥ 《文选》卷四〇杨修《答临淄侯笺》李善注引桓子《新论》,〔梁〕萧统编,〔唐〕李善注:《文选》,中华书局 1977 年版,第 564 页。
⑦ 〔宋〕高似孙撰:《子略·吕氏春秋》条,明刻百川学海本,第 23 页。
⑧ 〔汉〕班固撰,顾实讲疏:《汉书艺文志讲疏》,上海古籍出版社 1987 年版,第 154 页。
⑨ 〔宋〕黄震撰:《黄氏日抄》,元后至元刻本,第 1081 页。

览》、《六论》、《十二纪》,二十余万言,以为备天地万物古今之事,号曰《吕氏春秋》。"①也说合作著述的吕不韦"客"多"辩士",《吕氏春秋》成书是有意仿效所谓"荀卿之徒"之"辩士"们"著书布天下"的文化行为。《淮南子》在《吕氏春秋》之后,其文化渊源也是大体清晰的。《汉书·景十三王传·淮南王安》说:"淮南王安好书,所招致率多浮辩。"颜师古注:"言无实用耳。"②距离"实用"较远的所谓"浮辩",正是稷下学者通常的文化形象标识。前引桓谭《新论》关于《吕氏春秋》著述事下文说"汉之淮南王,聘天下辩通,以著篇章",③言《淮南子》作者群对"辩"的强调,也值得注意。对于《淮南子》的文化地位,也有学者与《吕氏春秋》比较:"(刘)安当西汉盛期,多见古书。其囊括群籍,几欲上掩尸、吕。"④

　　"杂家"名号得到主流学派的承认,反映稷下学人及其继承者的学术成就以另一种表述形式记录于历史,取代了以往以"稷下"为符号的文化存在。"稷下"虽已成为遥远的学术纪念,其精神内核却仍然长久地发生着历史影响。

　　①　〔宋〕王应麟撰,张三夕点校:《汉艺文志考证》卷六,中华书局 2011 年版,第 244 页。

　　②　《汉书》,第 2410 页。

　　③　《文选》卷四〇杨修《答临淄侯笺》李善注引桓子《新论》,〔梁〕萧统编,〔唐〕李善注:《文选》,中华书局 1977 年版,第 564 页。

　　④　〔汉〕班固撰,顾实讲疏:《汉书艺文志讲疏》,中华书局 2011 年版,第 155 页。

二十二、秦王朝关东政策的
失败与秦的覆亡

秦政，曾经被看作后世专制主义王朝执政的标范。

秦统治者的区域文化观和秦王朝的区域文化政策，其成败得失，在政治史和文化史上都有值得重视的影响。

回顾历史，可以看到秦王朝关东政策的失败与秦最终覆亡之间，有必然的联系。

（一）区域政策是秦末危机的重要导因

秦在扩张进程中，地方行政政策的实际形态和历史变化，有多种迹象可以体现。出土文献资料提供的信息尤其可贵。近年研究成果涉及郡级行政、县级行政组织机构与职官设置、管理任用与管理、行政管理体制与法制、文书行政制度、政务运行机制等方面。[①] 对于秦政权不同层级组织构成、吏员职能和行政方式的认识多有深化。但是动态视角的不同时间和不同空间的秦行政史考察尚存在学术空白。李成珪、琴载元、张梦晗等学者的研究有突破性的意义。[②] 但是就这一主题进行全面的综合考察还需要认真的学术努力。

公元前 221 年，秦灭六国，建成了第一个大一统的专制主义王朝。

---

① 参看吴方基：《秦简所见地方行政制度研究的新进展》，《简帛研究二〇一七（春夏卷）》，广西师范大学出版社 2017 年版。

② 〔韩〕李成珪：《秦帝国의旧六国统治와ユ限界》，《闵锡泓博士华甲纪念史学论丛》，三英社 1985 年版；〔韩〕琴载元：《战国时期秦领土扩张及置郡背景》，《首都师范大学学报（社会科学版）》2016 年第 4 期；张梦晗：《楚国政权的东迁与秦对南郡的统治》，《简帛研究二〇一七（春夏卷）》，广西师范大学出版社 2017 年版。

秦王朝建立之初,据说一时"普天之下,抟心揖志",[①]"天下之士斐然乡风","元元之民""莫不虚心而仰上"。[②] 但是仅仅过了 12 年,公元前 209 年七月,陈胜倡义,"斩木为兵,揭竿为旗,天下云集响应"。[③] 公元前 207 年八月,赵高杀秦二世,以为子婴"以空名为帝,不可,宜为王如故",[④]取消帝号,秦政权的统治被迫恢复到战国时代的状况。46 天之后,刘邦军入咸阳,秦亡。

秦代,作为建立了第一个统一的中央集权的帝国,在政治和经济制度等方面对中国历史造成深刻影响的朝代,为什么如此短暂?

秦短祚的原因,自汉代以来一直成为史家重要论题之一,经二千余年始终纷争不绝。以历史唯物主义为指导的马克思主义史学家们依据对阶级关系变化和社会经济状况的分析对秦亡的历史做出了总结。范文澜曾经指出:"秦始皇过度使用民力,虽然很多措施有利于统一,但人民也确实疲惫不堪了。秦二世昏暴无比,征发到闾左,农民被迫大起义,迅速地推倒了秦朝的统治。"[⑤]林剑鸣也认为:"统一后的秦王朝,之所以在很短的时间内就灭亡,最根本的原因就在于地主阶级的压榨使社会经济濒于崩溃,生产力遭到严重破坏。"[⑥]这些结论,应当说都是正确的。然而,我们如果对秦代社会状况进一步作具体的分析,又不难发现,秦王朝对关中秦国本土和关东六国故地实行着不同的政策,秦王朝关东地区统治政策的失败,是秦短促而亡的重要原因之一。

(二) 奴役关东的政策

人们一般总是强调秦王朝曾经成就了许多有利于统一的伟大事业,如定疆域、书同文、车同轨、行同伦等等(这些政策实行的具体情形和真正意义还可以继续讨论),而往往忽视事情的另一方面,即秦王朝的行政制度总的来说是以秦人对关东地区的征服、压迫和奴役为前提的。可以说在新帝国最初的基土中,就已

---

① 秦始皇琅玡刻石,《史记·秦始皇本纪》,第 245 页。

② 贾谊:《过秦论》,《史记·秦始皇本纪》,第 283 页。

③ 贾谊:《过秦论》,《史记·秦始皇本纪》,第 281 页。

④ 《史记·秦始皇本纪》,第 275 页。

⑤ 范文澜:《中国通史》第 2 册,人民出版社 1978 年版,第 35 页。

⑥ 林剑鸣:《秦史稿》,上海人民出版社 1981 年版,第 444 页。

经生发出不利于统一的裂痕。

　　秦实现统一后,采取一系列措施以防范关东地区的反抗力量。隳毁城防,"收天下兵,聚之咸阳,销以为钟鐻,金人十二,重各千石,置廷宫中。"①秦始皇四次出巡山东,封禅泰山,求鼎泗水,刻石纪功,宣扬皇帝的权威。其出巡目的,如秦二世所谓"巡行郡县,以示强,威服海内","臣畜天下"。② 途中使刑徒三千人"皆伐湘山树,赭其山",又入海射大鲛鱼,③特意在六国中较为强势的楚、齐故地显示武力。因出行事,动辄令天下"大索",④使恐怖统治进一步升级。《盐铁论·散不足》说到出巡时百姓的困扰与震恐:"数幸之郡县,富人以资佐,贫者筑道旁,其后,小者亡逃,大者藏匿,吏捕索掣顿,不以道理。"⑤这是叙说汉代的情形,秦时当更甚于此。

　　秦始皇"徙天下豪富于咸阳十二万户",以削弱关东地区的经济力量,又"徙黔首三万户琅邪台下",还曾"徙三万家丽邑,五万家云阳","迁北河榆中三万家"。⑥ 经营"新秦中","徙谪实之",史载"迁不轨之民于南阳",⑦"徙天下不轨之徒于南阳",据《汉书·地理志下》,徙处南阳的移民,可能不得不改事"商贾渔猎"。⑧ 可见这种大规模的强制性的移民必然使关东地区原有的农业、手工业经济遭受破坏。迁徙者往往只能得到"复不事"即免除一定时间劳役的有限代价,经过对土地和其他不动产掠夺式的再分配过程,关东豪富的经济实力大受削弱。他们经济上受到政府的盘剥和透支,政治上的反秦立场自然日益坚定。

　　冯去疾、李斯、冯劫曾经进谏秦二世说:"关东群盗并起,……盗多,皆以戍漕转作事苦,赋税大也。"他们已经认识到引起人民起义的直接原因是滥发徭役、横征赋税。秦始皇穿凿骊山,经数十年,造阿房宫,又北筑长城,南戍五岭,秦二世

① 《史记·秦始皇本纪》,第 239 页。

② 《史记·秦始皇本纪》,第 267 页。

③ 《史记·秦始皇本纪》,第 248、263 页。

④ 《史记·秦始皇本纪》:"令天下大索十日。"第 249 页。"关中大索二十。"第 251 页。

⑤ 王利器校注:《盐铁论校注(定本)》,中华书局 1992 年版,第 355—356 页。

⑥ 《史记·秦始皇本纪》,第 239、244、256、259 页。

⑦ 《史记·货殖列传》:"秦末世,迁不轨之民于南阳。"第 3269 页。

⑧ 《汉书》,第 1654 页。

"复作阿房宫","用法益刻深"。① 当时,"丁男被甲,丁女转输,苦不聊生,自经于道树,死者相望"。② "戍者死于边,输者偾于道"。③ 据估计,秦时可统计的人口大约有二千万,而每年征发徭役超过三百万人,以一家五口计,所余从事正常生产的丁壮已极其有限。《汉书·食货志上》说,秦时"力役三十倍于古"。④ 徭役无疑成为当时人民感受到的最沉重的压迫。从承担为服役人运输粮饷地区的分布来看,当时承受繁重徭役负担的主要是关东人:

> 天下蜚刍輓粟,起于黄、腄、琅邪负海之郡,转输北河。⑤
> 转负海之粟致之西河。⑥
> 输将起海上而来。⑦
> 发卒五十万,使蒙公、杨翁子将,筑修城,西属流沙,北击辽水,东结朝鲜,中国内郡輓车而饷之。⑧

刘邦入关后,召诸县父老豪杰约法三章时说:"父老苦秦苛法久矣,……凡吾所以来,为父老除害"。⑨ 被项羽整编的章邯军降卒也恐惧"秦必尽诛吾父母妻子"。⑩ 可见关中人主要畏惧秦法之严苛,并不以赋役为最重的负担。《史记·秦始皇本纪》:"始皇初即位,穿治骊山,及并天下,天下徒送诣七十余万人。"⑪很显然,此处"天下",盖指关东地区。所谓"徙天下豪富于咸阳"⑫"徙天下不轨之徒于南

---

① 《史记·秦始皇本纪》,第 271、269 页。《史记·酷吏列传》言汉武帝时代酷吏表现,称"用法益刻"。第 3136 页。
② 《史记·平津侯主父列传》,第 2958 页。
③ 《汉书·晁错传》,第 2284 页。
④ 《汉书》,第 1137 页。
⑤ 《史记·平津侯主父列传》,第 2954 页。
⑥ 《史记·淮南衡山列传》,第 3085 页。
⑦ 贾谊:《新书·属远》,〔汉〕贾谊撰,阎振益、钟夏校注:《新书校注》,中华书局 2000 年版,第 116 页。
⑧ 《淮南子·人间》,何宁撰:《淮南子集释》,中华书局 1998 年版,第 1288—1289 页。
⑨ 《史记·高祖本纪》,第 362 页。
⑩ 《史记·项羽本纪》,第 310 页。
⑪ 《史记》,第 265 页。
⑫ 《史记·秦始皇本纪》,第 239 页。

阳",①也是如此。沛人刘邦"以亭长为县送徒骊山",②六人黥布"论输骊山"。③秦始皇"乐以刑杀为威",秦二世则"用法益刻深",④于是"赭衣半道,群盗满山",⑤"赭衣塞路,囹圄成市,天下愁怨,溃而叛之"。⑥ 当时,刑徒成为最大量的无代价的甚至实际上往往可能是无期限的劳作者。陕西临潼秦始皇陵西侧赵背户村发掘的秦劳役人员墓地中发现19人的瓦文墓志,其中计有标志死者生前户籍所在地的地名14个,分别属于原三晋、齐、鲁和楚国故地。进行勘查、清理的考古工作者指出:"瓦文与记载相互参证,说明修建始皇陵的大批刑徒,都从原山东六国诏调而来。"⑦

(三)"秦中吏卒遇之多无状"

屯大泽乡谪戍渔阳九百人之中,阳城人陈胜、阳夏人吴广等可知明确出身地域者,也均为关东人。秦二世复作阿房宫,"尽征其材士五万人为屯卫咸阳,……下调郡县转输菽粟刍稿,皆令自赍粮食,咸阳三百里内不得食其谷"。⑧ 所谓咸阳三百里外,当然主要指关东地区。公元前207年十一月,发生了项羽在新安坑杀秦章邯军降卒二十万人的著名事件,事件起由在于项羽率领的关东诸侯联军对秦人的怀疑和歧视,而最初则又与"诸侯吏卒异时故徭使屯戍过秦中,秦中吏

① 《汉书·地理志下》:"秦既灭韩,徙天下不轨之民于南阳。"第1654页。
② 《史记·高祖本纪》,第347页。
③ 《史记·黥布列传》,第2597页。
④ 《史记·秦始皇本纪》,第258、269页。
⑤ 《汉书·贾山传》,第2327页。
⑥ 《汉书·刑法志》,第1096页。
⑦ 始皇陵秦佣坑考古发掘队:《秦始皇陵西侧赵背户村秦刑徒墓》,《文物》1982年第3期。瓦文所载19名死者中,有10人系服"居赀"劳役者,有的学者因此以为不应称其为"刑徒"。孙英民:《〈秦始皇陵西侧赵背户村刑徒墓〉质疑》,《文物》1982年第10期。有的学者则指出,这些"居赀"服役者"同样被输往骊山筑陵,除了在是否带刑具等待遇上存在某些差别外,实际上与刑徒命运是没有什么不同的。所以,笼统地称之为刑徒,并无不可。"高炜:《秦始皇陵的勘察与发掘》,中国社会科学院考古研究所编:《新中国的考古发现和研究》,文物出版社1984年版,第389页。或直接称之为"修陵人"。中国社会科学院考古研究所编著,刘庆柱、白云翔主编:《中国考古学·秦汉卷》,中国社会科学出版社2010年版,第107—109页。
⑧ 《史记·秦始皇本纪》,第269页。

卒遇之多无状"有关。① 秦人由于不负担繁重徭役与关东人鲜明对比所产生的显著的地方优越感和特权观念,进一步激发了关东人的复仇心理。

关东人对秦人怀有深刻的仇恨心理,甚至到楚汉战争时在同一作战部队中也难免表现出深重的隔阂。刘邦欲拜军中故秦骑士重泉人李必、骆甲为骑将,必、甲曰:"臣故秦民,恐军不信臣,臣愿得大王左右善骑者傅之。"②

(四) 对关东的文化歧视

秦王朝在思想文化方面实行专制统治,对关东地区文化实行更强硬的政策。所谓焚书坑儒,"史官非秦记皆烧之,非博士官所职,天下敢有藏《诗》《书》、百家语者,悉诣守、尉杂烧之",禁私学而"以吏为师",③企图从根本上摈斥东方文化,以秦文化为主体实行强制性的文化统一,甚至以肉体消灭方式打击关东知识分子。《汉书·地理志下》说:"凡民函五常之性,而其刚柔缓急,音声不同,系水土之风气,故谓之风;好恶取舍,动静亡常,随君上之情欲,故谓之俗。孔子曰:'移风易俗,莫善于乐。'言圣王在上,统理人伦,必移其本,而易其末,此混同天下一之虖中和,然后王教成也。"④统一国家的建设,必然促成文化的融合与统一,然而问题在于实现这一过程的手段和方式。战国时代,各地居民因长期分裂的政治形势造成的不同的心理状态是很明显的,秦人风俗与东方各国更有较大差异。秦统一后,秦王朝企图以强制手段将秦地风俗推行全国,以"匡饬异俗",实现所谓"大治濯俗","黔首改化,远迩同度"。⑤ 云梦睡虎地秦墓竹简《语书》称:

> 圣王作为法度,以矫端民心,去其邪避(僻),除其恶俗。

---

① 《史记·项羽本纪》,第 310 页。

② 《史记·樊郦滕灌列传》,第 2668 页。

③ 《史记·秦始皇本纪》,第 255 页。《史记·李斯列传》:"丞相李斯曰:'……臣请史官非秦记皆烧之。非博士官所职,天下敢有藏《诗》《书》、百家语者,悉诣守、尉杂烧之。有敢偶语《诗》《书》者弃市。以古非今者族。吏见知不举者与同罪。令下三十日不烧,黥为城旦。所不去者,医药卜筮种树之书。若欲有学法令,以吏为师。'制曰:'可。'"第 2546 页。

④ 《汉书》,第 1640 页。

⑤ 《史记·秦始皇本纪》,第 245、262、250 页。

说明秦政府在实现统一的过程中,在战争警报尚未解除之际,就将这种"移风易俗"的事业作为主要行政任务之一,并以法律为强制手段,以军事管制的形式强力推行这一政策。

　　古代风俗中至今能够留下最明显遗迹的莫过于葬俗。秦始皇陵西侧赵背户村秦劳役人员墓葬的葬式大多与秦人墓葬东西方向的传统相一致,出土骨架100具,仅有4具为仰身直肢葬,绝大多数为蜷曲特甚的屈肢葬,与关中地区春秋战国时期秦国屈肢葬的蜷曲情况相同。这种现象,应该理解为关东役人在专制制度下生前备极劳苦,死后仍被迫以秦人风俗就葬。

(五)"关东群盗并起"

　　从历史文献的记载看,秦始皇时代秦帝国的反抗力量主要活动于关东。公元前218年,秦始皇东巡途中,发生铁椎击车的博浪沙事件。公元前211年,有人书刻东郡陨石:"始皇帝死而地分。"同年,华阴平舒道有人拦截使者,称:"今年祖龙死。"[1]反秦武装集团的活动见于史籍的,则有彭越"常渔巨野泽中,为群盗"[2]以及黥布"亡之江中为群盗"[3]等等。秦末大起义中十数家反秦武装力量也均崛起于关东地区,如贾谊《过秦论》所说,陈胜振臂一呼,"天下云集响应,赢粮而景从,山东豪俊遂并起而亡秦族矣"。[4] 从另一方面看,自陈胜起事到子婴"系颈以组,白马素车,奉天子玺符,降轵道旁",[5]反秦起义军始终被称为"关东盗""关中群盗""山东群盗",[6]关中地区未曾燃起一星反抗的火花。[7]

　　① 《史记·秦始皇本纪》,第259页。
　　② 《史记·魏豹彭越列传》,第2591页。
　　③ 《史记·黥布列传》,第2597页。
　　④ 贾谊:《过秦论》,《史记·秦始皇本纪》,第281页。
　　⑤ 《史记·秦始皇本纪》,第275页。《史记·高祖本纪》:"秦王子婴素车白马,系颈以组,封皇帝玺符节,……"第362页。
　　⑥ 《史记·秦始皇本纪》:"右丞相去疾、左丞相斯、将军冯劫进谏曰:'关东群盗并起,秦发兵诛击,所杀亡甚众,然犹不止。盗多,皆以戍漕转作事苦,赋税大也。'"第271页。"(赵)高前数言'关东盗毋能为也',及项羽虏秦将王离等巨鹿下而前,章邯等军数却,上书请救助,燕、赵、齐、楚、韩、魏皆立为王,自关以东,大氐尽畔秦吏应诸侯,诸侯咸率其众西乡。"第273页。《史记·李斯列传》:"高闻李斯以为言,乃见丞相曰:'关东群盗多,今上急益发徭治阿房宫,……'"第2558页。"赵高诈诏卫士,令士皆素服持兵内乡,入告二世曰:'山东群盗兵大至。'"第2562页。
　　⑦ 《史记·秦始皇本纪》记载,秦始皇三十一年(前216),曾"夜出逢盗兰池,见窘"。时"始皇为微行于咸阳",并不暴露皇帝身份。第251页。此事件体现地方治安状况,未可解释为政治事件。

楚汉战争时，"萧何转漕关中，给食不乏"，被看作"万世之功"。① 汉并天下，娄敬劝刘邦建都关中，刘邦"疑之"。而张良以关中"沃野千里""天府之国"，"诸侯有变，顺流而下，足以委输"的有利条件，力促刘邦做出定都长安的正确决策。② 当时有"秦富十倍天下"的说法。③ 据云梦睡虎地秦简《仓律》，各地仓储均"万石一积"，唯"栎阳二万石一积，咸阳十万一积"（二六）。④ 刘邦军至霸上时，亦说："仓粟多，非乏，不欲费人"。⑤ 关中经济之丰饶富足与关东经济之凋敝残破形成鲜明的对比，固然有秦人多年奖励耕战政策的成功的因素，但是秦王朝关中与关东所实行的政策有明显的区别，也是重要的原因之一。

与此相关，关中居民也显然没有关东人那样激烈的反秦意识，因而贾谊可以这样说："藉使子婴有庸主之材，仅得中佐，山东虽乱，秦之地可全而有，宗庙之祀未当绝也。"这一判断，得到司马迁的赞同："善哉乎贾生推言之也！"⑥

我们注意到秦王朝关东地区统治政策的特点，就不难通过这些现象得出结论：所谓"天下苦秦久矣"这一反秦战争中最富于号召力量的口号的意义是有地域性局限的，它集中表抒出关东地区社会各阶层对秦王朝统治的共同的怨愤。秦王朝关东政策的失败确实是秦覆亡的主要原因之一。⑦

（六）秦扩张史中的新区政策比较

讨论秦王朝的关东政策及其失败的原因，有必要进行历史的比较。

历史上秦国在扩张领土过程中对新区所施行的统治，有得有失，有成功的，有失败的。

秦穆公"益国十二，开地千里，遂霸西戎"，⑧然而史籍记载秦与义渠的战争

---

① 《史记·萧相国世家》，第 2016 页。

② 《史记·留侯世家》，第 2044 页。

③ 《史记·高祖本纪》，第 364 页。

④ 睡虎地秦墓竹简整理小组：《睡虎地秦墓竹简》，文物出版社 1990 年版，释文注释第 25 页。

⑤ 《史记·高祖本纪》，第 362 页。《汉书·高帝纪上》："沛公让不受，曰：'仓粟多，不欲费民。'"第 23 页。

⑥ 《史记·秦始皇本纪》，第 276 页。

⑦ 王子今：《秦王朝关东政策的失败与秦的覆亡》，《史林》1986 年第 2 期。

⑧ 《史记·秦本纪》，第 194 页。

仍然持续多年。公元前 444 年,"伐义渠,虏其王"。公元前 430 年,"义渠来伐,至渭南"。① 公元前 335 年,"义渠败秦师于洛"。② 公元前 331 年,"义渠内乱,庶长操将兵定之"。③ 公元前 327 年,"县义渠,义渠君为臣"。④ 公元前 320 年,"秦伐义渠,取郁郅"。公元前 318 年,"义渠败秦师于李伯"。公元前 315 年,"秦伐义渠,取徒泾二十五城"。⑤ 公元前 310 年,秦"伐义渠"。⑥ 公元前 280 年,"宣太后诱杀义渠王于甘泉宫,因起兵灭之,始置陇西、北地、上郡焉",⑦终于平定西北,西戎之地成为秦对东方作战的巩固后方。

秦惠文王时据有巴蜀,秦昭襄王对巴人取用合理的政策:"乃刻石为盟要:复夷人顷田不租,十妻不算;伤人者,论;煞人雇死,倓钱。盟曰:'秦犯夷,输黄龙一双;夷犯秦,输清酒一钟。'夷人安之。"⑧由于对原有经济形式和风俗习惯不以强力干涉和变革,对巴人的政策获得最大的成功。秦曾三次封蜀侯,又三次因反叛发兵"往诛"。此后,不再封蜀侯,"但置蜀守",⑨蜀地逐渐安定。据《史记·秦本纪》和《华阳国志·蜀志》记载,巴人蜀人后来都参加了秦平楚地的战役,并承担了主要的军需供应。

总的看来,秦国新占领区政策的制订与实行过程中曾经历过诸多波折和反复,然而总体上可以说是成功的,大致在秦昭王时代已制订出一套成熟的政策和法令。这种成功,也是秦能够实现统一的因素之一。

在战国兼并时期,著名的乐毅破齐的战争具有应当引起史学家重视的特点。据《资治通鉴》卷四"周赧王三十一年",公元前 284 年,乐毅率燕军攻齐,"闻昼邑人王蠋贤,令军中环昼邑三十里勿入"。"乐毅修整燕军,禁止侵掠,求齐之逸民,

---

① 《史记·秦本纪》,第 199 页。《史记·六国年表》:秦厉共公三十三年(前 444),"伐义渠,虏其王"。秦躁公十三年(前 430),"义渠伐秦,侵至渭阳"。第 700、702 页。

② 《后汉书·西羌传》,第 2874 页。

③ 《史记·六国年表》,第 728 页。

④ 《史记·秦本纪》,第 206 页。

⑤ 《后汉书·西羌传》,第 2874 页。

⑥ 《史记·秦本纪》,第 209 页。

⑦ 《后汉书·西羌传》,第 2874 页。

⑧ 《华阳国志·巴志》,〔晋〕常璩撰,任乃强校注:《华阳国志校补图注》,上海古籍出版社 1987 年版,第 14 页。

⑨ 《华阳国志·蜀志》,〔晋〕常璩撰,任乃强校注:《华阳国志校补图注》,上海古籍出版社 1987 年版,第 128—129 页。

显而礼之,宽其赋敛,除其暴令,修其旧政",于是"齐民喜悦",破临淄后,"祀桓公、管仲于郊,表贤者之闾,封王蠋之墓",特别注意积极笼络齐国上层分子,"齐人食邑于燕者二十余君,有爵位于蓟者百有余人"。由于乐毅以正确的占领区政策与强大的军事进攻相配合,"六月之间,下齐七十余城,皆为郡县",①"燕既尽降齐城,唯独莒、即墨不下"。而继任者骑劫失败的原因之一,就在于"燕军尽掘垄墓,烧死人",伤害了齐人的宗族感情,致使其"皆涕泣,俱欲出战,怒自十倍"。②乐毅在齐国实行的政策,表现出相当高明的策略眼光。

据《战国策·齐策四》记载,秦人早此数十年亦曾采取类似"表贤者之闾,封王蠋之墓"的政策:"昔者秦攻齐,令曰:'有敢去柳下季垄五十步而樵采者,死不赦。'"③在秦国发展与扩张的漫长历史中,多见相似的例子。睡虎地秦墓竹简中《法律答问》规定:"真臣邦君公有罪,致耐罪以上,令赎。"(一七七)整理小组译文:"真臣邦君公有罪,应判处耐刑以上,可命赎罪。"④说明秦国政府对少数族的首领实行"赂之以抚其志"的怀柔政策,⑤并在法律中规定了他们的特权。直到秦王政九年(前238)嫪毐作乱时,胁从者有"戎翟君公",⑥可见他们仍活跃于政治舞台并拥有一定的实力。

对于新占领区社会中等阶层人心的附从,秦执政者也有用心争取的政策。对于"新黔首"的控制,"新地吏"的任用,都有值得注意的历史迹象。⑦ 有学者指出:"秦在统一的过程中,曾对蛮夷及六国吏民有过特殊形式的赐爵,新黔首获得爵位应与这种赐爵途径有关。""通过对出土文献中新黔首拥有秦爵记载的梳理,可知在纳入秦统治后的短时间内,新黔首即已大量拥有秦爵,其中还有大夫、公乘等高爵。新黔首可以通过军功斩首、捕盗、常规赐爵等途径获得秦爵,但这几

---

① 《资治通鉴》卷四"周赧王三十一年",〔宋〕司马光编著,〔元〕胡三省音注,"标点资治通鉴小组"校点:《资治通鉴》,中华书局1956年版,第129—130页。

② 《史记·田单列传》,第2454页。

③ 〔西汉〕刘向集录:《战国策》,上海古籍出版社1985年版,第408页。

④ 睡虎地秦墓竹简整理小组:《睡虎地秦墓竹简》,文物出版社1990年版,释文注释第135页。

⑤ 《史记·张仪列传》:"陈轸谓秦王曰:'义渠君者,蛮夷之贤君也,不如赂之以抚其志。'秦王曰:'善。'乃以文绣千纯,妇女百人遗义渠君。"第2303页。

⑥ 《史记·秦始皇本纪》:"长信侯毐作乱而觉,矫王御玺及太后玺以发县卒及卫卒、官骑、戎翟君公、舍人,将欲攻蕲年宫为乱。"第227页。

⑦ 于振波:《秦律令中的"新地吏"与"新黔首"》,《中国史研究》2009年第3期;王子今:《说"黔首"称谓——以出土文献为中心的考察》,《出土文献研究》第11辑,中西书局2012年版。

种获爵途径都有明显的阶层痕迹，难以在短时间内获得高爵。""新黔首通过特殊途径所获爵位与故秦人爵位同样拥有相应的司法特权。"①新黔首"短时间内"获得"高爵"自有难度，但是也有可能实现，应当与执政者有意强化"阶层"区分的动机有关。

对持敌对态度的新占领区居民，则有严厉打击的政策。例如，有学者指出，"岳麓秦简中的从人是一种'级别较高'的特殊犯人，他们都出自故六国，身份特殊，有专门的管理，而且他们不是普通的伙同从犯，是秦政府重点抓拿和管理的对象。既然不是普通的随从犯，而且身份特殊，很多还是六国贵族，那么这里的从人，很可能就是传世文献中记载的主张合纵反秦的人。"里耶秦简中也可以看到"从人"身份。"从人"的管理方式，有"刑为城旦、完城旦，远迁罚作，终身不得赦免"等。论者还指出，"在陈胜、吴广揭竿前，六国从人就已经有了小规模的反秦抵抗"。②

（七）秦区域政策的文化基因

从以上事实分析，统一后的秦王朝的当政者有本国和他国丰富的历史经验足以借鉴，由于关东地区统治政策失败促成的王朝倾覆显然不能简单地以"新兴地主阶级"缺乏政治经验作出解释，而应通过对包括经济、文化等各种条件的全面分析来作出进一步的说明。

首先，秦国历来与东方各国保持着风俗、制度等方面的不同特点。孝公以前，"秦僻在雍州，不与中国诸侯之会盟，夷翟遇之"，秦人以为"诸侯卑秦，丑莫大焉"。③ 司马迁也说："秦杂戎翟之俗，先暴戾，后仁义"，"秦之德义不如鲁卫之暴戾"。④ 鸿沟之深，是不可能在短期内特别是通过强制手段克服的。秦人虽曾通过引用关东知识分子作为"客卿"，客观上接受东方文化的渗入，但首要前提是这些人必须为个人功名富贵完全抛弃本国利益。甚至连秦王以为"得见此人，与之

---

① 于振波、朱锦程：《出土文献所见秦"新黔首"爵位问题》，《湖南社会科学》2017 年第 6 期。
② 李洪财：《秦简牍"从人"考》，《文物》2016 年第 12 期。
③ 《史记·秦本纪》，第 202 页。
④ 《史记·六国年表》，第 685 页。

游,死不恨"的韩非,也因为提出攻赵存韩的意见,终于以"终为韩不为秦"的谗言而遭到杀害。① 特别是"既并天下,则以客为无用",②来自东方的士人的地位更发生了变化。睡虎地秦墓竹简《法律答问》中写道:

邦客与主人斗,以兵刃、投(殳)梃、拳指伤人,擎以布。(九〇)

整理小组译文:"邦客和秦人相斗,邦客用兵刃、棍棒、拳头伤了人,应擂以布。"③就是说,应当将作为抚慰的布缴官。我们看到,当时有"邦客"和"主人"的专用语以区分身份等级,法律规定关东人与秦人争斗使秦人致伤时要依法论处,然而对于秦人致伤关东"邦客",则看不到相对应的条文。这说明关东人即使投靠秦国,在法律上也不被承认有与秦人平等的地位。

秦统一以后,这种长期对立造成的敌对情绪仍有明显的表现,但是作为统一帝国主宰的秦王朝最高统治者并不注意消弭这种情绪,而且本身也受到这种狭隘观念的严重局限。严安曾批评秦"循其故俗"。④ 贾谊也指出:"夫并兼者高诈力,安定者贵顺权,此言取与守不同术也。秦离战国而王天下,其道不易,其政不改,是其所以取之守之者无异也。"一方面以取天下之道规划守天下之政,另一方面又"斩华为城,因河为津","缮津关,据险塞,修甲兵而守之","自以为关中之固,金城千里,子孙帝王万世之业也"。⑤ 仍以倚据关中对峙关东为战略思想。关于秦始皇陵兵马俑的主题尚有争论,但秦始皇时代所经营的这一规模宏大的军阵模型是以东方武装集团作为假设敌的事实是毋庸置疑的。这也说明秦始皇的统治思想尚未完成应有的时代性转变,以这种思想为基础所制订的关东政策自然表现为恐怖的虐杀和苛重的赋役。

其次,秦王朝关东政策制定的基点,在于对关东地区经济和文化发展水平的

---

① 《史记·老子韩非列传》,第 2155 页。
② 〔宋〕苏轼撰,王松龄点校:《东坡志林·论古》"游士失职之祸"条,中华书局 1981 年版,第110 页。
③ 睡虎地秦墓竹简整理小组:《睡虎地秦墓竹简》,文物出版社 1990 年版,释文注释第 114 页。
④ 《史记·平津侯主父列传》,第 2958 页。
⑤ 贾谊:《过秦论》,《史记·秦始皇本纪》,第 283、281 页。

欠充分的估计。秦孝公时，承认"诸侯卑秦，丑莫大焉"。① 秦惠文王时代的《诅楚文》，也并不自诩经济文化的先进。② 但是秦始皇在各地刻石，则甚至已经敢于在包括"义""理"等各方面指斥六国君王，俨然以先进经济和优秀文化的传布者自居。这种意识，显然来源于统一战争中"以秦卒之勇，车骑之多，以当诸侯，譬若驰韩卢而捕蹇兔也"③的军事优势，以及"当秦隆时，黄金万溢为用，转毂连骑，炫熿于道，山东之国，从风而服"④和因关东地区战时所谓"今天下之府库不盈，囷仓空虚"⑤的片断历史现象引起的错觉。于是，秦政权将以往对经济、文化比较落后的戎狄居地和巴蜀地区的一些政策，直接移用于关东地区，例如颁布强制移易风俗的法令等等，有时实行以秦人充实新地的政策。商鞅曾将所谓"乱化之民""尽迁之于边城"。⑥《华阳国志·蜀志》说：秦惠王置巴郡，"移秦民万家实之"。⑦《史记·项羽本纪》："巴蜀道险，秦之迁人尽居蜀。"⑧《汉书·萧何传》也说："秦之迁民皆居蜀。"⑨秦在统一战争中，曾经对关东地区实行特殊的人口政策，往往"出其人""归其人"，又组织移民"迁之"新占领地方：

> （惠文王八年）伐曲沃，尽出其人，取其城，地入秦。⑩
>
> （十三年）使张仪伐取陕，出其人与魏。⑪

---

①　《史记·秦本纪》，第 202 页。

②　《诅楚文》以"赢众敝赋"诸语，自称士众赢弱疲老，军资贫乏，装备简陋，与"张矜意怒，饰甲底兵，奋士盛师"的楚军形成鲜明对照，以求取得神灵的哀怜和护佑。按照李家浩的说法，即"卑词以谀神"："想借此卑词得到神灵的同情，保佑自己，赢得战争的胜利。"参看王子今：《"大神""威神"祀告：秦军事史的神巫文化色彩》，《社会科学战线》2020 年第 8 期。

③　《战国策·秦策三》，〔西汉〕刘向集录：《战国策》，上海古籍出版社 1985 年版，第 189 页。《史记·范雎蔡泽列传》："夫以秦卒之勇，车骑之众，以治诸侯，譬若施韩卢而搏蹇兔也，……"司马贞《索隐》："《战国策》云：'韩卢者，天下之壮犬也。'是韩呼卢为犬，谓施韩卢而搏蹇兔，以喻秦强，言取诸侯之易。"第 2408 页。

④　〔西汉〕刘向集录：《战国策》，上海古籍出版社 1985 年版，第 88 页。

⑤　《战国策·秦策一》，〔西汉〕刘向集录：《战国策》，上海古籍出版社 1985 年版，第 95 页。

⑥　《史记·商君列传》，第 2231 页。

⑦　〔晋〕常璩撰，任乃强校注：《华阳国志校补图注》，上海古籍出版社 1987 年版，第 128 页。

⑧　《史记》，第 316 页。《汉书·项籍传》："巴、蜀道险，秦之迁民皆居之。"第 1809 页。

⑨　《汉书》，第 2006 页。

⑩　《史记·樗里子列传》，第 2307 页。

⑪　《史记·秦本纪》，第 206 页。

　　(魏哀王)五年,秦拔我曲沃,归其人。①

　　(昭襄王)二十一年,司马错攻魏河内,魏献安邑。秦出其人,募徙河东赐爵,赦罪人迁之。

　　(昭襄王)二十六年,赦罪人迁之穰。

　　(昭襄王)二十七年,(司马)错攻楚,赦罪人迁之南阳。

　　(昭襄王)二十八年,大良造白起攻楚,取鄢、邓,赦罪人迁之。②

秦统一后,仍实行"徙谪实之初县"的政策。仅据已发表的考古材料,在这一时期前后,含有秦文化因素的墓葬,发现于河南陕县后川、三门峡市区、郑州岗社、泌阳官庄、山西侯马乔村、榆次猫儿岭、内蒙古准格尔旗勿尔图、湖北云梦睡虎地、大坟头、江陵凤凰山、宜昌前坪、宜城楚皇城、四川成都羊子山、洪家包、天迴镇、涪陵小田溪、广东广州淘金坑、华侨新村、广西灌阳、兴安、平乐等地。③ 应当指出,这一部分"迁人"的待遇和作用显然与被迫迁徙的关东居民不同,他们或免除徒刑,或赐以爵位,是被作为秦王朝在全国统治的支柱而加以利用的。秦汉文献中所谓"闾左",很可能就包括这些人,他们虽立身民间,但作为秦最基层政权的"左助"(佐助),在征发赋役时也最受优待。④

　　这些在落后地区可能比较成功的政策,在人口众多、地域广阔,特别是经济并不落后,文化尤其先进的关东地区,则只能激起敌对势力的反抗。《荀子·议兵》说:"兼并易能也,唯坚凝之难焉。"是说以军事力量占领新的领土容易,而维持巩固的统治,长期实现安定则难。"韩之上地,方数百里,完全富足而趋赵,赵不能凝也,故秦夺之。"荀况主要根据关东地区兼并的形势而提出的政策应该说是正确的,即"凝士以礼,凝民以政;礼修而士服,政平而民安;士服民安,夫是之谓大凝。以守则固,以征则强,令行禁止,王者之事毕矣。"⑤战国时代的政治家为统一前景所提出的实现"大凝"的主张,堪称远见卓识。如果说由于战争形势

　　① 《史记·六国年表》,第732页。

　　② 《史记·秦本纪》,第212、213页。

　　③ 叶小燕:《秦墓初探》,《考古》1982年第1期。

　　④ 王子今:《"闾左"为"里左"说》,《西北大学学报(哲学社会科学版)》1985年第1期;同作者:《里耶秦简与"闾左"为"里佐"说》,《湖南大学学报(社会科学版)》2014年第4期。

　　⑤ 〔清〕王先谦撰,沈啸寰、王星贤点校:《荀子集解》,中华书局1988年版,第290页。

进展的异常迅速，秦在关东地区新领土的具体政策来不及得到时间检验就必须推广施行，那么，秦统一后始终未能将这些政策的合理性调整到能够使关东人接受的程度，就不能不认为是秦王朝最高统治者政治上的严重失误了。

第三，讨论秦王朝关东政策的成败，还应注意到当时关东地区地方官吏的政治作用。《汉书·刑法志》说，秦始皇兼并战国，"灭礼谊之官，专任刑罚"。[①] 可见秦统一后，关东地区行政人员的成分发生了变化。当时关东地区相当一部分地方官可能出身于军人。据考证，秦南郡守腾与伐韩"尽内其地"的内史腾应为一人。云梦睡虎地 11 号秦墓墓主喜作为文吏，也曾经长期从军。秦始皇东游海上，"行礼祠名山大川及八神"，八神中天、地之次即为兵神，"三曰兵，主祠蚩尤"，[②]由此似亦可窥见军人在关东行政中的作用。《琅邪刻石》称："东抚东土，以省卒士"，[③]说明秦始皇东巡的目的之一是省视慰问留驻关东的部队，以及因军功就任地方官吏的"卒士"。《韩非子·定法》虽可见"秦行商君而富强"语，[④]但是也曾经对秦国"斩一首者爵一级，欲为官者为五十石之官；斩二首者爵二级，欲为官者为百石之官"的商君之法提出批评：

> 今有法曰："斩首者令为医、匠。"则屋不成而病不已。夫匠者，手巧也；而医者，齐药也。而以斩首之功为之，则不当其能。今治官者，智能也；今斩首者，勇力之所加也。以勇力所加而治智能之官，是以斩首之功为医、匠也。

以为"于法术""未尽善。"[⑤]秦王朝以军人为吏，必然使各级行政机构都容易形成极权专制的特点，使统一后不久即应结束的军事管制阶段在实际上无限延长，终于酿成暴政。我们对秦整个官僚机构的特点进行分析，就不难觉察到，以往探究秦虐政的根源往往归于秦始皇、秦二世个人的看法未免失之于片面。其实，这一特点的形成有历史传统的因素。秦末起义时，"山东郡县少年苦秦吏，皆杀其守、

① 《汉书》，第 1096 页。
② 《史记·封禅书》，第 1367、1367 页。断句从马非百：《秦集史》，中华书局 1982 年版，第 703 页。《史记》标点本作"三曰兵，主祠蚩尤"。
③ 《史记·秦始皇本纪》，第 245 页。
④ 《韩非子·问田》，陈奇猷校注：《韩非子集释》，上海人民出版社 1974 年版，第 904 页。
⑤ 陈奇猷校注：《韩非子集释》，上海人民出版社 1974 年版，第 907—908 页。

尉、令、丞以反,以应陈涉"。① 甚至秦王朝的地方官如沛令、会稽守通等愿发兵响应亦为起义民众所不容。蒯通说范阳令:"足下为范阳令十年矣,杀人之父,孤人之子,断人之足,黥人之首,不可胜数,……"武臣说到当时形势:"家自为怒,人自为斗,各报其怨而攻其仇,县杀其令丞,郡杀其守尉。"②汉代人谷永回顾这一段历史时也指出:"秦居平土,一夫大呼而海内崩析者,刑罚深酷,吏行残贼也。"③所谓关东民众"苦秦吏",所谓"吏行残贼"者,都说明秦军吏在关东地区推行苛政的作用是不容忽视的。④

(八)"汉承秦制"及区域政策修正

战国时代已形成的趋于统一的历史潮流,促成了秦王朝的建立。然而秦末起义中却有关东政治活动家以复国旗帜为号召。

陈胜起事初,曾经诈称公子扶苏,"从民欲也",不久则继而以"伐无道,诛暴秦,复立楚国之社稷"为宗旨,号为"张楚",⑤反映出陈胜等人已敏锐觉察到"民欲"的变化。公元前 207 年八月,子婴放弃帝号,称秦王,而关东诸侯军仍不以实现复国、秦帝国崩溃为满足,可见秦王朝的关东政策积怨之深。

不过,我们也不应当以绝对化的非历史主义的眼光看待秦王朝失败的关东政策。秦王朝行郡县制,在这一制度上全国各地持平如一,这显然与周人克殷后以殷人为种族奴隶不同。关中民众同样"苦秦苛法久矣",说明至少在一部分法令面前,各地是平等的,正如李斯所谓"天下已定,法令出一"。⑥ 况且,具体地说,当时有些政策从长远的观点看并不应过多地受到责难。例如,徙天下豪富十二万户于咸阳;孔氏梁人,以铁冶为业,迁之于南阳;"用铁冶富"的赵人卓氏被迁至蜀地,"独夫妻推辇,行诣迁处"等。⑦ 这种移民,从客观上说,有益于先进生产

---

① 《史记·秦始皇本纪》,第 269 页。

② 《史记·张耳陈余列传》,第 2573—2574 页。

③ 《汉书·谷永传》,第 3449 页。

④ 参看王子今《秦王朝关东政策的失败与秦的覆亡》,《史林》1986 年第 2 期。

⑤ 《史记·陈涉世家》,第 1952 页。

⑥ 《史记·秦始皇本纪》,第 254 页。

⑦ 《史记·货殖列传》,第 3277 页。

技术的传播和文化的交流,另一方面,如贾谊所谓"坏宗庙与民",①即对关东地区顽固的旧宗法制的破坏,也无疑具有一定的积极意义。

有远见的政治家刘邦,深刻认识到秦王朝失败的教训。当时张楚政权的领袖陈胜、楚怀王孙义帝、西楚霸王项羽都以建立楚国霸业为政治号召,实行复国主义政策,而只有刘邦注意克服狭隘的地方主义观念,致力于建立统一的帝国。在进军关中途中,他就采取了"约降,封其守,因使止守,引其甲卒与之西"的方针,于是"通行无所累","无不下者"。入关中后,又约法三章,甚至"使人与秦吏行县乡邑,告谕之",②对秦国本土政治经济现状不作根本性触动。同项王与诸侯屠烧咸阳而去截然不同,萧何于是"先入收秦丞相御史律令图书臧之,汉王所以具知天下阸寒,户口多少,强弱之处,民所疾苦"。③ 对于刘邦能够实行与项羽简单的复仇主义不同的政策,后世史家有人称之曰"项羽之暴也,沛公之明也"。④ 然而以"明"与"暴"之政治品格和政治资质的对比评价,并未注意到两种政策所体现的二者政治理想的不同。楚汉战争中,刘邦据有富足的关中作为稳固后方,使兵员和作战物资不断得到补充,垓下一役,终于战胜项羽。汉并天下之后,刘邦从建立统一帝国的大局出发,接受曾被项羽讥讽为"衣绣夜行"的建议,⑤定都关中,实行促进楚文化、齐鲁文化和秦文化文汇融合的正确政策,建立起空前强大的中央集权的帝国。经数十年的文化过渡,到汉武帝以后,使全国各地区居民融为一体的汉民族基本形成,具有共同风格的汉文化也得到初步发育的条件。秦始皇所企望的"周定四极""远迩同度"⑥的局面,这时才基本实现了。

汉承秦制,然而对秦王朝的制度又多有所修正。秦王朝关东政策的失败使统一的进程略作停顿,而历史以一代王朝的命运和数以百万计民众的牺牲为代价,终于跨过旧制度、旧观念的废墟,又前进了一步。

---

① 贾谊:《过秦论》,《史记·秦始皇本纪》,第284页。
② 《史记·高祖本纪》,第360、362页。
③ 《史记·萧相国世家》,第2014页。
④ 《读通鉴论·二世》,〔清〕王夫之著,舒士彦点校:《读通鉴论》,中华书局1975年版,第6页。
⑤ 《史记·项羽本纪》,第315页。
⑥ 秦始皇之罘刻石,《史记·秦始皇本纪》,第249、250页。

二十三、"亡秦""逃秦""避秦""遯秦"： 秦代人口流失现象

秦统一后，据说实现了民心安定的形势："普天之下，抟心揖志。""黔首安宁，不用兵革。六亲相保，终无寇贼。驩欣奉教，尽知法式。"①"地势既定，黎庶无繇，天下咸抚。男乐其畴，女修其业，事各有序。"②然而当时社会多有"亡秦""逃秦""避秦""遯秦"等脱离政府户口控制的现象。"流民""亡人"的增长，导致社会动荡与行政危机。

（一）"亡秦"：刘邦言"公等皆去，吾亦从此逝矣"

"百里傒亡秦走宛"，是秦穆公时代的人口流失记录。"晋献公灭虞、虢，虏虞君与其大夫百里傒，以璧马赂于虞故也。既虏百里傒，以为秦缪公夫人媵于秦。百里傒亡秦走宛，楚鄙人执之。缪公闻百里傒贤，欲重赎之，恐楚人不与，乃使人谓楚曰：'吾媵臣百里傒在焉，请以五羖羊皮赎之。'楚人遂许与之。"③睡虎地秦墓竹简《日书》中多见的"亡""亡人"，与"媵臣"身份的百里傒情形相近。

作为人质逃逸，则有"晋太子圉亡秦，秦怨之"事。④"黄歇为楚太子计"，建议"不如亡秦"。⑤ 又"（燕）太子丹质于秦，亡来归。"⑥"秦大夫有私与楚太子斗，

---

① 秦始皇二十八年（前219）琅邪刻石，《史记·秦始皇本纪》，第245页。
② 秦始皇三十二年（前215）碣石刻石，《史记·秦始皇本纪》，第252页。
③ 《史记·秦本纪》，第186页。
④ 又："子圉之亡，秦怨之，乃求公子重耳，欲内之。"《史记·晋世家》，第1659、1656页。《史记·十二诸侯年表》："（晋）太子圉质秦亡归。"第592页。《史记·秦本纪》："秦怨圉亡去，乃迎公子重耳于楚。"第190页。
⑤ 《史记·春申君列传》，第2394页。
⑥ 《史记·六国年表》，第754页。《史记·燕召公世家》："太子丹质于秦，亡归燕。"第1560页。《史记·刺客列传》："燕太子丹质秦亡归燕。""秦王之遇燕太子丹不善，故丹怨而亡归。"第2528页。

楚太子杀之而亡归"，①情形亦类似。因为国内政争而"亡秦"的情形,则有"秦孝公卒,商君亡秦归魏"故事。② 又如甘茂"得罪于秦,惧而遯逃","亡秦奔齐"。③ "秦亡将吕礼相齐"以及"穰侯言于秦昭王伐齐,而吕礼亡"。④ "秦将樊於期得罪于秦王,亡之燕"。⑤ "赵高欲诛(司马)欣,欣恐,亡走,告章邯谋叛秦"。⑥

又如败亡国君的逃亡:"秦破燕,燕王亡走辽东。"⑦

凡此诸例,都是东周国际关系史现象,但并非我们这里着重关注的作为行政史和人口史现象的"亡秦"情形。

典型的"亡秦"史迹,即政府登记的户籍载录人员脱离秦王朝行政控制,流亡在外的情形,如《史记·高祖本纪》记载刘邦事迹:

> 高祖以亭长为县送徒郦山,徒多道亡。自度比至皆亡之,到丰西泽中,止饮,夜乃解纵所送徒。曰:"公等皆去,吾亦从此逝矣!"徒中壮士愿从者十余人。⑧

"徒多道亡"以及"自度比至皆亡之",说到已经发生和预计将要发生的"亡"的行为。刘邦"解纵所送徒",这些"徒"在"送徒"公职人员"解纵"之后,不能回归乡里,只能流亡在外。刘邦宣布:"吾亦从此逝矣!"也申明无法再回到体制之内。他与"徒中壮士愿从者十余人",从此形成了自以为首领的亡人群体。

在籍者称"编户齐民"。汉代正史出现"编户齐民"身份。如《汉书·食货志下》:"……此六者,非编户齐民所能家作。"⑨《汉书·货殖传》:"其为编户齐民,同列而以财力相君,虽为仆虏,犹亡愠色。"⑩《后汉书·王充传》:"汉兴以来,相

---

① 《史记·楚世家》,第1727页。
② 《史记·魏世家》,第1847页。《史记·秦本纪》:"及孝公卒,太子立,宗室多怨鞅,鞅亡,因以为反,而卒车裂以徇秦国。"第205页。
③ 《史记·樗里子甘茂列传》,第2316页。
④ 《史记·孟尝君列传》,第2357—2358页。
⑤ 《史记·刺客列传》,第2529页。
⑥ 《史记·秦楚之际月表》,第772页。
⑦ 《史记·田敬仲完世家》,第1902页。
⑧ 《史记》,第347页。
⑨ 《汉书》,第1183页。
⑩ 《汉书》,第3682页。

与同为编户齐民,而以财力相君长者,世无数焉。"①又见"编户民",如《史记·高祖本纪》:"吕后与审食其谋曰:'诸将与帝为编户民,今北面为臣,此常怏怏,今乃事少主,非尽族是,天下不安。'"②或作"编户之民",《史记·货殖列传》:"夫千乘之王,万家之侯,百室之君,尚犹患贫,而况匹夫编户之民乎。""凡编户之民,富相什则卑下之,伯则畏惮之,千则役,万则仆,物之理也。"③又《三国志·吴书·华覈传》:"征祥符瑞前后屡臻,明珠既觌,白雀继见,万亿之祚,实灵所挺,以九域为宅,天下为家,不与编户之民转徙同也。"④虽然"编户齐民"称谓汉代通行,但是有学者指出,秦代已经存在相关民户管理制度的文物实证。杜正胜在《编户齐民——传统政治结构之形成》一书中写道:"户籍以户长为首,包括所有家户成员的身分资料,先秦实物虽尚未见,但湖北云梦睡虎地出土秦简的《封诊式》可得其概略。《封守》是一篇查封起诉者财产与没入其家属为孥的公文程式,前半篇曰:……"引录文字如下:

封守　　乡某爰书:以某县丞某书,封有鞫者某里士五(伍)甲家室、妻、子、臣妾、衣器、畜产。·甲室、人:一(八)

宇二内,各有户,内室皆瓦盖,木大具,门桑十木。·妻曰某,亡,不会封。·子大女子某,未有夫。(九)

·子小男子某,高六尺五寸。·臣某,妾小女子某。·牡犬一。(一〇)⑤

杜正胜"仿居延简廪簿或符簿的格式,改写某甲户籍":

　　　　　　妻某乙
某里士伍某甲　子大女子某丙　未有夫
　　　　　　子小男子某丁　高六尺五寸

---

① 《后汉书》,第 1648 页。
② 《史记》,第 392 页。
③ 《史记》,第 3256、3274 页。
④ 《三国志》,第 1466 页。
⑤ 睡虎地秦墓竹简整理小组:《睡虎地秦墓竹简》,文物出版社 1990 年版,释文注释第 149 页。

杜正胜指出："户长注明居里、爵位和姓名，家属特书'大''小'，表示徭役的义务。从汉到唐，甚至今日的户籍记录犹可以在这里找到根源。"①

刘邦一行流亡，在斩白蛇传说散布之后，"诸从者日益畏之"。据说，"秦始皇帝常曰'东南有天子气'，于是因东游以厌之。高祖即自疑，亡匿，隐于芒、砀山泽岩石之间。吕后与人俱求，常得之。高祖怪问之。吕后曰：'季所居上常有云气，故从往常得季。'高祖心喜。沛中子弟或闻之，多欲附者矣"。②《史记·高祖本纪》："秦二世元年秋，陈胜等起蕲，至陈而王，号为'张楚'。诸郡县皆多杀其长吏以应陈涉。沛令恐，欲以沛应涉。掾、主吏萧何、曹参乃曰：'君为秦吏，今欲背之，率沛子弟，恐不听。愿君召诸亡在外者，可得数百人，因劫众，众不敢不听。'乃令樊哙召刘季。刘季之众已数十百人矣。"③当时所谓"诸亡在外者"，已经形成相当可观的于地方颇可"劫众"社会势力。④

而起初身份为亡人，后来结成以反秦为明朗态度的民间武装集团者，则有黥布、彭越等。黥布以丽山徒身份逃亡，"已论输丽山，丽山之徒数十万人，布皆与其徒长豪桀交通，乃率其曹偶，亡之江中为群盗"。⑤彭越"常渔钜野泽中，为群盗"，"泽间少年相聚百余人，往从彭越，曰：'请仲为长'"。⑥

（二）"逃秦"：樊於期境遇及相关信息

《史记·鲁仲连邹阳列传》可见"昔樊於期逃秦之燕，藉荆轲首以奉丹之事……"。司马贞《索隐》："韦昭云：'谓於期逃秦之燕，以头与轲，使入秦以示信也。'"⑦所谓"逃秦"其实即"亡秦"。《史记·刺客列传》写道：

　　秦将樊於期得罪于秦王，亡之燕，太子受而舍之。鞠武谏曰："不可。夫以秦王之暴

① 杜正胜：《编户齐民——传统政治社会结构之形成》，联经出版事业公司1990年版，第6—7页。
② 《史记·高祖本纪》，第348页。
③ 《史记》，第347—349页。
④ 王子今：《"斩蛇剑"象征与刘邦建国史的个性》，《史学集刊》2008年第6期。
⑤ 《史记·黥布列传》，第2597页。
⑥ 《史记·魏豹彭越列传》，第2591页。
⑦ 《史记》，第2471页。

而积怒于燕,足为寒心,又况闻樊将军之所在乎? 是谓'委肉当饿虎之蹊'也,祸必不振矣! 虽有管、晏,不能为之谋也。愿太子疾遣樊将军入匈奴以灭口。请西约三晋,南连齐、楚,北购于单于,其后乃可图也。"太子曰:"太傅之计,旷日弥久,心惽然,恐不能须臾。且非独于此也,夫樊将军穷困于天下,归身于丹,丹终不以迫于强秦而弃所哀怜之交,置之匈奴,是固丹命卒之时也。愿太傅更虑之。"……

燕太子丹得荆轲,策划"劫秦王,使悉反诸侯侵地,若曹沫之与齐桓公,则大善矣;则不可,因而刺杀之"。荆轲言:"今行而毋信,则秦未可亲也。夫樊将军,秦王购之金千斤,邑万家。诚得樊将军首与燕督亢之地图,奉献秦王,秦王必说见臣,臣乃得有以报。"燕太子丹表示:"樊将军穷困来归丹,丹不忍以己之私而伤长者之意,愿足下更虑之!"荆轲竟私见樊於期,劝其自刭,"乃遂盛樊於期首函封之。"①

关于樊於期境遇,鞠武建议"太子疾遣樊将军入匈奴",透露出重要信息,即中原"亡人""入匈奴",是逃亡常见路径。

《史记·匈奴列传》说到"山戎"。司马贞《索隐》:"服虔云:'山戎盖今鲜卑。'按:胡广云'鲜卑,东胡别种'。又应奉云'秦筑长城,徒役之士亡出塞外,依鲜卑山,因以为号'。"②秦策动组织大规模工程,如"筑长城",于是"徒役之士亡出塞外",情形与鞠武涉及的"遣樊将军入匈奴"有类似处。

(三)"避秦":"辰韩""秦韩"移民

秦王朝组织大规模工程,造成农耕生产秩序的破坏,导致社会动荡。人口流失,是原有社会格局受到冲击的直接反应。前引"秦筑长城,徒役之士亡出塞外",就是典型的例证。

朝鲜半岛移民国家"辰韩"的出现,据说就是秦代移民运动的结果。《三国志·魏书·东夷传》可见有关"辰韩""秦韩"的记载:

辰韩在马韩之东,其耆老传世,自言古之亡人避秦役来适韩国,马韩割其东界地与

---

① 《史记》,第2529—2533页。

② 《史记》,第2881页。

之。有城栅。其言语不与马韩同，名国为邦，弓为弧，贼为寇，行酒为行觞。相呼皆为徒，有似秦人，非但燕、齐之名物也。名乐浪人为阿残；东方人名我为阿，谓乐浪人本其残余人。今有名之为秦韩者，始有六国，稍分为十二国。①

《后汉书·东夷传》说："韩有三种：一曰马韩，二曰辰韩，三曰弁辰。"②关于"辰韩"，也有"秦之亡人"的说法：

　　辰韩，耆老自言秦之亡人，避苦役，适韩国，马韩割东界地与之。其名国为邦，弓为弧，贼为寇，行酒为行觞，相呼为徒，有似秦语，故或名之为秦韩。有城栅屋室。诸小别邑，各有渠帅，大者名臣智，次有俭侧，次有樊秖，次有杀奚，次有邑借。土地肥美，宜五谷。知蚕桑，作缣布。乘驾牛马。嫁娶以礼。行者让路。国出铁，濊、倭、马韩并从市之。凡诸贸易，皆以铁为货。俗憙歌舞饮酒鼓瑟。儿生欲令其头扁，皆押之以石。
　　弁辰与辰韩杂居，城郭衣服皆同，言语风俗有异。其人形皆长大，美发，衣服絜清。而刑法严峻。其国近倭，故颇有文身者。③

《三国志·魏书·东夷传》说，"其耆老传世，自言古之亡人避秦役来适韩国"。《后汉书·东夷传》说，"耆老自言秦之亡人，避苦役，适韩国"。"避秦役"，"避苦役"，是其流亡移徙的原因。"名国为邦，弓为弧，贼为寇，行酒为行觞。相呼皆为徒，有似秦人"。"其名国为邦，弓为弧，贼为寇，行酒为行觞，相呼为徒，有似秦语"。史籍文献载录所谓"有似秦人""有似秦语"者，提示了历史语言学的宝贵线索。

　　所谓"今有名之为秦韩者"，"或名之为秦韩"，都以"秦"字，明确标示了他们来自"秦"的渊源。

（四）张良"东见仓海君"

　　战国时期，朝鲜已经与燕地有比较密切的联系。《战国策·燕策一》："苏秦

---

①　《三国志》，第852页。
②　《后汉书》，第2818页。
③　《后汉书》，第2819页。

将为从,北说燕文侯曰:'燕东有朝鲜、辽东,北有林胡、楼烦,西有云中、九原,南有呼沱、易水。地方二千余里。带甲数十万。车七百乘。骑六千疋。粟支十年。'"①《史记·苏秦列传》记载,"(苏秦)说燕文侯曰:'燕东有朝鲜、辽东,北有林胡、楼烦,西有云中、九原,南有嘑沱、易水,地方二千余里,带甲数十万,车六百乘,骑六千匹,粟支数年。南有碣石、雁门之饶,北有枣栗之利,民虽不佃作而足于枣栗矣。此所谓天府者也。'"②所谓"东有朝鲜",被列为燕国地理优势的首要因素。③ 而《史记·朝鲜列传》确实写道:"自始全燕时尝略属真番、朝鲜,为置吏,筑鄣塞。秦灭燕,属辽东外徼。"司马贞《索隐》:"始全燕时,谓六国燕方全盛之时。"④《史记·秦始皇本纪》说秦帝国"地东至海暨朝鲜"。⑤《史记·律书》载汉文帝时将军陈武等语,也说朝鲜"自全秦时内属为臣子"。⑥《盐铁论·伐功》也写道:"燕袭走东胡,辟地千里,度辽东而攻朝鲜。"⑦可知"朝鲜"与"燕""秦"有密切的文化联系。

《史记·留侯世家》说,张良流亡时,"东见仓海君。得力士,为铁椎重百二十斤。秦皇帝东游,良与客狙击秦皇帝博浪沙中,误中副车。秦皇帝大怒,大索天下,求贼甚急,为张良故也。"⑧以铁椎"狙击秦皇帝博浪沙中"的力士是否自"仓海君"得,司马迁的说法并不十分确定。⑨ 而"仓海君"身份,有理解为"东夷君长"者。裴骃《集解》引如淳曰:"秦郡县无仓海。或曰东夷君长。"司马贞《索隐》:

---

① 〔西汉〕刘向集录:《战国策》,上海古籍出版社 1985 年版,第 1039 页。
② 《史记》,第 2243 页。《后汉书·东夷传》李贤注:"《前书》曰:'朝鲜王满,燕人。自始全燕时,尝略属真番、朝鲜,为置吏筑障。……'"第 2809 页。
③ 燕地与朝鲜经济往来密切的形势,在汉代更为显著。《史记·货殖列传》说:"(燕地)有鱼盐枣栗之饶。北邻乌桓、夫余,东绾秽貉、朝鲜、真番之利。"第 3265 页。
④ 《史记》,第 2985 页。
⑤ 《史记·秦始皇本纪》:"分天下以为三十六郡,郡置守、尉、监。更名民曰'黔首'。""一法度衡石丈尺。车同轨。书同文字。地东至海暨朝鲜,西至临洮、羌中,南至北向户,北据河为塞,并阴山至辽东。"张守节《正义》:"海谓渤海南至扬、苏、台等州之东海也。暨,及也。东北朝鲜国。《括地志》云:'高骊治平壤城,本汉乐浪郡王险城,即古朝鲜也。'"第 239—240 页。《淮南子·人间》:秦皇发卒,"北击辽水,东结朝鲜"。何宁撰:《淮南子集释》,中华书局 1998 年版,第 1288—1289 页。
⑥ 《史记》,第 1242 页。
⑦ 王利器校注:《盐铁论校注(定本)》,中华书局 1992 年版,第 494 页。
⑧ 《史记》,第 2034 页。
⑨ 有学者称之为"仓海力士"。李开元:《复活的历史——秦帝国的崩溃》,中华书局 2007 年版,第 46 页。

"姚察以武帝时东夷秽君降，为仓海郡，或因以名，盖得其近也。"张守节《正义》："《汉书·武帝纪》云：'元朔元年，东夷秽君南间等降，为仓海郡，今貊秽国。'得之。太史公修史时已降为郡，自书之。《括地志》云：'秽貊在高丽南，新罗北，东至大海西。'"①

于是，有学者分析说："张良先在陈县一带活动，后来继续东去。据说他曾经流落到朝鲜半岛，见过东夷君长仓海君。古来燕、赵多慷慨悲歌之士，秦攻取燕国首都蓟城，燕国举国东移到辽东，秦军东进辽东灭燕，燕人逃亡朝鲜半岛的不在少数。也许，张良确是追寻燕人足迹到过朝鲜，也许，仓海君只是近海地区的豪士贤人，而张良是上穷碧落下黄泉，遍游天下，终于通过仓海君得到一名壮勇的武士，可以挥动一百二十斤的铁椎。"②尽管也存在这后一种可能性，但是由"仓海"联想到"仓海郡"，思路是正确的。正如葛剑雄所说，"中原人口向辽东半岛及朝鲜半岛的迁移在秦代已经开始。从战国后期燕国与朝鲜半岛的关系看，在秦的统治下，有大量燕人移居朝鲜半岛是十分正常的。"③

（五）"朝鲜王满者，故燕人也"

秦时"属辽东外徼"的朝鲜成为东北方向的独立政权，建国者是一位出身燕地的"亡命"者。后来在"真番、朝鲜蛮夷及故燕、齐亡命者"拥戴下，竟然成为"朝鲜王"。《史记·朝鲜列传》记载：

> 朝鲜王满者，故燕人也。自始全燕时尝略属真番、朝鲜，为置吏，筑鄣塞。秦灭燕，属辽东外徼。汉兴，为其远难守，复修辽东故塞，至浿水为界，属燕。燕王卢绾反，入匈奴，满亡命，聚党千余人，魋结、蛮夷服而东走出塞，渡浿水，居秦故空地上下鄣，稍役属真番、朝鲜蛮夷及故燕、齐亡命者王之，都王险。④

① 《史记》，第 2034 页。
② 李开元：《复活的历史——秦帝国的崩溃》，中华书局 2007 年版，第 43 页。
③ 葛剑雄、曹树基、吴松弟：《简明中国移民史》，福建人民出版社 1993 年版，第 93 页。
④ 《史记》，第 2985 页。

"汉兴,为其远难守,复修辽东故塞,至浿水为界",当是由秦王朝"地东至朝鲜"的版图有所退缩。所谓"满亡命"以及役属"故燕、齐亡命者",都说明这一政权的最高首领和主要骨干都是"故燕、齐"的"亡人"。《汉书·朝鲜传》:"朝鲜王满,燕人。自始燕时,尝略属真番、朝鲜,为置吏筑障。秦灭燕,属辽东外徼。汉兴,为远难守,复修辽东故塞,至浿水为界,属燕。燕王卢绾反,入匈奴,满亡命,聚党千余人,椎结蛮夷服而东走出塞,度浿水,居秦故空地上下障,稍役属真番、朝鲜蛮夷及故燕、齐亡在者王之,都王险。"《史记》"亡命者",《汉书》作"亡在者"。颜师古注:"燕、齐之人亡居此地,及真番、朝鲜蛮夷皆属满也。"①所谓"亡在者",颜师古解释为"亡居此地"者。

《盐铁论·论功》:"朝鲜之王,燕之亡民也。"②"亡民"是"亡人"的另一种表述形式。"亡民"领袖能够率领"居秦故空地上下障,稍役属真番、朝鲜蛮夷及故燕、齐亡在者王之",建立独立的政权,是我们考察秦史必须注意的迹象。

(六)"遯秦":逸民四皓事迹

"四皓"事迹最初见于《史记》的记录。而《史记》未用"四皓"称谓,直接的说法是"四人"。③

因张良智谋得以传播的"四皓"故事虽然形成于汉初,却可以透露出战国晚期以至秦代的某些文化风格。

《汉书·王贡两龚鲍传》序写道:"汉兴有园公、绮里季、夏黄公、甪里先生,此四人者,当秦之世,避而入商雒深山,以待天下之定也。自高祖闻而召之,不至。其后吕后用留侯计,使皇太子卑辞束帛致礼,安车迎而致之。四人既至,从太子见,高祖客而敬焉,太子得以为重,遂用自安。语在《留侯传》。"④说"此四人"是"当秦之世"隐居,"避而入商雒深山,以待天下之定"的。

---

① 《汉书》,第 3864 页。
② 王利器校注:《盐铁论校注(定本)》,中华书局 1992 年版,第 544 页。
③ 《史记·留侯世家》,第 2045 页。
④ 《汉书》,第 3056 页。

《汉书·叙传下》有"四皓遯秦，古之逸民"的说法，①指出他们作为"逸民"的文化人格在战国晚期其实已经形成。他们突出的文化表现，是"遯秦"，即避开秦王朝的行政控制。

《北堂书钞》卷一〇六"四皓退而作歌"条引崔琦《四皓颂》曰："秦之博士，遭世闇昧，焚灭《诗》《书》，是公乃退而作歌曰：'莫莫高山，深谷威夷。晔晔紫芝，可以疗饥。唐虞世远，吾将何归。"②《太平御览》卷五七三引崔琦《四皓颂》曰："昔南山四皓者，盖角里先生、绮里季、夏黄公、东园公是也。秦之博士，遭世闇昧，道灭德消，坑黜儒术，《诗》《书》是焚。于是四公退而作歌曰：'莫莫高山，深谷灭哉。晔晔紫芝，可以疗饥。唐虞世远，吾将何归。驷马高盖，其忧甚大。富贵畏人兮，不如贫贱之肆志。"③称其身份为"秦之博士"。皇甫谧《高士传》卷中《四皓》："四皓者，……一曰东园公，二曰角里先生，三曰绮里季，四曰夏黄公。皆修道洁己，非义不动。秦始皇时见秦政虐，乃退入蓝田山。"④亦言"秦始皇时"隐退。又宋人欧阳忞《舆地广记》卷一四《陕西永兴军路下·商州·上洛县》："商山，在县西南，秦四皓所隐也。"⑤称之为"秦四皓"。

"四皓""遯秦"，"避而入商雒深山"，"退入蓝田山"，"隐""退"成为"逸民""高士"。这样的情形，与前说"亡命""走出"等以及刘邦"解纵所送徒"所谓"公等皆去，吾亦从此逝矣"所谓"去""逝"，虽然不尽相同，但是从秦王朝所控制户口的实际流失而言，却都造成了同样的影响。

综合考察"亡秦""逃秦""避秦""遯秦"等秦代人口流失现象，有益于全面理解秦行政史与人口控制史。

①　《汉书》，第 4260 页。

②　〔唐〕虞世南编撰：《北堂书钞》，中国书店据光绪十四年南海孔氏刊本影印，1989 年版，第 408 页。

③　〔宋〕李昉等撰：《太平御览》，中华书局用上海涵芬楼影印宋本 1960 年复制重印版，第 2587 页。

④　《太平御览》卷五〇七引皇甫谧《高士传》："四皓者，……一曰东园公，二曰角里先生，三曰绮里季，四曰夏黄公。皆修道洁己，非义不动。秦始皇时见秦政虐，乃退居蓝田山。""退入蓝田山"，作"退居蓝田山"。

⑤　〔宋〕欧阳忞撰，李勇先、王小红校注：《舆地广记》，四川大学出版社 2003 年版，第 399 页。

后　　记

本课题研究得到秦始皇帝陵博物院学术规划支持，列入"秦文明新探丛书"，谨此深心感谢。

考察秦扩张的历史进程，考察这一进程中"土地""民人"争夺、控制、管理的政策，是有意义的工作。书稿终得杀青，感谢史党社教授的支持和鼓励，感谢许多朋友的帮助。中国人民大学重大规划项目"秦史与秦文化研究"（项目批准号：18XNLG02）包括学术导向、研究条件、工作督促等多方面的积极作用，也应当给予肯定并表示深心感谢。

这部书稿写作的几个月，正值时疫猖獗，人心不安，友朋鲜得酒聚，好学深思学风虽未凋败，读书著文工作节奏不免受到一定的冲击。几位学友认真工作，及时交稿，对作者多有启示及激励。

秦史研究，秦文明研究，连年因考古发掘工作和考古调查工作的丰富收获得以充实、深化。也许我们今天提出的一些认识，随着考古事业的进步，不久就需要修正或者更新，甚至有可能完全推翻。即使如此，虽然只是具有阶段性价值的发现，应当也是有学术意义的。

回顾近年参与的工作，"秦直道"丛书推出，"秦史与秦文化"丛书即将定稿面世，以及国家社会科学基金重大项目"秦统一及其历史意义再研究"结项，都对"秦文明研究"这一学术主题的新认识有所助益。笔者承担的具体工作是《秦始皇直道考察与研究》《秦交通史》《秦统一新论》的撰著。希望这本小书提出的学术意见，能够进一步充实秦文明的考察研究，推进对秦史与秦文化的理解与说明。

感谢西北大学史学部提供的工作条件。感谢焦南峰、马振智、韩钊、王保平、史党社等友人介绍了多种学术信息。感谢刘志平、曾磊、孙兆华、韩帅、熊长云等年轻朋友提供了多种帮助。同时感谢上海古籍出版社朋友们的辛勤工作，使书稿得以完成编辑设计发排，终得面世。

王子今

北京大有北里(所在青龙桥街道已由中风险地区降为低风险地区)

2020 年 8 月 1 日

2020 年 12 月 7 日大雪日又及：由于时间安排不得当，怠惰之心亦滋生，致使定稿延迟，非常惭愧。